Ulrike Popp
Geschlechtersozialisation und schulische Gewalt

157600

Jugendforschung

Im Namen des Zentrums für Kindheits- und Jugendforschung
herausgegeben von Wilhelm Heitmeyer,
Klaus Hurrelmann, Jürgen Mansel und Uwe Sander
Universität Bielefeld

Ulrike Popp

Geschlechtersozialisation und schulische Gewalt

Geschlechtstypische Ausdrucksformen
und konflikthafte Interaktionen
von Schülerinnen und Schülern

Juventa Verlag Weinheim und München 2002

Die Autorin

Ulrike Popp, Jg. 1959, Dr. phil., ist Professorin für Schulpädagogik am Institut für Erziehungswissenschaft und Bildungsforschung der Universität Klagenfurt.
Ihre Arbeitsschwerpunkte sind Schulpädagogik, empirische Schul- und Sozialisationsforschung sowie Sozialisation im Jugendalter.

Die Deutsche Bibliothek - CIP-Einheitsaufnahme

Ein Titeldatensatz für diese Publikation ist bei
der Deutschen Bibliothek erhältlich.

Das Werk einschließlich aller seiner Teile ist urheberrechtlich geschützt. Jede Verwertung außerhalb der engen Grenzen des Urheberrechtsgesetzes ist ohne Zustimmung des Verlags unzulässig und strafbar. Das gilt insbesondere für Vervielfältigungen, Übersetzungen, Mikroverfilmungen und die Einspeicherung und Verarbeitung in elektronischen Systemen.
© 2002 Juventa Verlag Weinheim und München
Umschlaggestaltung: Atelier Warminski, 63654 Büdingen
Umschlagfoto: Wolfgang Schmidt, Ammerbuch
Printed in Germany

ISBN 3-7799-0478-0

Für Felix

Vorwort

Das vorliegende Buch möchte interessierte Leserinnen und Leser über Geschlechterverhältnisse von Sekundarschüler(inne)n im Kontext von Gewalt und konflikthaften Interaktionen informieren. Zugleich ist dieses Werk jedoch auch das Ergebnis einer sich über mehrere Jahre erstreckenden Forschungstätigkeit, deren Verlauf kurz skizziert werden soll, um denen zu danken, die meinen Arbeitsprozess begleitet und unterstützt haben.

Als ich im April 1994 meine Tätigkeit als wissenschaftliche Assistentin in der Arbeitsgruppe 4 an der Fakultät für Pädagogik der Universität Bielefeld begann, eröffnete sich mir ein kollegiales Arbeitsklima, das herausfordernd, ermutigend und anregungsreich zugleich war und ist. Die schöne Tradition in der AG 4, sich regelmäßig in „Dienstsitzungen" oder Kolloquien zusammen zu setzen und über mehr oder weniger „fertige" Texte aller Beteiligten in einen konstruktiven Diskurs zu treten, habe ich sehr genossen. Deswegen möchte ich allen Kolleginnen und Kollegen, denen ich zwischen 1994 und 2002 in der AG 4 meine Konvolute zugemutet habe, für ihre stets freundliche aber deutliche Kritik und für weiterführende Ideen ganz herzlich danken.

Nachdem das von der Deutschen Forschungsgemeinschaft im Rahmen des Sonderforschungsbereiches „Prävention und Intervention im Kindes- und Jugendalter" geförderte Forschungsprojekt „Gewalt an Schulen" 1997 abgeschlossen wurde und die Daten der repräsentativen Übersichtsstudie weitgehend ausgewertet vorlagen, konnte im Januar 1998 ein weiteres, für zwei Jahre bewilligtes DFG-Forschungsvorhaben realisiert werden: die qualitativen Schulfallstudien im Rahmen des Projekts „Geschlechtersozialisation und Gewalt an Schulen". Ich danke allen Schülerinnen und Schülern, Lehrerinnen und Lehrern, die 1995 an den Erhebungen beteiligt waren und sich 1998 zum Interview zur Verfügung gestellt haben für ihr Engagement, denn ohne diese Bereitschaft würde es das vorliegende Buch wohl nicht geben – und auch nicht ohne die Unterstützung von Regina Mahnke bei der Erstellung des Typoskripts.

Zum Forschungsteam des Projekts „Geschlechtersozialisation und Gewalt an Schulen" gehörten Gabriele Klewin, Daniel Kneuper, Ulrich Meier und Michael Schäfer. Gabriele Klewin danke ich für ihre Diskussionsbereitschaft und Unterstützung bei der Erhebung und Auswertung der qualitativen Interviews, Daniel Kneuper für kreative Ideen in den Projektteamsitzungen und seine Hilfe beim Korrekturlesen. Ich bin sehr dankbar, dass Ulrich Meier mich mit Rat und Tat bei der Bewältigung der quantitativen Analysen unterstützt hat. Nicht zuletzt möchte ich Hannelore Faulstich-Wieland, Wilhelm Heitmeyer, Klaus-Jürgen Tillmann und Klaus Peter

Treumann herzlich für ihre ausführlichen, konstruktiven und kritischen Rückmeldungen danken, in denen ich meine wissenschaftliche Arbeit gewürdigt und anerkannt fand. Ganz besonders hervorheben möchte ich jedoch die Zusammenarbeit mit Klaus-Jürgen Tillmann. Seine humorvolle und sozial ausgleichende Art hat maßgeblich zu dem eingangs erwähnten positiven Arbeitsklima beigetragen. Ich danke Klaus-Jürgen für seine Zuverlässigkeit und Ehrlichkeit als Ansprechpartner; er hat mich stets unterstützt und ermutigt, den Weg in der Wissenschaft weiterzugehen.

Meinen Eltern und Geschwistern möchte ich für ihre Geduld und Begleitung aus der Ferne danken. Rolf Fechner hat mich mental und emotional durch sein Vertrauen über die vielen Jahre gestärkt. Für seine Nachsicht und die ständige Bereitschaft, mich bei der Alltagsorganisation und Erziehungsarbeit zu entlasten, bin ich ihm zutiefst dankbar. Für Lebenskraft und Lebensfreude danke ich meinem Sohn Felix, dessen Geburt in meine wissenschaftliche Assistenzzeit fiel. Im Umgang mit Felix wird mir die Ebene des pädagogischen Handelns und die Verantwortung dafür stets vor Augen geführt sowie alltäglich offenbart, dass Geschlechtersozialisation mehr ist als ein theoretisches Konzept oder empirischer Tatbestand. Ihm ist das vorliegende Buch gewidmet in Liebe und Dankbarkeit.

Bielefeld im April 2002   Ulrike Popp

Inhalt

1. Empirische Annäherung 13
1.1 Geschlechtstypische Aspekte schulischen Gewalthandelns 16
    1.1.1 Außerschulische Bedingungskonstellationen 22
    1.1.2 Schulische Bedingungskonstellationen 24
    1.1.3 Empirische Befunde über Schule, Geschlecht und Gewalt
        aus den USA und den skandinavischen Ländern 27
1.2 Die Aufmerksamkeitsrichtung der Untersuchung und offene
    Fragen 29
    1.2.1 Das eigene Begriffsverständnis: Gewalthandlungen und
        konflikthafte Interaktionen 30
    1.2.2 Schulische Sozialisationsprozesse von Mädchen und Jungen 31
    1.2.3 Schülergewalt und Schülerinnengewalt – männliche Täter
        und weibliche Opfer? 32
    1.2.4 Interaktionen der Geschlechter und Gewalt 34
    1.2.5 Geschlechterdifferenzen oder soziale Konstruktionen? 37

*2. Geschlecht, Gewalt und Schule –
Theoretische Hintergründe* 41
2.1 Zwischen Differenz und Konstruktion: feministische Diskurse
    und ihre Bedeutung für die Gewaltthematik 43
    2.1.1 Perspektive der Geschlechterdifferenzen 46
    2.1.2 Die soziale Konstruktion von Geschlecht 53
    2.1.3 Zusammenfassung und kritische Einordnung 59
2.2 Gewalt als „Individualisierungsrisiko" für Jungen und Mädchen 61
    2.2.1 Individualisierung der Lebensphase Jugend 64
    2.2.2 Desintegration, Verunsicherung und Gewalt als Ausdruck
        „misslingender" Individualisierung 68
    2.2.3 Individualisierungsprozesse und Risikolagen für Mädchen 69
    2.2.4 Zusammenfassung und kritische Einordnung 71
2.3 Interaktionen, Geschlecht und abweichendes Verhalten 72
    2.3.1 Interaktionen in der Schule: Identitätsentwürfe und
        Kommunikationsasymmetrien 75
    2.3.2 Devianzfördernde Strukturen der Institution Schule:
        Typisierung und Etikettierung 77
    2.3.3 Interaktionen und Geschlecht 79
    2.3.4 Zusammenfassung und kritische Einordnung 81

3. Anlage der Untersuchung 83
3.1 Forschungsleitfragen und theoretische Bezüge 84
    3.1.1 Häufigkeiten und Erscheinungsformen von Gewalt.................. 84
    3.1.2 Risikofaktoren für Gewalthandeln bei Jungen und Mädchen 86
    3.1.3 Konflikthafte Interaktionen der Geschlechter in der
          Lerngruppe 87
    3.1.4 Konflikthafte Interaktionen der Geschlechter in Cliquen und
          im sozialen Umfeld der Schule 89
3.2 Methodisches Vorgehen: Triangulation zwischen Zählbarem und
    Erzählbarem 91
    3.2.1 Methodologische Bemerkungen zur Methodentriangulation 93
    3.2.2 Möglichkeiten der Methodentriangulation................................ 97
3.3 Forschungsstrategien 99
    3.3.1 Schriftliche Befragung von Schülerinnen und
          Schülern (1995) 102
    3.3.2 Problemzentrierte Interviews mit Schüler(innen) und
          Lehrkräften im Rahmen von Schulfallstudien (1998) 105
3.4 Zur Methodentriangulation dieser Studie 114

*4. Häufigkeiten und Erscheinungsformen von Gewalt bei
Jungen und Mädchen* 121
4.1 Fragestellungen und methodische Perspektive 121
4.2 Selbst berichtete Gewalt – Definition und Verbreitung 122
    4.2.1 Physische Gewalt 123
    4.2.2 Psychische Gewalt 130
    4.2.3 Geschlechtstypische Ausdrucks- und Beteiligungsformen
          aus der Sicht subjektiver Akteure.. 139
4.3 Geschlechtstypische emotionale Reaktionen und Interventionen 146
    4.3.1 Emotionale Reaktionen auf Gewalt und die
          Interventionsbereitschaft der Geschlechter anhand
          quantitativer Daten 147
    4.3.2 Emotionale Reaktionen auf Gewalt und die
          Interventionsbereitschaft der Geschlechter anhand
          qualitativer Interviews.. 149
4.4 Mädchen und Jungen als Opfer 154
    4.4.1 Fallbeispiel: Clara als Opfer sexueller Übergriffe.................... 157
    4.4.2 Mädchen als Opfer sexualisierter Gewalt............................... 158
4.5 Zwischenfazit 161
    4.5.1 Gegenstandsbereich und Theoriebezug.................................. 161
    4.5.2 Leistung der Methodentriangulation 165

5. Risikofaktoren für Gewalthandlungen bei Mädchen und Jungen 167

5.1 Fragestellungen und methodische Perspektive 167
5.2 Der Einfluss individueller, schulischer und außerschulischer Faktoren auf das Gewaltverhalten der Geschlechter 168
    5.2.1 Gewaltaffirmative Einstellungen als Risikofaktoren für Mädchen und Jungen 169
    5.2.2 Außerschulische Bedingungskonstellationen als Risikofaktoren für Mädchen und Jungen 172
    5.2.3 Schulische Bedingungskonstellationen als Risikofaktoren für Mädchen und Jungen 175
    5.2.4 Einfluss der Risikofaktoren auf physische Gewaltausübung von Mädchen und Jungen 183
5.3 Weibliche und männliche „Täter" 185
    5.3.1 „Gewalttäter(innen)" im schulischen Kontext - eine Minderheit 186
    5.3.2 Fallbeispiel: Jennifer und ihre Clique 188
    5.3.3 Quantitativer Vergleich zwischen „Unbeteiligten" und „Täter(inne)n" 190
    5.3.4 Bedeutsame Einflüsse auf „Mehrfachtäter" und „Mehrfachtäterinnen" 198
5.4 Zwischenfazit 201
    5.4.1 Gegenstandsbereich und Theoriebezug 201
    5.4.2 Leistung der Methodentriangulation 203

6. Konflikthafte Interaktionen von Jungen und Mädchen in der Lerngruppe 207

6.1 Fragestellungen und methodische Perspektive 207
6.2 Einflüsse des Klassenklimas auf Gewalt der Geschlechter 208
6.3 Die „befriedende Wirkung" von Mädchen in einer Lerngruppe 213
6.4 Gewalt als „Interaktionsprodukt" der Geschlechter 217
6.5 Zwischenfazit 235
    6.5.1 Gegenstandsbereich und Theoriebezug 235
    6.5.2 Leistung der Methodentriangulation 238

7. Konflikthafte Interaktionen von Mädchen und Jungen in Cliquen und im sozialen Umfeld der Schule 241

7.1 Fragestellungen und methodische Perspektive 241
7.2 Interaktionen in Cliquen: Geschlecht und Gewalt 243
    7.2.1 Konflikte um Mädchen 246
    7.2.2 „Richtige" Gewalt findet außerhalb der Schule statt 248

7.3 Soziales Umfeld der Schule und Gewaltverhalten der
Geschlechter 252
    7.3.1 Region, Gewalt und Geschlecht 253
    7.3.2 Der „Ruf" der Fallschule im sozialen Brennpunkt einer
        Großstadt 261
7.4 Zwischenfazit 267
    7.4.1 Gegenstandsbereich und Theoriebezug 267
    7.4.2 Leistung der Methodentriangulation 269

8. Schlussfolgerungen 271

8.1 Beitrag zur Erweiterung der Kenntnisse über den
Gegenstandsbereich 271
    8.1.1 Geschlechtersozialisation innerhalb und außerhalb des
        Unterrichts 272
    8.1.2 Schulische Sozialisation benachteiligt auch Jungen 273
    8.1.3 Opfer und Täter von Schüler(innen)gewalt 274
    8.1.4 Interaktionen und Gewalt der Geschlechter 276
8.2 Beitrag zum theoretischen Diskurs 277
    8.2.1 Zum feministischen Diskurs um Differenz und Konstruktion .. 277
    8.2.2 Zum interaktionistischen Diskurs: Geschlechterordnungen
        und soziale Etikettierung 282
    8.2.3 Diskurs um Individualisierung, Geschlecht, Desintegration
        und Gewalt 284
8.3 Beitrag zum Diskurs um die Relevanz der Methodentriangulation 286

Literatur 295

1. Empirische Annäherung

Geschlechtersozialisation an deutschen Schulen ist geprägt durch eine geschlechtergemischte „Klassenkultur", denn der überwiegende Teil heutiger Schülerinnen und Schüler wird koedukativ unterrichtet. Die Schule erfüllt als größte Bildungsinstitution mit Pflichtcharakter zur Qualifikation des gesellschaftlichen Nachwuchses entscheidende, zukunftsrelevante Aufgaben. Die Chancengleichheit von Schülerinnen und Schülern und die Koedukation als Gestaltungsprinzip von Bildung wurde von der Bildungskommission NRW (vgl. 1995, S. 126ff.) explizit formuliert. Intendierte schulische Lernprozesse bestehen darin, die individuelle Leistungsfähigkeit der Schüler(innen) zu fördern, sozial erwünschte Kompetenzen zu produzieren, sie zu kritischer Teilhabe und politischer Mündigkeit zu erziehen und einen gleichberechtigten Umgang der Geschlechter anzustreben – dies ist in den allgemeinen Richtlinien für den Schulbesuch aller Schulformen und -stufen festgeschrieben worden[1]. Anders als in einer informellen Clique, deren Mitgliedschaft sich durch Freiwilligkeit kennzeichnet, treffen Mädchen und Jungen in der Schule zwangsweise aufeinander und müssen sich miteinander arrangieren. Schule ist insofern nicht nur Anstalt der organisierten Lernprozesse, sondern „Kontaktbörse" (vgl. Tillmann 1992, S. 15). Jugendliche handeln ihre Rollen miteinander aus, stellen Hierarchien her, haben Konflikte miteinander und verüben auch Gewalthandlungen. Die Schule ist demnach eine Institution, die das soziale System der Zweigeschlechtlichkeit nicht hintergehen kann.

Jürgen Zinnecker hat bereits Ende der 70er Jahre eine Untersuchung zur Frage des Schulerfolgs von Mädchen vorgelegt und die Doppelbödigkeit schulischer Sozialisationsprozesse betont (vgl. Zinnecker 1979, S. 225; Zinnecker 1978). Die Hypothese der „diskreten Diskriminierung" der Mädchen (vgl. Kauermann-Walter u. a. 1988, S. 157ff.) verweist auf die Verklammerung zwischen Schulleistungen, Fächerpräferenzen und institutionellen Strukturen, in denen Geschlechtszugehörigkeit bedeutsam wird (vgl. Kauermann-Walter/Kreienbaum/Metz-Göckel 1988, S. 176ff.; Metz-Göckel 1987). Während Untersuchungen aus den 80er und 90er Jahren auf die „Interaktionsbenachteiligung" der Mädchen aufmerksam machten (vgl. Frasch/Wagner 1982; Enders-Dragässer/Fuchs 1989; Faulstich-Wieland 1991) und darauf verwiesen, der Unterricht würde sich weitgehend an den

---

[1] vgl. z. B. Richtlinien und Lehrpläne für die Grundschule in NRW 1997, S. 10f.; Richtlinien und Lehrpläne für die Hauptschule in NRW 1989, S. 13; Richtlinien und Lehrpläne für das Gymnasium – Sek I – in NRW 1993, S. 13.

Interessen und Bedürfnissen der Jungen orientieren (vgl. Pfister 1988, S. 35), kommen neuere Untersuchungen zur schulischen Sozialisation zu dem Ergebnis, dass die Schule offensichtlich auch Benachteiligungen für Jungen produziert. Im Leistungsbereich lässt sich schon fast von einer „formalen Benachteiligung" der Jungen sprechen: Bei der Betrachtung neuerer Daten zur Situation von Mädchen und Jungen in allgemeinbildenden Schulen der Sekundarstufe I und II zeigt sich, dass bereits 1980 das Geschlechterverhältnis bei der Partizipation an weiterführenden Schulen in etwa ausgewogen war. In den darauf folgenden Jahren konnten die Mädchen ihren Bildungsvorsprung immer weiter ausbauen (vgl. Faulstich-Wieland/Nyssen 1998, S. 165ff.). Jungen dagegen sind an den Sonderschulen überrepräsentiert, sowohl im Primar- als auch im Sekundarbereich eher von Klassenwiederholungen betroffen und insgesamt die „schlechteren" Schüler (vgl. Faulstich-Wieland/Nyssen 1998, S. 167; Schlümer/Trommer 1996, S. 98ff.; Hagemeister 1991; Nyssen/Schön 1992; S. 167; Preuss-Lausitz 1993; Drerup 1997; Deutsches PISA-Konsortium 2001).

Unter geschlechtstypischer Perspektive scheinen die meisten Studien darauf hinzuweisen, dass Mädchen mit den schulischen Anforderungen hinsichtlich Arbeitsverhalten, Sozialverhalten und Disziplin besser als Jungen klarkommen. Sie werden als die „pflegeleichteren" Schüler beschrieben und sollen auch eine wichtige Funktion bei der Verbesserung der Atmosphäre im Klassenverband besitzen und zu einem positiven Klima in der Lerngruppe beitragen (Brehmer 1982, 1991; Horstkemper/Wagner-Winterhager 1990). Mädchen würden den Jungen in ihrer Lerngruppe das Lernen erleichtern. Schülerinnen seien nicht nur verhaltensunauffälliger, sondern leisten Sozialarbeit in ihrer Lerngruppe, indem sie stärker als Jungen darauf acht geben, dass es im Unterricht gerecht zugehe. Des weiteren könnten sie besser zuhören und „pädagogisch" helfen, so dass dem Geholfenen ein Lerngewinn zukommt. Mädchen würden eher als Jungen die Bereitschaft zeigen, ihr eigenes Verhalten zu reflektieren und es gäbe unter den Mädchen der Lerngruppe einen emotional wärmeren Umgang. Mädchen würden auch den Lehrkräften das Unterrichten erleichtern, indem sie besser Anweisungen und Regeln befolgen, seltener als Jungen eine direkte, sofortige Zuwendung einfordern und Themen, die sie uninteressant finden, geduldiger aushalten (vgl. Weschke/Meißner 1990, S. 90ff.). Die sozialen und beziehungsorientierten Kompetenzen der Mädchen werden – so das Ergebnis der feministischen Schulforschung – von Lehrkräften für einen reibungslosen Ablauf des Unterrichts eingesetzt, ohne diese besonderen Leistungen zu honorieren.

Sozialisationsprozesse in der Schule verlaufen aus der Sicht von Schüler(inne)n unter massiven Fremdansprüchen und rigiden kommunikativen Bedingungen. Vor allem interaktionistisch orientierte Arbeiten stellen fest, dass Interaktionen von Heranwachsenden im Rahmen der Schule zwischen Normierung, Anpassung und kalkulierten Regelverstößen angesiedelt sind (vgl. Holtappels 1987; Tillmann 1989). Lehrer(innen) verfügen über Definitionsmacht und institutionelle Machtmittel, diese durchzusetzen (vgl. z. B. Ulich 1985). Identitätsbildung ist unter den institutionellen Bedingungen erschwert; die Schüler(innen) haben wenig Möglichkeiten, ihre Situationsdefinitionen und lebensweltlichen Erfahrungen in den Schulalltag einzubringen. Es gibt Hinweise für die Vermutung, dass in der Schule auch ein unterschiedlicher Umgang mit aggressivem Verhalten praktiziert wird. Lehrkräfte beklagen sich explizit über undiszipliniertes Verhalten und bewusst störende Handlungen von Jungen im Unterricht. Aggressive Mädchen sollen jedoch schärfer sanktioniert werden, da sie mit diesem Verhalten gegen soziale Erwartungen verstoßen (vgl. Horstkemper 1989; Enders-Dragässer 1996). Diese Annahme konnte in einer qualitativen Studie mit 11 bis 17jährigen Mädchen zu ihrem Aggressionsverhalten bestätigt werden: Beim Bedürfnis, sich sowohl in aggressiver Stärke als auch rollenkonform darzustellen, zeigen sich bei den Mädchen Ambivalenzen; nicht geschlechtsrollenkonformes Aggressionsverhalten hat wesentliche Nachteile und schadet der sozialen Identität (vgl. Lutz 2000, S. 157f.). Aus den von Brigitte Ziehlke (vgl. 1993) zusammengestellten empirischen Untersuchungen geht hervor, dass abweichendes Verhalten, Delinquenz und Normverstöße im Jugendalter, auch im schulischen Bereich, bei Jungen und Mädchen sehr unterschiedlich bewertet und gewichtet werden.

Unter der Voraussetzung zunehmend rasanter vonstatten gehenden sozialen Wandels (vgl. Preuss-Lausitz 1997) ist anzunehmen, dass sich auf der Ebene des Umgangs von männlichen und weiblichen Jugendlichen zueinander vieles geändert hat. Der in den Studien der 90er Jahre eingenommene Blick fokussiert die Alltagswelt von Kindern und Jugendlichen, deren Interaktionen und Aushandlungsprozesse im schulischen Kontext (vgl. z. B. Krappmann/Oswald 1995; Breidenstein 1997; Breidenstein/Kelle 1996, 1998). Obgleich die in diesem Kontext favorisierte Perspektive nicht auf die Geschlechterdifferenz abzielt, sondern die Praxis der Geschlechterunterscheidung in den Blick nimmt, zeigen sich in vielen, wenngleich nicht in allen Interaktionen, die beschriebenen Asymmetrien des Geschlechterverhältnisses. Wichtig erscheint mir bei diesen Analysen, dass eine Schulklasse von sehr unterschiedlichen Zugehörigkeiten bestimmt wird: Die Spezifik der Schule muss dabei ebenso in den Blick genommen werden, wie die Kultur in der Lerngruppe, Freundschaftsformationen oder Cliquen (vgl. Breidenstein/Kelle 1998, S. 266). Mit der Perspektive auf Interaktionen und Praktiken der Geschlechterunterscheidung ist es möglich, „Beziehungsspiele" zwischen Mädchen und Jungen, die Dynamik von Gruppen oder auch „doing gender"-Prozesse (vgl. West/Zimmermann 1991) zu erfassen im Kontext von Gewalt, Geschlechterkämpfen und Konflikten, die sich in Interaktionen zeigen.

Mit dem Blick auf die Schule als – wenn auch nicht alleiniger – Ort der Produktion und Reproduktion des kulturellen und sozialen Systems der

Zweigeschlechtlichkeit (vgl. Koch-Priewe 1997, S. 571) eröffnen sich für die kommenden Abschnitte folgende Fragen: Wie verlaufen Sozialisationsprozesse der Geschlechter in der Schule im Kontext von Gewalt? Wie verlaufen Interaktionsprozesse zwischen Schülerinnen und Schülern, an welchen Stellen werden Geschlechterverhältnisse, Männlichkeiten und Weiblichkeiten produziert bzw. reproduziert? Welche Rolle spielen Lehrkräfte in diesem Prozess? Neben den Ergebnissen zur Intensität, Häufigkeit und Verbreitung von gewaltsamen Handlungen bei Schüler(inne)n sollen auch ausgewählte Resultate über Bedingungskonstellationen im außerschulischen und innerschulischen Bereich dargestellt werden. Diese Befunde werden unter Berücksichtigung der Geschlechtszugehörigkeit der Schüler(innen) gesichtet: Erweisen sich schulische und außerschulische Bedingungskonstellationen für beide Geschlechter als gewaltfördernd oder -hemmend? Wurden diese Fragen in der bisherigen Forschungsliteratur überhaupt aufgegriffen? Am Ende des Kapitels werden die sich im bisherigen Forschungsstand zeigenden Lücken und Hypothesen in Form von inhaltlichen Anfragen für die vorliegende Arbeit zusammengefasst.

1.1 Geschlechtstypische Aspekte schulischen Gewalthandelns

Gewalt in der Schule ist in Deutschland erst in der jüngsten Vergangenheit durch bekannt gewordene Anlässe und Medienberichte zu einem bildungspolitisch wie erziehungswissenschaftlich bedeutsamen Thema geworden. Welche Befunde gibt es zur Beteiligung der Geschlechter an Gewalthandlungen? In soziologisch akzentuierten Studien zu Desintegration, Gewalt und Verunsicherungspotentialen wurden überwiegend männliche Jugendliche untersucht. Die Rechtsextremismusstudie (vgl. Heitmeyer u. a. 1992) spricht im Untertitel dezidiert von männlichen Sozialisationsprozessen. In anderen Beiträgen wird „jugendliche Gewalt" thematisiert (vgl. Findeisen/ Kersten 1999), jedoch beziehen sich die Analysen ausschließlich auf junge Männer. Auch in der schulbezogenen Gewaltforschung der Bundesrepublik besteht ein breiter Konsens über den Befund, dass aggressive Schüler männlichen Geschlechts sind – durch alle Schülerjahrgänge hindurch und über alle Schulformen hinweg (vgl. z. B. Dettenborn/Lautsch 1993; Niebel u. a. 1993, S. 790; Todt/Busch 1994, S. 178; Freitag/Hurrelmann 1993, S. 24f.; Schenk 1993; Schwind u. a. 1997; Funk 1995; Würtz u. a. 1996, S. 86f.; Melzer/Rostampour 1996, S. 138; Schubarth 1993, S. 33; Greszik u. a. 1995, S. 270; Holtappels/Meier 1997a, S. 51; Funk/Passenberger 1997, S. 258; Lösel u. a. 1997). Die inzwischen zahlreich vorliegenden Studien zeigen, dass sich die 7. und die 8. Schülerjahrgänge als besonders gewaltbelastet erweisen[2] – dabei handelt es sich um die Gruppe der 12 bis 14jährigen Schüler(innen) (vgl. Fuchs u. a. 1996, S. 103). Jungen besitzen häufiger als Mädchen Waffen (vgl. Fuchs 1995, S. 105), und sie sind eher als Mädchen in delinquenten Cliquen organisiert, in denen gewaltbilligende Einstellungen vorherrschen. Männliche Schüler üben im Vergleich zu ihren Mitschülerinnen nicht nur mehr Gewalt aus, sie vertreten auch eher aggressive und gewaltbefürwortende Einstellungen (vgl. Fuchs u. a. 1996, S. 326). Eine zunehmende „Verrohung" der Sprache (Fäkalsprache) stellten die vorliegenden Studien jedoch für beide Geschlechter fest (vgl. Schwind u. a. 1997, S. 47). Auch die Strategien des Umgangs in Gewaltsituationen unterscheiden sich geschlechtstypisch. Während Jungen eher mit Schlägen drohen und mit körperlichen Gegen-Aggressionen reagieren, fühlen sich Mädchen häufiger hilflos, versuchen, der Situation aus dem Weg zu gehen, schalten Lehrkräfte ein und sind auch eher als Jungen an den Motiven des Aggressors interessiert (vgl. Mohr/Becker 1997, S. 356f.).

Diese Geschlechterdiskrepanz beim Thema „Gewalt an Schulen" schien für viele Forscherinnen und Forscher bislang keinen großen Erklärungsbedarf hervorzurufen. Vielmehr wurden geschlechtstypische Unterschiede sogar erwartet. Eine Repräsentativerhebung im Bundesland Sachsen ist eine der wenigen Studien, die „Jungengewalt" und „Mädchengewalt" ein eigenes Kapitel widmete und damit zentral thematisierte (vgl. Stenke u. a. 1998, S. 85ff.): Jungen würden gewalthaltige Auseinandersetzungen, mit Ausnahme verbaler Attacken, häufiger als Mädchen wahrnehmen, was sich wiederum mit ihrem stärkeren Involviertsein in diesbezügliche Konflikte erklären lässt (vgl. ebenda, S. 89f.). Im Rahmen von Täterselbstreporten wird deutlich, dass Jungen insbesondere harte physische Gewalthandlungen drei- bis viermal so häufig von sich berichtet haben als Mädchen. Aus selbst berichteten Opfererfahrungen geht hervor, dass Jungen häufiger als Mädchen angegeben haben, Opfer personen- und sachbezogener Angriffe geworden zu sein (ebenda, S. 93f.; Funk 1995, S. 130). Dieses Ergebnis widerspricht den empirischen Befunden der feministischen Schulforschung, wobei relativierend hinzugefügt werden sollte, dass bei den zuletzt angeführten Studien nach Opfererfahrungen im Bereich sexueller Übergriffe nicht gefragt wurde. Jungen sind unter den „Gewaltopfern" dann stärker vertreten als Mädchen, wenn sexuelle Übergriffe und „Schikanen" als Ausdruck eines systematischen Missbrauchs von Positionsmacht, außer acht gelassen werden (vgl. Schäfer 1996, S. 706; vgl. Melzer/Rostampour 1996, S. 140). Mädchen leiden eher unter indirekteren Formen der Viktimisierung – etwa Prozessen sozialer Ausgrenzung – und haben mehr Angst vor Gewalt in der Schule (vgl. Lösel u. a. 1997, S. 339). Es konnte ein Zusammenhang zwi-

---

[2] Zur Verbreitung von Gewalt an Primarschulen und berufsbildenden Schulen liegen in der Bundesrepublik deutlich weniger gesicherte Befunde vor. Die meisten Erhebungen konzentrierten sich auf allgemein bildende Schulen der Sekundarstufe I (vgl. dazu die Übersicht bei Schwind u. a. 1997, S. 43ff.).

schen ausgeprägt geschlechtstypischen Einstellungen bei Mädchen und ihrer Zustimmung zu Gewalthandlungen ermittelt werden (vgl. Stenke u. a. 1998, S. 98). Ein Befund aus der Rechtsextremismusforschung zeigt einen ähnlichen Zusammenhang zwischen geschlechtsstereotypen und rechtsextremen Orientierungen. Frauen, die sich selbst mit Männlichkeitsstereotypen der Härte und Stärke identifizieren, aber auch diejenigen, die sich an Weiblichkeitsstereotypen orientieren, würden rechtsextreme Positionen attraktiv finden (vgl. Siller 1995, S. 233; Birsl 1994). Ansonsten vertreten Jungen stärker als Mädchen gewaltbefürwortende Einstellungen, nach denen Gewalt normal und natürlich sei und der Stärkere siegen solle. In diesen Einstellungen zeigen sich Zustimmungen zur Legitimation männlicher Hegemonie. An dieser Stelle wäre es von Interesse, eine genauere Analyse über die Rolle und Funktion der Mädchen in gewaltbereiten Cliquen anzuschließen.

Aber auch die Ausführungen von Dorit Stenke u. a. (vgl. 1998) bleiben auf eine deskriptive Abhandlung geschlechtstypischer Unterschiede beschränkt. Was in diesem Forschungszusammenhang nicht thematisiert wurde, sind nähere Beschreibungen der spezifischen Interaktionen zwischen Jungen und Mädchen, in denen Gewalt entsteht oder als Mittel „benutzt" wird. Christine Holzkamp (1994, S. 40) wendet ein, dass männliche Gewalt hauptsächlich in den Blick gerät, da es sich um öffentlichkeitswirksames, offenaggressives Verhalten handele. Mädchen und Frauen dagegen würden Gewalt und Ausgrenzungen „auf ihre Weise" unterstützen und „einen spezifischen Part" spielen. Ob Mädchen in zunehmender Weise auch selbst gewalttätig werden, ob die kleine Gruppe mittels physischer Gewalt handelnden Mädchen im zeitlichen Verlauf größer wird, lässt sich anhand der vorliegenden Daten nur ansatzweise beantworten. Die Tatsache, *dass* es auch Mädchen gibt, die körperlich gewalttätig handeln, wird nicht bestritten. Aus Ergebnissen von Workshops im Rahmen des von Botzat/Landgraf (vgl. 1995) beschriebenen Projektes „Jugend und Gewalt" geht hervor, dass das Verhältnis zwischen den Geschlechtern im schulischen Kontext von einer Rauheit körperlicher und verbaler Art geprägt sei. Mädchen würden sich allerdings nicht alles gefallen lassen und sich auch körperlich gegen Jungen zur Wehr setzen. Die Jungen hätten Interesse, diese Situationen dominieren zu wollen – Verunsicherungen führen zu Gewalttätigkeiten, um einem Gesichtsverlust gegenüber den Mitschülern zu entgehen. Jungen vermeiden den Ausdruck von Gefühlen und leugnen „schwache" Anteile, da diese ihre männliche Geschlechtsidentität bedrohen könnten – das laute, aggressive Auftreten wird als Ausdruck dieser Angst gewertet. Mädchen würden allerdings in diesem Konfliktfeld nicht ganz unbeteiligt sein, denn sie nutzen ihre verbale Überlegenheit durchaus auch dazu, sich an gewalttätigen Jungen zu rächen (vgl. Botzat/Landgraf 1995, S. 216ff.) Als Resultat des durch Individualisierungsschübe hervorgerufenen sozialen Wandels wird eine Annäherung des Verhaltens der Geschlechter diskutiert. Auf Gewalthandeln bezogen hieße das: Für Mädchen könnten Gewalthandlungen zunehmend ins Spektrum möglichen Verhaltens rücken, Gewalt würde im Zuge der Auflösung traditioneller Geschlechterkonzepte eine mögliche Ausdrucksform beider Geschlechter.

Forschungen zu aggressiven und delinquenten Verhaltensweisen von Jugendlichen im Zeitvergleich bestätigen diese Tendenz nur zum Teil: Offizielle Daten der Kriminalitätsstatistik (vgl. PKS 1998, Pfeiffer/Wetzels 1999, S. 14) zeigen, dass Mädchen in Hinsicht auf Gewaltdelikte und strafrechtlich relevante Handlungen weit hinter den Jungen liegen. Auch die absoluten Zuwächse der offiziell registrierten Delikte sind bei jungen Tatverdächtigen männlichen Geschlechts gravierender. Der Abstand der polizeilich registrierten Kriminalitätsbelastung zwischen den Geschlechtern habe sich zwischen 1984 und 1997 beträchtlich erhöht. Obgleich die Daten der polizeilichen Kriminalstatistik relativiert werden sollten, da sie die Belastung der Tatverdächtigen dokumentieren, ergibt sich das Bild, dass die Kriminalitätsbelastung bei Jungen weitaus höher ausfällt, jedoch die Steigerungsrate bei Mädchen zwischen 1987 und 1996 ausgeprägter als bei Jungen ist: Bei den unter 21jährigen weiblichen Jugendlichen beträgt sie 64% – gegenüber 50% bei den altersgleichen Gruppen der männlichen Jugendlichen (vgl. Griffel 1998, S. 2) Bei einem Vergleich der prozentualen Zuwächse weiblicher und männlicher Jugendlicher und Heranwachsender unter den deutschen Tatverdächtigen zwischen den Jahren 1997 und 1998 zeigte sich bundesweit, dass auch hier die prozentualen Anstiege bei Mädchen höher als bei Jungen sind: Im Vergleich zu 1997 stieg der Anteil der polizeilich Registrierten bei weiblichen Jugendlichen um 5,6%, bei den altersgleichen Jungen um 3,8%. Bei den weiblichen Heranwachsenden (18-21 Jahren) konnte zwischen 1997 und 1998 bundesweit ein Anstieg um 10% und bei den männlichen Heranwachsenden von 5% festgestellt werden (vgl. PKS 1998, S. 2). Bei der Aufgliederung einzelner Straftatengruppen nach Geschlecht wird deutlich, dass weibliche Tatverdächtige überproportional häufig des Diebstahls ohne erschwerende Umstände, des Betrugs und der Beleidigung verdächtigt wurden (vgl. PKS 1998, S. 13).

Daten aus Schüler- und Jugendforschungen (vgl. Mansel 1995; Mansel/ Hurrelmann 1998), in denen nur zum Teil strafrechtlich relevante Handlungen betrachtet wurden, weisen ein etwas anderes Muster auf: Im Bereich von Schülergewalt fielen die prozentualen Zuwächse bei den Mädchen ähnlich wie bei den Jungen aus. Im Gegensatz zu den Daten der polizeilichen Kriminalstatistik stellen sich die geschlechtstypischen Beteiligungen anders dar, wenn man Selbstreporte analysiert: So schrumpfte zwischen 1988 und 1996 die Geschlechterdifferenz bei Eigentumsdelikten. Bei Sachbeschädigungen, Erpressungen und Raub haben sich die Anteile der Mädchen an den Delikten im Untersuchungszeitraum verdoppelt, während die Anteile der Jungen nur um etwa die Hälfte angestiegen sind (vgl. Mansel/ Hurrelmann 1998, S. 96ff.). Ulrike Vogel reanalysierte Forschungen des

Instituts für Entwicklungsplanung und Strukturforschung (IES) und des Kriminologischen Forschungsinstituts in Niedersachsen (KFN) und bestätigt die dort erhobenen Befunde, nach denen Gewaltausübung überwiegend ein männliches Verhaltensmuster ist. Demgegenüber thematisiert sie Befunde aus dem Bereich der Jugendsoziologie, nach denen eine kleine Minderheit von Mädchen – „relativ zunehmend" unter den aktiven Gewalttätern auftaucht. Die Position von Frauen im Kontext von männlicher Gewalt sei vielschichtiger, als angenommen. (vgl. Vogel 1999, S. 47). In einer qualitativen Studie wird darauf verwiesen, dass auch die geschlechterbezogenen Unterschiede, was den Umgang mit Gewalt angeht, geringer würden – und dieser Befund wird explizit mit Emanzipationsbestrebungen und der zunehmenden Individualisierung und Auflösung traditioneller Geschlechterkonzepte begründet (vgl. Niebergall 1995, S. 101).

Die Diskussion der Frage, wie viel und welche Schüler besonders häufig als „Gewalttäter" auffallen, suggeriert allzu leicht eine viel zu schlichte Vorstellung von Gewalt als singulären Handlungen und von klar definierbaren „Tätern" und „Opfern". Insbesondere die Arbeiten von Dettenborn/Lautsch (1993) und Rostampour/Melzer (1997) zeigen, dass sich die Lage wesentlich komplexer darstellt. Vor allem bei körperlichen Gewalthandlungen, bei Prügeleien, kann zwischen Opfern und Tätern nicht eindeutig unterschieden werden: Wer in der einen Situation als Täter auftritt, kann in der nächsten Runde das Opfer sein – und umgekehrt. In den verschiedenen Untersuchungen sind etwa 50% der Opfer auch als Täter in Erscheinung getreten – und umgekehrt. Diese Ergebnisse verweisen darauf, dass man eher zwischen zwei informellen „Kulturen" in der Schülerschaft unterscheiden muss: Bei der einen handelt es sich um Jugendliche, die gewalttätigen Auseinandersetzungen aus dem Weg gehen und deshalb weder als Opfer noch als Täter in Erscheinung treten. Die andere „Kultur", in der körperliche Auseinandersetzungen mit wechselseitig auftretenden Täter- und Opferpositionen häufiger vorkommen und „Waffen" als Statussymbole dienen, findet sich besonders häufig in Sonderschulen und in Hauptschulen – und an ihr sind überwiegend Jungen beteiligt (vgl. Tillmann u. a. 1999, S. 17f.). Verschiedene Studien zeigen nun auf, dass dies eng zusammenhängt mit der Einbindung in bestimmte Jugendcliquen. So verweisen Marek Fuchs u. a. (1996, S. 7f.) darauf, dass die Mitgliedschaft in aggressiven Jugendgangs besonders häufig bei „harten Gewalttätern" vorkommt. Qualitative Interviewstudien belegen darüber hinaus den prozessualen Charakter gewaltsamer Handlungen in Zusammenhang mit Gruppeninteraktionen (vgl. Popp 1998): Es gäbe keine isolierte Gewalthandlung, vielmehr würden Täter und Opfer auch in einem problematischen interaktiven Kontext miteinander und mit beteiligten, motivierenden Zuschauern und deren sozialen Erwartungen stehen. Die körperliche „Gewalthandlung" hat möglicherweise einen harmlos, neckenden Anfang und eskaliert im Zuge härter werdender Verbalattacken.

Die bislang beschriebenen instrumentellen Gewalthandlungen dienen der Selbstdurchsetzung und der Problemlösung in alltäglichen schulischen Konfliktsituationen, und das Ergebnis der Gewalthandlung – die Schädigung, psychische Degradierung etc. ist dabei von zentraler Bedeutung. Es gibt aber auch expressive Äußerungen von Gewalt (vgl. Heitmeyer u. a. 1995), die der Selbstrepräsentation dienen. Die Opfer dieser Attacken sind beliebig, die Gewalthandlung selbst unberechenbar, der Akt der Gewaltausübung wird zum Selbstzweck. „Hooligan-Studien" weisen nicht nur darauf hin, dass die Täter Gewalt suchen, sondern dass auch das damit einhergehende Bedürfnis nach „Kicks" ausgelebt und ein provokatives Auftreten inszeniert werden soll (vgl. Buford 1992; Simon 1996). Im Fall von expressiver Gewalt wird Gewalt als Mittel verwendet, um ein Ziel zu erreichen. Das Ziel selbst muss mit der Handlung nicht zwingend in Zusammenhang stehen. Während instrumentelle Gewalthandlungen im Verlauf und im Ziel personen- oder sachbezogen sind, ist expressive Gewalt zwar in der Handlung sach- und personenbezogen, aber nicht im Ergebnis.

Bei der Präzisierung und Operationalisierung von Schülergewalt wurde weitgehend versäumt, die betroffenen Akteure, Schüler(innen) und Lehrer(innen), zu ihrem Alltagsverständnis zu fragen und zu ermitteln, ob etwa die als „physische" und „psychische" Gewalt zusammengefassten Items und Skalen tatsächlich „Gewalt" messen und dem Gewaltverständnis der beteiligten Subjekte entsprechen (vgl. Krumm 1997). Den Befragten wird vielmehr ein begriffliches Verständnis von Gewalt unterstellt, das mit dem der Forschenden identisch ist, und eine mögliche Inkongruenz wird im Verlauf der Untersuchung auch nicht überprüft. Vorliegende Untersuchungen konstatieren eine Übereinstimmung zwischen Alltagstheorien von Schüler(inne)n und den im wissenschaftlichen Kontext eingesetzten Aggressionsdimensionen (vgl. Dettenborn/Lautsch 1993, S. 756). Möglicherweise hat es, bedingt durch Sensibilisierungsprozesse, auch eine Verschiebung gegeben in der Wahrnehmung dessen, was als „Schülergewalt" gilt und was nicht. Studien, die den Bedeutungsgehalt von „Gewalt" mit in ihre Untersuchung einbezogen haben, kommen zu dem Ergebnis, dass die Vorstellungen der Probanden unklar sind. So wurde in Gruppeninterviews mit Lehrkräften und Schüler(inne)n berichtet, es müsse unterschieden werden zwischen Gewalthandlungen gegen Personen und Sachen und zwischen physischer und psychischer Gewalt (vgl. Fuchs u. a. 1996, S. 13; Melzer 1998, S. 25f.). Aus der Studie der Forschungsgruppe Schulevaluation geht hervor, dass Mädchen einen weiteren Gewaltbegriff favorisieren als Jungen – sie definieren auch sehr viel eher als ihre männlichen Mitschüler Beleidigungen und Hänseleien als „Gewalt" (vgl. Melzer 1998, S. 27).

1.1.1 Außerschulische Bedingungskonstellationen

Die vorliegenden repräsentativen Studien zum Thema „Gewalt an Schulen" untersuchten soziale Umwelten als Bedingungskonstellationen gewaltsamen Schülerhandelns. Die Sozialisationsinstitutionen Familie, Medien und Freundesgruppen wurden hierbei am häufigsten thematisiert. Allerdings gibt es kaum Arbeiten, in denen untersucht wurde, ob diese spezifischen Einflüsse und Umwelten sich für Jungen und Mädchen als gleichermaßen gewaltfördernd erweisen. In der eigenen empirischen Untersuchung wird das Hauptaugenmerk auf die Bedeutung der Freundesgruppe und die in ihr ablaufenden Interaktionen zwischen den Geschlechtern gerichtet. In Bezug auf den Zusammenhang zwischen Freundesgruppen und schulischen Gewalthandlungen weisen die vorliegenden Beiträge relativierend darauf hin, dass nicht die alleinige Mitgliedschaft, sondern die Art der Freundesgruppe beachtet werden sollte. Wenn sich die Gruppe durch eine aggressive Außenorientierung und ein intolerantes Binnenklima kennzeichnet, ist das Gewaltpotential hoch. Mehrebenenanalytisch ausgerichtete Studien kommen zu dem Ergebnis, dass die Freundesgruppe eine starke „Determinationskraft" für schulische Gewalthandlungen besitzt (vgl. Funk/Passenberger 1997, S. 259; Melzer/Rostampour 1998, S. 182; Rostampour u. a. 1998, S. 232). Tillmann u. a. (vgl. 1999, S. 180ff.) betonen, dass insbesondere ein sich durch aggressive Konfliktlösungen kennzeichnendes Wertklima der Freundesgruppe zu einem erhöhten Auftreten von physischen als auch psychischen Gewalthandlungen führt. Die Zusammensetzung der Freundesgruppe dagegen oder der Grad ihrer Kohäsion ist von untergeordneter Bedeutung. Während sich beim Zusammensein mit „Freunden" auch bei männlichen Schülern kein bedeutsamer Zusammenhang zu gewaltsamen Handlungen herstellen ließ, sieht das bei der Mitgliedschaft in einer Clique anders aus: Insbesondere männliche Schüler an Haupt- und Berufsschulen, die angegeben haben, im Freizeitbereich mit ihrer Clique zusammen zu sein, sind deutlich gewaltaktiver[3]. Bei den Schülerinnen führt die Cliquenmitgliedschaft zu mehr verbaler Gewalt (vgl. Fuchs u. a. 1996, S. 340f.). Werden die Schüler(innen), die einer Clique angehören, nochmals differenziert in Angehörige von lockeren und geschlossenen Cliquen sowie „Gangs" mit eindeutig devianten Normen, so zeigt sich, dass die kleine Anzahl der Gang-Mitglieder deutlich gewalttätiger ist, was sich nicht nur aus dem spezifischen Alter, dem erhöhten Jungen- und Ausländeranteil und der Herkunft aus unteren Sozialschichten erklären lässt (vgl. Fuchs u. a. 1996,

---

[3] Die Autoren dieser Studie definieren „Clique" in Abgrenzung zum „Freundeskreis" als Gruppe, die sich durch feste Mitgliedschaft, ein starkes Wir- oder Zusammengehörigkeitsgefühl (z. B. bei Kleidung und Abzeichen) sowie öffentlich sichtbares Gruppenhandeln kennzeichnet. Bei den Freundeskreisen steht die Beziehungsebene im Mittelpunkt (vgl. Fuchs u. a. 1996, S. 328). Lothar Krappmann (vgl. 1999) definiert die Freundesgruppen mit tendenziell hierarchischer Struktur als „Cliquen". Eine scharfe begriffliche Abgrenzung ist jedoch nicht möglich.

S. 355). Über Mädchen, die in diesen Gangs Mitglied sind, wird keine Aussage getroffen.

Die bislang publizierten Untersuchungen zu der Frage nach dem Einfluss von Cliquen mit problematischen Wertstrukturen auf körperlich gewalttätige Mädchen beziehen sich nicht auf Gewalthandlungen von Schülerinnen und Schülern, sondern auf Gruppen mit rechtsextremer Orientierung (vgl. Siller 1991, 1995; Birsl 1994; Holzkamp/Rommelspacher 1991; Holzkamp 1994; Jansen 1994; Utzmann-Krombholz 1994). Es handelt sich hier schwerpunktmäßig um Forschungen und Praxisberichte aus der außerschulischen Jugendarbeit mit Mädchen aus rechtsextrem orientierten Cliquen. In diesen Untersuchungen wurde nur am Rande der Frage nachgegangen, ob und inwieweit die Mädchen selbst gewalttätig sind (vgl. als Ausnahme: Bruhns/Wittmann 2000), vielmehr steht im Vordergrund, welche Ambitionen für die Übernahme rechtsextremer Orientierungen bei Mädchen relevant sind und was Mädchen an diesen Cliquen faszinierend finden. Dennoch sind die vorliegenden Rechtsextremismus-Studien durch die Berücksichtigung der Geschlechtszugehörigkeit erwähnenswert. Mechthild Jansen (vgl. 1994, S. 70) konstatiert als potentielle Rollen für Frauen in gewaltbereiten und rechtsextrem orientierten Cliquen die überhöhte Mutterfigur, Mitläuferin, Anstifterin im Hintergrund, Zuarbeiterin oder auch die der Gewalttäterin mit einer impliziten Verachtung für Frauen (vgl. Vogel 1999, S. 51f.).

Eine „geschlechtstypische Arbeitsteilung" im Bereich von Gewalt wurde im Rahmen der Rechtsextremismus-Forschung festgestellt (vgl. z. B. Krafeld 1995, S. 9). Mädchen als Freundinnen von Skinheads scheinen eine wichtige Rolle – z. B. als Trösterin nach Randalen – zu spielen und sich mit dieser Funktion zu identifizieren. Der Part der weiblichen Jugendlichen bestehe in der Bereitschaft zur Unterordnung, in der Bestätigung der Helden, dem Zuhören und in der Befriedigung sexueller Bedürfnisse. In diesen Gruppen reproduziere sich das traditionelle Geschlechterarrangement besonders deutlich (vgl. Holzkamp 1994, S. 44). Aus narrativen Interviews mit ausgewählten „gewalttätigen" 16-17jährigen Mädchen eines rechtsorientierten Freundeskreises geht hervor, dass offene Gewaltanwendung kein Tabu mehr ist, sondern auch für Mädchen ein Mittel sein kann, Status und Anerkennung zu erlangen (vgl. Niebergall 1995, S. 91ff.). Des Weiteren gab es in den Studien Belege dafür, dass es für das Selbstwertgefühl dieser Mädchen bedeutsam ist, einen Skinhead oder Hooligan zum Freund zu haben – die rechtsorientierte politische Gesinnung spiele gegenüber den Aspekten von Anerkennung und Bestätigung eine nur untergeordnete Rolle (vgl. Lutzebaeck 1995, S. 105). In diesem Forschungszusammenhang wurde auch der Frage nachgegangen, was rechtsextrem orientierte Jugendcliquen für Mädchen so attraktiv macht. Vermutet wird, dass der Zugang zu einer jungengeprägten Clique den Mädchen zum einen in öffentlichen Auftritten Achtung und Respekt verschafft und zum anderen Erfahrungen und

Erlebnisse ermöglicht, die sie aufgrund ihrer traditionellen Erziehung nicht kennen gelernt haben (vgl. ebenda, S. 112).

Jutta Conrads und Renate Möller (vgl. 1995, S. 270ff.) näherten sich unter der Perspektive des durch Individualisierung hervorgerufenen Wandels der Geschlechterkonzepte der Frage, ob Desintegrations- und Verunsicherungsprozesse auch bei Frauen Gewalthandlungen zur Folge haben können. Deutlich wird, dass für junge Frauen die emotionale Qualität der Freundesgruppe wichtiger ist als für Männer. Sie erhalten durch ihre Freundesgruppe eine stärkere Unterstützung, was sie im Vergleich zu Männern stärker gegen Desintegrationsprozesse schützt. Allerdings sind weibliche Jugendliche bei Störungen der Beziehungen zu anderen Personen stärkeren Belastungen ausgesetzt. Die Autorinnen untersuchten auch weibliche Jugendliche, die aktiv gewalttätig geworden sind: Eine gute Integration in die Familie wirkt gewaltmindernd, ein mangelndes Selbstwertgefühl hat sich als gewaltbegünstigender Faktor erwiesen. Wenn junge Frauen gewalttätig werden, so ein Ergebnis der Studie, unterscheiden sie sich nicht erheblich von gewalttätigen jungen Männern (vgl. ebenda, S. 277f.). Zu fragen wäre, ob Mädchen auch in der Schule gewalttätig handeln, und welche Bedingungen dafür maßgeblich sind.

1.1.2 Schulische Bedingungskonstellationen

Im wissenschaftlichen Diskurs um Schülergewalt wird nicht nur die These vertreten, Schule sei „Austragungsort" von Gewalt, die ursächlich in der Familie und der Freundesgruppe entstehe und von außen in die Schule getragen würde. Vielmehr lassen sich auch institutionelle, kommunikative und räumliche Voraussetzungen innerhalb der Schule benennen, die sich verstärkend auf Gewalthandlungen von Schüler(inne)n auswirken können.

Mit schulischem „Sozialklima" werden die sozialen Beziehungen zwischen Lehrkräften und Schüler(innen) sowie innerhalb der Lerngruppe überschrieben. Es zeigen sich durchgängig Zusammenhänge zwischen der von den Schüler(innen) wahrgenommenen Qualität des Sozialklimas und der Häufigkeit physischer und psychischer Gewalthandlungen: Je stärker die Schüler-Lehrer-Beziehung durch Vertrauen, durch wechselseitige Akzeptanz und liberale Haltungen gekennzeichnet ist, umso seltener kommt es zu gewaltsamen Handlungen. Sobald die Schüler(innen) ihre Lehrkräfte als besonders rigide in der Anwendung institutioneller Regeln erleben, d. h. wenn Lehrkräfte Schüler(innen) öffentlich bloßstellen, Noten als Mittel der Bestrafung einsetzen und nie eigene Fehler eingestehen, führt dies zu vermehrten physisch und psychisch aggressiven Verhaltensweisen. Ähnliches gilt für fehlende Akzeptanz: Schüler(innen), die sich von ihren Lehrkräften nicht als Person wahrgenommen und akzeptiert fühlen, agieren überzufällig häufig mit körperlicher Gewalt. Auch die wahrgenommene Qualität der Beziehung zu den Mitschüler(inne)n ist für Gewalthandeln nicht zu unterschätzen: Wenn Jugendliche die Erfahrung machen, ihre Lerngruppe sei desintegriert, d. h. man würde schnell zum Außenseiter, von anderen nicht beachtet und es bestünden in der Klasse verfeindete Cliquen, erhöht sich die Wahrscheinlichkeit des Auftretens physischer und psychischer Gewalthandlungen. Schüler(innen), die ihre Lerngruppe als opportunistisch-konkurrenzorientiert wahrnehmen, reagieren vermehrt mit psychischen Ausdrucksformen von Gewalt. Umgekehrt wirkt sich ein positiv wahrgenommenes Sozialklima und der subjektive Eindruck, für andere wichtig zu sein und gute Freunde in der Klasse zu haben, gewaltmindernd aus (vgl. Tillmann u. a. 1999, S. 232f.). Restriktives Lehrerverhalten und die subjektive Einschätzung von Desintegration in der Lerngruppe wirken sich an allen Schulformen gewaltförderlich aus, wobei die stärksten Zusammenhänge an Haupt- und Realschulen gemessen wurden (vgl. ebenda, S. 234f.). Weitere Interaktionsformen, die abweichende Verhaltensweisen begünstigen, sind Zuschreibungen und Etikettierungen, die sowohl von Seiten der Lehrkräfte vorgebracht als auch durch die Schüler(innen) mit getragen und reproduziert werden. Wer in der Schule mit als regelwidrig befundenen Handlungen auffällt, ist nicht nur von schultypischen Sanktionen, sondern von „Devianzzuweisungen" (vgl. Hargreaves u. a. 1981, S. 104ff.; Hargreaves 1979, S. 147ff.) bedroht.

Empirische Befunde deuten darauf hin, dass immerhin 16% aller Schüler(innen) den Eindruck haben, ihre Lehrkräfte würden sie stärker im Auge behalten als andere, und Jungen fühlen sich stärker von Etikettierungsprozessen betroffen als Mädchen. Je stärker die Schüler(innen) den Eindruck haben, als Störenfried betrachtet, schnell verdächtigt und bestraft zu werden, umso häufig verhalten sie sich gewalttätig – dieser Zusammenhang besteht in allen Schulformen (vgl. Tillmann u. a. 1999, S. 255ff.; Rostampour u. a. 1998, S. 230). Die Chance, zu den negativ Etikettierten zu gehören, ist besonders ausgeprägt bei männlichen Schülern, bei Kindern aus niedrigen Sozialschichten und bei Lernenden in Hauptschulzweigen. Bei etikettierten Schülerinnen und Schülern konzentrieren sich in vielfältiger Weise ungünstige Sozialisationseinflüsse: In der Familie werden sie besonders restriktiv behandelt, in der Schulklasse sind sie schlecht integriert, von Lehrkräften werden sie wenig akzeptiert. Sie nehmen Schule insgesamt als eine unangenehme soziale Umwelt wahr und – infolgedessen – bewegen sich diese Jugendlichen besonders häufig in außerschulischen Cliquen, in denen autoritäre und aggressive Wertmuster vorherrschen. Qualitative Interviews zeigen ergänzend, wie sehr Etikettierte von den Mitschüler(inne)n isoliert werden können. Interessant hieran ist der Aspekt, dass nicht nur die mit Definitionsmacht ausgestatteten Lehrkräfte, sondern auch die Jugendlichen untereinander Labels verfestigen und Stigmatisierte dazu verleiten, sich gemäß ihres Etiketts zu verhalten (vgl. Tillmann u. a. 1999, S. 272f.).

Das kulturelle System der Zweigeschlechtlichkeit verweist auf verschiedenen Ebenen schulischer Sozialisation auf die Differenzen zwischen den Geschlechtern. Wenn Mädchen und Jungen in ähnlichen sozialen Kontexten unterschiedlich wahrnehmen und handeln, dürfte sich diese Differenz auch bei Konflikt- und Gewalthandlungen zeigen. Verhältnisse und Umgangsformen in der Schule würden, so eine Studie mit 10-12jährigen Kindern, zwischen den Geschlechtern ausgehandelt und hergestellt – auch auf der Ebene des „Quatsch Machens" und Neckens, des Miteinanders und Gegeneinanders (vgl. Krappmann/Oswald 1995, S. 189ff.). Herumtoben und raue Spiele werden vor allem von Jungen geschätzt. Schein- und Schaukämpfe können Kinder in der Regel gut identifizieren. „Spiele auf der Grenze" sind jedoch riskant durch missverständliche Interaktionen: Einerseits bieten solche Spiele ein Übungsfeld für soziale Fähigkeiten, zum anderen kann Dominanz aufgebaut und Angriffsverhalten eingeübt werden (vgl. Oswald/ Krappmann 2000, S. 9). Bei konflikthaften Interaktionen, Gewalt und Rücksichtslosigkeiten von Primarschüler(inne)n traten einige interessante geschlechtstypische Unterschiede zum Vorschein: In 50% der schweren körperlich ausgetragenen Konflikte waren Mädchen beteiligt oder Anlass des Streits (vgl. Krappmann/Oswald 1995. S. 128f.).

Es gibt nicht nur theoretische Annahmen, sondern auch empirische Belege dafür, dass Jungen im schulischen Kontext durch Männlichkeitsideale wie „Kräfte messen", nicht feige, sondern „cool" sein zu wollen – insbesondere in Gruppenzusammenhängen – dazu veranlasst werden, aggressiv aufzutreten (vgl. Würtz u. a. 1996, S. 120). Neuere Studien, in denen der Frage nachgegangen wird, wie Mädchen und Jungen im Jugendalter im schulischen Kontext und in ihren Freundesgruppen miteinander umgehen, wie sie ihr Geschlechterverhältnis unter den Voraussetzungen neu strukturierter Identitäten herstellen, balancieren, reproduzieren, sind im deutschsprachigen Raum kaum vorhanden.

Aus der Studie von Tillmann u. a. (1999) geht hervor, dass Mädchen das Sozialklima in ihrer Klasse tendenziell positiver als Jungen wahrnehmen; sie erleben signifikant weniger Konkurrenz und Desintegrationsprozesse. Mädchen empfinden die Beziehung zu ihren Lehrern stärker durch Vertrauen gekennzeichnet und weniger als restriktiv maßregelnd. Die Frage, ob ein als negativ empfundenes Sozialklima bei beiden Geschlechtern oder nur bei Jungen gewaltfördernd wirkt, geht aus den Analysen nicht hervor. Ein interessanter geschlechtstypischer Befund auf der Ebene der Schulklasse besagt, dass mit einem erhöhten Jungenanteil in der Klasse ein verstärktes Auftreten von Lügen und Beleidigen verbunden sein kann. Diese Faktoren könnten verbale und körperliche Auseinandersetzungen zur Folge haben (vgl. Funk/Passenberger 1997, S. 257ff.; Rostampour u. a. 1998, S. 229) und auch das Klima innerhalb einer Lerngruppe erheblich beeinträchtigen. Umgekehrt stellt sich die Frage, ob eine Lerngruppe, in der sich viele Mädchen konzentrieren, „gewaltloser" ist. Überlegungen dieser Art würden mit den Befunden aus der feministischen Schulforschung korrespondieren, nach denen Mädchen ein positives Sozialklima der Lerngruppe fördern (vgl.

z. B. Brehmer 1982, 1991; Horstkemper/Wagner-Winterhager 1990; Amendt 1996). Möglicherweise hat der Mädchenanteil in der Klasse Auswirkungen auf die Qualität des Binnenklimas.

1.1.3 Empirische Befunde über Schule, Geschlecht und Gewalt aus den USA und den skandinavischen Ländern

In den Vereinigten Staaten und in den skandinavischen Ländern gibt es eine erheblich längere und in anderen Disziplinen geführte Forschungstradition zum Thema „Gewalt an Schulen" mit einschlägigen Befunden zu geschlechtstypischen Aspekten[4] innerhalb und außerhalb der Schule.

Meda Chesney-Lind und Marylin Brown (vgl. 1998) untersuchten weibliches Gewaltverhalten und Kriminalität von Mädchen in Gangs. Gewalterfahrungen von farbigen Mädchen aus ökonomisch marginalisierten Familien würden sich immens von denen weißer Mädchen unterscheiden. In Gangs müssten Mädchen ein männliches Selbst-Image übernehmen. Dabei würden sich kriminelle Mädchen durchaus an traditionellen Geschlechtsrollen orientieren (vgl. Chesney-Lind/Brown 1998, S. 172f.). Zwischen 1985 und 1994 seien die Zuwächse der Mädchen bei Verhaftungen wegen delinquenten Handelns deutlicher angestiegen als bei männlichen Jugendlichen (ebenda, S. 175). 1992 haben 34% der befragten Mädchen im Alter zwischen 14 und 17 Jahren und 51% der altersgleichen Jungen angegeben, einen körperlich ausgetragenen Kampf durchgeführt zu haben (vgl. Girls incorporated 1996; Chesney-Lind/Brown 1998, S. 178). Indirekte, verdeckte Gewalt würden Mädchen jedoch bevorzugen – dies deckt sich mit skandinavischen und deutschen Untersuchungsergebnissen. Die Beteiligung von Mädchen in jugendlichen delinquenten Gangs ist insgesamt gering. Chesney-Lind und Brown fanden durch Interviews mit jugendlichen Gang-Mitgliedern, dass mehr als 60% dieser Mädchen in solchen Gruppen massive körperliche und sexuelle Gewalterfahrungen in ihrer Familie erlitten haben und die Gruppe als Ort der Sicherheit und als Ersatzfamilie wahrnehmen. Gewalt und Kämpfe gehören für die Mädchen in den Gruppen zwar dazu, sie würden diese Situationen jedoch nicht explizit aufsuchen (vgl. 1998, S. 191).

Eine andere amerikanische Studie zu „Täterinnen" körperlicher Gewalt befasst sich mit der Frage der Partizipation von Mädchen in delinquenten Cliquen und räumt mit beliebten „Mythen" auf: Weder sei Gewalt von Mädchen ein Phänomen sozialer Isolation oder sexueller Promiskuität, noch habe die Familie bei Mädchen einen erheblich stärkeren Einfluss auf Gewalt. Auch die Annahme, gewalttätige Mädchen würden, anders als Jungen, im

---

[4] Die amerikanische Diskussion um Gewalt an Schulen kann hier nicht ausführlich präsentiert werden. Vgl. z. B. Annual Report on School Safety 1999; Goldstein/Conoley 1997; Kaufmann u. a. 1999; Klewin u. a. 2001).

Feld von Gewalt keine engen gleichgeschlechtlichen Freundschaften haben, hätte sich als falsch herausgestellt. Vielmehr spiele die peer-group für Delinquenz bei Mädchen eine bedeutsamere Rolle als für Jungen (Campbell 1990, S. 163ff.). Delinquente Mädchencliquen weisen eine hohe Kohärenz auf, die Intensität der Beziehungen und der gegenseitigen Loyalität sei sehr ausgeprägt. Als einer der nachhaltigsten Konflikte in einer delinquenten Mädchenclique gilt, sich gegenseitig den Freund auszuspannen – die reziproke Kontrolle sexueller Beziehungen ist sehr ausgeprägt (vgl. ebenda, S. 175ff.). In einer anderen Arbeit stellt Anne Campbell fest, dass delinquente Mädchen in Mädchencliquen auch durch die Angst, selbst zum Opfer zu werden, zu Gewalthandlungen motiviert seien. Im Gegensatz zu delinquenten Jungencliquen, die Angriff als beste Verteidigung ansehen, würden Mädchen primär mit einem Angriff drohen, da sie mit dem Einsatz von Aggressionen um die Verletzlichkeit ihrer Beziehungen und Bindungen fürchten (vgl. Campbell 1995, S. 187).

Auch in den skandinavischen Ländern hat die wissenschaftliche Beschäftigung mit „Bullying" im schulischen Kontext deutlich eher eingesetzt als in der Bundesrepublik (vgl. Olweus 1999a,b; Björkqvist/Österman 1999). Jungen sind sowohl unter den „Bullies" als auch unter den Opfern von „Bullying" häufiger vertreten als Mädchen (vgl. Olweus 1999b, S. 34; Kumpulainen 1998). Diese Ergebnisse dürfen nicht dahingehend missverstanden werden, dem „Bullying" der Mädchen keine Aufmerksamkeit zu schenken. Die Mädchen haben vielmehr subtilere Formen und agieren selten mit offenen Attacken (vgl. Olweus 1991, S. 419). Allerdings sind die Beziehungen zwischen Jungen aggressiver als die zwischen Mädchen. Jungen seien zwar häufiger an Mobbing-Aktivitäten[5] in der Schule beteiligt als Mädchen, allerdings sei einzuräumen, dass Mobbing durch Mädchen schwerer zu entdecken sei, da diese weniger offensichtliche, sondern eher ‚hinterlistige' Schikanen wie üble Nachrede, Verbreitung von Gerüchten und Manipulation der Freundschaftsbeziehungen in der Klasse verwenden (vgl. Olweus 1996, S. 65; Östermann u. a. 1998; Björkqvist u. a. 1999).

Auf die Berücksichtigung der Geschlechtszugehörigkeit beim „Bullying" haben sich insbesondere Kirsti Lagerspetz u. a. (1988, 1994), Kaj Björkqvist u. a. (vgl. 1992, 1999), Karin Österman u. a. (1998) und Christina Salmivalli u. a. (1996) konzentriert. Sie konnten zeigen, dass sich innerhalb von Mädchengruppen ein extensiver Gebrauch psychischer Aggressionsmuster findet, und dass Mädchen untereinander zum Teil grausam und rücksichtslos miteinander umgehen (vgl. Lagerspetz/Björkqvist 1994, S. 146f.). In der Gruppe der 15jährigen Mädchen und Jungen würden Aggressionen innerhalb der eigenen Geschlechtergruppe häufiger ausgelebt, als zwischen Jungen und Mädchen (vgl. Österman u. a. 1998, S. 6ff.). In einer

---

[5] Der Begriff „Bullying" wird in der deutschen Ausgabe (vgl. Olweus 1996) mit „Mobbing" übersetzt.

weiteren Studie konnte nicht nur ein stärkerer Gebrauch indirekter Aggressionsstrategien bei Mädchen nachgewiesen werden, sondern es zeigte sich, dass Zusammensetzung und Qualität der Freundesgruppe eine nicht zu unterschätzende Rolle spielen: Gefunden wurde, ähnlich wie in den zitierten amerikanischen Studien, dass die soziale Struktur der Freundesgruppe unter Mädchen fester als unter Jungen ist. Damit haben Mädchen mehr Möglichkeiten, ihre sozialen Beziehungen auszunutzen, die ihnen erleichtern, den Opfern über indirekte, manipulative Aggressionen Schaden zuzufügen (vgl. Lagerspetz/Björkqvist/Peltonen 1988, S. 403; Lagerspetz u. a. 1999, S. 194). Ein Vergleich indirekter Aggressionsstrategien zwischen Mädchen und Jungen ergibt, dass Mädchen eher als Jungen zu Strategien greifen, die psychischen Schaden anrichten (vgl. Björkqvist u. a. 1999, S. 194), und die als sozial schädigende Verhaltensweisen interpretiert werden können (vgl. Lagerspetz/Björkqvist 1994, S. 138). Eine Untersuchung, die sich thematisch mit Empathie und sozialen Kompetenzen der Geschlechter befasst, zeigt, dass Mädchen ein hohes Maß an sozialer Intelligenz besäßen und besser als Jungen auch nonverbale Signale decodieren könnten. Soziale Intelligenz führt einerseits dazu, dass Mädchen eher als Jungen friedliche Konfliktlösungsstrategien verfolgen. Zum anderen korreliert soziale Intelligenz gleichzeitig hoch mit indirekten Aggressionen (vgl. Björkqvist/ Östermann 2000, S. 195ff.). Eine weitere Studie mit finnischen Schüler(inne)n zwischen 12 und 13 Jahren zeigt, welche Bedeutung Gruppenprozessen für Konfliktverhalten zukommt, und dass dort „Rollen", auch nach Geschlecht verteilt, „gespielt" würden. Jungen hätten dabei eher die Rolle des Angreifers, Provokateurs und Assistenten, während Mädchen die Rolle der Verteidiger und Aussenstehenden übernehmen würden. (vgl. Salmivalli u. a. 1996, S. 5). Der knappe Abriss zum Forschungsstand in den USA und in den skandinavischen Ländern über geschlechtstypische Aspekte von Schülergewalt verweist auf die Notwendigkeit, Interaktionen der Geschlechter zur Kenntnis zu nehmen und auf mögliche verdeckte Aktivitäten der Mädchen zu achten.

1.2 Die Aufmerksamkeitsrichtung der Untersuchung und offene Fragen

Die bislang zusammengetragenen Überblicke über begriffliche Abgrenzungen von „Schüler(innen)gewalt" sowie empirischen Befunde zur Geschlechtersozialisation und zu Gewalt an Schulen dienen im folgenden dazu, die Akzente der eigenen Studie zu konturieren, bislang offen gebliebene Fragen zu stellen und Forschungsdesiderate aufzuzeigen.

1.2.1 Das eigene Begriffsverständnis: Gewalthandlungen und konflikthafte Interaktionen

Aus vielen Ausführungen geht hervor, dass die Verwendung des Gewaltbegriffes problematisch ist. Melzer (vgl. 1998, S. 28) liefert mir hinreichende Argumente, am Gewaltbegriff dennoch festzuhalten: Gewalt entsteht innerhalb der Gesellschaft (vgl. Richter/Sünker 1997) und „Gewaltkarrieren" beginnen in sozialen Kontexten wie der Familie, der Clique oder der Schule. „Gewalt" impliziert keine isolierte Handlung einzelner Akteure, sondern meint ein Geschehen, einen Handlungsablauf, einen Interaktionszusammenhang. In Anlehnung an diesen Gedanken möchte ich das der eigenen Forschungsabsicht zugrundeliegende Begriffsverständnis formulieren.

Ein Aspekt scheint in Anlehnung an die oben erwähnte Kritik von Krumm (vgl. 1997), die sich auf mögliche Differenzen zwischen Alltagsverständnis und wissenschaftlichem Verständnis von „Gewalt" bezieht, bedeutsam zu sein: Um zu prüfen, ob das wissenschaftlich zugrundegelegte begriffliche Verständnis von Gewalt auch mit dem im Schulalltag handelnden Akteuren übereinstimmt, soll die Unterscheidung zwischen *Alltagsverständnis und erziehungswissenschaftlicher Definition* von Schülergewalt als Problem aufgegriffen werden. Diese Untersuchung wird sich zum einen auf *instrumentelle Gewalthandlungen* konzentrierten: Untersucht werden *physische* und *psychische* Ausdrucksformen von Gewalt. Erforscht werden auch *gewaltaffirmative Einstellungen* von Schülerinnen und Schülern: So soll der Frage nachgegangen werden, ob und inwieweit die Jugendlichen Gewalt normal und akzeptabel finden, Gewalthandlungen billigen und als legitimes Mittel der Konfliktbearbeitung empfinden. Auch wird der Aggressionsbereitschaft der Geschlechter und dem Grad der persönlichen Hemmschwelle für Gewalthandlungen nachgegangen. Die auf Selbstrepräsentation zielende *expressive Ausdrucksform* gewaltsamen Handelns, in der weder Opfer noch Motiv rational herleitbar sind, soll ebenfalls thematisiert werden. Aus der Perspektive der Geschlechter sind hier insbesondere Interaktionen von Interesse, die sich auf Selbstdarstellung, Brüskierung und Imponiergehabe dem anderen Geschlecht gegenüber konzentrieren und in denen mit der Gewalthandlung etwas anderes bezweckt werden soll, als die bewusste Schädigung des Opfers.

Anhand der gefundenen Täter-Opfer-Beziehungen wurde deutlich, dass Gewalthandlungen eine Interaktionsdynamik zugrunde liegt. Handlungsabläufe im Kontext von Gewalt folgen einem interaktionsspezifischen, prozessualen Verlauf und werden von gruppendynamischen Prozessen beschleunigt oder möglicherweise gebremst. Für Konflikt- und Gewalthandlungen in Gruppen, für die dazu führenden sozialen Geschehnisse, bei denen es keine isoliert voneinander stehenden „Täter(innen)" und keine voraussetzungslosen „Taten" gibt, werde ich den Begriff der *konflikthaften Interaktionen* verwenden. Als konflikthafte Interaktionen sollen auch soziale

Situationen gekennzeichnet werden, in denen Gewalt „Interaktionsprodukt" ist. Dabei kann Gewalt in konflikthaften Begegnungen zwischen den Jungen und Mädchen erzeugt werden, aber auch in geschlechtshomogenen Gruppen, wenn ein Angehöriger des anderen Geschlechts der Anlass für die Auseinandersetzung ist. Mit konflikthaften Interaktionen werden auch prekäre Handlungen definiert, die zur Aufrechterhaltung und Stabilisierung traditioneller Geschlechterverhältnisse einen Beitrag leisten.

1.2.2 Schulische Sozialisationsprozesse von Mädchen und Jungen

Wenn Sozialisationsprozesse von Jungen nur als Kontrast zur Mädchensozialisation in den Blick geraten, lässt sich nicht die Frage klären, ob Schule als Institution den Jungen „schadet" oder an welchen Stellen Jungen unterschwellig benachteiligt werden. Die vorliegende Arbeit sieht es als notwendig an, in die eigene empirische Forschung zur Geschlechtersozialisation an Schulen, die Realität von Jungen mit einzubeziehen. In diesem Zusammenhang soll nicht geleugnet werden, dass die Schule für Mädchen Sozialisationsprozesse bereitstellt, in denen sie Nachrangigkeiten erfahren. Jedoch konnte eine „formale Benachteiligung" der Jungen im Leistungsbereich konstatiert und ein erhöhtes Risiko leistungsschwacher Schüler für schuldeviantes und aggressives Verhalten nachgewiesen werden. Solche Schüler sind eher als andere gefährdet, von Lehrkräften und Mitschüler(inne)n etikettiert und als „Störer" an den Rand gedrängt zu werden.

Ein wichtiger Ort der Interaktionen zwischen den Geschlechtern dürfte die Lerngruppe sein: Wie Jungen und Mädchen ihre Position in der Gruppe wahrnehmen, wie das Verhältnis zum anderen Geschlecht aussieht, und wie im Klassenverband Konflikte verhandelt werden, sind diesbezüglich wichtige Fragen. Die Lerngruppe ist insofern eine interessante Analyseeinheit, da sie von den Jugendlichen nicht frei wählbar ist und es sich um eine geschlechtergemische, altershomogene Gruppe handelt. Dieser Sachverhalt kann sich für die Geschlechterbeziehungen im Jugendalter aus entwicklungspsychologischen Gründen durchaus als problematisch erweisen. So wäre zu untersuchen, ob sich die von Tillmann (vgl. 1992) beschriebenen prekären Klassenkonstellationen, in denen Mädchen ihre Mitschüler als „kindisch" und „albern" wahrnehmen und Jungen ihre Mitschülerinnen als „eingebildet" und „überheblich", wiederfinden lassen – und ob derartige Kommunikationen Gewalt oder konflikthafte Interaktionen erzeugen können.

Aus den bisherigen Ausführungen zum Klima in Lerngruppen lässt sich der Schluss ziehen, dass die Anwesenheit von Mädchen für die Beschaffenheit des Sozialklimas und der Lernkultur einer Klasse eine bedeutsame – und möglicherweise auch gewaltmindernde – Rolle spielen dürfte. Dieser Hypothese von der „befriedenden" Wirkung der Mädchen in einer Lerngruppe und Annahmen, die besagen, dass in Lerngruppen mit einem hohen Mädchenanteil ein positiveres Sozialklima herrscht, fehlt bisher eine empirische Grundlage. Die Fokussierung der Schulklasse als Analyseebene und Untersuchungen über ihre soziale Eigendynamik wurden von der Forschung bislang weitgehend ausgeklammert, von wenigen Ausnahmen abgesehen (vgl. z. B. Preuss-Lausitz 1992). Über „Kulturen" und Umgangsweisen der Geschlechter in unterschiedlichen Lerngruppen ist ebenso wenig bekannt, wie über Interaktionsverhältnisse in Lerngruppen, in denen Mädchen oder Jungen anteilmäßig in der Minderheit oder Mehrheit sind. Das Zusammenwirken individueller Persönlichkeitsmerkmale und lerngruppenspezifischer Kultur könnte auch dazu führen, dass es Klassen gibt, die von Mädchen oder Mädchengruppen dominiert werden.

Im Rahmen der Lerngruppe soll auch auf die Qualität der Beziehungen zwischen Lehrkräften und Schüler(inne)n eingegangen werden. Aus den bisher präsentierten Befunden ließ sich entnehmen, dass durch einen von Schüler(innen)seite wahrgenommenen Mangel an Vertrauen und Akzeptanz und durch eine rigide Haltung der Lehrkräfte gewalttätiges und abweichendes Schülerhandeln wahrscheinlicher wird. Daneben zeigten Forschungen (vgl. Horstkemper 1987), dass die Lehrer(in)-Schüler(in)-Beziehung für Mädchen eine größere Bedeutung hat als für Jungen. Die Frage, ob ein vertrauensvolles bzw. ein negatives Schüler(in)-Lehrer(in)-Verhältnis sich bei beiden Geschlechtern gleichermaßen als gewaltmindernd oder -fördernd herausstellt, wurde bislang nicht gestellt.

1.2.3 Schülergewalt und Schülerinnengewalt – männliche Täter und weibliche Opfer?

Auf deskriptiver Ebene haben alle bisher vorliegenden empirischen Studien verdeutlicht, dass Gewalt an Schulen als „Jungenphänomen" gewertet werden muss. Allerdings beschränkte sich die geschlechtstypische Perspektive auf Angaben quantitativer Differenzen, die mit den unterschiedlichen sozialen Erwartungen an Jungen und Mädchen erklärt wurden. Der Beitrag von Stenke u. a. (vgl. 1998) ist in der Analyse geschlechtstypischer Ausdrucks- Wahrnehmungs- und Beteiligungsformen von Gewalt im schulischen Kontext etwas ausführlicher. Eine weitergehende Interpretation, unter Berücksichtigung gewaltfördernder Bedingungen, speziell für Mädchen, ließ die Datenlage der oben erwähnten Studie jedoch nicht zu.

Koedukationskritische Untersuchungen wiesen darauf hin, dass Mädchen und Frauen aufgrund ihrer benachteiligten Stellung im Geschlechterverhältnis „Opfer" schulischer Sozialisationsprozesse, „Opfer" struktureller Gewalt und „Opfer" direkter problematischer Interaktionen im Schulalltag sind (vgl. z. B. Barz 1984; Kreienbaum 1992; Metz-Göckel 1996). Wie schon in der zuvor thematisierten Hypothese über die „befriedende Wirkung" der Mädchen in Lerngruppen, fehlen dezidierte empirische Untersuchungen, die der Frage nach dem Opferstatus von Mädchen und Jungen anhand konkreter Gewalthandlungen und gewaltförmiger Situationen quantitativ und qualitativ nachgehen. Die Existenz struktureller Gewalt im schulischen Kontext zu Ungunsten von Mädchen soll nicht bestritten werden, selbst wenn es schwierig ist, diese erfahrungswissenschaftlich zu erfassen und nachzuweisen (vgl. Tillmann 1995). Empirisch analysierbar sind jedoch selbst berichtete oder beobachtete Gewalthandlungen und ihre Ausdrucksformen. Und wie bei diesen Handlungen das Verhältnis der Geschlechter zueinander und die Beteiligung der Geschlechter ausfällt, darüber haben die Untersuchungen der feministischen Schul- und Koedukationsforschung bisher keine Auskunft gegeben. Um Gewalthandlungen gegen Mädchen aufzugreifen, sollten sexuelle Übergriffe im Schulalltag mit berücksichtigt werden.

Eine zu erforschende Frage bezieht sich auf die geschlechtstypischen Ausdrucksformen von Schülergewalt: Könnten psychische Attacken, soziale Ausgrenzungen, Mobbing sowie verdeckt ablaufendes abweichendes Verhalten als Ausdrucksformen der Konfliktbewältigung von Mädchen angesehen werden? Folgt man den bisher vorliegenden Studien (vgl. Fuchs u. a. 1996, S. 104; Popp 1997a; Stenke u. a. 1998), so scheinen sich bei diesen Handlungen eine stärkere Beteiligung von Mädchen anzudeuten. Nur sehr am Rande wurden in einigen Forschungsbeiträgen die Alltagsvorstellungen und -definitionen sowie die emotionalen Reaktionen auf Gewalt von Mädchen und Jungen analysiert. Es wurde vermutet, dass Mädchen ein sensibleres, weiteres Gewaltverständnis und generell mehr Angst vor Gewalt als Jungen hätten und darum bemüht seien, Konfliktsituationen zu meiden.

In der Forschungsliteratur wurden als gewaltfördernde Bedingungen gewaltsamen Schülerhandelns inner- und außerschulische Faktoren erwähnt und gewaltaffirmative Einstellungen thematisiert: Etikettierungsprozesse, soziale Einbindung in aggressive Cliquen, Konsum von Horror- und Pornofilmen und massive Probleme im schulischen Leistungsbereich waren die am häufigsten genannten gewaltfördernden Ursachen. Dabei handelt es sich um Konstellationen, die wiederum verstärkt für Jungen festgestellt wurden. Untersucht wurde jedoch nicht, ob diese Bedingungsfaktoren sich in gleicher Weise als „Risikofaktoren" gewaltsamen Handelns für Mädchen und Jungen herausstellen. Eine bisher gänzlich unerforschte Frage bezieht sich auf Mädchen als „Täterinnen" physisch gewaltsamen Handelns – also auf Mädchen, die in der Schule andere schlagen, erpressen und bedrohen. Selbst wenn es sich dabei um eine Minderheit handeln sollte, müssten Sozialisationsprozesse dieser Mädchen auch in den Blick genommen werden. Denn nur im Vergleich zwischen aggressiven Mädchen und Jungen lässt sich in Erfahrung bringen, ob es bei Mädchen andere gewaltauslösende Bedingungen gibt als bei Jungen. Hierbei könnte der Fokus auf die Erforschung der Geschlechterdifferenzen nötig sein, um Übereinstimmungen oder Unterschiede in den gewaltbegünstigenden Sozialisationskontexten von Jungen und Mädchen festzustellen.

1.2.4 Interaktionen der Geschlechter und Gewalt

Ein wichtiger, in den bisherigen Beiträgen weitgehend fehlender Aspekt bezieht sich auf die Analyse der *prozessualen Verläufe* gewaltförmiger Handlungen zwischen Jungen und Mädchen und innerhalb der Geschlechtergruppen. Der Entstehungszusammenhang von konflikthaften Interaktionen und Gewalthandlungen sowie Eskalationsmustern wurde in den vorliegenden überwiegend quantitativen Studien nicht aufgeklärt. Aus der in Schleswig-Holstein durchgeführten Studie ging hervor, dass verbale Attacken den Beginn einer körperlichen Gewalthandlung einleiten können (vgl. Niebel u. a 1993), aber Verlaufsmuster wurden nicht diskutiert. Die interaktionelle Ebene, auf die sich die bisherige Forschung zu wenig konzentriert hat, kennzeichnet sich dadurch, dass das Individuum mit anderen Menschen sozial handelt und sich in seinen Handlungen auf eine bestimmte interaktiv geteilte und hergestellte Welt bezieht. Von Bedeutung ist in diesem Sinne, dass Mädchen und Jungen in Gruppen anders handeln als allein. Bei der Analyse von Handlungen, die unter die Rubrik „Schülergewalt" fallen, wurden bislang überwiegend singuläre Handlungen einzelner Akteure betrachtet. Interaktionen, konkrete Situationen und die in ihr ablaufenden Ereignisse sowie gruppenspezifische Gefüge, in denen bestimmte Konflikthandlungen beschleunigt ablaufen können, gerieten kaum in den Blick. Handlungen können mit einem auslösenden Ereignis verbunden sein, können im zeitlichen Verlauf eskalieren und haben Folgen. Den Beteiligten, Eingreifenden oder Zuschauenden kommt, je nach Situation, eine gewaltverstärkende oder -verhindernde Wirkung zu. Genauso wenig gerieten konflikthafte Interaktionen und Gewalthandlungen als Resultat geschlechtstypischer Sozialisationsprozesse in den Blick der Forschung. Damit wird eine Perspektive angesprochen, die entstehende, schwelende, aber auch eskalierenden Situationen zwischen Mädchen und Jungen als Ausdrucksformen bestehender Geschlechterverhältnisse untersucht.

Wird Gewalt in Interaktionen zwischen Jungen, Mädchen oder zwischen den Geschlechtern erzeugt? Die erwähnte neue Perspektive in der schulbezogenen Geschlechterforschung richtet sich auf die Herstellung von Geschlechterdifferenzen in Alltagsinteraktionen bei Kindern im Alter bis zu 12 Jahren (vgl. Breidenstein/Kelle 1996, 1998). Konflikt- und Gewalthandlungen wurden nicht explizit zum Gegenstand für Herstellungsweisen von Geschlechterverhältnissen und -differenzen erklärt. Dennoch dürfte gerade diese Perspektive von immenser Bedeutung sein. Gewalt wird als Bestandteil des Geschlechterverhältnisses und Ausdruck hegemonialer Männlichkeit (vgl. Connell 1999) beschrieben. Könnten Konfliktsituationen zwischen den Geschlechtern und Gewalthandlungen der Symbolisierung von Geschlechterkonzepten und der Herstellung von Geschlechterdifferenzen in Interaktionen dienen? Ein ausgesprochenes Forschungsdesiderat lässt sich auf der Ebene der interaktiven Herstellung des Geschlechterverhältnisses bei Jugendlichen konstatieren. „Doing gender" – Prozesse jenseits der Pubertät und die Frage danach, ob Mädchen und Jungen in ihren Begegnungen auch „Gewalt" produzieren, wurden ebenso wenig untersucht, wie mögliche expressive Formen gewaltsamen Handelns.

Wenn physische Aggressionen „Männersache" sind, sprich: zu Konstruktionen von Männlichkeiten gehören, könnten Verhaltensweisen, die darin bestehen, Männlichkeit zu bestätigen, aufzuwerten, anzuerkennen oder auch abzuwerten in diesem Zusammenhang „Frauensache" sein. Es gilt, ein mögliches „Rollenspiel" für schulische Gewalthandlungen aufzuklären. Mit dieser interaktionistischen Betrachtung des Geschlechterverhältnisses bewegt sich das Forschungsinteresse weg von einer Sicht auf primär männliche Gewaltakteure. Wenn gewaltsame Interaktionen soziale Erwartungen an Männlichkeit/Weiblichkeit unterstützen, wäre Gewalt ein Produkt dieses Macht- und Interaktionsverhältnisses und kein individuelles Merkmal. Und wenn sich herausstellen sollte, dass Aggressionen Verhaltensweisen sind, die zur Aneignung bestehender Geschlechterkonzepte und zur Stabilisierung des durch männliche Hegemonie geprägten Geschlechterverhältnisses dazugehören, widerspricht es jeglichem interaktionistischen und handlungstheoretischen Verständnis, zu sagen, nur ein Interaktionspartner agiere aggressiv. In der vorliegenden Forschungsliteratur wurde über Sozialisationsprozesse männlicher Täter und ihrer Affinität zu Gewalt als Ausdruck der Herstellung von Männlichkeiten berichtet, jedoch ausgesprochen wenig über „weibliche" Reaktionen darauf. Auch über ein mögliches „Zusammenspiel", ein Situationsarrangement der Geschlechter und zur „Rolle", die Mädchen bei von männlichen Schülern verübten Gewalthandlungen spielen könnten, ist bislang wenig bekannt.

Sozialisationsprozesse der Geschlechter finden nicht nur während der Unterrichtszeiten und in Anwesenheit von Lehrkräften, d. h. in reglementierten pädagogischen Situationen statt. Schule ist gleichzeitig „Lebensort" von Jugendlichen: In der Lerngruppe könnten sich geschlechtergemischte Freundesgruppen konstituieren, die auch außerhalb der Schule viel Zeit miteinander verbringen. Außerhalb der Schule ablaufende Geschlechterarrangements dürften den Schulalltag bestimmen und auch die koedukative Situation des Lernens. Obgleich im Rahmen der Koedukationsforschung und -kritik der Anspruch erhoben wurde, geschlechtstypische Sozialisation in der Schule differenziert zu untersuchen, fehlen Resultate über „ungesteuerte", unerwünschte Verhaltensweisen von Jungen und Mädchen im schulischen Kontext. Schülerinnen und Schüler verhalten sich nicht nur leistungskonform, angepasst, diszipliniert und lernend, sondern auch abweichend.

Welche Bedingungen und Strukturen der Schule und ihrer sozialen Umwelt sich für Jungen und Mädchen als besonders gewaltfördernd herausstellen, wurde ebenso wenig deutlich, wie die „Rolle" der Mädchen an konflikthaften Interaktionen in Gruppen. Den interaktiven Prozessen innerhalb der Schulklasse, dem kommunikativen Umgang zwischen Schüler(inne)n und Lehrkräften wurde im Rahmen der bisherigen Gewaltforschung zu wenig Aufmerksamkeit geschenkt. Denn Etikettierungsprozesse und Ausgrenzungen manifestieren sich in sozialen Begegnungen, und auch in geschlechtstypischer Sicht dürften konflikthafte Interaktionen und ein problematisches Beziehungsgefüge in der Lerngruppe für Gewalthandeln von Bedeutung sein. Wie in Lerngruppen Etikettierungs- und Ausgrenzungsprozesse dezidiert ablaufen, welche Jungen, welche Mädchen an solchen Konstruktionen beteiligt sind, entzieht sich bislang unserer Kenntnis; das Gleiche trifft auf die Dynamik von Freundesgruppen außerhalb der Schule zu. Da der überwiegende Teil von Schüler(inne)n der Sekundarstufe I sich außerhalb der Schule in Freundesgruppen bewegt, soll die Betrachtung von Interaktionen in Gruppen und Gewalthandlungen in Cliquen[6] mit ein zentraler Bestandteil der vorliegenden Arbeit sein, denn es gibt Anhaltspunkte dafür, dass Cliquenkonflikte in die Schule hineingetragen werden (vgl. Popp 1998) und das Klassenklima beeinflussen. Des Weiteren ist bekannt, dass „harte" Auseinandersetzungen, die im schulischen Kontext nicht ohne Sanktionen bleiben, „nach draußen" verlagert werden (vgl. Böttger 1997). Welchen Part Mädchen in der Lerngruppe oder in der außerschulischen Freundesgruppe einnehmen, ob und wie Jungen auf ihr Involviertsein reagieren, inwieweit Mädchen Gewalthandeln begünstigen, initiieren, verhindern oder dabei selbst mitmachen – dies wurde nicht Gegenstand bisheriger Forschungen über Gewalt an bundesdeutschen Schulen.

Ein anderer Ort der Inszenierung gewaltsamer Handlungen zwischen den Geschlechtern ist die Clique. Aus den Jugendstudien jüngeren Datums geht hervor, dass die Clique für beide Geschlechter ein zentraler Lebensbereich ist. Wohl geben die im Rahmen der Rechtsextremismusforschung erhobenen Befunde Hinweise auf die Strukturen und Arbeitsteilungen in geschlechtergemischten Cliquen: Die Jungen in diesen Cliquen würden eher die Rolle des starken, dominanten Helden „spielen" und die Mädchen eine unterstützend-helfende, aber untergeordnete Position besitzen. Mädchen in diesen Gruppen fordern von den männlichen Mitgliedern geschlechtsstereotypes Verhalten und werten dieses auf. Im Rahmen von Befunden zu Schülergewalt wird die Freundesgruppe als wichtige Sozialisationsinstanz stets benannt: Schüler(innen), die sich in Cliquen mit gewaltaffirmativen und intoleranten Einstellungen und Haltungen befinden, handeln im schulischen Kontext eher gewaltsam als andere Schüler(innen). Nun sind Soziali-

---

[6] Die Bezeichnungen „Clique", „Freundesgruppe" und „peer-group" werden im Kontext meiner Studie synonym verwendet. Sie geben keine Auskunft über Anzahl der Mitglieder und Kohäsion der Gruppe. Die genannten Begriffe beziehen sich auf einen Zusammenschluss von Jugendlichen, die als Bezugsgruppe füreinander fungieren und ein eigenes Werte- und Normensystem besitzen, das jedoch nicht unabhängig von den kulturellen Prägungen des sozialen Herkunftsmilieus ist (vgl. Tillmann u. a. 1999, S. 39).

sationsprozesse in außerschulischen Schülercliquen nicht mit devianten Jugendkulturen gleichzusetzen. Zu fragen wäre, welche Kulturen und welcher Umgang zwischen den Geschlechtern sich in informellen Gruppen etablieren.

Aus schulbezogenen Kontextanalysen ging hervor, dass die Schulgröße allein genommen keinen Einfluss auf das Ausmaß von Gewalt hat. Dagegen gibt es Anhaltspunkte für ein stärkeres Gewicht der Region (vgl. Oberwittler u. a. 2001). In geschlechtstypischer Hinsicht soll geprüft werden ob Mädchen und Jungen, die Schulen in Ballungszentren besuchen, stärker gewaltbelastet sind als Schüler(innen) aus kleinstädtischen oder ländlichen Regionen. So könnten großstädtische Schulen in sozialen Brennpunkten ein überdurchschnittliches Ausmaß problembelasteter Schüler(innen) haben, bei denen die Gefahr besteht, dass sie in spezifische (auch delinquente) Cliquenstrukturen im Sinne von Gangs eingebunden sind. In geschlechtstypischer Hinsicht wäre die Betrachtung des regionalen Umfeldes einer Schule auch von Bedeutung, da Vertreter(innen) der Individualisierungsthese darauf verweisen, dass Individualisierungsschübe in Großstädten eine besondere Dynamik haben. Möglicherweise sind Mädchen, die in Großstädten die Schule besuchen, im Prozess der Individualisierung, Desintegration und Verunsicherung weiter „fortgeschritten" und damit im Niveau der Gewaltausübung den Jungen stärker angenähert (vgl. dazu Kapitel 2).

Eine weitere Überlegung bezieht sich auf die Schule als Ort und als Ausgangspunkt der Aktivitäten. In einigen Forschungsbeiträgen wurde berichtet, dass es den abgrenzbaren Raum „Schule" nicht gibt, dass Konflikthandlungen, die im Freizeitbereich entstehen, von den Schüler(inne)n mit in die Schule hineingetragen würden. Obgleich andere Studien darauf verwiesen, dass das Gewaltpotential außerhalb der Schule größer sei, bleibt die Frage, ob sich Cliquen aus Mitschüler(inne)n konstituieren und ob die Schule als Ort für Verabredungen und Treffs oder als „Bühne" für „Geschlechterkämpfe" genutzt wird.

1.2.5 Geschlechterdifferenzen oder soziale Konstruktionen?

In der schulbezogenen Sozialisationsforschung zeigen sich Widersprüche bei der Betrachtung konkreter Alltagssituationen zwischen Jungen und Mädchen: Ob bei bestimmten, beobachteten oder erfragten Verhaltensweisen bestehende, sozial erwartete oder antizipierte Geschlechterdifferenzen zum Ausdruck kommen oder ob es sich um situativ vorgenommene soziale Konstruktionen handelt, entzieht sich der Kenntnis und lässt sich nur schwer erfahrungswissenschaftlich zugänglich machen. So bemerkt Sigrid Metz-Göckel, die theoretischen Debatten der sozialwissenschaftlichen Frauenforschung zur Geschlechterdifferenz und ihrer Dekonstruktion würden der schulischen Alltagsrealität gleichsam vorauseilen. Denn der schulische Alltag sei von Typisierungen und Hierarchisierungen durchdrungen (vgl. 1996, S. 14). Gleichzeitig habe der Blick auf die Geschlechterdifferenzen für die pädagogische Praxis und für die weitere theoretische Einordnung massive Konsequenzen, und zwar in positiver wie negativer Hinsicht: Problematisch an der Fokussierung der Differenzen in der Praxis sei die Gefahr, dass Geschlechtsunterschiede als Gruppenmerkmale festgeschrieben würden (vgl. Preuss-Lausitz 1997). Dies ist mit der Gefahr verbunden, Gemeinsamkeiten aus den Augen zu verlieren und Komplexitäten der Individuen zu reduzieren. Das Dilemma, in dem die empirische Schul- und Geschlechterforschung damit steckt, ist, dass die meisten empirischen Forschungen, die geschlechtstypische Unterschiede verdeutlichen wollen, von dem aktuellen Theoriediskurs der sozialen und kulturellen Konstruktion von Geschlecht weit entfernt zu sein scheinen. Die vorliegende Studie versucht den Anspruch zu erheben, beide theoretische Perspektiven in der eigenen empirischen Forschung aufeinander zu beziehen.

Die Frage, wie sich Mädchen und Jungen im Kontext schulischen Gewalthandelns verhalten, wie sie reagieren und ob es geschlechtstypische Risikokonstellationen gibt, verweist auf die Fokussierung möglicher Geschlechterdifferenzen und geschlechtstypischen Verhaltens. Auch die Frage nach männlichen und weiblichen Opfern und Tätern und diesbezüglicher Erklärungszusammenhänge betrachtet Differenzen, was nicht ausschließt, dass über die Analyse von Differenzen auch Resultate über Gleichheiten zwischen den Geschlechtern und über Ungleichheiten innerhalb einer Geschlechtsgruppe getroffen werden können. Diese Perspektive ist wichtig und nötig, um männliche Sozialisationsprozesse neben weiblichen dezidiert mit zu berücksichtigen und vergleichend zu erfassen.

Wenn das soziale System der Zweigeschlechtlichkeit alle Interaktionen durchzieht, müsste es auch Einfluss auf die Art und Weise haben, wie Mädchen und Jungen Konflikte managen, Gewalt verüben und sich in problematischen Interaktionen zueinander bzw. gegeneinander verhalten. Denn in all diesen Interaktionen erfolgt eine Selbstkonstruktion und -darstellung der Geschlechtlichkeit – und gleichzeitig die Herstellung und Reproduktion der Geschlechtsunterschiede. Die Aufmerksamkeitsrichtung dieser Untersuchung richtet sich auf Weiblichkeits- und Männlichkeitskonstruktionen im Kontext von Gewalt und konflikthaften Interaktionen im sozialen Feld der Schule: Sind schulische Gewalthandlungen möglicherweise in die Logik einer „geschlechtstypischen Arbeitsteilung" eingebunden? Gibt es Mädchen, die körperlich starke, aggressive Jungen interessant finden und damit spezifische Segmente eines männlichen Geschlechterkonzeptes anerkennen und aufwerten? Gibt es Jungen, die die Konstruktionen bestimmter Weiblichkeitskonzepte mit der Demonstration aggressiven Verhalten fördern und bekräftigen? Gibt es Interaktionen der Geschlechter, in denen aggressive Handlungen tabuisiert und negativ sanktioniert werden? Demonstrationen, Aktualisierungen und Bekräftigungen bestimmter Geschlechterkonzepte könnten sich auch im Kontext von Sexualität und Attraktivität einerseits,

Demonstration von Stärke und Überlegenheit andererseits aufbauen und verfestigen: Wenn Jungen von Mädchen aufgefordert werden, sich als stark zu erweisen und sie zu beschützen, werden derartige Verhaltensweisen auch in anderen Interaktionen hergestellt und gefordert. Mit dem Einlassen auf diese Perspektive, unter der gefragt wird, was in Interaktionen zwischen den Geschlechtern, jedoch auch in geschlechtshomogenen Gruppen „erzeugt" wird, fällt ein anderer Blick auf die Sozialisation der Geschlechter. Zusammengefasst richtet sich die eben ausgeführte Aufmerksamkeitsrichtung auf einen möglichen Zusammenhang zwischen gewaltsamen Handlungen in der Schule und geschlechtstypischen Interaktionsprozessen, in denen Mädchen wie Jungen aktiv an der Herstellung, Reproduktion oder auch Modifikation des durch männliche Hegemonie strukturierten Geschlechterverhältnisses beteiligt sind.

2. Geschlecht, Gewalt und Schule – Theoretische Hintergründe

Der Untersuchungsgegenstand der vorliegenden Studie sowie die am Ende des 1. Kapitels genannten Forschungsfragestellungen sind eingebunden in theoretische Erklärungszusammenhänge, deren Präsentation Inhalt dieses Kapitels sein soll. Empirisch akzentuierte Arbeiten stehen vor dem Problem, sich nicht der „Reichweite" einer Theorie insgesamt zu bedienen, sondern auf ausgewählte „Versatzstücke" zu rekurrieren. Denn Forschungen eröffnen den Blick auf einen begrenzten Aspekt der sozialen Realität und erfassen nur einen kleinen, räumlich-zeitlich begrenzten Ausschnitt. Deshalb soll es im folgenden nicht darum gehen, Theorien in ihrer historischen Entwicklung und Komplexität zu erläutern oder Theorieentwicklungen in aller Breite zu referieren und deren Verästelungen in die unterschiedlichen Disziplinen aufzuzeigen, sondern um eine theoretische Zuspitzung, die dem Untersuchungsgegenstand angemessen ist. Da die Auseinandersetzung mit Geschlechtersozialisation im Kontext schulbezogener Gewalthandlungen Aspekte der Persönlichkeitsentwicklung ebenso umfasst wie Veränderungen der Bedingungen jugendlichen Aufwachsens in und außerhalb von Institutionen, liegen dieser Studie drei zentrale Theorieansätze zugrunde, die im folgenden kurz skizziert werden sollen.[1]

Die Ausführungen zur schulbezogenen Geschlechterforschung basieren vorrangig auf feministischen Theorieansätzen aus der Soziologie und Psychologie, die sich jedoch nicht in ein einheitliches Theoriegebäude integrieren lassen: Zum einen gibt es die während der 70er Jahre entwickelte Sicht auf Geschlechterdifferenzen, unter der bestehende Unterschiede zwischen den Geschlechtern und damit einhergehenden geschlechtstypischen Privilegien und Benachteiligungen sowie unterschiedlichen Wertschätzungen und Befähigungen thematisiert wurden. Der Blick auf die Geschlechterdifferenzen basierte zum einen auf Modellen der Gleichberechtigung, die mit Anpassung an die sogenannte „männliche Welt" unter Verzicht auf Anderssein verbunden war. Zum anderen kam es unter Rekurs auf weibliche Lebenszusammenhänge, weibliches Arbeitsvermögen und weiblichen Sozialcharakter zu einer Betonung der Geschlechterdifferenzen, um „Weiblichkeit" in

---

[1] Auf eine theoretische Verortung des Gewaltbegriffes wird in diesem Kontext verzichtet. Aus der Systematik von Schubarth (vgl. 2000) wird ersichtlich, dass der Gewaltbegriff in klassischen und modernen psychologischen und soziologischen Theorieansätzen eine sehr unterschiedliche Bedeutung hat. Vgl. zu den theoretischen Hintergründen von "Gewalt" auch die Ausführungen von Neidhardt (1986) und von Throta (1997).

ihrer Spezifik eine Bedeutung und eine stärkere soziale Wertschätzung zu verleihen (vgl. Heintz 1993, S. 21f.). An dieser Theorieperspektive entwickelte sich in Deutschland Ende der 80er Jahre eine massive Kritik. So würde mit dem Blick auf die Unterschiede zwischen Mann und Frau der Status quo festgeschrieben und bestehende Ungleichheiten reifiziert. Vielmehr müsse es Anliegen feministischer Theorie und Forschung sein, das kulturelle, symbolische und interaktive Hergestelltsein der Geschlechterdifferenzen zu analysieren und zu verändern. Geschlechterkonzepte und -verhältnisse seien keine psychologischen Eigenschaften, sondern Resultat von Konstruktionen und aus dieser Sicht prinzipiell aufhebbar. Beide Theorieperspektiven liefern wichtige Entstehungs- und Erklärungszusammenhänge für geschlechtstypische Ungleichheiten in der Institution Schule und der Unterschiede hinsichtlich gewaltsamen Handelns. Mit Hilfe des Differenzansatzes soll vorrangig geklärt werden, wie geschlechtstypisch unterschiedliche Ausdrucksformen von Verhalten, Konfliktmanagement und Gewalthandeln im schulischen Kontext zustande kommen. Dieses Konzept verhilft somit zu Erklärungen auf der Ebene der Persönlichkeitsentwicklung der Geschlechter und soll darüber hinaus Auskunft über das Geschlechterverhältnis als Bestandteil der sozialen Welt geben. Für die Betrachtung von Gemeinsamkeiten und geschlechtstypischen Unterschieden in der Beteiligung und bei den Ausdrucksformen von Gewalt dient das „Differenzkonzept" als theoretische Hintergrundfolie. Die Theorie der sozialen Konstruktion von Geschlecht bietet nicht nur Erklärungszusammenhänge für die Herstellung geschlechtsbezogener Unterschiede in Interaktionen, sondern lässt sich als Interpretationsrahmen für das soziale Konstruiertsein von Gewalt als männlichem Phänomen und für schulische Interaktionssituationen hinzuziehen.

Das Individualisierungstheorem ist zur Erklärung von Sozialisation, von Gewalt und Desintegrationsprozessen im Jugendalter kaum aus der Erziehungswissenschaft wegzudenken. Es handelt sich um einen Ansatz, der an der Makroebene der Gesellschaft ansetzt und zeigt, wie die Lebensführung der Menschen verändert wurde (vgl. Beck 1983, 1986; Beck/Beck-Gernsheim 1994) und der gesellschaftliche Wandel bei Jugendlichen die Wahrscheinlichkeit gewaltsamen Handelns erhöhen könnte (vgl. Heitmeyer u. a. 1995). Es sollen innerhalb der Theorie die wichtigsten Individualisierungsschübe erläutert und die Chancen und Risiken von Individualisierungsprozessen für Jugendliche sowie die Gefahren für die sogenannten „Modernisierungsverlierer" dargestellt werden. In geschlechtstypischer Hinsicht ist dieses Theorem insofern von Bedeutung, als stets darauf verwiesen wird, dass für Mädchen und Frauen die Vorteile der Individualisierung überwiegen. Ein relevanter Aspekt des sozialen Wandels bezieht sich auf das Brüchigwerden traditioneller Geschlechterkonzepte, was zu einer Erhöhung der subjektiven Entscheidungsspielräume für Mädchen und Frauen führt, unter denen individualisierte Lebensentwürfe immer wahrscheinlicher werden. Der Individualisierungsthese zufolge gleichen sich Sozialisationsprozesse von Mädchen und Jungen zunehmend an – dies wird auch in Hinblick auf Anomisierung, Verunsicherung, Desintegration und Gewalthandeln vermutet. Durch die zunehmende Heterogenität der Heranwachsenden dringen Individualisierungsprozesse in die Schule ein und verändern partiell Strukturen der Schule, des Unterrichtes und insbesondere Schüler-Lehrer-Verhältnisse und die Beziehungen der Schüler(innen) untereinander. Lehrkräfte verlieren zunehmend ihre Vorbildfunktion und machen die Erfahrung, dass zunehmend mehr Schüler(innen) aus Verhältnissen kommen, die ihnen unbekannt sind. Mit der Theorie sollen demnach die Verhältnisse, unter denen Schülerinnen und Schüler die Schule besuchen, erklärt und eingeordnet werden und es soll geprüft werden, ob der Umgang zwischen Mädchen und Jungen durch Individualisierungsprozesse gekennzeichnet ist.

Einen weiteren theoretischen Hintergrund stellen interaktionistische Theorieentwürfe dar, die Prozesse des sozialen Handelns und der Identitätsbildung thematisieren. In Bezug auf die soziale Herstellung von Geschlechtszugehörigkeiten in Interaktionen sowie zu abweichendem Verhalten in der Schule liefern diese Ansätze Erklärungszusammenhänge. Im Bereich der schulischen Sozialisation hat sich für die Beschreibung abweichender, prekärer Kommunikationsformen die interaktionistische Variante des Labeling-Approach (Sack 1968; Goffman 1967; Hargreaves u. a. 1981) als anschlussfähig erwiesen (vgl. Tillmann u. a. 1999, S. 48). Schüler(innen) werden diesem Erklärungszusammenhang zufolge nicht als abweichende Akteure, sondern als Handelnde unter restriktiven Verhältnissen betrachtet, die unter diesen Umständen ihre Identität balancieren müssen. Dass die Institution Schule auch eine gewaltfördernde soziale Umwelt sein kann, wird in dieser Theorietradition explizit thematisiert. Die Prozesse der Identitätsbildung, insbesondere das Konzept des Rollenhandelns, vermag auch zu erklären, weshalb sich Menschen in Gruppen anders verhalten als allein. Prozessuale Verläufe der Etikettierung und Ausgrenzung oder Angst, sich Gruppennormen zu entziehen, können ursächlich benannt werden für abweichende Handlungen Jugendlicher. Mit Rekurs auf interaktionistische Theoriebezüge sollen geschlechtstypische Interaktionen, die Herstellungsweisen der Geschlechterdifferenz und Prozesse abweichenden Verhaltens in Lerngruppe und Freundesgruppe erklärt werden.

2.1 Zwischen Differenz und Konstruktion: feministische Diskurse und ihre Bedeutung für die Gewaltthematik

Die theoretischen Erklärungszusammenhänge zur Sozialisation der Geschlechter haben sich im Verlauf der vergangenen 20 Jahre verändert. Bis weit in die 80er Jahre hinein wurden Sozialisationsprozesse der Geschlechter im sozialen System der Zweigeschlechtlichkeit, in gesellschaftlichen Reproduktionsverhältnissen und patriarchalen Strukturen verortet. Die daraus resultierenden Geschlechterdifferenzen – insbesondere Benachteiligungen von Mädchen und Frauen – wurden untersucht und damit betont (vgl. z. B. Beer 1989). Heute werden Geschlechterkonzepte und -verhältnisse als soziale, interaktive und kulturelle Konstruktionen betrachtet. Gefordert wird, sich von Annahmen über Geschlechtsrollen und -identitäten als dem Subjekt quasi angeheftete psychologische Eigenschaften zu distanzieren (vgl. Bilden 1991) und mit sogenannten „geschlechtstypischen" Sozialisationsprozessen kritisch umzugehen. Es scheint, als sei diese Debatte von Unversöhnlichkeiten und nicht in Übereinstimmung zu bringenden theoretischen Prämissen bestimmt. Für den erfahrungswissenschaftlichen Zugang generell und für die hier realisierte empirische Untersuchung insbesondere, möchte ich prüfen, ob nicht beide Positionen ihren Teil als notwendigen Erklärungshintergrund liefern könnten. Im folgenden wird die Entwicklung des feministischen Theoriediskurses knapp nachgezeichnet, um mit dem Bezug auf den Gegenstandsbereich der Studie zu verdeutlichen, wie eine reziproke Ergänzung möglich wäre.

Die im Verlauf der 60er und 70er Jahre des 20. Jahrhunderts entstandene Frauenforschung eröffnete der Wissenschaft die Lebenswelt von Mädchen und Frauen und schaffte ein Bewußtsein für die immense, unhintergehbare Bedeutung der sozialen Kategorie „Geschlecht". Die Frauenforschung kritisierte, dass in wissenschaftlichen Disziplinen, in der Kunst, in der Literatur und in der Musik die Leistungen von Frauen unsichtbar blieben oder nicht gewürdigt wurden (vgl. Mies 1984; Brück u. a. 1992; S. 17f.; Beer 1989). Seit Ende der 60er Jahre versuchten Studien zu belegen, dass die sozialen Differenzen zwischen den Geschlechtern nicht durch körperliche Unterschiede erklärt werden können. Unter der Prämisse der Gleichberechtigung sollte der Abbau jener kultureller und sozialer Barrieren realisiert werden, die Gleiches ungleich machen. So wurde betont, die geschlechtliche Arbeitsteilung habe ihren Grund nicht in der Differenz der Körper, sondern in der Ungleichheit der Macht (vgl. Heintz 1993, S. 19ff.). Der Gleichheitsdiskurs war somit eine Reaktion auf die gesellschaftliche Inferiorisierung der Frau: Frauen forderten Mündigkeit, Bildung, den Eintritt in Männerdomänen, Selbstbestimmung, Erwerbsarbeit und damit eigene finanzielle Ressourcen – Gleichheit war ein wichtiger Motor der Frauenemanzipation (vgl. Prengel 1995, S. 113). Nur über eine Negierung jeglicher Differenz schien Gleichberechtigung herstellbar, und de facto handelte es sich um eine Anpassung an die sogenannte „männliche Welt" (vgl. Heintz 1993, S. 19ff.).

Der weibliche Lebenszusammenhang mit seinen spezifischen Kompetenzen wurde aus Sicht der Gleichstellung als defizitär betrachtet und schien die traditionellen Weiblichkeitsideale zu reproduzieren (vgl. Prengel 1995, S. 115). Seit Mitte der 70er Jahre wurde diese Asymmetrie der Bewertung massiv kritisiert und nicht die Aufhebung, sondern die Anerkennung der

Differenz gefordert. Männliche Lebenswelt dürfe nicht als Bezugsnorm fungieren, denn Sozialisationsprozesse von Mädchen und Frauen haben andere Ausgangspunkte und schaffen spezifische Realitäten (vgl. Heintz 1993, S. 21). So wurden beispielsweise „klassische" Theorien feministisch reformuliert: Nancy Chodorow (vgl. 1985) widersprach entschieden den psychosexuellen Entwicklungsannahmen Freuds, nach denen die geschlechtstypisch unterschiedlichen Entwicklungen und Beziehungsfähigkeiten am Ende der ödipalen Phase anatomiebedingt seien. Andere feministische Studien in diesem Zusammenhang haben sich darum bemüht, auf „typisch" weibliche Fähigkeiten und Fertigkeiten zu verweisen, um diese sozial aufzuwerten (vgl. z. B. Flaake/King 1992; Schaeffer-Hegel/Wartmann 1984; Becker-Schmidt/Knapp 1987). Carol Gilligan kritisierte die Theorie der moralischen Urteilsfähigkeit von Lawrence Kohlberg (vgl. 1974; vgl. Colby/Kohlberg 1978) und dessen Resultat, nach dem Mädchen und Frauen auf niedrigerem Niveau moralische Urteile fällen würden als Jungen und Männer. Sie erweiterte Kohlbergs Modell um eine „typisch" weibliche Fürsorgeethik (vgl. Gilligan 1984). Ulrike Prokop entwickelte unter differenztheoretischer Sicht ihr Modell vom weiblichen Lebenszusammenhang (vgl. Prokop 1976) und Ilona Ostner ihr Konzept vom weiblichen Arbeitsvermögen (vgl. Ostner 1990). Auf Probleme der doppelten Vergesellschaftung, doppelten Ambivalenz und der geschlechtstypischen Segmentierung des Arbeitsmarktes verweisen unter differenztheoretischer Sicht z. B. Helga Krüger und Claudia Born (vgl. 1990; Krüger 1984) sowie Regina Becker-Schmidt (vgl. 1980; Becker-Schmidt u. a. 1987). Unter der Differenzperspektive gerieten jedoch auch Arbeiten in den Vordergrund, die sich mit der Rolle der Frauen als „Täterinnen" bzw. „Mittäterinnen" geschlechtstypischer Sozialisationsprozesse befassten (vgl. Haug 1980; Thürmer-Rohr 1987).

Diesen Erklärungszusammenhängen zu geschlechtstypischen Unterschieden, zu Geschlechtsidentitäten und unterschiedlichen Geschlechtsrollen wurde von Vertreter(innen) des Paradigmas der sozialen Konstruktion von Geschlecht seit Ende der 80er Jahre vehement widersprochen (vgl. z. B. Bilden 1991; Meuser 1995, 1998; Hagemann-White 1988). Die Natur der Zweigeschlechtlichkeit würde, so der Vorwurf (vgl. Gildemeister/Wetterer 1995, S. 201), von der Frauenforschung durch die Erforschung von Geschlechterdifferenzen festgeschrieben. Insoweit versteht sich dieser neuere feministische Diskurs auch als Kritik an den Sozialisationstheorien der 70er und 80er Jahre: Theorien, aber auch Alltagstheorien der Zweigeschlechtlichkeit, nach denen unverrückbar feststeht, dass es natürlich und unveränderlich zwei und nur zwei Geschlechter gibt, haben eine Polarität der Geschlechter fixiert, die unabhängig von den Handlungen der Individuen ist. Das Problem bei der Behandlung der Frage nach geschlechtsspezifischer Sozialisation – so die Kritik weiter – bestehe darin, dass nach geschlechtsdifferenzierenden, typischen Sozialisationsbedingungen und Geschlechtsunterschieden im Verhalten, Denken und Fühlen gefahndet werde und wir somit einen männlichen und einen weiblichen Sozialcharakter immer wieder reproduzieren (vgl. Bilden 1991). Zusammenfassend lässt sich festhalten: Nicht die Geschlechterunterschiede, sondern die Konstruktion der Differenz steht bei dieser theoretischen Perspektive im Vordergrund. Das Geschlechtskonzept ist in unserer Kultur vorrangig vor anderen Konzepten. Die Selbst-Konstruktion des Kindes als Mädchen oder Junge und die Geschlechtsunterscheidung mit den entsprechenden Symbolen ermöglichen seine Einordnung in die soziale Welt. Solche Ansätze, die mit der Möglichkeit verbunden sind, Geschlecht ganz anders zu konstruieren, scheinen die größten Freiheitsspielräume für subjektive Gestaltung zu bieten.

In den folgenden Abschnitten sollen diese Positionen in Beziehung gesetzt werden mit Sozialisationsprozessen von Mädchen und Jungen[2], mit geschlechtstypischen Sozialisationsprozessen in der Schule und mit Erklärungszusammenhängen zur Bedeutung von Geschlecht und Gewalt. Es geht darum, herauszuarbeiten, wie Theorien der Zweigeschlechtlichkeit und sozialen Konstruktion Sozialisationsprozesse von Mädchen und Jungen in der Schule erklären, ob und wie schulisches Gewalthandeln der Geschlechter theoretisch verortet wird und ob sich diese Ansätze für eine umfassendere Klärung des Untersuchungsgegenstandes der vorliegenden Studie aufeinander zuführen lassen.

2.1.1 Perspektive der Geschlechterdifferenzen

Die Perspektive auf und die Fokussierung der Differenzen zwischen den Geschlechtern geschah durchaus in emanzipatorischer Absicht. Besonderheiten und Benachteiligungsprozesse von Mädchen und Frauen sollten sichtbar gemacht, und die sich aus der gesellschaftlichen Struktur ergebenden ungleichen sozialen Erwartungen an Frauen und Männer sollten erklärbar gemacht werden. Die in den Forschungen konstatierten Geschlechtsunterschiede wurden begründet mit sozialen Erwartungen und Benachteiligungen aufgrund bestehender Dominanz- und Herrschaftsverhältnisse, die das männliche Geschlecht privilegieren. Keine der genannten Studien geht von „natürlichen" Unterschieden zwischen den Geschlechtern aus, vielmehr haben schon die Untersuchungen der 70er Jahre deutlich darauf verwiesen, dass Unterschiede zwischen den Geschlechtern zwar vorhanden, aber gesellschaftlich unterstützt und hergestellt seien. (vgl. Scheu 1977; Schmerl 1978).

---

[2] Die fehlende Berücksichtigung der männlichen Perspektive in Studien zur Geschlechterforschung und in feministischen Theorien wird von der sich etablierenden Männerforschung zunehmend kritisiert. Gegenwärtig erscheinen immer mehr theoretische Arbeiten, die Probleme und Defizite der Vergesellschaftung von Jungen und Männern fokussieren (vgl. z. B. Boehnisch/Winter 1994; Buschmann 1994; Connell 1995, 1999; Meuser 1995; Engelfried 1997; Zimmermann 1998; Behnke/Meuser 1999).

Ich möchte sowohl den „Gleichheitsdiskurs" als auch den „Differenzdiskurs" im theoretischen Zusammenhang der vorliegenden Arbeit als „differenztheoretische" Konzepte betrachten, denn der Blick auf und Unterstellung von Geschlechterdifferenzen ist in beiden Ansätzen gegeben: Das Gleichheitspostulat setzt an der *Behebung* der Differenzen an und unterstellt sie dabei als soziale Realität. Das Differenzpostulat *betont* die Geschlechterdifferenzen, um sie sichtbar zu machen. Wie Bettina Heintz (vgl. 1993) sehr treffend herausstellt, sind bestimmte Prämissen für beide Konzepte zwingend und gelten als unhinterfragbare Tatsachen: Dazu gehört zum einen die Annahme über die zweigeschlechtliche Organisation der Menschheit. Des Weiteren wird davon ausgegangen, dass über die Zugehörigkeit zum einen oder anderen Geschlecht körperliche Merkmale entscheiden. Geschlechtszugehörigkeit sei exklusiv, doppelte Zugehörigkeiten seien nicht möglich und Geschlechtszugehörigkeit sei zugeschrieben und invariant (vgl. Heintz 1993, S. 26).

Aus den in Kapitel 1 zitierten Forschungsergebnissen zu Geschlecht und Schule ging hervor, dass die Institution einen Beitrag zur Reproduktion des bestehenden Geschlechterverhältnisses leistet, dass Schüler(innen) durch didaktische Arrangements und in ungesteuerten Interaktionen unterschiedliche geschlechtsbezogene Eigenschaften entwickeln. Im Jugendalter müssten sich Mädchen und Jungen zunehmend mit vorherrschenden Geschlechtsrollenerwartungen, die für beide Geschlechter mit erheblichen Ambivalenzen einhergehen, auseinandersetzen. In der empirischen Schulforschung werden Mädchen vor dem Hintergrund der männlich geprägten Hegemonialstruktur vorrangig in der Rolle des Opfers beschrieben. Auch im Kontext von Gewalt werden Mädchen aufgrund ihrer untergeordneten Position im Geschlechterverhältnis als potentielle Opfer gesehen. Im folgenden soll unter differenztheoretischer Perspektive erläutert werden, was unter „traditionellem Geschlechterverhältnis", weiblichen und männlichen „Geschlechtsrollen" und „Geschlechtsidentitäten" zu verstehen ist. Darüber hinaus wird der theoretische Zusammenhang zwischen weiblichem Geschlecht und Opferstatus erklärt.

Geschlechterverhältnis
In feministischen Theorie- und Forschungsbeiträgen wird „Geschlecht" als soziale Strukturkategorie konzipiert, der ein polarisierendes Gattungsverhältnis zugrunde liegt. Dabei besitzt der Begriff der sozialen Strukturkategorie zwei Dimensionen: zum einen die Funktion von Geschlecht als sozialem Platzanweiser, womit die Wirkung des Geschlechterverhältnisses auf die Individuen gemeint ist. Zum anderen wird mit dem Begriff auf die Verbindung zwischen Geschlechterverhältnis und Gesellschaftsstruktur abgehoben (vgl. Braun 1995). Mit der Geschlechtszugehörigkeit verbindet sich eine durchgehende Teilung von Arbeitsbereichen und Zuständigkeiten, die die gesamte Gesellschaft durchwirkt. Diese Arbeitsteilung polarisiert im

ökonomischen Bereich zwischen bezahlter Erwerbsarbeit und unbezahlter Reproduktionsarbeit, teilt die Organisation der Elternschaft und führt zu einem weiblichen und männlichen Lebenszusammenhang und zwei differenten Kulturen. Bestimmte Voraussetzungen können vorhanden sein, um ein Geschlechterverhältnis zu konstituieren: Einer ersten Variante, die auch als „traditionelles" Geschlechterverhältnis gekennzeichnet wird, liegt ein Ungleichheitsverhältnis zugrunde, in dem das männliche Geschlecht dominiert. Es kennzeichnet sich durch eine Asymmetrie, die auf einer komplementären Differenz der Geschlechter basiert. Annahmen über unterschiedlich ausgeprägte Fähigkeiten und Fertigkeiten verhindern Vorstellungen einer sozialen Gleichheit zwischen den Geschlechtern. Eine zweite Variante, die in der Frauenforschung in den 80er Jahren intensiver diskutiert wurde, bezieht sich auf das Geschlechterverhältnis als Gleichheitsverhältnis unter Beibehaltung der Differenz. Die geschlechtsbezogene Ungleichheit wird mit einer positiven Wertigkeit der „weiblicher Eigenschaften" verknüpft. Fürsorge und Friedfertigkeit werden als besondere Kulturleistungen der Frauen akzentuiert, und zwar im Gegensatz zum Destruktionspotential und Rationalisierungsideal unserer Gesellschaft. Trotz des sozialen Wandels und der kritischen Zurückweisung geschlechtsstereotyper Zuweisungen bleibt eine Struktur des Geschlechterverhältnisses vorgegeben, die auf einer Ungleichwertigkeit von Mann und Frau bei gleichzeitig vorgebrachten Egalitätsforderungen beruht, ohne dass dies für alle Individuen definitiv gelten muss (vgl. Metz-Göckel 1988, S. 88ff.).

Wenn man von Geschlechterverhältnissen unter der differenztheoretischen Perspektive spricht, so ist die Vorstellung gemeint, dass Jungen und Mädchen, Männer und Frauen unterschiedliche soziale Stellungen einnehmen, sich als Kollektive durch die Positionen unterscheiden, die sie in der Geschlechterordnung einnehmen. Sie sind damit eingegliedert in einen gesellschaftlichen Strukturzusammenhang (Becker-Schmidt 1993, S. 38). „Geschlecht als Strukturkategorie" zielt in psychischer Hinsicht auf Strukturen des individuellen und kollektiven Bewusstseins und auf eine symbolische Ordnung. Gleichzeitig ist das soziale Gliederungsprinzip „Geschlecht" als System sozialer Deutungen zu verstehen, an dem sich Interpretationen und Bewertungen der Geschlechterdifferenz, von „Männlichem" und „Weiblichem" orientieren. Ein besonderes Gewicht erhält „Geschlecht" als Strukturierungsprinzip in gesellschaftstheoretischer Hinsicht. Es lassen sich in allen Bereichen – die Schule eingeschlossen – geschlechtliche Hierarchien, Segmentationen und Marginalisierungen finden und insofern ist Geschlecht ein struktureller Indikator von sozialer Ungleichheit (vgl. Becker-Schmidt 1993, S. 44).

Geschlechtsstereotype, Geschlechtsrollen und Geschlechtsidentitäten
Geschlechtsstereotype dienen wie soziale Vorurteile der Reduktion von Komplexität durch Verdichtung von Merkmalen. Dem Weiblichkeitsste-

reotyp zufolge sollen Frauen für andere sorgen, freundlich sein, keine körperlichen Aggressionen zeigen und auf ihr äußerliches Erscheinungsbild achten. Das männliche Stereotyp wird mit physischer Kraft, Durchsetzungsfähigkeit, Kompetenz, Sachlichkeit und Unabhängigkeit verbunden. Entsprechend polar angeordnet sind die Eigenschaften, die Männern und Frauen zugeschrieben werden (vgl. Degenhardt 1979; Schenk 1979; Eckert 1979). Solche Geschlechtsstereotype entfalten eine Eigendynamik und ermöglichen im Alltag eine Identifikation und Klassifikation der Frauen und Männer in Angehörige ihres Kollektivs. Mit dieser sozialen Praxis werden Geschlechtergrenzen fixiert und die Potentiale der Männer und Frauen in einer schematischen Weise festgelegt (vgl. Metz-Göckel 1988, S. 90).

Während mit „Geschlechtsstereotypen" eine Beschreibung typisch männlicher und weiblicher Eigenschaften einhergeht, enthält der Begriff der „Geschlechtsrolle" auch die normative Erwartung bestimmter Eigenschaften. Diese normativen Erwartungen beziehen sich nicht nur auf Aspekte des äußerlichen Erscheinungsbildes und auf individuelle Eigenschaften, sondern auf die Arbeitsteilung und auf geschlechtstypische Regeln über soziale Interaktionen in einem bestimmten kulturellen Kontext. Die Geschlechtsrolle ist zugeschrieben, universal und zeitlich stets vorhanden, kann allerdings, je nach Kontext, mehr oder weniger stark hervortreten. Geschlechtsrollen haben für die Erklärung sozialen Handelns der Geschlechter eine große Bedeutung, denn sie sind omnipräsent. Jedoch befinden sich Geschlechtsrollen im Wandel – insbesonere die weibliche Rolle hat sich nachweisbar verändert (vgl. Alfermann 1996, S. 31ff.). Geschlechtsrollen werden auch als kulturelle Ausdeutungen biologisch bedingter Unterschiede beschrieben. Ihre gesellschaftliche Funktion besteht in der Reproduktion des Bestehenden und in der Sicherung von Sozialisation. Dem Individuum präsentieren sie sich als kognitive und soziale Kategorisierungsschemata (vgl. Schütze 1993, S. 551). Geschlechtsrollen polarisieren die den Männern und Frauen zugewiesenen Eigenschaften in Form von Komplementen (vgl. Prengel 1995, S. 101).

Adria Schwartz unterscheidet in Anlehnung an Stoller (vgl. 1968) eine geschlechtliche Kernidentität, mit der sich vom Ende des 2. Lebensjahres an das Gefühl manifestiert, entweder ein Mädchen oder ein Junge zu sein. Im Verlauf des Jugendalters verwendet sie dann den Begriff der Geschlechtsrollenidentität, der die gesellschaftlichen Normen für männliches und weibliches Verhalten repräsentiert. Mit der Geschlechtsrollenidentität gehe eine innere Selbstbewertung der Männlichkeit und Weiblichkeit einher (vgl. Schwartz 1992, S. 67). Die sozial wünschenswerten Eigenschaften beeinflussen die Identitätsbildung der männlichen und weiblichen Heranwachsenden. Gerade im Jugendalter werden durch dramatische psychosexuelle und emotionale Entwicklungsprozesse neue Balanceleistungen der Identität erforderlich. Aus empirischen Untersuchungen geht hervor, dass Mädchen größere Probleme als Jungen haben, zu Selbstwertschätzung, Akzeptanz,

Vertrauen in die eigene Person und Kontrollüberzeugung zu gelangen (vgl. Horstkemper 1987; Flaake 1998; Breitenbach/Kausträter 1999). Die Bildung ihrer Geschlechtsidentität ist mit Ambivalenzen verbunden, weil sie mit männlichen Wertmaßstäben gemessen und konfrontiert werden. Geschlechtsidentität wird schon im frühen Kindesalter erworben, denn die Kinder lernen über vielfältige Symbole die Übernahme der für ihr Geschlecht geltenden Regeln. Mit dem Erwerb von Geschlechtsidentität geht ein Prozess der Selbstsozialisation und Selbstkategorisierung einher. Denn die kulturell verankerte Zweigeschlechtlichkeit als Struktur dieser Gesellschaft, die auch Art und Reichweite der Partizipation an Kultur und Gesellschaft bestimmt, führt dazu, dass die Subjekte in der Regel selbst ein Interesse daran haben, eindeutig geschlechtlich identifiziert zu werden. Für Männer ist die Übernahme weiblicher Zuschreibungen in die Identität mit einem Statusverlust verbunden, während Frauen im Zuge der Angleichung an männliches Verhalten einen Statusgewinn davontragen können (Metz-Göckel 1988, S. 92). In den theoretischen Ausführungen zur sozialen und interaktiven Konstruktion von Geschlecht wird gezeigt, dass die Sicherstellung einer geschlechterbezogenen Klassifikation für den Interaktionsprozess immens wichtig ist (vgl. Goffman 1994; Hirschauer 1989).

Für die Geschlechtsidentität der Heranwachsenden ist die Asymmetrie der Elternschaft von Bedeutung, da Kinder vorrangig von Frauen betreut und aufgezogen werden. Das männliche Kind löst sich im Zuge der Entwicklung seiner Geschlechtsidentität eher von der Mutter und durchlebt heftige Trennungserfahrungen, durch die eine Abwehr des Weiblichen als „nicht männlich" einhergeht. Mädchen bleiben in der Entwicklung ihrer Geschlechtsidentität länger mit ihrer Mutter verbunden. Wegen der Abwesenheit des Vaters als Vorbild entwickelt sich die Geschlechtsidentität beim Jungen abstrakter, wobei den Gleichaltrigengruppen die Funktion zukommt, Inhalte der Männlichkeit zu sozialisieren (vgl. Metz-Göckel 1988, S. 91ff.). Ergebnisse der psychologischen Forschung zeigten auch schon in der Vergangenheit (vgl. Degenhardt 1979; Mischel 1966; Maccoby/Jacklin 1974; Schenk 1979), dass Geschlechtsunterschiede bei allen untersuchten Merkmalen entweder nicht vorhanden oder sehr gering waren. Zumindest sind die Unterschiede zwischen den sozialen Positionen von Mann und Frau größer – und diese wiederum werden paradoxerweise mit den angeblichen psychischen Geschlechtsunterschieden gerechtfertigt (vgl. Connell 1999, S. 40).

Inzwischen wird den Konzepten der Geschlechtsstereotypen, Geschlechtsidentität und der Geschlechtsrollen immer massivere Kritik entgegengebracht. Der Rollenbegriff würde sich als Metapher für das Verständnis sozialer Situationen nicht eignen, die normative Geschlechtsrollentheorie würde sozialen Wandel leugnen. Und für geschlechtsbezogene Interaktionen sei der Begriff „Geschlechtsrolle" ungeeignet, da mit dessen Hilfe keine Aussagen über Beziehungen zwischen den Geschlechtern getroffen werden könne (vgl. Connell 1999, S. 44f.) Helga Bilden (vgl. 1991) kritisiert an diesem Begriff vorrangig die Konzentration auf bipolare psychische Eigenschaften. Das Paradigma der geschlechtspezifischen Sozialisation habe den Nachteil, Geschlechtsunterschiede als individuelle Persönlichkeitsmerkmale aufzufassen und nach deren Entstehungsbedingungen zu forschen (vgl. Bilden 1991, S. 281). Zudem sei der Begriff der „Rolle" mit der Suggestion belastet, diese jederzeit hinter sich lassen zu können. Geschlechtertheorie benötigt Begriffe, die die Verwobenheit mit identitätsstrukturierenden Einflüssen, sozialen Machtpositionen und Erziehungseinflüssen darlegen könnten (vgl. Rendtorff/Moser 1999, S. 316).

Nachdem die allgemeinen Kategorien und Sichtweisen auf Geschlecht aus differenztheoretischer Perspektive erläutert wurden, wird im folgenden gefragt, wie aus diesen theoretischen Ansätzen heraus Gewalt im Geschlechterverhältnis und zwischen weiblichen und männlichen Subjekten erklärt wird.

Gewalt: weibliche Opfer und männliche Täter
Gewalt von Männern gegen Frauen sei in Kenntnis des Geschlechterverhältnisses und seiner Wirkweise mehr als der individuelle Akt eines Mannes gegenüber einer Frau, sondern sei in den Bildern von Männlichkeit und Weiblichkeit verankert (vgl. Brückner/Hagemann-White 1993, S. 47). Gudrun-Axeli Knapp (vgl. 1995a) hat versucht, die verschiedenen Formen der Gewalt und Frauenunterdrückung zu formulieren, die aus dem asymmetrischen Machtverhältnis zwischen den Geschlechtern hervorgehen. Unterschieden werden die drei Ebenen Sexismus, patriarchales System und Phallozentrismus. Unter Sexismus werden individuelle und kollektive Akte der Frauendiskriminierung gefasst. Sexistische Verhaltensweisen reichen von abwertenden, negativen Kommentaren über Frauen, ihrem Ausschluss aus bestimmten sozialen Sphären bis hin zu bewusster Belästigung, Einschüchterung und offener Gewalt. Zwar wird eingeräumt, es sei auch für Frauen möglich, Männer zu drangsalieren und zu diskriminieren – dies seien aber stets individuelle vereinzelte Handlungen. Denn Unterdrückung bedeutet mehr – es bedarf einer richtungsgebenden sozialen Struktur, die in Zusammenhang mit unserer Kultur den Männern als sozialer Gruppe die Positionen und Macht zuspricht. Bei dieser Struktur handelt es sich um Patriarchalismus, der Männer und Frauen in gesellschaftlichen, ökonomischen und privaten Verhältnissen unterschiedlich positioniert. Mit Phallozentrismus ist gemeint, dass Humanität und Menschsein mit Männlichsein verknüpft wird, womit einhergeht, dass weibliche Repräsentationen und Bilder unterdrückt werden (vgl. Grosz 1990; Axeli-Knapp 1995a, S. 311f.). In diesem Begriff steckt die Tatsache der Dominanz und Höherbewertung des Männlichen als Maßstab für das Allgemeine (vgl. Rendtorff/Moser 1999, S. 321).

An solchen polarisierenden Annahmen wird auch Kritik geübt: So würde der feministische Blick auf Jungen und Männer oftmals durch starre Feindbilder geleitet sein, in denen der Mann als potentieller Täter sexueller Gewalt auftrete (vgl. Engelfried 1997). In der Konzeption vom männlichen Täter und weiblichen Opfer stecken ebenfalls Polaritäten, die komplementär konstruiert werden. Gewalttätige Muster, Manipulation, körperliche Verletzungen und psychische Vernichtung werden in der Kulturgeschichte vorrangig als „Männermuster" beschrieben und scheinen in der Logik des Mannseins begründet zu sein. Auch die Bewältigung des Mann-Seins ist potentiell mit Gewalt verbunden. Patriarchale Herrschaftsstrukturen würden mit der Abwertung von Frauen einhergehen, und Gewalt sei eine zentrale Komponente des Patriarchats. Die hohe Kriminalitätsrate beim männlichen Geschlecht und die vielfältigen Formen alltäglicher Männergewalt würden auf die Bedeutung von Gewalt im Verlauf der männlichen Sozialisation verweisen. Aber auch für die individuelle Lebensbewältigung scheint Gewalt in Form von Dominanzverhalten und Drohgebärden ein möglicher subjektiver Ausweg zu sein, um in psychisch angespannten Situationen ein positives Selbstwertgefühl zu erlangen (vgl. Böhnisch/Winter 1994, S. 195ff.). Dass vorrangig Jungen auch empirisch in die Nähe gewaltsamer Handlungen rücken, ist vor dem Hintergrund der Annahmen zur männlicher Sozialisation plausibel. So wird als Grundstruktur des männlichen Selbst das Bedürfnis zur Externalisierung genannt, das gleichzeitig mit einem schwachen Bezug zum Opfer einhergeht. Mit einem problematischen männlichen Selbstkonzept sei auch die Abwertung von Frauen verbunden. Diese Gewaltdisposition reduziere und fixiere beim Jungen die Bewältigungsperspektiven auf Gewalt und schränke alternative Aneignungsweisen von Männlichkeit ein. Das Verwiesensein der Jungen auf die Berufswelt bestimme die Sozialisation und führe dazu, dass sich Leistungs- und Konkurrenzdruck in ihrem Verhalten widerspiegeln (vgl. ebenda, S. 201f.). Hass auf die eigene Hilflosigkeit und mögliche Unterlegenheit würde sich nicht nur gegen die Frau richten. Vielmehr treten diesbezügliche Projektionen auch bezogen auf andere Jungen/Männer auf, z. B. in Form von Angst, als „Schwächling" dazustehen. Oftmals beginnen Jungen mit diesen abwertenden Praktiken, wenn sie in eine peer-group eintreten – und die gewaltorientierten peers orientieren sich stark an derartigen Männermythen (vgl. Böhnisch/Winter 1994, S. 84).

Bisher liegen nur rudimentäre Kenntnisse über die aktive Verarbeitung schulischer Erfahrungen der Geschlechter – insbesondere im Bereich von Schülergewalt und sexuellen Übergriffen – vor. Die „Dominanzthese", als Sammelbegriff für die unterschiedlichsten Ärgernisse in der Geschlechterhierarchie ist ein unzureichender Erklärungszusammenhang, denn

„wie Mädchen gewaltförmige Verhaltensweisen definieren und verarbeiten und welche Handlungsmuster sie mit welchen Konsequenzen entwickeln, welche Motive bei den Jungen auffindbar sind, welchen Formen von Domi-

nanz Mädchen zugänglich sind und wen sie zum Ziel haben, welche Funktionen solche Übergriffe für das Geschlechterverhältnis in der Schule haben, all das ist völlig unklar" (Breitenbach 1994, S. 189).

In den Theorien zur Geschlechterdifferenz werden Mädchen und Frauen als „Opfer" des Geschlechterverhältnisses beschrieben und auch als Opfer personenbezogener Gewalt, die Männer aufgrund der gesellschaftlichen Hegemonie besitzen. Wie aus Kapitel 1 hervorging, haben die konkreten empirischen Befunde zu Schülergewalt indessen gezeigt, dass Jungen durch ein verstärktes Involviertsein in derartige Konflikte auch schneller zum Opfer werden. Diese Ausführungen machen deutlich, dass es sinnvoll ist, sich unter differenztheoretischer Perspektive den männlichen und weiblichen Ausdrucksformen gewaltsamen Handelns, der Verbreitung von Gewalt und der Differenzierung zwischen psychischen und physischen Gewalthandlungen im schulischen Kontext zuzuwenden. Dabei ist es wichtig, sich von verallgemeinernden Annahmen über weibliche Opfer zu verabschieden und stattdessen genau zu analysieren, in welchen Bereichen der schulischen Realität Mädchen und in welchen anderen Situationen Jungen zu Opfern werden. Möglicherweise lassen sich spezifische Bedingungen ermitteln, unter denen Mädchen als Täterinnen in Betracht kommen. Mit dem Blick auf die Geschlechterdifferenzen und ihrer empirischen Analyse ergibt sich gleichzeitig die Chance, Gemeinsamkeiten oder Ähnlichkeiten zwischen Jungen und Mädchen, was die gewaltfördernden sozialen Kontakte oder auch die Reaktionen und Begründungen für gewaltsames Handeln angeht, aufzuzeigen. Die „Differenztheorien" bieten auch Erklärungsmöglichkeiten aus den spezifischen Bedingungen männlicher Sozialisationsprozesse für die Tatsache an, dass Jungen im Bereich gewaltsamen Handelns aktiver als Mädchen sind.

2.1.2 Die soziale Konstruktion von Geschlecht

Die Alltagstheorie der Zweigeschlechtlichkeit mitsamt ihrer zuvor erläuterten Postulate und Prämissen wird in den neueren Theorien der Geschlechterverhältnisse zunehmend infrage gestellt.

„Die Tatsache, dass wir immer nur zwei Geschlechter sehen, ist eine kulturelle Konstruktion und nicht ein Abbild der Sache selbst" (Heintz 1993, S. 27).

Zweigeschlechtlichkeit ist keine Naturtatsache, sondern Ergebnis von Zuschreibung und Darstellung, die Individuen mit Rückgriff auf kulturelle Ressourcen stets aktualisieren. Während Annahmen radikal-konstruktivistischer Ansätze betonen, die Wirklichkeit werde im Gehirn konstruiert und Geschlecht sei ein Resultat unserer Sinneswahrnehmungen (vgl. Watzlawik 1991), hat sich in der feministischen Diskussion eine Perspektive durchgesetzt, die Geschlecht als soziale bzw. kulturelle Konstruktion betrachtet (vgl. Küchler 1997, S. 51). Eine notwendige naturhaft vorgegebene Zweigeschlechtlichkeit gebe es nicht. Candance West und Don Zimmermann (vgl. 1991) haben die biologische Kategorie „Geschlecht" getrennt von Annahmen über sozial hervorgebrachte Männlichkeit und Weiblichkeit. „Sex" dient in diesem Sinne als Klassifikationsmerkmal, aufgrund welcher biologischer Kriterien jemand als Mann oder Frau gilt. „Gender" dagegen meint Handlungen und Situationsmanagements in Zusammenhang mit sozialen Erwartungen, die an das jeweilige Geschlechtskonzept gerichtet sind – etwa was das äußerliche Erscheinungsbild von Frauen und Männern und ihr Auftreten in der Öffentlichkeit angeht. Diese aktive Herstellung und Gestaltung von Männlichkeit und Weiblichkeit wird als „doing gender" bezeichnet. Beim „doing gender" werden aber auch die geltenden Regeln von Macht, Hierarchie und Dominanz im Handeln einzelner Individuen mittransportiert. Dieses Konzept geht mit einer relativen Offenheit für das individuelle Handeln einher: Nicht jede Frau/jeder Mann muss den sozialen Erwartungen an Männlichkeit/Weiblichkeit entsprechen, man kann sich auch bewusst anders verhalten (vgl. Küchler 1997, S. 51ff.). Diese gender-Perspektive ist in der soziale Konstruktionen fokussierenden Geschlechter-Soziologie tatsächlich am konsequentesten umgesetzt worden. Inzwischen konkurrieren in der Geschlechterforschung verschiedene Ansätze miteinander (vgl. Behnke/Meuser 1999, S. 41): Zu nennen wären hier ethnomethodologische Ansätze (vgl. West/Zimmermann 1991), diskurstheoretische Ansätze (vgl. Butler 1991) und neuere systemtheoretische Ansätze (vgl. Pasero 1994). Stefan Hirschauer (vgl. 1989, 1992) nennt darüber hinaus ethnomethodologische und mikrosoziologische Ansätze der Geschlechtskonstruktion (Garfinkel 1967; Kessler/Mc Kenna 1978; Lindemann 1992), des Weiteren haben sich auch interaktionistische Ansätze (Goffman 1994) und „genuin" feministische Ansätze (vgl. Hagemann-White 1988; Gildemeister-Wetterer 1995) mit der Konstruktion von Geschlecht befasst.

Obwohl Carol Hagemann-White bereits 1988 die Zweigeschlechtlichkeit infragegestellt hat und proklamierte, jeglicher Geschlechtsunterschied sei ein kulturelles Produkt, wurde in der Bundesrepublik der Ansatz des „doing gender" (West/Zimmermann 1991) erst ein paar Jahre später aufgegriffen. Unsere Gesellschaft würde Geschlecht als ein dichotomes Symbolsystem hervorbringen, was grundlegend Gesellschaft, Interaktion und Psychodynamik strukturiert. Indem die Akteure als Frauen und Männer handeln, sich in ihrer Geschlechtlichkeit präsentieren, wirken sie mit an der permanenten Produktion des Geschlechtersystems (vgl. Bilden 1991, S. 294). Angelika Wetterer (vgl. 1995, S. 241) fordert sehr entschieden die De-Konstruktion, die Entschlüsselung des Herstellungsmodus der Zweigeschlechtlichkeit und eine radikale Abkehr von „Differenztheorien". Durch die zunehmende Heterogenität weiblicher Lebenssituationen und dem damit verbundenen zunehmenden Bedeutungsverlust von Geschlechtszugehörigkeit, müsse die

Dekonstruktion eines universalisierenden Konzeptes von „Mann" und „Frau" forciert werden (vgl. Heintz1993, S. 35ff.).

*„Anstatt Geschlecht, Klasse, ethnische Zugehörigkeit etc. als universell wirksame Kategorien zu begreifen, wird heute vermehrt danach gefragt, unter welchen **Bedingungen** sie relevant werden. In welchen Handlungskonzepten fungiert die Geschlechtszugehörigkeit als zentrales Ordnungsprinzip und wann spielt sie eine nur sekundäre Rolle? Die Geschlechtszugehörigkeit ist nicht ein gleichbleibend relevantes Merkmal, sondern wird situationsspezifisch zum Ausdruck gebracht"* (Heintz 1993, S. 39).

Zentrale Voraussetzung dieser Theorie ist nicht die Frage nach der Geschlechterdifferenz, sondern nach der Konstruktionsweise von Geschlecht in Interaktionsprozessen. Die Zweigeschlechtlichkeit – und das ist den Ansätzen gemeinsam – wird kritisch hinterfragt; vielmehr wird Geschlecht als etwas bewegliches, veränderbares und gemachtes betrachtet (Braun 1995, S. 113). Auch Theorien zur „geschlechtsspezifischen Sozialisation" werden in diesem Sinne problematisiert (vgl. Dausien 1999). Bewusste Gestaltung und Veränderung setzt voraus, das „Wie" der Konstruktion zu kennen. Das Geschlechterverhältnis wird verhandelt und umkämpft und von daher ist es nötig, sich in der Forschung mit Interaktionen zu befassen. Denn in Interaktionen handeln Menschen aufgrund von symbolischen Bedeutungen und nehmen darauf Bezug (vgl. Bilden 1991, S. 290f.) – dies wird im nächsten Unterkapitel noch eingehender beschrieben.

Konstruktion geschlechtstypischer Unterschiede
Aus Kapitel 1 wurde in der Auseinandersetzung mit Geschlechtersozialisation in der Schule deutlich, dass es in empirischen Untersuchungen auch eine Perspektive gibt, die anstelle einer Beschreibung und Erklärung geschlechtstypischer Differenzen den Blick auf die Herstellungsweisen der Geschlechterunterscheidung richtet (vgl. Breidenstein/Kelle 1996, 1998). Im Diskurs um die Konstruktion der Geschlechterdifferenz macht Stefan Hirschauer (vgl. 1989, 1992, 1994) auf zwei Missverständnisse aufmerksam. Zum einen wird vor der vorschnellen Annahme gewarnt, Konstruktionen resultierten aus der Willkür und dem Belieben der Individuen. Dies greift insofern zu kurz, denn die Konstruktion von Phänomenen tangiert auch die gesellschaftliche Ebene, die institutionellen Zwänge und die Reproduktionsmechanismen. Das andere Missverständnis bezieht sich auf die Annahme, der Konstruktivismus bestreite die Realität von Phänomenen als lediglich konstruiert und damit fiktiv. Dieser Vorwurf bezieht sich auch auf die empirische Analyse der Phänomene und ihrer Benennung. Die sich dem konstruktivistischen Paradigma verpflichtet fühlenden Forscher(innen) versuchen, den Glauben und das Wissen von einem Phänomen zu suspendieren, um es als ein Wissen analysieren zu können (vgl. Hirschauer 1992, S. 332ff.). Meines Erachtens geht damit die Aufforderung einer, sich „vorbe-

haltloser" den zu untersuchenden Phänomenen in der empirischen Realität
– im vorliegenden Fall Geschlechterinteraktionen und Gewalt – anzunähern. Das „Wie" der Wirklichkeit steht im Zentrum der Betrachtung.

„Die Frage ist nicht, ob es Homosexualität, Männer, Frauen und wesenhafte Unterschiede zwischen ihnen wirklich gibt. Natürlich gibt es sie, wir haben sie ja konstruiert. Die Frage ist, wie gibt es sie: als universelle, überhistorische und außersoziale Wesenseinheiten oder als integrale Bestandteile jeweiliger Lebensformen" (Hirschauer 1992, S. 334).

Es gibt Beiträge aus dem Bereich der Kulturanthropologie, die nachzuweisen versuchen, dass nicht alle Gesellschaften auf gleiche Weise die Kategorisierung der Geschlechter vornehmen. Alltagssoziologische Studien aus einer ethnomethodologischen Tradition betonen die Ebene der Darstellung und Zuschreibung von Geschlechtszugehörigkeiten in Interaktionen. Diese Darstellungsleistungen sind so evident, als sei die Geschlechtszugehörigkeit eine natürliche Gegebenheit. Die Idee der Konstruiertheit bezieht sich auch auf Identitäten, denn diese existieren nicht unabhängig von Deutungssystemen, Wissensbeständen und Alltagspraktiken. Wenn die Zweigeschlechtlichkeit und die geschlechtlichen Identitäten von sozialen Praktiken erzeugt werden, sollte gefragt werden, was diese Konstruktion gesellschaftlich aufrecht erhält. Im Kontext der Geschlechterbeziehungen vollziehe sich die Praxis der Unterscheidung (vgl. Hirschauer 1992, S. 338ff.) – mit diesen Ausführungen wird deutlich, dass diese theoretische Konzeption Interaktionen und deren Produkte fokussiert.

Was bedeuten diese theoretischen Ausführungen für Sozialisationsprozesse der Geschlechter? Deutlich wurde, dass eine Individualität und Identität außerhalb der Geschlechtszugehörigkeit nicht denkbar ist, da unsere Gesellschaft auf einer Polarisierung der Geschlechterkonzepte beruht. Das soziale System der Zweigeschlechtlichkeit ist Bestandteil unseres Alltags und unserer Kultur. Das gegenwärtige Geschlechterverhältnis wird als hegemoniale Männlichkeit bezeichnet, jedoch als bewegliche Relation angesehen. Hegemoniale Männlichkeit bezeichnet die Reproduktion von ökonomischen, kulturellen, sozialen und rechtlichen Strukturen, die ohne die Anwendung unmittelbarer Gewalt die Vorherrschaft eines Geschlechts in einer geschlechterungleichen Kultur ermöglichen. Dies vollzieht sich auf allen Sozialisationsebenen bis hinein in den Beziehungsalltag (vgl. Kersten 1999, S. 80). Da sich Hegemonie auf die kulturelle Dominanz in der Gesellschaft bezieht, kann sie durch Gruppen von Männern oder Frauen herausgefordert werden (vgl. Connell 1999, S. 98f.). Aus der Konstruktion des Geschlechtergegensatzes mit der Unterordnung der Frauen resultiert der Unterschied zum Weiblichen als ein geschlechtsbezogenes Überlegenheitsgefühl. Jedoch ist auch die gesellschaftliche Produktion von Männlichkeiten variabel – sie konstituiert sich nicht nur über die Unterordnung von Frauen, sondern auch vieler Gruppen von Männern (vgl. Bilden 1991, S. 293). Auch Joachim Kersten (vgl. 1997, S. 49ff.) weist darauf hin, dass es sehr unterschiedlich konstruierte Männlichkeiten gibt.

Der geschlechtliche Unterschied wird in der Kindheit bereits benannt und visualisiert – und an das Kind werden dementsprechende soziale Erwartungen hinsichtlich Verhalten, Sprache, Kleidung und Präferenzen herangetragen. Selbst wenn Mädchen in der Adoleszenz im Zuge der kognitiven und psychosexuellen Entwicklung die Chance haben, das ihnen zugedachte Geschlechterkonzept kritisch zu hinterfragen und zurückzuweisen, können sie dem Konstruktionsprinzip der Zweigeschlechtlichkeit nicht entgehen (vgl. Birsl 1994, S. 54). Helga Bilden (vgl. 1991), die einen umfangreichen Literatur- und Forschungsüberblick zur Geschlechtersozialisation gibt, verweist auf die Geschlechtsbezogenheit sozialen Handelns: So werden Leistungen von Männern und Frauen nicht gleich bewertet und erklärt. Das Geschlecht einer Person löst bewusst und unbewusst bestimmte Erwartungen, Reaktionen und Deutungsmuster hervor (vgl. Bilden 1991, S. 181f.). Kinder und Jugendliche eignen sich spielerisch die wesentlichen Strukturmomente des Geschlechterverhältnisses an. Das betrifft sowohl Spiele, die die geschlechtsspezifische Arbeitsteilung bestimmen, als auch Körperkulturen durch Präferenzen für Sportarten und durch einen spezifischen Umgang mit körperbezogenen Grenzen: So wird der männliche Körper grobmotorisch und bewegungsintensiv, leistungs- und funktionsbezogen sozialisiert und der weibliche als feinmotorisch und ästhetisch-attraktivitätsfördernd (vgl. ebenda, S. 284). Aber auch die subjektive Seite der Konstruktionen ist von Bedeutung: „Ein Geschlecht hat man nicht einfach, man muss es tun, um es zu haben" (Behnke/Meuser 1999, S. 41). Diesem Verständnis zufolge wird Geschlecht in sozialen Interaktionen stets neu hergestellt – und es handelt sich dabei um eine Leistung, an der alle Interaktionspartner beteiligt sind. „Doing gender" impliziert damit auch immer die Eigenleistung und Eigenverantwortung der Subjekte für die von ihnen vorgenommenen Konstruktionen (vgl. Behnke/Meuser 1999, S. 42). Das Geschlechterverhältnis ist mit seiner ständigen Produktion und Reproduktion von Weiblichkeiten und Männlichkeiten nicht nur voller Widersprüche, sondern die Bedingungen der Aufrechterhaltung ändern sich im Verlauf des sozialen Wandels (vgl. Bilden 1991, S. 293).

Konstruktion von Gewalt als männliches Phänomen
Aus dem Konzept der hegemonialen Männlichkeit resultieren zwei Formen von Gewalt. Die eine besteht darin, dass die privilegierten Gruppen mit Hilfe von Einschüchterung, sexuellen Belästigungen oder verbalen Attacken Dominanz zu sichern versuchen. Zum zweiten kann Gewalt in Gruppenkonflikten dazu dienen, sich der eigenen Männlichkeit zu versichern oder diese zu demonstrieren. Gewalt ist Teil des Unterdrückungssystems hegemonialer Männlichkeiten (vgl. Connell 1999, S. 104f.). Was bedeuten diese theoretischen Annäherungen, wenn sie auf Gewalthandlungen in der Schule ange-

wendet werden? Für wiederholt „gewalttätige" männliche Schüler könnte es heißen: Ihr Gewalthandeln in der Schule wird zwar sanktioniert und verurteilt – dennoch konstruieren diese Jungen damit ein Geschlechterkonzept entsprechend der sozialen Vorstellungen von Männlichkeit, selbst wenn die Handlungen unerwünscht sind. Täterinnen dagegen dürften durch gewaltsames Handeln zentrale Elemente ihres Geschlechterkonzepts dekonstruieren, gegen soziale Zuschreibungen und gesellschaftliche Konstruktionen verstoßen und damit als Antithese entsprechende Assoziationen von weiblicher Abweichung hervorrufen (vgl. Kersten 1999, S. 82). Robert W. Connell hat eindrucksvoll anhand männlicher Lebensgeschichten dargestellt, welch unterschiedliche Konstruktionen von Männlichkeiten es gibt, und dass diese in starker Abhängigkeit mit der sozialen Herkunft, dem Status und den lebensgeschichtlichen Erfahrungen stehen. Anhand von „gewalttätig" gewordenen Männern kann gezeigt werden, dass Gewalt die herrschende Ideologie des Umfeldes war und – infolgedessen – in die subjektive Konstruktion übernommen wurde (vgl. Connell 1999, S. 122ff.). Aus den Lebensgeschichten gingen jedoch auch ganz andere Männlichkeitskonstruktionen hervor, die nicht mit Gewalt in Verbindung gebracht werden können, und diese sind abhängig von den jeweiligen Umwelten, Philosophien, Anschauungen und Interaktionen, an denen die Betroffenen partizipieren.

Während die „Differenztheorien" Schülergewalt als „Jungenphänomen" betrachten, da die Organisation männlicher Sozialisationsprozesse in unserer hegemonial strukturierten Gesellschaft bei Jungen eine von Mädchen zu unterscheidende, aggressivere Identität zutage fördert, problematisieren Annahmen über Geschlecht als soziale Konstruktion das Phänomen meines Erachtens auf zwei Ebenen. Die erste Betrachtungsebene bezieht sich auf den Gewaltbegriff: Nicht nur Männlichkeiten und Weiblichkeiten sind Produkte subjektiv vorgenommener und strukturell determinierter Konstruktionen, sondern auch ein empirisches Phänomen wie „Schülergewalt" stellt eine Konstruktion dar, die gleichzeitig mit der Herstellung von Männlichkeiten verkoppelt werden dürfte. Das erziehungswissenschaftliche Gewaltverständnis basiert auf Konstruktionsleistungen der Forschenden und auf intersubjektiv geteilten Konstruktionen der scientific community. Die andere, bislang in der Forschung zu wenig berücksichtigte Ebene zielt auf die Frage, ob „Schülergewalt" nicht etwas substanzielles ist, das in der Interaktion zwischen Jungen oder zwischen Jungen und Mädchen erst hergestellt wird. Die theoretische Perspektive auf Geschlecht als soziale Konstruktion zwingt den Blick der Forschung auf Interaktionszusammenhänge und deren „Produkte". Sie weist die alleinige Täterschaft von Jungen im Kontext von Schülergewalt zurück, denn diese gibt es nicht, wenn in einem interaktionellen Gefüge die Geschlechter Konstruktionen vornehmen und reproduzieren. Ebenso wenig gibt es isolierte Opfer, wenn das Produkt, was in den Interaktionen der Schüler(innen) verhandelt wird, in seinem Handlungsumfang als „Gewalt" begriffen wird. Dieser Blick, der über die singulären Akteure, Täter- und Opferschaften hinausgeht, lässt sich hier theoretisch verorten und soll für die interaktionelle Analyseebene festgehalten werden.

2.1.3 Zusammenfassung und kritische Einordnung

Obgleich der Diskurs zur Geschlechterdifferenz vom Diskurs zur Konstruktion von Geschlecht anscheinend abgelöst wurde, gibt es auch den letztgenannten Annahmen gegenüber Vorbehalte. So würde für die feministische Sozialwissenschaft gegenwärtig die Gefahr bestehen, „sich ausschließlich auf erkenntnistheoretische und philosophische Fragen zu konzentrieren statt darauf, wie Geschlecht operiert und unterschiedliche Lebenschancen für Frauen und Männer hervorbringt und so Über- und Unterordnungen produziert" (Maynard 1995, S. 33). Anstelle des Theoretisierens der Theorie, so Mary Maynard weiter, „sollten wir wieder Erfahrungen und empirisch beobachtbare Phänomene theoretisieren" (Maynard 1995, S. 36). Denn in der empirischen Realität zeigt sich, dass Kinder ein starkes Interesse daran haben, sich das Geschlechterverhältnis und die damit verbundenen Verhaltensweisen von Männlichkeit/Weiblichkeit anzueignen – dies hat zur Folge, dass sich Mädchen und Jungen ihrem Geschlechtskonzept entsprechend verhalten und wahrgenommen werden, d. h. es zeigen sich Geschlechterdifferenzen und geschlechtstypische Sozialisationsprozesse. Sobald wir praktisch handeln – auch als Sozialwissenschaftler(innen) – ist die „natürliche" Differenz eine Selbstverständlichkeit, die handlungsleitend wirkt und sich in gesellschaftlichen Institutionen niederschlägt, so der kritische Einwand von Heintz (vgl. 1993, S. 38). Annedore Prengel, die von der pädagogischen Praxis her argumentiert, weist das Übergehen der Geschlechterdifferenz in unterschiedlichen theoretischen Konzeptionen[3] zurück. Zum einen wendet sie sich gegen mehr oder weniger intendiert übergangene Geschlechterdifferenzen früherer Studien: Das in einer neutralisierenden Sprache sich artikulierende Bewusstsein, Mädchen und Frauen mitzumeinen, wenn von Menschen, Schülern, Jugendlichen etc. die Rede ist, verstärke hinsichtlich des Geschlechterverhältnisses den schlechten Status quo, weil es die Situation von Mädchen und Jungen in ihrer Spezifik weder erkennt noch benennt und Veränderungsprozesse somit nicht initiiert werden könnten (vgl. Prengel 1995, S. 110f.). Aber auch die konstruktivistische Sicht auf die Zweigeschlechtlichkeit, auf Utopien der Geschlechtslosigkeit, wird von Prengel problematisiert[4]: Eine Verleugnung der historischen und gesellschaftlichen Bedeutung und machtvollen Wirkung des symbolischen

---

[3] vgl. dazu auch den Überblick von Gerhard (1993), die die unterschiedlichen „Differenztheorien" und ihre Annahmen darstellte.
[4] Dieser Kritik schließt sich Maihofer (vgl. 1995) an; sie problematisiert auch die Idee einer geschlechtslosen Gesellschaft und die soziale Konstruiertheit des geschlechtlichen Körpers.

Systems der Zweigeschlechtlichkeit sei nicht sinnvoll. Prengel plädiert für eine bewusste Akzeptanz der soziokulturellen Zugehörigkeit zu einem Geschlecht, die nicht affirmativ festgeschrieben, sondern kritisch angeeignet, neu gestaltet und egalitär postuliert werden sollte, denn

„wann immer wir Aussagen über Menschen machen, so wenn von Angehörigen sozialer Schichten und Klassen, von Nationalitäten, Ethnien und Kulturen, von Hautfarben und Geschlechtern, von Lebensphasen wie Kindheit, Pubertät oder Alter die Rede ist, ‚konstruieren' wir. Wir können nicht nicht ‚konstruieren'" (Prengel 1995, S. 137).

Die Geschlechterdifferenz ist von hoher Wirksamkeit, sie ist jedoch keine natürliche, sondern eine soziale Realität (vgl. Heintz 1993, S. 38). Genau dieser Sachverhalt wurde jedoch von Vertreter(innen) der „Differenztheorien" gar nicht infragegestellt: Selbst unter der Voraussetzung existierender Zweigeschlechtlichkeit werden die konstatierten Geschlechtsunterschiede als sozial erzeugt, durch bestehende Machtverhältnisse verfestigt angesehen. An dieser Stelle scheinen sich die unterschiedlichen theoretischen Zugangsweisen aufeinander zuführen zu lassen. Geschlecht ist gleichzeitig soziale Konstruktion und eine soziale Tatsache (vgl. Metz-Göckel 1996, S. 16). Prengel hält die Schärfung des Blicks für die soziale Konstruiertheit des Geschlechts und der Geschlechterverhältnisse für notwendig – diese Ansätze ließen mehr Selbstbestimmung und Verantwortung für die Gestaltung der Geschlechtlichkeit denkbar werden (vgl. ebenda, 135ff.). Die Annahmen zum Hergestelltsein von Geschlecht könnte seine Faszination und Attraktivität auch aus dem Sachverhalt beziehen, dass Frauen weder die Rolle der bedauernswerten Opfer noch die der besseren Menschen zugemutet wird. Vielmehr werden sie als Akteurinnen und Produzentinnen ihrer eigenen Erschaffung zum geschlechtlichen Wesen begriffen, wobei die aktuellen Festlegungen veränderbar sind (vgl. Braun 1995, S. 113). Marianne Horstkemper verweist darauf, dass die Perspektive der Entdramatisierung der Geschlechterdifferenz eine überlegenswerte Strategie sei, aber keinesfalls mit der „Ignoranz gegenüber real vorhandenen Unterschieden" (Horstkemper 1998, S. 18) gleichgesetzt werden darf. Dieser Hinweis wird auch von Sabine Brendel (vgl. 1997, S. 62) aufgegriffen: Ein „Herunterholen" des feministischen Diskurses auf eine umsetzbare Handhabung für die empirische Forschung erwies sich bislang als außerordentlich schwierig, da die theoretische Diskussion von den Realitäten der Forschungssubjekte weit entfernt zu sein scheint. Auch Connell konstatiert, dass eine praxisorientierte Theorie der Geschlechterverhältnisse noch zu wenig ausgearbeitet ist, verteidigt jedoch auch Abstrahierungen, denn „die Zerstörung unterdrückender Geschlechterverhältnisse *ist* bis zu einem gewissen Grad intellektuelle Arbeit" (Connell 1986, S. 343).

Die Perspektive auf die sozialisierende Kraft geschlechtergemischter Gruppen und der spezifischen Interaktionen von Jungen und Mädchen wurde bislang zu wenig in den Blick genommen. Wie und welche Geschlechterverhältnisse in Interaktionen „konstruiert" und reproduziert werden, welche „Bilder" von Männlichkeit oder Weiblichkeit in den Köpfen Heranwachsender existieren und ihre Handlungen leiten, lässt sich mit einem Blick auf Unterschiede zwischen Jungen und Mädchen nicht ermitteln.

Meines Erachtens erweisen sich beide theoretischen Zugänge für eine empirische Analyse des Phänomens Geschlechtersozialisation, Konflikte und Gewalt im schulischen Kontext als brauchbar, wenngleich unter verschiedenen Frage- und Analyseperspektiven und unterschiedliche Segmente der sozialen Realität berührend: Die Frage nach geschlechtstypischen Ausdrucksformen gewaltsamen Handelns basiert auf dem Sichtbarmachen der Differenz: Gezeigt werden soll, in welchen Gewalthandlungen, bei welchen Reaktionen sich die Geschlechter unterscheiden und es ließe sich prüfen, ob bestimmte Konfliktlösungen von Mädchen bevorzugt werden. Hier könnten subjektive Wahrnehmungen, Reaktionen, Gewaltverständnisse und „Täterselbstreporte" von Jungen und Mädchen analysiert werden. Auch das Argument, dass Geschlechtszugehörigkeit nicht gleichbleibend relevant ist, sondern situationsspezifisch dramatisiert wird, ist für die Frage nach Täter(inne)n und Opfern sowie der Wahrnehmung und Definition von Gewalthandlungen von Bedeutung. Möglicherweise spielen bei sehr aggressiven Schüler(inne)n das Alter oder Faktoren ihrer unmittelbaren sozialen Umgebung eine viel größere Rolle als ihre Geschlechtszugehörigkeit. Auch die Differenz *innerhalb* einer Geschlechtergruppe, z. B. bei der Einschätzung dessen, was „Gewalt" bedeuten kann, ließe sich mit beiden Konzepten als theoretischem Hintergrund erklären. Fragen danach, ob in Interaktionen zwischen Mädchen und Jungen „Gewalt" erzeugt oder Geschlechterdifferenzen und Geschlechterverhältnisse durch Gewalt- und Konflikthandlungen hergestellt werden, ließen sich vor dem theoretischen Hintergrund der sozialen Konstruktion von Geschlecht untersuchen. Unter dieser theoretischen Perspektive sind Gewalthandlungen als spezifische Aneignungs- Herstellungs- und Reproduktionsmodi geschlechtsbezogener Unterschiede zu bewerten. Falls es Evidenzen dafür gibt, dass mit Gewalthandlungen Geschlechterdifferenzen hergestellt werden, müssten die dazu führenden konflikthaften Interaktionen der Geschlechter untersucht werden. Dafür ist eine interaktionelle Analyseperspektive nötig, die sich nicht vorrangig auf die Deskription von Geschlechterdifferenzen, sondern auf Geschlechterinteraktionen im Kontext von Gewalt richtet.

2.2 Gewalt als „Individualisierungsrisiko" für Jungen und Mädchen

Die Individualisierungsthese, die Ulrich Beck in dem 1983 erschienenen Aufsatz „Jenseits von Stand und Klasse" und in seinem populär gewordenen Buch „Risikogesellschaft" (1986) präzisiert hat, ist eine der gegenwärtig am häufigsten zitierten Konzepte, wenn es um sozialen Wandel, um Änderungen der Lebensführung und Identitäten geht. Individualisierung versteht sich bewusst nicht als Theorie der modernen Gesellschaft, vielmehr verbirgt sich hinter diesen Begriffen eine soziologisch akzentuierte kritische Gegenwartsdiagnose der Gesellschaft (vgl. Beck 1986, S. 25ff.). Risiken betreffen aber nicht nur den politischen, ökologischen und ökonomischen Bereich, sondern auch die sozialen Lebenswelten und die Beziehungen der Menschen untereinander. Während Lebenswege in der Vergangenheit durch Statusmerkmale festgelegt waren, haben sich ehemals stabile Sozialformen der industriellen Gesellschaft wie Klasse, Schicht, Familie und Geschlechtslage heute fundamental verändert (vgl. Beck 1986, S. 116f.). Die Lebensbedingungen der Menschen haben sich durch Verschiebungen im Niveau von Einkommen und Bildung allgemein verbessert, dennoch sind die Verteilungsrelationen sozialer Ungleichheit in der Bundesrepublik konstant geblieben bzw. haben sich für einkommensschwache Bevölkerungsschichten verschlechtert (vgl. Beck 1983, S. 36). Im Verlauf der letzten dreißig bis vierzig Jahre wurden die Menschen aus ihren gewohnten Lebensbedingungen und Versorgungsbezügen der Familie herausgelöst und verstärkt auf sich selbst verwiesen; sie haben ihr Leben selbst zu gestalten und zu verantworten (vgl. Beck 1983, S. 58f.; Beck-Gernsheim 1990).

Für soziale Wandlungsprozesse versucht Beck drei Individualisierungsschübe zu bestimmen. Zum einen wird die Ausbreitung formaler Bildungsprozesse genannt. Mit der zunehmenden Schulverweildauer und dem Bestreben nach qualifizierteren Schulabschlüssen wird die Herauslösung aus dem Herkunftsmilieu forciert. Traditionelle Denkweisen, Lernbedingungen und Wissensinhalte werden mit der durch höhere Bildung einhergehenden Verwissenschaftlichung und Rationalisierung verdrängt. Als weiterer Individualisierungsschub werden die durch die Veränderungen des Arbeitsmarktes bedingten Mobilitätsprozesse genannt, die die Lebensverläufe der Menschen aus traditionalen Bahnen herauslösen und das Individuum zu einer präzisen Organisation seines Lebens nötigen. Als drittes werden die spezifischen Konkurrenzbeziehungen angesprochen. Konkurrenz, beruhend auf Austauschbarkeit, zwingt die Individuen, sich durch Betonung und Inszenierung der einmaligen Persönlichkeit und Leistung von anderen abzugrenzen (vgl. Beck 1983, S. 45ff.). Gertrud Nunner-Winkler bezeichnete diesen Prozess, der mit der Austauschbarkeit von Personen im Zuge von Mobilitätsprozessen, Anonymisierung und Fragmentierung einhergeht auch als „Entindividualisierung" (vgl. Nunner-Winkler 1985, S. 470). Das Bestreben, die eigene Besonderheit zum Ausdruck bringen zu müssen, kann gleichzeitig mit einem Gefühl der inneren Leere verbunden sein, da jeder neue Weg sofort von der Gesellschaft kooptiert und kommerzialisiert wird und Einmaligkeit nicht auf Dauer haltbar ist. Daraus resultieren Gefühle von subjektivem Verlust und Sinnlosigkeit (vgl. ebenda, S. 479). Möglicherweise könnte es für Jugendliche, die den Eindruck subjektiver Sinnlosigkeit verspüren und sich einsam fühlen, Sinn machen, mittels Gewalthandlungen die eigene Besonderheit zu demonstrieren.

Zum Individualisierungsschub, der durch die Bildungsreform an Dynamik gewann und durch aufwärtsgerichtete Mobilitätsbestrebungen zur Auflösung traditioneller Klassen und Klassenlagen führt, gilt noch hinzuzufügen, dass Inhalte und Reichweiten des Gemeinsamkeitsbewusstseins, Solidaritätsnormen und gemeinsame Deutungen nicht mehr als gemeinschaftskonstituierend vorausgesetzt werden können. „Klassensolidaritäten" werden „ausgedünnt", denn die Lebenszusammenhänge von Familie, Freunden und Nachbarschaft sind nicht mehr homogen. Gemeinsamkeiten müssen bewusst hergestellt werden (vgl. Beck 1983, S. 63). Dieser Aspekt ist für „misslingende" Individualisierungsprozesse von Jugendlichen von Bedeutung, denn, wie noch gezeigt wird, kann das Fehlen von gemeinschaftsstiftenden Sozialbeziehungen und Herkunftsmilieus, das Fehlen von Vorbildern und handlungsleitenden Normen dazu führen, dass Desintegrationsprozesse und, infolgedessen, Gewalthandlungen als Problemlösungsstrategien wahrscheinlicher werden.

Mit Hilfe der Individualisierungsthese wird eine gelungene Verbindung zwischen der Ebene gesamtgesellschaftlicher Veränderungen und subjektiver Lebensgestaltung hergestellt, nach der gesellschaftliche Problemlagen ihren Niederschlag in psychischen Dispositionen finden. Der subjektive Eindruck von Unvermögen, Schuldgefühlen, Ängsten und anderen psychischen Beeinträchtigungen resultiert aus gesellschaftlichen Krisen, die in ihrer Gesellschaftlichkeit gar nicht wahrgenommen und bearbeitet werden können und insofern als individuelle Krisen erscheinen müssen (vgl. Beck 1983, S. 59). Obgleich das Individualisierungskonzept von der ursprünglichen Idee her keine Jugendtheorie ist, beziehen sich viele Jugendstudien der 80er und 90er Jahre auf die Individualisierungsthese, da sie sich für jugendliches Aufwachsen in dieser Gesellschaft als besonders „anschlussfähig" erweist (vgl. Heitmeyer/Olk 1990, S. 9). Mit Hilfe der sogenannten „Sonnen- und Schattenseiten" lässt sich nicht nur aufzeigen, welche Gruppen von Jugendlichen zu den „Modernisierungsverlierern" gehören, sprich, von den negativen Folgen der Individualisierung besonders betroffen sind, sondern es lassen sich auch Risikofaktoren im Bereich Familie, peergroups, Schule etc. definieren. Mit Hilfe des Desintegrations-Verunsicherungstheorems kann dieser Theorieansatz den Zusammenhang zwischen misslingenden Individualisierungsprozesse und subjektiver Gewaltausübung zeigen.

Für die vorliegende Studie sind zwei sich aus der Perspektive der Individualisierungsthese ergebende Prämissen von entscheidender Bedeutung, die im folgenden näher ausgeführt werden sollen. Die erste Prämisse bezieht sich auf den Erklärungszusammenhang von Individualisierung, Jugend, Risikofaktoren und Gewalt. Auf Schülergewalt gewendet könnte das bedeuten, dass die durch Individualisierungsschübe produzierten Unsicherheiten und Orientierungslosigkeiten sich insbesondere im selektiven Ausbildungssystem bemerkbar machen und bei Schüler(inne)n, die als „Verlierer" der Individualisierung zu bezeichnen sind, Gewalthandlungen wahrscheinlicher werden lassen. Die zweite Prämisse konzentriert sich auf den Individualisierungsschub der Auflösung traditioneller Rollen, herkunfts- und geschlechtsgebundener Fixierungen. Im Zuge des durch Individualisierungsprozesse ausgelösten sozialen Wandels käme es zu einer Annäherung der Geschlechter im Verhalten und Handeln. Da von den „Schattenseiten" der Individualisierung nicht nur Jungen betroffen sind und die zu Verunsicherungen und Desintegration führenden Risiken während der Jugendsozialisation auch Mädchen tangieren, bietet dieses Theoriekonzept Anknüpfungsmöglichkeiten an eine geschlechtstypische Analyse von Risikofaktoren und Sozialisationsbedingungen von „Täter(inne)n".

2.2.1 Individualisierung der Lebensphase Jugend

Bei der Betrachtung neuerer sozial- und erziehungswissenschaftlicher Studien über Jugendliche springen immer wieder ähnliche Schlagworte in Titeln oder Textabschnitten ins Auge: So ist die Rede von einem „Strukturwandel der Jugendphase" (Schröder 1995), von „Destandardisierung" und „Pluralisierung" jugendlicher Lebenslagen (vgl. Heitmeyer/Sander 1994, S. 45) oder gar von den „Schattenseiten der Individualisierung" (Heitmeyer u. a. 1995). Mit Hilfe der Individualisierungsthese haben Jugendforscher und -theoretiker seit Mitte der 80er Jahre eine neue Sicht auf Jugendliche eingenommen. Das herkömmliche sozialwissenschaftliche Verständnis sah für diese Lebensphase eine Standardabfolge von Übergangsereignissen und Entwicklungsaufgaben (vgl. Havighurst 1972) vor: Das Jugendalter galt bis in die 70er Jahre hinein als Zeit zwischen Kindheit und Erwachsensein, in der zunächst die Schulzeit durchlaufen und beendet wurde. Anschließend erfolgte die Ausbildung und der Eintritt in die Erwerbsarbeit (vgl. Tillmann 1990, S. 265). Andere Jugendtheorien befassten sich mit dem Generationenkonflikt und der Ablösung von den Eltern als zentrale Aufgabe des Jugendalters oder identifizierten Jugend als ausgewiesene Konflikt- und Protestphase. Inzwischen werden chronologische Altersabfolgen und definitive Ablaufmuster von Jugend problematisiert (vgl. Baacke/Heitmeyer 1985, S. 8ff.). Für die meisten Jugendlichen in den 50er und 60er Jahren gab es noch diese nahezu verbindlichen und an Altersnormen (vgl. Fuchs-Heinritz/ Krüger 1991) orientierten Lebenslaufereignisse, die die Jugendphase strukturierten: Ein Großteil von ihnen verließ im Alter zwischen 14 und 15 Jahren die Schule, schloss im Alter von 18 Jahren die Berufsausbildung ab und verließ das Elternhaus mit ca. 22–23 Jahren, um ein bis zwei Jahre später zu heiraten. Heute verlaufen diese Übergangsprozesse oder auch „Statuspassagen" ganz individuell und mit veränderten Abfolgen, so dass von einer Destandardisierung der Jugendphase gesprochen werden muss.

Mittlerweile besuchen Jugendliche im Schnitt zwei bis drei Jahre länger die Schule, machen früher sexuelle Erfahrungen, ziehen eher zu Hause aus, viele bleiben dabei von ihren Eltern ökonomisch abhängig und leben zunächst erst einmal in einer Wohngemeinschaft, bevor sie heiraten (vgl. Krüger 1990, S. 115). Heute haben männliche und weibliche Jugendliche unabhängig von ihrer sozialen Herkunft die Möglichkeit, mit einem entsprechenden Bildungszertifikat unter mehreren tausend existierenden Berufen zu wählen. Ehe, gleichgeschlechtliche Beziehungen, „Single"-Dasein und nichteheliche Lebensgemeinschaften, vor gut dreißig Jahren massiv verpönt, sind mittlerweile weitgehend akzeptierte Lebensformen.

Einigkeit besteht darin, dass die Bildungsreform nicht nur Individualisierungsprozesse beschleunigt hat, sondern maßgeblich zur Verlängerung der Lebensphase Jugend beitrug. Die Verlängerung der Pflichtschulzeit, der zunehmende Ansturm auf weiterführende Bildungsgänge, die Ausweitung beruflicher Vollzeitschulen und die Expansion der Hochschulen haben dazu geführt, dass „Jugend" mit Schul- und Ausbildungszeit gleichgesetzt werden kann. Die Vielfältigkeit des heutigen Schulsystems macht eine dezidierte Planung der individuellen Schulbiographie erforderlich. Direkte berufliche Einmündungen werden immer seltener, Umwege und Wartezeiten scheinen inzwischen zur „normalen" Bildungsbiographie zu gehören (vgl. Tillmann 1993, S. 264f.). Der spätere Eintritt ins Erwerbsleben und die drohende Jugendarbeitslosigkeit gehen einher mit einer stärkeren Orientierung an höherwertigen Schulabschlüssen in allen sozialen Gruppen. Parallel dazu stieg die Erwartungshaltung bei den Jugendlichen selbst und ihren Eltern, eine möglichst gute Bildung und Ausbildung zu erhalten (vgl. Heitmeyer u. a. 1995, S. 52). Durch zunehmende Ausdifferenzierung von Bildungsinstitutionen und die längere Verweildauer in Ausbildungssituationen reicht Jugend heute bis ins 30. Lebensjahrzehnt hinein (vgl. Hurrelmann 1994, S. 26ff.). Zinnecker hat dafür den Begriff von Jugend als „Bildungsmoratorium" kreiert (vgl. Zinnecker 1991). Die mit der gesellschaftlichen Entwicklung einhergehenden Individualisierungstendenzen – Auflösung eindeutiger Handlungsanforderungen, Pluralisierung von Lebensstilen – haben Konsequenzen für die Lebensphase Jugend (vgl. Heitmeyer/Olk 1990, S. 22). Jugendliche befinden sich heute in einem Orientierungsdilemma – sie müssen immer mehr gesellschaftlichen Wandel, Widersprüche und Veränderungen bewältigen, die neue Muster der Lebensgestaltung notwendig werden lassen.

Im Zuge der Individualisierung sollten alle Jugendlichen gleiche Chancen auf die Realisierung des Schulabschlusses ihrer Wahl haben, unabhängig von ihrer sozialen Herkunft. Individuelle Leistungsfähigkeit entscheidet über die Position in der Hierarchie der Belohnungen im Schulsystem. Versagen gilt als ein individuell zuschreibbares Verhalten, ebenso wie Erfolg (vgl. Melzer/Hurrelmann 1990, S. 45). Die Institution Schule ist demnach massiv von Individualisierungsprozessen betroffen, denn mit der Option auf eine selbstgestaltete Bildung hat sich die Zusammensetzung der Schülerschaft erheblich verändert. Selbst wenn im Laufe des Individualisierungsprozesses soziale Ungleichheiten im Bildungsbereich keineswegs verschwunden sind (vgl. Popp 1996a, 1997), ist die Heterogenität der Schüler(innen) ausgeprägter und damit auch das Maß des unvorhersagbaren Verhaltens. Für die Institution Schule bedeutet Individualisierung eine erhebliche Zunahme an Konkurrenz und Wettbewerb unter den Schüler(inne)n. Diese Konkurrenz dürfte sich auch insbesondere zwischen Jungen und Mädchen einstellen, denn die in Kapitel 1 zitierten Studien über Schulbesuch und Schulerfolg zeigten, dass Mädchen in der Schule erfolgreicher und leistungsstärker sind. Der Erfolg der Mädchen wiederum dürfte bei Jungen zu Ängsten führen, ihren Hegemonialanspruch zu verlieren und als „Versager" bloßgestellt zu werden. Und noch ein Aspekt ist von Bedeutung: Im Zuge verstärkter Konkurrenzen und verschärften Wettbewerbs (vgl. Klemm/Rolff 1988) bietet ein guter Schulabschluss heute keine Garantie mehr, die gewünschte Ausbildung antreten und in Zukunft Karriere machen zu können. Durch die Verschärfung des Wettbewerbs um Ausbildungsplätze und aufgrund der prekären Berufschancen werden die schulischen Anstrengungen der Jugendlichen entwertet (Heitmeyer u. a. 1995, S. 52). Dies führt zu Verunsicherungen, sozialen Belastungen und psychischem Stress und kann in Gewalthandlungen münden.

Individualisierungsprozesse sind mit „Sonnen- und Schattenseiten" verbunden – gerade diese Ambivalenz ist für das Aufwachsen von Jugendlichen in unserer Gesellschaft kennzeichnend. Die positiven Aspekte dieser sozialen Entwicklung lassen sich mit Emanzipation, Freisetzung aus traditionellen Geschlechterrollen, einer Vielzahl von Wahlalternativen und einer Erhöhung von Entscheidungsspielräumen bezeichnen. Dies reicht für den einzelnen Jugendlichen von der Entscheidung für unterschiedliche Schullaufbahnen, über die Zuordnung zu Gleichaltrigen-Gruppen bis hin zur Nutzung des Medien- und Konsumwarenmarktes (vgl. Heitmeyer/Olk 1990, S. 23). Die „Schattenseiten" dieser Entwicklung sind zunehmende Isolierung, Einsamkeit, Entscheidungszwänge, Verlust von Zugehörigkeiten und Orientierungslosigkeit (vgl. Heitmeyer u. a. 1995). Normative Traditionsbestände wie Religion, Sitten und Sekundärtugenden erleiden im Zuge der Individualisierung einen Verbindlichkeitsverlust, stattdessen wird eine verstärkte Hinwendung zu „Selbstentfaltungswerten" (vgl. Büchner 1990, S. 85f.) festgestellt. Denn durch die Auflösung klassen- und schichtspezifischer Lebenslagen treten individualistische Formen der Identitätsbildung hervor. Ein Rückgriff auf gemeinschaftlich vorgelebte, milieuspezifische Orientierungsmuster ist unter diesen Bedingungen immer weniger möglich. Jugendliche *können* im Vergleich zu früheren Jugendgenerationen nicht nur mehr entscheiden, sie *müssen* es auch, d. h. sie stehen unter Entscheidungszwängen, ohne dass sie genau wissen, woraufhin sie entscheiden sollen, weil die Kriterien der Entscheidung unklar und die Folgen zunehmend unübersichtlich geworden sind (vgl. Heitmeyer/Sander 1994, S. 49). Dadurch dass Normen und Traditionen ihre Verbindlichkeit verlieren und durch Säkularisierungsprozesse zunehmend ihre handlungsleitende Wirkung verlieren, kann dies bei bestimmten, dafür anfälligen Jugendlichen zu Desintegrations- und Verunsicherungsprozessen beitragen und Gewalt fördern.

Ein zentraler Aspekt der Individualisierung wird mit der Annahme formuliert, dass traditionelle Milieus und Familienzusammenhänge zerfallen. Wo ähnliche Arbeits- und Lebensbedingungen früher zu gegenseitiger Loyalität und Unterstützung führten, zwingt ein gleiches Schicksal heute zu Konkurrenz und Abgrenzung. Auch verwandtschaftliche Netzwerke verlieren zunehmend ihre Funktion als die Familie unterstützende und gleichzeitig kontrollierende Gruppe (vgl. Heitmeyer u. a. 1995, S. 40f.). Die durch Individualisierungsprozesse ausgelöste Freisetzung aus traditionellen Lebenszusammenhängen bedeutet für Jugendliche, dass sie zunehmend mit labileren Familienstrukturen konfrontiert werden. Viele Jugendliche wachsen mit Stiefmüttern oder -vätern auf und erleben, dass die Ehe immer stärker zu einer Verbindung auf Zeit anstelle auf Dauer wird (vgl. Heitmeyer/Sander 1994, S. 39).

Bedingt durch Individualisierungsprozesse gewannen die Gleichaltrigengruppen für jugendliches Aufwachsen ein immer stärkeres Gewicht. So beschreibt Helmut Schröder (vgl. 1995, S.112ff.) die Funktionen von Gleichaltrigengruppen für Sozialisationsprozesse in Anlehnung an Oerter/Montada (vgl. 1987) zum einen als Orientierungs- und Stabilisierungsfunktion und emotionale Stütze. Zum anderen bietet die Gleichaltrigengruppe Freiräume zur Erprobung von anderen, nicht hierarchischen Formen des Sozialverhaltens. Die Gleichaltrigengruppe hat eine wichtige Funktion bei der Ablösung von den Eltern und trägt zur Identitätsfindung bei, indem sie Selbstinszenierungen ermöglicht, die Suche nach den eigenen Lebensstilen unterstützt und Bestätigung durch Dritte ermöglicht. Die Freundesgruppen realisieren für die Jugendlichen bestimmte Aspekte der Subkultur und des Lebensstils. Mit der „subkulturellen Dimension" sind spezifische Kohorteneffekte in Form von Interessen, Vorlieben und strukturellen Bedingungen der jeweils herrschenden Jugendkultur, wie z. B. politische Orientierungen oder Musikgeschmack, aber auch sozioökonomische Konfliktkonstellationen, wie Arbeitslosigkeit, verbunden. Der „Lebensstil" bezieht sich auf Interessen, Gegenstände, Mode sowie ein Lebensgefühl, dass die Heranwachsenden mit vielen Altersgleichen teilen. Durch die längere Schulverweildauer erhalten die peers zunehmende Bedeutung für schulische Sozialisationsprozesse. Schule hat sich damit auseinander zu setzen, dass in einer aus festen Freundesgruppen bestehenden Lerngruppe starke normative Gegenkräfte zur Internalisierung des offiziell geforderten Wertsystems – Leistungs- und Anstrengungsbereitschaft – entstehen können (vgl. Fend 1988; Schröder 1995, S. 113ff.). Der Konsens in der Gruppe und die Bestätigung der Einzelnen durch den Gruppenkonsens stellt für die Jugendlichen eine wichtige Quelle der Identitätsbildung dar. Das bedeutet, Jugendliche haben ein vitales Interesse daran, sich das Wertklima ihrer Gruppe anzueignen und nach außen zu vertreten – auch wenn es sich dabei um ein aggressives, nationalistisches oder autoritäres Klima handelt. Und gerade in problematischen Lebenssituationen weichen Jugendliche in verstärktem Maß auf die Gruppe der Gleichaltrigen aus – das trifft insbesondere bei Problemen mit den Eltern, bei Beziehungsproblemen mit anderen Menschen und psychischen Konflikten zu (vgl. Schröder 1995, S. 132).

Aus diesen Ausführungen wird ersichtlich, dass es Jugendliche gibt, die von den „Schattenseiten" der Individualisierung stärker betroffen sind als andere. Aus dem theoretischen Ansatz stellen sich demnach Bildungsniveau, Leistungsposition, Schulform als potentielle Risikolagen dar, ebenso verhält es sich mit der Art des Aufwachsens, der Qualität der innerfamilialen Unterstützung und der internen Struktur der Freundesgruppen und ihrer Aktivitäten.

2.2.2 Desintegration, Verunsicherung und Gewalt als Ausdruck „misslingender" Individualisierung

Die mit Individualisierungsprozessen einhergehenden Veränderungen in den sozialen Umwelten von Jugendlichen könnten unter ungünstigen Sozialisationsbedingungen Potentiale für Gewalthandlungen enthalten. So hat Wilhelm Heitmeyer ein Modell entworfen, das gerade diesen risikoreichen und problematischen Modus des Aufwachsens beschreibt. Zentraler Ausgangspunkt sind die als „Schattenseiten" der Individualisierung gekennzeichneten Desintegrationsprozesse, die eine Kombination von Ausgrenzungs- und Auflösungsprozessen darstellen. Desintegrationsprozesse würden ein zentrales Problem moderner Gesellschaften sein; sie zeigen sich bei Jugendlichen z. B. als mangelnde Orientierung im Bereich der Werte und Normen (vgl. Heitmeyer u. a. 1995, S. 56ff.). An die Stelle der ehemaligen, traditionellen Integration muss heute Anerkennung als Legitimationsprinzip treten. Zu Desintegration kommt es, wenn Jugendliche Erfahrungen der Anerkennung nicht machen können, denn dann besteht die Gefahr, dass die traditionelle Form der Integration, die auf Bindung beruht, wieder auflebt. Diese Form der Integration kann mit einer fundamentalistischen Ausrichtung verbunden sein, die sich in unseren modernen Verkehrs- und Lebensformen nur noch mit Gewalt und Konformitätszwang durchsetzen lässt (vgl. Heitmeyer u. a. 1995, S. 59). In Zusammenhang mit Gewalthandlungen werden drei zentrale Erfahrungsbereiche fokussiert, die Desintegrationspotentiale für Jugendliche bereithalten: Zum ersten machen Jugendliche zunehmend die Erfahrung, dass sich soziale Beziehungen, soziale Zugehörigkeiten und Familienkonstellationen auflösen und sie oftmals erzwungenermaßen auf sich allein gestellt sind. In Gleichaltrigengruppen besteht die Gefahr, dass gemeinsam geteilte anomische Ziele, Feindbilder und Konformitätsdruck vorherrschen. Zum zweiten ist die Verständigung über gemeinsam geteilte Werte und Normen gefährdet. Ohne ein Mindestmaß an Übereinstimmung kann es keinen sozialen Zusammenhang geben. Konformitätsdruck auf der einen Seite, Beliebigkeit auf der anderen Seite sind die persönlichkeitsgefährdenden Extreme. Die Auflösung gemeinsamer Wertvorstellungen wirkt sich – drittens – auf die politische Partizipation und die Teilnahmebereitschaft an gesellschaftlichen Institutionen aus. Das Erleben von eigenständiger Kontrolle der Lebensbedingungen und Lebenspläne wird reduziert. Letztgenanntes wird für Jugendliche angesichts prekärer Berufsperspektiven als gesellschaftlichem Dauerzustand besonders schwierig.

Diese Desintegrationspotentiale können nun mit dem Verarbeitungsmodus der Verunsicherung einhergehen: Die Unlösbarkeit gegenwärtiger und Unberechenbarkeit zukünftiger Ereignisse und Anforderungen produziert Unsicherheiten auf der Ebene der Zukunftsplanung und -gestaltung. Ratlosigkeiten, Versagensängste, Unklarheiten über den eigenen Status und das Ausmaß an Achtung z. B. in der Freundesgruppe führt zu Unsicherheiten der eigenen Persönlichkeit. Inkonsistenzen zwischen eigener Erwartung und dem Verhalten anderer hält Verunsicherungspotentiale im interaktionellen Kontext bereit (vgl. Heitmeyer u. a. 1995, S. 61ff.). Im Zusammenhang mit ambivalenten Individualisierungsprozessen und sozialen Ungleichheitsstrukturen wird davon ausgegangen, dass gesellschaftliche Veränderungen zunehmend Desintegrations- und Verunsicherungspotentiale erzeugen. Diese können nicht nur physische Ausdrucksformen von Gewalt zur Folge haben. Dadurch dass die beschriebenen Ambivalenzen mit Selbstwertverletzungen verbunden sind, gehören psychische Ausdrucksformen wie Stigmatisierungen, Entwertungen, Ungleichbehandlungen etc. mit dazu. Heitmeyer vertritt die Auffassung, dass Gewalt keine Persönlichkeitseigenschaft ist, sondern Ergebnis von Auseinandersetzungen mit den Bedingungen der sozialen Umwelt. Damit ist Gewalt ein Ausdruck sozialer Prozesse (vgl. ebenda, S. 70f.). Zu betonen wäre noch, dass Gewaltbilligung und Gewaltbereitschaft als individuell durch ungünstige Sozialisationskontexte erworbene Einstellungen in bestimmten Interaktionen zu Gewalthandlungen führen können – zu denken wäre hier an den Gruppendruck in solchen Cliquen, die eine gewaltaffirmative Haltung ihrer Mitglieder erwarten und stützen, oder an Zuschauende auf dem Schulhof, denen es zu imponieren gilt.

2.2.3 Individualisierungsprozesse und Risikolagen für Mädchen

Für Lebensgestaltung und Lebensplanung von Mädchen und Frauen scheinen auf den ersten Blick die Chancen, die sogenannten „Sonnenseiten" der Individualisierung zu überwiegen. Dem bürgerlichen Leitbild des 19. Jahrhunderts zufolge bestand das Schicksal der weiblichen Jugend darin, auf den „richtigen Mann" zu warten und nach kurzer Zeit des Kennenlernens zu heiraten. Heute werden auch weibliche Jugendliche mit der von ihnen zu erbringenden Leistung einer „selbstentworfenen Biographie" konfrontiert. Mädchen sind im Bereich schulischer Leistungen und Abschlüsse tendenziell erfolgreicher als Jungen. Sie entwickeln zunehmend Erwartungen, Wünsche und Lebensentwürfe, die nicht mehr ausschließlich auf die Familie bezogen sind. Eine berufliche Ausbildung und Tätigkeit mit dem Ziel, die eigene Existenz zu sichern, können gegenwärtig als nahezu selbstverständliche Ansprüche weiblicher Jugendlicher angesehen werden (vgl. Beck-Gernsheim 1990, S. 574f.). Individualisierung geht demnach mit einer Auflösung traditioneller Geschlechterverhältnisse einher, „Geschlechtszugehörigkeit" dient nicht länger als Legitimationsgrundlage für die geschlechtliche Arbeitsteilung.

Die Frage, ob Individualisierungsprozesse das Geschlechterverhältnis tatsächlich berühren, läßt sich wiederum nur mit dem Rekurs auf Ambivalenzen beantworten. So sei es in der öffentlichen Meinung zu einer Abschwächung der Geschlechterpolarität gekommen. Frauen wird nicht mehr grundsätzlich die Fähigkeit abgesprochen, durchsetzungsfähig und rational zu sein. Veränderungen im Geschlechterverhältnis im Sinne von Freisetzungen können entweder durch Modifikation der sozialen Bestimmungen initiiert werden oder von Änderungen der sozialen Struktur ausgehen. Auflösungstendenzen der geschlechtstypischen Arbeitsteilung vollziehen sich gegenwärtig asymmetrisch eher auf Seiten der Frauen (vgl. Diezinger 1991, S. 43f.). Frauen haben ein stärkeres Interesse als Männer an Veränderungen des Geschlechterverhältnisses und der damit einhergehenden Zuständigkeiten und Verantwortlichkeiten (vgl. Wahl 1989, S. 142). Für das Verhältnis zwischen den Geschlechtern wird eine Zunahme aggressiver Spannungen prognostiziert (vgl. Warzecha 1995, S. 69ff.), was sich auch auf den Umgang zwischen Männern und Frauen, Mädchen und Jungen auswirken dürfte.

Diese Sachverhalte deuten auf mögliche Ambivalenzen und Irritationen hin, mit denen sich Mädchen auseinander zu setzen haben. Dabei könnte es sich zum einen um individuell zu verarbeitende Verunsicherungen handeln, die die Ausgestaltung des eigenen Geschlechterkonzeptes betreffen: Das tangiert Erwägungen der Art, wie sich Mädchen heute darstellen, was sie in Interaktionen signalisieren und symbolisieren und wie sie ihre Zukunft gestalten sollten. Zum anderen könnten sich diese Verunsicherungen in der Begegnung mit dem anderen Geschlecht manifestieren und Interaktionsirritationen hervorrufen. Denn in Interaktionen kommen Entwürfe des Geschlechterverhältnisses und daran geknüpfte Erwartungen zum Ausdruck. Diese Erwartungen werden im Zuge der Individualisierung zunehmend diffus und für einen egalitären Umgang fehlen Handlungsanleitungen und Vorbilder. Der Theorieansatz lässt Erklärungsmöglichkeiten dafür zu, dass Gewalt eine Interaktionsform verunsicherter Männlichkeiten und Weiblichkeiten sein kann. Gewaltausübung ließe sich in Kenntnis dessen als Ausdrucksform der Konzeption eines Geschlechterverhältnisses zwischen desintegrierten und verunsicherten Individuen verstehen.

2.2.4 Zusammenfassung und kritische Einordnung

Die Individualisierungsthese bietet die Möglichkeit, Desintegrationsprozesse und Gewalthandlungen von Jugendlichen als Resultat fortschreitender Modernisierungs- und damit einhergehender sozialer Erosionsprozesse zu kennzeichnen. Die Lebensphase Jugend ist sowohl für positive als auch für negative Folgen der Individualisierung besonders „anfällig", da Identitäten neu konstruiert, Ablösungsprozesse von den Eltern vollzogen und zukunftsrelevante Entscheidungen antizipiert und getroffen werden müssen. Aus den in Kapitel 1 referierten empirischen Studien ging hervor, dass Aussagen über eine generalisierte Zunahme gewaltförmiger Verhaltensweisen an Schulen zu undifferenziert sind. Gleichzeitig verweisen die Daten auf einen kleinen Anteil gewaltbereiter Jugendlicher, die in schwierigen sozialen Verhältnissen aufwachsen, Probleme im Leistungsbereich und prekäre berufliche Zukunftsperspektiven haben. Diese Jugendlichen dürften Desintegrationserfahrungen machen, mit Verunsicherung reagieren und wenig Ressourcen besitzen, eine balancierende Identität auszubilden. Mit den Begrifflichkeiten der Individualisierungsthese lassen sich sozialstrukturelle Bedingungen aufzeigen, unter denen sich die Wahrscheinlichkeit für Schüler(innen) erhöht, zur Gruppe der Modernisierungsverlierer zu gehören und von den „Schattenseiten" der Individualisierung vorrangig bedroht zu sein. Eine gewaltförmige Verarbeitung von Verunsicherungspotentialen wäre in konflikthaften Aushandlungsprozessen zwischen den Geschlechtern denkbar. Eine weitere Verunsicherung dürfte für Jugendliche auch darin bestehen, die Orientierungen in der Clique mit den eigenen in Übereinstimmung zu bringen und das Risiko der Ausgrenzung einzugehen, wenn sie sich nicht den Wertvorstellungen der Clique konform gegenüber verhalten.

Individualisierungsprozesse von Mädchen und Frauen werden vorrangig entlang der Bereiche Arbeit, Familie und Lebensentwürfe beschrieben. Jedoch geriet auch die Hypothese von der Annäherung der Geschlechter durch Individualisierungsprozesse in die Diskussion (vgl. Mansel 1995): Dies lässt sich für die Freizeitgestaltung, für die Integration in Freundesgruppen ebenso zeigen, wie für die starke Präsenz von Mädchen in weiterführenden Bildungseinrichtungen. Als Leitbild des individualisierten Frauenlebens hat sich die „doppelte Lebensführung" durchgesetzt, die sich kennzeichnet durch eine Aufrechterhaltung des beruflichen Interesses der Frau bei gleichzeitiger verantwortlicher Übernahme familiärer Pflichten (vgl. Geissler/Oechsle 1996) – und damit zur doppelten Belastung wird. Zwar enthebt der Individualisierungsprozess Frauen zunehmend vom Dasein für andere, aber die Kehrseite der Medaille besteht darin, dass eine Entscheidung in diese Richtung oft mit Beziehungslosigkeit und Einsamkeit bezahlt werden muss. Verunsicherungen in der Interaktion zwischen Jungen und Mädchen, in der ja stets Geschlechterverhältnisse konstruiert und verhandelt werden, liegen auf der Hand, wenn Mädchen egalitäre Strukturen einfordern, Jungen jedoch am Status quo festhalten wollen.

Was bedeuten diese Erklärungszusammenhänge für männliche und weibliche Jugendliche, Schule und Gewalt? Die soziale Erwartung einer „Care-Orientierung" (vgl. Gilligan 1984) bei Mädchen dürfte immer unwahrscheinlicher werden, da sich dieses Verhalten als wenig opportun erweist. So kommen Langzeituntersuchungen (vgl. Brähler/Richter 1990) zu dem Ergebnis, dass sich bei Frauen ein Rückgang an sozialer Anteilnahme, ein Anstieg an Narzissmus und Selbstwertgefühl und aggressive Rivalitätsbereitschaften zeigen (vgl. Heitmeyer u. a. 1995, S. 417f.). Mit dem Rückgang der „Care-Orientierung" bei Mädchen und Frauen fällt jedoch nicht nur eine wichtige integrative Ressource der Gesellschaft weg, sondern auch weibliche Sozialisationsprozesse sind zunehmend der Gefahr von Desintegration, Verunsicherung und Gewalt ausgesetzt. Interessant wäre es, der Frage nachzugehen, ob sich Risikolagen und -faktoren für Mädchen und Jungen gleichermaßen identifizieren lassen oder ob es im Rahmen der bekannten und beschriebenen Risikokonstellationen geschlechtstypische Gefährdungspotentiale gibt. Zu untersuchen wäre, inwieweit Gewalt in schulischen Interaktionen zwischen den Geschlechtern zum Ausdruck kommt, um die aus sich ändernden Geschlechterverhältnissen resultierende Handlungsunsicherheiten zu kompensieren. Unter geschlechtstypischer Perspektive wäre zu fragen, wie Desintegrationspotentiale von Jungen und Mädchen wahrgenommen werden, und welche Strategien des Umgangs mit Unsicherheiten daraus resultieren, und wie die Geschlechter dies in der Institution Schule verhandeln.

2.3 Interaktionen, Geschlecht und abweichendes Verhalten

„Die" interaktionistische Theorie gibt es nicht. George Herbert Mead schuf die Grundlegung des Interaktionsbegriffes in seinen Studien, die erst nach seinem Tod veröffentlicht wurden. Mead konzipierte in seinem Hauptwerk (vgl. 1968) eine allgemeine Theorie sozialen Handelns und ihrer Probleme unter der Annahme, dass Menschen ihr Handeln nach signifikanten Symbolen ausrichten. Der Begriff „Symbolischer Interaktionismus" verlieh den nach Meads Tod entstandenen Schulen und Theorierichtungen, die sich mit sozialem Handeln und Identitätskonstruktionen befassten (Chicago School, phänomenologische Wissenssoziologie, Ethnomethodologie), eine gewisse Zugehörigkeit. Die interaktionistische Theorie, bzw. Teile davon, wurden in der Bundesrepublik vorrangig von Lothar Krappmann (vgl. 1976, 1978) und Jürgen Habermas (vgl. 1973, 1986) rezipiert. Dies geschah vor dem Hintergrund der Auseinandersetzung mit der traditionellen Rollentheorie (vgl. Parsons 1968; Linton 1967; Merton 1957), die in den 40er und 50er Jahren des 20. Jahrhunderts als Hauptströmung der amerikanischen Soziologie galt (vgl. Busch 1985, S. 167). Insbesondere das Modell der „Pattern variables" von Talcott Parsons hatte einen starken Einfluss auf Sozialisationstheorie und -forschung in der Bundesrepublik und auf die Entwicklung des „erweiterten" interaktionistischen Rollen- und Identitätskonzeptes, das in der heutigen schulbezogenen Interaktionsforschung noch immer eine bedeutsame Rolle spielt.

Im Zentrum steht die von Mead (vgl. 1968) formulierte Annahme, dass im Kommunikationsprozess Identitäten erzeugt, Normen verhandelt und damit Gesellschaften konstituiert werden. Interaktionen zwischen Subjekten dienen dazu, die Identitätsbestandteile des Anderen kennen zu lernen und eine Einigung über die Situation herzustellen, die den Bedürfnissen der Interaktionspartner gerecht wird. Dies verläuft über die Prozesse von „role-making" und „role-taking", d. h. der Selbstrepräsentation und der Akzeptanz der Selbstrepräsentation des anderen (vgl. Mead 1968; Turner 1976). Die personale Identität umfasst die Dimension der biographischen Erfahrungen und spezifischen Persönlichkeitsanteile, während die soziale Identität auf die Einbindung in aktuelle Gruppen und Rollenzusammenhänge verweist. Eine Balanceleistung muss in jeder Interaktion neu hergestellt werden und eine flexible Ich-Identität gilt als „Sozialisationsziel" (vgl. Goffman 1967; Krappmann 1976, 1978; Habermas 1973, 1986). Um diese interaktive Leistung vollbringen zu können, sollte das Subjekt zu Empathie, Frustrationstoleranz, Ambiguitätstoleranz und Rollendistanz befähigt sein. Bei diesen „Grundqualifikationen des interaktionistischen Rollenhandelns" handelt es sich vorrangig um kognitive Fähigkeiten, die Eloquenz voraussetzen und nicht von allen Heranwachsenden gleichermaßen gut beherrscht werden (vgl. Tillmann u. a. 1999, S. 48). Allerdings kann ein Subjekt, das nicht über diese interaktiven Fähigkeiten verfügt, auch nicht in selbstbewusster und bedürfnisorientierter Weise an der gesellschaftlichen Interaktion teilnehmen (vgl. Tillmann 1989, S. 139). Das interaktionistische Modell des Kommunikationsaustausches zwischen zwei Subjekten setzt im Idealfall eine Gleichberechtigung zwischen den Partnern im Prozess des role-making und role-taking dar. Es steht in ihrem Ermessen, die Kommunikation abzubrechen oder zu einer einverständlichen Aushandlung der Situation zu kommen. Diese Egalität ist allerdings in den wenigsten Interaktionen anzutreffen. In der Regel finden ja Interaktionen auch in Institutionen wie der Schule statt, in denen das Interpretationsfeld klar begrenzt ist und die Handlungserwartungen explizit definiert und festgelegt sind (vgl. Tillmann 1989, S. 130ff.). Dazu kommt, dass derartige Kommunikationen nicht freiwillig und nicht herrschaftsfrei sind. In der Regel ist allen Interaktionsteilnehmenden gut bekannt, welcher Personengruppe die Definitionsmacht zukommt und welche institutionellen Machtmittel ihnen an die Hand gegeben wurden, um diese durchzusetzen.

Die Institution Schule mit ihren spezifischen Kommunikationsstrukturen „gestattet" den Schüler(inne)n demnach nicht, eine Identitätsbalance herzustellen. Vielmehr werden sie stets in ihrer Rolle als „Schüler(innen)" definiert, die Leistung erbringen, sich konform verhalten und die Definitionsmacht der Lehrkräfte akzeptieren sollten. In der schulischen Interaktion ist es nicht erwünscht, dass die Schüler(innen) ihre personale Identität präsentieren. Dies kann allerdings bei Schüler(inne)n, die die interaktiven Grundqualifikationen nicht so gut beherrschen, zu misslingenden Aushandlungsprozessen führen (vgl. Tillmann u. a. 1999, S. 48). Die alltägliche Kommunikation in der Schule ist daher für Schüler(innen) „ein kompliziertes Spiel zwischen Konformität und kalkuliertem Regelverstoß" (Tillmann 1989, S. 147). Im folgenden Abschnitt soll die Struktur der schulischen Kommunikation anhand der theoretischen Annahmen des Labeling-approach etwas genauer erläutert werden, denn diese stellt aus interaktionistischer Sicht ein Einfallstor für abweichendes Verhalten, Gewalt und delinquente Schülerkarrieren dar.

Dieses Theoriefragment wurde primär in der Kriminalsoziologie entwickelt und ist in der Schulforschung als „Etikettierungstheorie" bekannt geworden. Der Labeling-approach konzentriert sich auf die Frage, wie sich gesellschaftliche Definitions- und Zuschreibungsprozesse auf der Ebene subjektiven abweichenden Verhaltens konkretisieren (vgl. Sack 1968). Etikettierungsprozesse im Sinne des Labeling-approach bewirken, dass gewalttätige Jugendliche, wenn ihre Delikte strafrechtlich verfolgt und sanktioniert werden, als „Verbrecher" etikettiert oder als Vorbestrafte sozial ausgegrenzt werden, d. h. sie gelten in der Gesellschaft als kriminell. Erving Goffman (vgl. 1967) wies darauf hin, dass aus Zuschreibungsprozessen beschädigte Identitäten hervorgehen können: Durch Stigmatisierung kommt es im Verlauf der gesellschaftlichen Etikettierung zu einer Umdefinition der Identität, indem das zugewiesene Etikett angenommen und reproduziert wird (vgl. Böttger 1998, S. 52). Etikettierungsprozesse beschränken sich keineswegs auf Institutionen sozialer Kontrolle, sondern kommen auch in anderen Interaktionssituationen zum Tragen (vgl. Böttger 1998, S. 53ff.). Abweichendes und gewalttätiges Schülerhandeln lässt sich mit Hilfe des Etikettierungsansatzes erklären, denn auch in der Institution Schule werden beschädigte Identitäten produziert und Schüler(innen) als „Abweichler" stigmatisiert und zwar sowohl von Lehrkräften als auch von Mitschüler(inne)n.

Aus den bislang thematisierten Theorieansätzen und aus den in Kapitel 2 zusammengetragenen Forschungsbefunden wurde deutlich, dass die Ebene der Interaktionen für Konflikt- und Gewalthandlungen besonders bedeutsam ist. Insofern dient der interaktionistische Ansatz – und insbesondere die Ausführungen zu Etikettierungs- und Stigmatisierungsprozessen – der vorliegenden empirischen Arbeit als ein wichtiger theoretischer Hintergrund. Es handelt sich dabei auch um ein Konzept, das sich für schulische Sozialisationsprozesse im Kontext von Gewalt und abweichendem Verhalten als anschlussfähig erweist. Gewalthandeln wird dieser Theorie zufolge nicht primär täterbezogen erklärt, sondern entsteht in entfremdeten Interaktionssituationen, wie der Schule, die sich durch eine ausgeprägte Kommunikationsasymmetrie und eine fixierte, durch institutionelle Machtmittel gestützte Definitionsmacht kennzeichnet (vgl. Ulich 1985). Gleichzeitig liefert diese Theorie ein Konzept der Identitätsbildung, das auf Aushandlungsprozessen basiert. Dieses Identitätskonzept liefert auch eine Erklärungsfolie für „abweichende" Identitäten.

Anders als die beiden zuvor genannten Theoriekonzepte berücksichtigt die interaktionistische Identitätstheorie die Geschlechterperspektive unzureichend. Die Interaktionspartner agieren angeblich geschlechtslos miteinander, was von Michaela Tzankoff (vgl. 1995) kritisiert wurde. Auch für abweichende Handlungen, ihren Verlauf und ihren Ausgang in der Schule dürfte es von Bedeutung sein, welches Geschlecht die Interaktionspartner haben. In Kap. 2.3.3 soll daher auch präsentiert werden, welcher Interaktionsordnung die Geschlechter folgen und wie sie ihre Geschlechtlichkeit arrangieren. So könnten interaktionistische Theorieansätze Erklärungsmöglichkeiten für problematische, konflikthafte Arrangements der Geschlechter liefern und die Voraussetzungen dafür erklären.

2.3.1 Interaktionen in der Schule: Identitätsentwürfe und Kommunikationsasymmetrien

Die Institution Schule mit ihrem verpflichtenden Charakter reproduziert die gesellschaftliche Struktur und soll bei dem gesellschaftlichen Nachwuchs Haltungen erzeugen, die mit den sozialen Wertvorstellungen konform sind, wie z. B. individuelle Leistungsbereitschaft oder Arbeitsdisziplin. Unter diesen Prämissen wird die Kommunikation innerhalb der Institution in erheblicher Weise definiert, und die Möglichkeit der Aushandlung wird allen Beteiligten weitgehend entzogen. Anwesenheitspflicht sowie die Tatsache der Leistungsmessung und -beurteilung können weder abgeschafft noch verhandelt werden. Da interaktionistische Analysen von den subjektiven Wahrnehmungen der Akteure ausgehen, stellt sich nicht die Frage, welche Funktionen die Schule aus einer Außenperspektive übernimmt, sondern wie der institutionelle Apparat den Handelnden gegenübertritt. Die Kommunikation findet vorrangig in der Form des Unterrichts statt und ist auf Vermittlung von Fähigkeiten, Fertigkeiten und Kenntnissen gerichtet. Sichergestellt wird diese Kommunikation durch Hierarchie und Zwang auf der einen Seite, was die Schüler-Lehrer-Beziehung angeht. Andererseits basiert die Kommunikation zwischen den Schüler(inne)n auf Konkurrenz und Leistung. Durch die Schulpflicht ist Schule eine „Zwangsveranstaltung" für eine bestimmte zeitliche Dauer. Die Unfreiwilligkeit betrifft nicht nur Schüler(innen): Auch Lehrkräfte müssen Unterricht erteilen und können sich die Schüler(innen) in ihren Lerngruppen nicht aussuchen. Dennoch besitzen

Lehrkräfte den Schüler(inne)n gegenüber eine ungleich höhere Definitionsmacht. Sie können Rolleninterpretationen durchsetzen, Arbeitsanweisungen aussprechen und sind mit institutionell abgesicherten Macht- und Sanktionsmitteln ausgestattet (vgl. Ulich 1985). Die von Lehrkräften gewünschte Interaktion bezieht sich auf die Vermittlung des „Stoffes", der wiederum in Abhängigkeit von Richtlinien und Lehrplänen für das entsprechende Fach vorgegeben wird. Wenn Schüler(innen) dieses Kommunikationsangebot nicht wahrnehmen wollen, wird dies nahezu immer als „unerwünscht" angesehen. Unter diesen Bedingungen fehlt den Schüler(inne)n die Chance zum role-making und zum Einbringen ihrer personalen Identität. Darüber hinaus ist die Kommunikation im Unterricht am Leistungsprinzip orientiert, Lernprozesse sind auf Leistungsnachweise reduziert, Zensuren, Zeugnisse und Schulabschlüsse stehen im Zentrum des Interesses (vgl. Holtappels 1987). Leistungserbringung und -bewertung erfolgen immer individuell, womit das schon erwähnte Konkurrenzverhältnis innerhalb der Schülerschaft verschärft wird (vgl. Tillmann 1989, S. 139ff.). Leistungserfolg und Leistungsversagen sind unumgängliche Bestandteile der schulischen Kommunikation (vgl. Hurrelmann/Wolf 1986).

Den Lehrkräften werden umfangreichere Interpretationen der eigenen Rolle zugestanden. In der konkreten Ausgestaltung der institutionellen Anforderungen bestehen Freiheitsgrade. Die Methoden der Stoffbearbeitung, die Art, Schüler(innen) anzusprechen, die „Schärfe" der Zensierungspraxis, die den Schüler(inne)n angebotenen Mitbestimmungsmöglichkeiten, das Ausmaß an Restriktivität und Regelzwang bieten sehr unterschiedliche Möglichkeiten, den Schüler(inne)n eine unverwechselbare Identität anzubieten (vgl. Tillmann 1989, S. 141f.). Für Gewalthandlungen an Schulen ist dies ein wichtiger Aspekt, denn aus den in Kapitel 1 formulierten Ausführungen über gewaltbegünstigende innerschulische Faktoren wurden ein restriktives, als ungerecht empfundenes Lehrerhandeln sowie eine geringe Akzeptanz und Toleranz gegenüber den Schüler(inne)n betont.

Schüler(innen) sind mit vielfältigen Anforderungen konfrontiert, die nicht mit ihren eigenen Bedürfnissen, Motiven und Intentionen übereinstimmen und die ausschließlich ihre soziale Identität ansprechen. Aus dem interaktionistischen Identitätskonzept geht jedoch hervor, dass auch die personale Dimension der Identität befriedigt werden möchte. In der Regel entwickeln Schüler(innen) verdeckte Widerstände und Taktiken zur Verteidigung ihrer eigenen Handlungsspielräume und Identitätsentwürfe: Klug kalkulierte Anwesenheitszeiten und Täuschungsversuche gehören ebenso dazu, wie Unterrichtsstörungen als verdeckter Widerstand gegen das Geforderte (vgl. Heinze 1980; Holtappels 1987; Tillmann 1989, S. 142f.), wobei diese Verhaltensweisen mit der Gefahr von Devianzzuweisungen verbunden sind (vgl. Hargreaves u. a. 1981). So geht aus interaktionistischen Analysen hervor, dass die Leistungsthematik entlang von Erfolg und Versagen sowie Bewertungskriterien in die Identitäten der Schüler(innen) integriert werden.

Gegenüber dieser „schulischen Grundthematik" werden unterschiedliche Lösungen in den Identitätsentwürfen der Schüler(innen) „angestrebt", die abhängig von ihrer objektiven Position im schulischen Gefüge sind. So verarbeiten Schüler(innen), die eine ausgewiesene Misserfolgskarriere aufweisen, das Leistungskriterium anders als erfolgreiche Jugendliche. Die leistungsschwachen Schüler(innen) internalisieren die Rolle des „Schulversagers" und reagieren mit Leistungsverweigerung und Unterrichtsstörungen (vgl. Tillmann 1989, S. 144f.). Mit Hilfe von Interviews im Längsschnitt konnte nachgewiesen werden, dass die Erfahrung, zu den leistungsversagenden Schüler(inne)n zu gehören, auch noch das spätere Leben der Betroffenen maßgeblich beeinflusst (vgl. Hurrelmann/Wolf 1986). Die leistungsstarken Schüler(innen) dagegen „scheinen die Klaviatur von Anpassung und Selbstrepräsentation" (Tillmann 1989, S. 147) zu beherrschen. Mit Hilfe eines elaborierten Sprachvermögens und einer gut entwickelten Rollendistanz vermögen sie auch unter hierarchisch entfremdeten Bedingungen zu kommunizieren.

Aus den bisherigen Ausführungen geht einerseits hervor, dass abweichendes Verhalten in der Schule den Normalfall kennzeichnet und dass Schüler(innen) so handeln, um ihre Identität zu balancieren. Andererseits können solche Interaktionen in problematische Ausdrucksformen übergehen, auf die die Institution Schule mit Sanktionen reagiert und die die weitere Schulkarriere der betroffenen Schüler(innen) gefährden könnten. Schule würde – so eine interaktionistische Hypothese (vgl. Holtappels 1993) – devianzfördernde Strukturen in ihrer Organisationsform haben. Schüler(innen), die darauf mit wiederholt auffälligem Verhalten reagieren, sind der Gefahr ausgesetzt, von Etikettierungs- und Typisierungsprozessen betroffen zu werden.

2.3.2 Devianzfördernde Strukturen der Institution Schule: Typisierung und Etikettierung

Als devianzfördernde Strukturen werden insbesondere institutionelle Normierungen ausgemacht, die auf der Ebene der formalen Lernprozesse, des Leistungssystems und auf der Ebene der Beziehungsstrukturen zum Ausdruck kommen (vgl. Holtappels 1993, S. 121ff.). Den schulischen Lernprozessen wird vorgeworfen, dass sich die Bildungsinhalte zu wenig auf die Lebenswelt und den Alltag der Schüler(innen) beziehen und damit Wirklichkeit und Praxisrelevanz vermissen lassen. Zensuren und Berechtigungen verlieren zunehmend ihre zukunftsorientierende Wirkung, denn die durch Bildungszertifikate erschlossenen Möglichkeiten werden, wie aus den Ausführungen zur Individualisierung bereits hervorging, prekär und unsicher. Die Organisation schulischer Lernprozesse ist exakt vorausgeplant. Starre Zeitrhythmen setzen enge Grenzen für Lernprozesse und zwingen diese in einen 45-Minuten-Takt. Die vornehmlich in Frontalunterricht vermittelten kognitiv organisierten Unterrichtssequenzen lassen wenig Raum für handwerklich-manuelle, sportliche oder musische Betätigungen und beschränken sich auf ein Leben im Klassenraum. Die Anhäufung abstrakter Wissensbestände dominiert gegenüber erfahrungsbezogenem und fächerübergreifendem Lernen. Der Leistungsstatus von Schüler(innen) wiederum korrespondiert mit dem Sympathiestatus auf der Ebene informelle Gruppenbeziehungen und der Beziehung zu den Lehrkräften. Lern- und Leistungsprobleme verselbständigen sich oftmals in überdauerndem Leistungsversagen. Auch der Ort des Unterrichts kann Schuldevianz und Vandalismus fördern, denn der Unterricht vollzieht sich häufig in wenig lerngerechten Zweckbauten, die ein wenig ansprechendes Ambiente haben und kaum Möglichkeiten der individuellen Gestaltung bieten. Als weiterer devianzfördernder Aspekt wird die permanente soziale Kontrolle angesehen, der Schüler(innen) ausgesetzt sind.

Die genannten schulorganisatorischen Faktoren stellen Bedingungen bereit, unter denen Schüler(innen) ein erhöhtes Devianzrisiko aufweisen können. Werden Schüler(innen) häufiger verhaltensauffällig, besteht die Gefahr, dass sie typisiert und als Abweichler gekennzeichnet werden. Mit dem zuvor erwähnten Verweis auf den Sympathiestatus in einer Gruppe wird explizit auf deren Bedeutung und ihrer spezifischen Interaktionen verwiesen. Auch Etikettierungsprozesse dürften sich auf die Beziehungsdynamik in einer Lerngruppe auswirken. So konnte gezeigt werden (vgl. Tillmann u. a. 1999), dass Schulklassen, in denen es in ausgeprägter Weise Feindschaften gibt und einzelne als Außenseiter, Opfer oder Täter stigmatisiert werden, gewaltbelasteter sind als Lerngruppen mit einem hohen Ausmaß an Kohäsion.

Der Interaktionsprozess der sekundären Devianz wurde von Heinz Günter Holtappels (vgl. 1993, S. 137ff.) ausführlich beschrieben: Wenn Schüler(innen) als „abweichend" definiert und mit einem Etikett versehen werden, kann dies zu nachhaltigen, zeitlich resistenten Stigmatisierungen führen. Es gibt typische Bewältigungsformen, die von Anpassung über Leugnung bis hin zur Übernahme der nahegelegten Abweichlerrolle reichen, indem erneutes abweichendes Verhalten gezeigt wird. Die Abweichler-Rolle hat Auswirkungen auf Identität und Selbstbild; die als „Abweichler" gekennzeichnete Person erfüllt in Zukunft immer stärker die Erwartung, deviant zu sein. Lehrkräfte entwickeln diesen Handlungen gegenüber eine Sensibilität, mit der die Typisierungen bekräftigt werden. Die Stigmatisierten sehen im Verlauf des Etikettierungsprozesses nicht mehr die Möglichkeit, sich dem Stigma zu entziehen. Die interaktionellen Folgen der Etikettierung bestehen in ausgeprägterer sozialer Kontrolle und schnelleren Verdächtigungen und führen zu sozialer Isolierung (vgl. Hargreaves 1979, S. 141ff., Tillmann u. a. 1999, S. 49). Den Etikettierten wird es von Seiten ihrer sozialen Umwelt immer schwerer gemacht, eine alternative Rolle als die des „Abweichlers" einzunehmen (vgl. Brusten/Hurrelmann 1973). Holtappels (vgl. 1987) machte auf den Zusammenhang zwischen Etikettierung und prekärem Leistungsstand und damit zusammenhängender hoher Belastung mit schulbezogenen Problemen generell aufmerksam.

Alle der hier zitierten interaktionistischen Theoriebeiträge thematisieren die Geschlechterperspektive nicht: Es sind „die Schüler", die Identitätsbalancen leisten müssen, „die Schüler", die unter den devianzfördernden Strukturen der Institution Schule leiden und „die Schüler", die typisiert und etikettiert werden und – infolgedessen – eher dem Risiko abweichenden „Schülerhandelns" ausgesetzt sind. Aus den zitierten empirischen Analysen zur Etikettierung (vgl. Kapitel 1) ging hervor, dass Jungen eher von Etikettierungsprozessen als Mädchen betroffen sind, was wiederum damit zusammenhängt, dass sie sich eher an Gewalthandlungen und Unterrichtsstörungen beteiligen. Jungen befinden sich eher als Mädchen in Haupt- und Sonderschulklassen, sind stärker von Schulversagen betroffen – auch diese Faktoren haben sich für schuldeviantes Verhalten als förderlich erwiesen. Die Frage danach, ob es geschlechtstypische Stigma-Managements gibt oder welche Mädchen unter welchen Bedingungen von abweichenden Handlungen und Etikettierungsprozessen besonders betroffen sind – darüber geben schulbezogene interaktionistische Theoriebeiträge keine Auskunft. Auch die Frage, ob die Art der Stigmatisierung geschlechtstypisch variiert und ob die Inhalte eines Etiketts oder die Bezeichnung der Labels sich bei Mädchen und Jungen unterscheiden, wurde bislang weder theoretisch erfasst noch empirisch geprüft.

2.3.3 Interaktionen und Geschlecht

In diesem Abschnitt soll der Frage nachgegangen werden, ob interaktionistische Theorieansätze auch Begriffe und Konzepte bereitstellen, mit denen Sozialisationsprozesse der Geschlechter erklärt werden. Geschlecht tritt den Interagierenden als Realität gegenüber, die allgegenwärtig, unübersehbar da ist und vorausgesetzt wird. Geschlecht als Machtverhältnis, Rolle, Identität oder Natur ist sowohl individuelle als auch soziale Realität und lässt sich nur durch die Thematisierung der Schnittstelle zwischen Individuum und Gesellschaft verstehen. Geschlecht ist das Ergebnis einer Integrationsarbeit, die von allen geleistet wird (vgl. Lindemann 1992, S. 95). Um sich der Frage nach geschlechterrelevanten Interaktionen anzunähern und diese begrifflich präziser zu definieren, greife ich auf die von Erving Goffman (vgl. 1994) beschriebenen Konzepte der Interaktionsordnung und „Geschlechterarrangements" zurück. Interaktionen würden eigene Einheiten und Räume ausbilden, in denen wir in körperlicher Präsenz mit anderen handeln. Interaktionsordnungen sind durch interaktive Wechselwirkungen und nicht durch subjektive Perspektiven einzelner Handelnder gekennzeichnet (Goffman 1994, S. 33f.). Den Kern der Interaktionsordnung bilden soziale Situationen, an denen zwei oder mehr Personen beteiligt sind. Die Interaktionsordnung steht mit der Sozialstruktur in Beziehung. Auswirkungen zeigen sich in Form von Selektionsprozessen zwischen Geschlechtern, Altersgruppen oder Milieus (vgl. ebenda, S. 37ff.). Ausgehend von der Interaktionsordnung zeigt sich die Anordnung der Geschlechter in sozialen Situationen als „Arrangement", in dem sich Frauen und Männer so arrangieren, dass die ihnen zugeschriebenen Eigenschaften zum Ausdruck kommen.

Gegenüber dem Konzept des „doing gender", in dem der Geschlechtsunterschied als andauernde Leistung von Handelnden fortwährend konstruiert wird, nimmt Goffman eine doppelte Perspektive ein: Der Geschlechtsunterschied wird nicht nur in Interaktionen erzeugt, er wird gleichzeitig in Institutionen geregelt. Darüber hinaus bestreitet Goffman auch nicht biologisch bestimmbare Unterschiede zwischen den Geschlechtern. Geschlecht würde vielmehr zur Lösung organisatorischer Probleme, z. B. Fortpflanzung, herangezogen und ist ein einfaches Instrument zur Herstellung der sozialen Ordnung. Wenn ein Individuum dem gesellschaftlichen Sondierungsprozess unterworfen wird, spricht Goffman von Geschlecht. Kleinkinder werden bei ihrer Geburt der einen oder andere Geschlechtsklasse zugeordnet und aufgrund der körperlichen Gestalt mit einer Identifikationsetikette (Junge/Mädchen) versehen (vgl. Goffman 1994, S. 107). Die Individuen übernehmen die Vorstellungen dessen, was einen Mann/eine Frau ausmacht und entwickeln im Zuge dieses Prozesses eine Geschlechtsidentität. Das wirkt sich auf Verhaltensmuster aus, so dass Goffman in diesem Kontext den Begriff „Genderismus" benutzt (vgl. ebenda, S. 40ff.). „Genderismus" wird z. B. praktiziert, wenn sich Jungen auf Spielplätzen häufiger als Mädchen prügeln – es handelt sich um ein geschlechtsklassengebundenes individuelles Verhalten (vgl. Goffman 1994, S. 113). Soziale Praktiken, wie Hofieren, Beschützen, Werben etc. ermöglichen Frauen und Männern die Inszenierung und Bestätigung ihres sozialen Geschlechts (vgl. ebenda, S. 141). Gesa Lindemann (vgl. 1992, S. 96) hat dies beispielhaft geschildert: Durch Verhalten, Mimik, Gestik und Sprechen würden wir permanent darauf verweisen und bestätigen, welchem Geschlecht wir angehören. Diese Klärungsaktivitäten geraten jedoch fast nie ins Zentrum der Aufmerksamkeit, sondern geschehen unbemerkt. Jeder Mensch ist an der Produktion dieses Interaktionshintergrundes beteiligt, bezieht seine Handlungen darauf und handelt in der Weise einer Frau oder eines Mannes, um sich als Geschlechtswesen anderen gegenüber berechenbar und verständlich zu präsentieren.

Goffmans Ausführungen zum Arrangement der Geschlechter und der Interaktionsordnung unterscheiden sich von sozialkonstruktivistischen Gender-Analysen, jedoch gibt es auch relevante Überschneidungen. Ein bedeutsamer Unterschied zwischen Goffman und Vertreter(innen) der Dekonstruktion ist, dass Goffman die körperlichen Unterschiede zwischen männlichem und weiblichen Geschlecht nicht als konstruiert ansieht. Produzierte Vorstellungen über Verhaltensweisen von Geschlechtern forcieren als selbsterfüllende Prophezeiungen Geschlechtertypisierungen. Gleichzeitig macht

Goffman deutlich, dass die körperlichen Unterschiede zwischen den Geschlechtern keine große Bedeutung haben, dass sie vielmehr sozial aufgewertet werden und zu normativen Zuweisungsakten und -verteilern für die gesellschaftlichen Plätze der Individuen werden. Goffman hält dem Feminismus zugute, dass durch die Offenlegung der Konstruktionsprozesse dem Männlichen und Weiblichen die Basis des fraglos Gegebenen entzogen wurde. Geschlecht würde die Grundlage für eine Kodifizierung liefern, worauf sich soziale Interaktionen und Machtstrukturen aufbauen. Im Zuge der Aufdeckung ritualisierter Formen des Geschlechterverhaltens kann Goffman zeigen, dass in diesen sozialen Arrangements die historisch gewordene und aktive Verfasstheit des Geschlechterverhältnisses mit produziert wird (vgl. Kotthoff 1994, S. 160ff.).

Michaela Tzankoff (vgl. 1995) hat sich mit der Frage kritisch auseinandergesetzt, ob in den interaktionistischen Grundbegriffen und den empirischen Schulstudien Geschlechterverhältnisse und Geschlechtszugehörigkeiten thematisiert werden. Der Symbolische Interaktionismus besitze zwar ein Selbstverständnis als kritische und normative Sozialisationstheorie, aber zum System der Zweigeschlechtlichkeit, geschlechtstypischer Identitätsbildung und geschlechtstypischen Aspekten in alltäglichen Interaktionsprozessen werden keine Aussagen gemacht. Dem Modell der Ich-Identität unterliegt ein männlich konzipiertes Subjektverständnis, das sich an autonomer Individuierung orientiert (vgl. Bilden/Geiger 1988; Tzankoff 1995, S. 76). Und auch für die interaktionistisch akzentuierten Schulstudien wird resümiert, dass insgesamt sehr wenig zu erfahren ist über Schüler und Schülerinnen im Kontakt miteinander. Das Geschlecht bleibt sowohl in der Beschreibung als auch in der Analyse schulischer Interaktionen und Identitätsbildung weitgehend unberücksichtigt (vgl. Tzankoff 1995, S. 101).

2.3.4 Zusammenfassung und kritische Einordnung

Erklärungen im Rahmen interaktionistische Theorien zeigen, bezogen auf die Kommunikationsstruktur in der Schule, dass in sozialen Interaktionen Wirklichkeiten geschaffen werden, indem Identitäten ausgehandelt und abweichende Verhaltensweisen produziert werden. Für die Analyse von Schülergewalt ist dieses Theoriekonzept sehr aufschlussreich, da es den Sozialisationskontext Schule in seinen Strukturen als devianzfördernd beschreibt und Etikettierungsprozesse als gewaltfördernde Faktoren sichtbar werden. Gewalt entsteht somit als Resultat von Interaktionen zwischen Schüler(inne)n und Lehrkräften und innerhalb der Schüler(innen). Die Sicht auf geschlechterbezogene Interaktionen ist Desiderat sowohl in theoretischer Hinsicht als auch in den empirischen Untersuchungen, die sich einer interaktionistischen Perspektive verpflichtet fühlen.

Dieses Desiderat scheint in allen der genannten Theorien vorhanden zu sein: Die Individualisierungsthese beschreibt sozialstrukturelle Veränderungen, die am Lebenskonzept und den Leitbildern erwachsener Frauen festgemacht werden und die feministisch akzentuierten Studien zur Zweigeschlechtlichkeit verweisen auf Unterschiede im subjektiven Erleben und Verarbeiten – hier wird die analytische Kategorie der Herstellung von Unterschieden und die des Interaktionsprozesses nicht gefasst. Theorien zur sozialen Konstruktion von Geschlecht fordern explizit die Fokussierung der Interaktionen, da an dieser Stelle „Geschlechter gemacht" werden und die Herstellung der Geschlechterdifferenzen ausgehandelt wird. Aus den Ausführungen Lindemanns und Goffmans ging hervor, dass nicht nur Geschlechter gemacht, sondern auch reproduziert, bekräftigt und bestätigt werden, dass es eine Interaktionsordnung gibt, mit der sich die männlichen und weiblichen Akteure arrangieren. Inwieweit diese Interaktionsordnung individuell durchbrochen oder hintergangen werden kann, bleibt offen. Das bedeutet, Geschlecht und Geschlechterverhältnisse sind Konstruktionen und soziale Realitäten gleichermaßen. Geschlechterkonstruktionen im Jugendalter wurden weder unter der Perspektive sozialer Konstruktionen noch unter einer interaktionellen Perspektive der Herstellung und Aneignung von Geschlecht untersucht. Der Blick auf Geschlechterkonstruktionen von Jugendlichen dürfte allerdings aufgrund der entwicklungspsychologischen Dynamik und dem altersspezifischen subjektiven Bedürfnis der Akteure, in Interaktion mit dem anderen Geschlecht zu treten, besonders aufschlussreich sein. Gleichzeitig gilt es, das Augenmerk auf Konflikt- und Gewalthandlungen als für das Geschlechterverhältnis relevante Arrangements und als Produkte der Interaktionen zu richten, mit deren Hilfe Realitäten geschaffen werden.

3. Anlage der Untersuchung

Aus den bisherigen Ausführungen wird deutlich, dass der Untersuchungsgegenstand der vorliegenden Arbeit zum einen auf Verbreitung und Ausdrucksformen gewaltsamer Handlungen von Schülerinnen und Schülern gerichtet ist. Zum anderen umfasst er subjektive Interpretationen, prozessuale Verläufe und Interaktionen zwischen Mädchen und Jungen im Kontext von Gewalt. Die vorgestellten Befunde und Annahmen über Geschlechtersozialisation, Gewalt und konflikthafte Interaktionen im schulischen Kontext basieren auf verschiedenen Theoriebezügen, die ebenfalls sehr unterschiedliche Ebenen des Sozialisationsprozesses von konkreten Handlungsabläufen bis hin zu Annahmen über soziale Strukturen und ihren Veränderungen ansprechen. Um einen weit gefassten Untersuchungsgegenstand empirisch zu erschließen, kommen zwei verschiedene Forschungsmethoden zum Einsatz. Dabei handelt es sich um eine schriftliche Befragung von Sekundarschüler(inne)n im Rahmen einer Repräsentativerhebung und um problemzentrierte Interviews mit Lehrkräften und Schüler(inne)n im Rahmen qualitativer Schulfallstudien. Die vorliegende Arbeit bemüht sich darum, die aus den unterschiedlichen Erhebungsverfahren gewonnenen Daten nicht einfach additiv aneinander zu fügen, sondern eine Methodentriangulation zu realisieren, mit der der Erkenntniswert beider Verfahren angemessen zur Geltung kommen kann. Um diesen Anspruch einlösen zu können, ist es wichtig, die Zusammenführung der Forschungsverfahren methodologisch zu begründen und präzise zu beschreiben, wie die unterschiedlichen Erhebungsmethoden praktisch eingesetzt, die Daten zusammengefügt, ausgewertet und interpretiert werden sollen.

In Kapitel 3.1 sollen die am Ende des 1. Kapitels inhaltlich entwickelten Forschungsleitfragen genannt und in Form eines Arbeitsprogramms operationalisierbar gemacht werden. Dabei wird unterschieden zwischen dem zu untersuchenden Gegenstandsbereich und der damit verbundenen theoretischen Perspektive. Die wissenschaftliche Diskussion um die Kombination unterschiedlicher Forschungsmethoden wird in Kapitel 3.2 präsentiert – hier erfolgt auch eine methodologische Begründung für das eigene Vorgehen. In Kapitel 3.3 werden die Forschungsstrategien erläutert sowie Stichprobe, Design und Auswertungsverfahren der beiden Erhebungen mitgeteilt. Im letzten Abschnitt dieses Kapitels soll die Architektur der hier angewendeten Methodentriangulation vorgestellt werden.

3.1 Forschungsleitfragen und theoretische Bezüge

Um das Forschungsfeld sinnvoller zu gliedern, werden in einem ersten Schritt die zur Analyse vorgesehenen Gegenstandsbereiche geklärt. Dieses Forschungsvorhaben ist in seiner Reichweite und Aussagekraft vorrangig auf die Analyse individual- und gruppenbezogener Prozesse im Kontext von Gewalt angelegt. Dabei wird die Betrachtung der Schule als institutionelle Umwelt für Schüler(innen) im Vergleich zu den mikrosozialen und interaktionellen Aspekten weniger stark berücksichtigt. Neben der Präsentation der forschungsleitenden Fragen erfolgt die theoretische Einordnung des zur Analyse anstehenden Gegenstandsbereiches. Da sich mit der Kombination von Forschungsmethoden eine theoretische Verknüpfung nicht ausschließen lässt, können mehrere Theorien Erklärungshintergründe für einen Gegenstand bereitstellen.

3.1.1 Häufigkeiten und Erscheinungsformen von Gewalt

Um untersuchen zu können, was Jungen und Mädchen unter „Gewalt" verstehen, in welchem Ausmaß und mit welchen Ausdrucksformen sie Gewalthandlungen im schulischen Kontext begehen und zum Opfer werden, ist ein geschlechterdifferenzierender Blick vonnöten. Wie aus den theoretischen Abhandlungen zu den Geschlechterdifferenzen hervorging, ist diese Perspektive unerlässlich, um männliche und weibliche Sozialisationsprozesse gleichermaßen berücksichtigen zu können. Eine differenzorientierte Sicht ermöglicht auch, Ähnlichkeiten und Übereinstimmungen zwischen Mädchen und Jungen sowie Differenzen innerhalb der Geschlechtergruppe festzustellen. Bei den Analysen zum Gewaltbegriff im Alltag, zu Häufigkeiten und Erscheinungsformen von Gewalt wird die Geschlechtszugehörigkeit somit „dramatisiert" und zunächst als individuelles Merkmal der Beteiligten in den Vordergrund gerückt. Es soll darum gehen, weit differenzierter als bisher über geschlechtstypische Ausdrucks- und Beteiligungsquoten an unterschiedlichen Gewalthandlungen zu informieren. Für die geschlechterdifferenzierende Betrachtung gewaltsamen Handelns ist auch der im Rahmen der Individualisierungsthese genannte soziale Wandel der Geschlechterverhältnisse von Relevanz.

Alltagsverständnis und subjektiver Gewaltbegriff von Jungen und Mädchen

Aus Kapitel 1 ging hervor, dass die Berücksichtigung des Alltagsverständnisses von Gewalt neben den wissenschaftlich definierten Gewaltbegriffen nötig ist: Was verstehen Schülerinnen und Schüler unter Gewalt und was bezeichnen sie explizit nicht als Gewalt? Besitzen Mädchen ein anderes begriffliches Verständnis als Jungen? Die Frage danach, ob gewaltsame Handlungen geschlechtstypisch unterschiedlich verstanden und interpretiert werden, wurde bislang nicht untersucht. Mit der Rekonstruktion des Alltagsverständnisses von Gewalt sollen nicht nur singuläre Handlungen und ihre Bewertung, sondern der Verlauf von Konflikt- und Gewalthandlungen aufgedeckt werden: Wie und wo beginnen Gewalthandlungen, wie werden sie subjektiv begründet und wodurch eskalieren sie? Damit könnten Einblicke in den Enstehungszusammenhang konflikthafter Verhaltensweisen realisiert werden. Dieser zeitliche und prozessuale Verlauf gewaltsamer Handlungen und die Einbindung von Jungen und Mädchen in derartige Handlungsketten, ist ein wichtiger analytischer Bereich der vorliegenden Studie. In diesem Sinne kommt neben dem differenztheoretischen Ansatz auch eine interaktionistische und konstruktivistische Perspektive zum Tragen, wenn in Erfahrung gebracht wird, welche Rollen und Positionen im prozessualen Verlauf „verhandelt" und hergestellt werden. Da nahezu alle vorliegenden Gewaltstudien darauf verweisen, dass psychische und verbale Attacken die am häufigsten anzutreffenden Ausdrucksformen gewaltsamen Handelns an Schulen sind, soll untersucht werden, wie Schüler(innen) psychische Gewalt einschätzen und wie sie den Umgang mit beleidigenden Äußerungen und Schimpfworten empfinden. Geprüft werden soll, ob Jungen und Mädchen verbale Gewalt unterschiedlich wahrnehmen.

Beteiligung von Mädchen und Jungen an unterschiedlichen Gewalthandlungen
Über selbstberichtete Gewalthandlungen der Geschlechter berichten die vorliegenden Studien, dass Jungen insbesondere in den 7. und 8. Jahrgängen an Haupt- und Sonderschulen besonders gefährdete Gruppen sind und überzufällig häufig physische Gewalt verüben. Gelten diese alters- und schulformspezifischen Unterschiede in der Gewaltbelastung auch für Mädchen? Zur Klärung der Frage nach selbst berichteten Gewalthandlungen spielt neben der Verbreitung jedoch auch immer die subjektive Einschätzung im Sinne einer Selbstreflexion eine bedeutsame Rolle. Wie interpretieren Mädchen und Jungen ihre Beteiligung an gewaltsamen Handlungen? Wie verhält es sich mit der Beteiligung an subtilen, verdeckten Formen aggressiven Handelns? Aufgrund quantitativer und qualitativer Daten sollen differenziertere Aussagen darüber gemacht werden, welche Ausdrucksformen von Konfliktmanagement und Gewaltausübung von Mädchen bevorzugt werden.

Geschlechtstypische Reaktionen und Interventionen
Wie Jungen und Mädchen auf spezifische Gewaltsituationen reagieren, welche Empfindungen diese in ihnen auslösen und ob sie zu intervenieren bereit sind, wurde bislang nicht untersucht. Anhand von vorgegebenen fiktiven Situationen (massive Körperverletzung, Erpressung und sexuelle Übergriffe) soll analysiert werden, ob Jungen und Mädchen solche Handlungen „normal" finden, wie sie darauf reagieren und ob sie bereit wären, zu intervenieren. Unter geschlechtstypischer Perspektive lässt sich zunächst der Frage nachgehen, ob Jungen und Mädchen in unterschiedlicher oder in

ähnlicher Weise auf Gewalthandlungen reagieren und ob sie Gewalt „normal" finden. Dabei ist zu vermuten, dass Subjekte, die derartige Handlungen als normal oder opportun einschätzen, dieses Verhalten auch eher als andere zeigen. Eine solche geschlechtypische Analyse sozial-emotionaler Reaktionen und Normalitätsvorstellungen soll herausarbeiten, ob es Formen der Reaktion und der Intervention gibt, die bei Mädchen und Jungen unterschiedlich sind und welche Begründungen sich dafür anstellen lassen. Daher wird auch in diesem Zusammenhang zu fragen sein, wie Jungen und Mädchen subjektiv mit Gewaltsituationen umgehen und diese verarbeiten.

Opfer von Schüler(innen)gewalt
Bisherige Forschungen haben darauf verwiesen, dass die Opfer von Schülergewalt vorrangig männlichen Geschlechts sind, wenn sexuelle Übergriffe außer acht gelassen werden. Die Koedukationsforschung älteren Datums problematisierte unter der differenztheoretischen Perspektive strukturelle Gewalt im Geschlechterverhältnis und sah Mädchen vorrangig in der Position als Opfer. Wie stellt sich die geschlechtypische Verteilung der Opfer bei schulischen Konflikt- und Gewalthandlungen dar? Wie viele und welche Jungen sind an sexuellen Belästigungen beteiligt? Wie werden Opfererfahrungen von Mädchen und Jungen subjektiv verarbeitet?

3.1.2 Risikofaktoren für Gewalthandeln bei Jungen und Mädchen

Die theoretischen Ausführungen zu Desintegrationsprozessen und Risikofaktoren aus der Sicht der Individualisierungsthese haben auf mögliche relevante Einflussfaktoren des schulischen und außerschulischen Kontextes verwiesen: Gewaltbefürwortende Einstellungen, ein intolerantes und ausgrenzendes Klima in Freundesgruppen, Medienkonsum und familiale Erziehungsmilieus wurden dabei als bedeutsame außerschulische Risikofaktoren benannt (vgl. Fuchs u. a. 1996, 2001; Forschungsgruppe Schulevaluation 1998; Tillmann u. a. 1999). Innerhalb der Schule wurde auf die Bedeutung des Sozialklimas der Lerngruppe, auf die Qualität der Schüler-Lehrer-Beziehungen und auf Etikettierungs- und Ausgrenzungserfahrungen als mögliche gewaltfördernde Risikokonstellationen verwiesen. Es soll festgestellt werden, ob und wie die genannten Faktoren nach Geschlecht differenzieren und ob sie sich für Mädchen wie Jungen in ähnlicher Weise als potenziell gewaltfördernde Bedingungen erweisen: Wie empfinden Mädchen das Erziehungsklima innerhalb der Familie im Vergleich zu Jungen? Wie nehmen Jungen und Mädchen die Wertvorstellungen in ihrer Clique wahr? Nehmen Mädchen und Jungen das Sozialklima in ihrer Lerngruppe und die Beziehungen zu Lehrkräften positiver oder negativer als Jungen wahr? Wie intensiv erleben Jungen und Mädchen soziale Etikettierungen? Was erhöht bei Jungen, was bei Mädchen die Wahrscheinlichkeit, physische Gewalthandlungen im schulischen Kontext zu verüben? Für die Einordnung dieser Fragen bieten sich Theoriebestandteile zu abweichenden Schülerhandlungen und zur Devianzproduktion im kommunikativen Kontext der Schule als relevante Erklärungszusammenhänge an.

„Täter" und „Täterinnen"
In Kapitel 1 wurde dezidiert auf die Notwendigkeit hingewiesen, sich den Sozialisationsprozessen von „Täterinnen" und „Tätern" als Extremgruppen zuzuwenden. Dabei gilt das besondere Interesse der Minderheit offenaggressiver Mädchen, ihrer sozialen Umwelten und Risikofaktoren. Haben physisch gewaltausübende Mädchen ähnliche sozialisatorische Voraussetzungen wie die entsprechenden Jungen? Welche Rolle spielen bei ihnen schulbezogene Erfahrungen, schulischer Misserfolg oder Etikettierungsprozesse? Sieht das familiale Erziehungsklima bei aggressiven Jungen und Mädchen ähnlich aus? Inwieweit unterscheiden sich Mädchen, die als „Täterinnen" in Erscheinung getreten sind von ihren Mitschülerinnen, die keine körperlichen Gewalthandlungen in der Schule ausführen? Lassen sich bei gewalttätigen Jungen und Mädchen besondere Einflüsse identifizieren, die gewalteskalierend oder -dämpfend wirken? Auch für diese Anfragen ist von theoretischer Relevanz, ob sich im Zuge von Individualisierungsprozessen Geschlechterdifferenzen im Kontext von Gewalthandlungen vermindern, bzw. ob Jungen und Mädchen sich in ihrem Verhaltensspektrum annähern.

3.1.3 Konflikthafte Interaktionen der Geschlechter in der Lerngruppe

Durch die Betrachtung von Gewalthandlungen in Gruppen soll die Frage nach eskalierenden Verläufen und nach dem Einfluss direkt und indirekt handelnder Personen näher geklärt werden. Die Relevanz der Mädchen und ihr Part am Interaktionsgeschehen sollen stärker als bisher ins Visier der Forschung geraten. Diese Frage nach der Bedeutung von Mädchen in Auseinandersetzungen zwischen Jungen und zwischen Mädchen soll im schulischen Kontext für die Lerngruppe und im außerschulischen Kontext für die Freundesgruppe ermittelt werden.

Geschlechterkonflikte und Beziehungsdynamik
Angesichts von Untersuchungen, die darauf hinweisen, dass Mädchen und Jungen sich im Verlauf der Sekundarstufe I aufgrund der bei Mädchen in der Regel lebensgeschichtlich eher einsetzenden Pubertät physisch und psychisch auseinander entwickeln, wird gefragt, wie sich das Verhältnis zwischen Mädchen und Jungen in einer altershomogenen Lerngruppe gestaltet und ob es geschlechtsbezogene Konflikte gibt. In diesem Kontext soll auch die von der feministischen Schulforschung mit Blick auf Geschlechterdifferenzen formulierte Hypothese geprüft werden, ob Mädchen eine „befriedende Wirkung" auf die Jungen ihrer Lerngruppe haben oder ob die Existenz vieler aggressiver Jungen in einer Lerngruppe damit verbunden ist, dass Mädchen auch eher zu Gewalthandlungen neigen. In diesem Sinne

geht es auch um eine nähere Betrachtung des Sozialklimas, der „Kultur" von Lerngruppen und deren gewaltfördernder oder gewaltmindernder Wirkung. Könnte ein problematisches Sozialklima für beide Geschlechter eine desintegrierende und gewaltfördernde Wirkung haben? Wie aus den offengebliebenen, am Ende des 1. Kapitels formulierten Fragen hervorging, konnten Forschungslücken identifiziert werden hinsichtlich der kommunikativen Bedingungen, Ausgrenzungen, Etikettierungen und des Umgangs der Geschlechter miteinander in der schulischen Lerngruppe. Daher soll untersucht werden, wie Außenseiter(innen), Täter(innen) und Opfer in Lerngruppen konstruiert werden und welche persönlichen Merkmale und soziale Erfahrungen Mädchen und Jungen in diese Positionen bringen. Schüler(innen) haben – so die Erfahrungen aus einem anderen Untersuchungszusammenhang (vgl. Popp 1998) – in der Regel eine hervorragende Kenntnis über die Cliquenstrukturen und Beliebtheitsrangfolgen in ihrer Klasse, sie wissen genau, wer weshalb zum Außenseiter deklariert wurde und sie kennen diejenigen, die schnell zuschlagen und diejenigen, die andere ständig provozieren.

Ein solcher – von interaktionistischen Theorien angeleiteter – Blick sucht die Ursachen für Auffälligkeiten, Abweichungen und Gewalthandlungen nicht in den „Persönlichkeitsdefiziten" der Täter, sondern verweist auf Ambivalenzen, Widersprüche, aber auch verstärkende Momente innerhalb der Interaktionsstruktur - und auf die Probleme der Schüler(innen), unter solchen Bedingungen die Identität zu behaupten (vgl. Holtappels 1993, 1987). Auch der in den Theorieansätzen zur sozialen Konstruktion eingenommene Blick auf die Herstellung geschlechtsabhängiger Differenzen könnte als Erklärungsfolie für Interaktionen dieses Typs herangezogen werden. Nicht nur beschädigte, abweichende Identitäten, sondern auch Geschlechtsidentitäten werden in Interaktionen konstruiert und Geschlechterverhältnisse immer wieder reproduziert.

Gewalt als „Interaktionsprodukt" der Geschlechter
Welche „Rolle" spielen Mädchen, wenn sich Jungen im schulischen Kontext körperliche Auseinandersetzungen liefern? Gibt es Mädchen, die solche Konflikte in Interaktionen unterstützen und lassen sich die Motive dafür feststellen? Auch im umgekehrten Sinne soll der Frage nachgegangen werden, ob und in welchem Zusammenhang Jungen „Konfliktstoff" zwischen Mädchen produzieren und wie diese Konflikte in Gruppen bearbeitet werden. Darüber hinaus ist generell von Bedeutung, welche Jungen und Mädchen (Schulform, Alter) Interaktionsformen dieser Art präferieren und ob Aggressionsbereitschaft und Gewaltbilligung mit einer individuellen Orientierung an traditionellen Geschlechterkonzepten zusammenfällt. Aus einer der erwähnten Studien (vgl. Stenke u. a. 1998) ging hervor, dass es einen Zusammenhang zwischen geschlechtsstereotypem Verhalten und schu-

lischen Gewalthandlungen gibt. Diesen gilt es anhand der vorliegenden Daten näher zu erschließen.

Analysen, die darauf abzielen, Gewalt als „Interaktionsprodukt" zu untersuchen, sind theoretisch verortet in Erklärungszusammenhängen zu sozialen Konstruktionen: Die Frage nach der Herstellung und Konstruktion von Geschlechterkonzepten und -verhältnissen im Kontext gewaltsamen Schülerhandelns steht hierbei im Mittelpunkt: Lassen sich Konflikte und Gewalt im Schulalltag als Handlungen identifizieren, mit denen Geschlechterkonzepte konstruiert, modifiziert oder bekräftigt werden? Werden durch konflikthafte Interaktionen und Gewalthandlungen Geschlechterordnungen hergestellt, oder, wie Goffman (1994) ausführte, Geschlechterarrangements getroffen?

3.1.4 Konflikthafte Interaktionen der Geschlechter in Cliquen und im sozialen Umfeld der Schule

Die Bedeutung der Freundesgruppen für Sozialisationsprozesse von Jungen und Mädchen wird in vielen empirischen Jugendstudien betont: Wenn in Freundesgruppen ein autoritäres, intolerantes und gewaltbefürwortendes Klima herrscht, das Andersdenkende ausschließt, sind deren Mitglieder eher als andere in der Gefahr, auch im schulischen Kontext gewaltsam zu handeln. Auch für die Freundesgruppe sollen Status und Interaktionen der Geschlechter in der Clique näher untersucht werden. Diese Fragestellung verweist auf eine interaktionistische Perspektive, die darauf gerichtet ist, die Rolle der Mädchen im Verlauf konflikthafter Interaktionen sichtbar zu machen, wenn es in oder zwischen Freundesgruppen zu Spannungen kommt.

Die vorliegenden Daten enthalten Informationen über die Geschlechterzusammensetzung in Freundesgruppen – so lässt sich empirisch prüfen, ob ein gewaltförderndes Wertklima, ob Aggressionsbereitschaft und autoritärnationalistische Einstellungen eher in Jungengruppen, Mädchengruppen oder geschlechtergemischten Gruppen ausgeprägt sind. Diese Frage fokussiert wiederum den Blick auf Geschlechterdifferenzen. Gleichzeitig diskutierten empirische Arbeiten zu Individualisierungsprozessen in Hinsicht auf Geschlecht die „Annäherungsthese": Aus den vorliegenden Forschungen zur Rolle der Mädchen an gewaltsamen Interaktionen wurde in rechtsextrem orientierten Jugendgruppen eine „Arbeitsteilung" zwischen den Geschlechtern vermutet.

Region, Gewalt und Geschlecht
Mit diesem Untersuchungsgegenstand soll das soziale Umfeld der Einzelschule in seiner Bedeutung für geschlechtstypisches Gewaltverhalten betrachtet werden. In Hinsicht auf die besuchte Schulform ist die Ergebnislage zur Gewaltbelastung geklärt, bei anderen schulbezogenen Merkmalen (Schulgröße, regionale Einbindung der Schule) sind die Forschungsbefunde

eher uneindeutig. In Anlehnung an die Überlegung, nach der Individualisierungsschübe eine regional unterschiedliche „Beschleunigung" aufweisen, soll mit Hilfe der Daten aus der quantitativen Erhebung der Frage nachgegangen werden, ob Mädchen und Jungen, die Schulen in Ballungszentren besuchen, eine stärkere Gewaltbelastung aufweisen als ihre Mitschüler(innen) in ländlichen Gebieten oder in klein- bis mittelgroßen städtischen Regionen.

Soziales Umfeld und der „Ruf" der Schule
Das soziale Umfeld einer Schule dürfte sich auf die pädagogische Arbeit und auch auf das Sozialklima allgemein auswirken: Wenn eine Schule in einem sozialen Brennpunkt steht, in dem sich viele Arbeitslose und viele Sozialhilfempfänger konzentrieren, in dem das soziale Leben des Stadtteils durch Spannungen zwischen Jugendkulturen und ethnischen Minderheiten gekennzeichnet ist, dürften die daraus resultierenden Konflikte im Schulalltag sichtbar werden[1]. Auch die materielle Umwelt und die Angebotsstruktur der Region (triste Wohnblocks, mehrspurige Straßen, wenig Spiel- und Freizeitangebote für Kinder und Jugendliche) dürften Auswirkungen auf das Verhalten des Schülerklientels einer Schule haben. Auch dieser Fragestellung liegen Annahmen der Individualisierungsthese zugrunde: Desintegration und Verunsicherungen und daraus resultierende Gewalthandlungen manifestieren sich bei den „Modernisierungsverlierern", bei den bildungsmäßig, ökonomisch und sozial Benachteiligten.

In der regionalen Umgebung einer Schule dürften sich Urteile über ihre (leistungsbezogene und pädagogische) „Qualität" etablieren, die das Schulwahlverhalten der Eltern maßgeblich beeinflussen. Um die soziale Wertschätzung einer Schule zu ermitteln, soll untersucht werden, wie Lehrer(innen) und Schüler(innen) den „Ruf" ihrer Schule beurteilen und ob sich diese Attribuierung auf das subjektive Empfinden, Lehrer(in) bzw. Schüler(in) dieser Schule zu sein, auswirkt. Am Fallbeispiel einer Einzelschule wird gezeigt, ob der „Ruf" der Schule mit dem vorgefundenen und subjektiv zum Ausdruck gebrachten Gewaltniveau der Schule im Sinne einer self-fullfilling prophecy korrespondiert.

---

[1] Eine Untersuchung, die unter einer sozialökologischen Perspektive der Frage nach dem sozialen Umfeld (anhand unterschiedlicher Regionen der Städte Freiburg und Köln) und dem Gewalthandeln von Jugendlichen nachgeht, ist die Befragung von Oberwittler u. a. (vgl. 2001). Die Forschungsbeiträge des Kriminologischen Forschungsinstituts Niedersachsens (KFN) haben das Niveau der Jugenddelinquenz in verschiedenen Großstädten unter Berücksichtigung demographischer Variablen untersucht. Es gibt jedoch nur wenig Untersuchungen, die die Strukturen von Stadtteilen, Straßen oder Vierteln explizit in Abhängigkeit zu Gewalthandlungen untersuchen.

3.2 Methodisches Vorgehen: Triangulation zwischen Zählbarem und Erzählbarem

In diesem Abschnitt sollen die gewählten Forschungsverfahren näher erläutert und in ihrem kombinierten Einsatz begründet werden. Die Ergebnisse der vorliegenden Studie basieren sowohl auf einer standardisierten schriftlichen Befragung als auch auf einem Verfahren der interpretativen Sozialforschung. Für die Anwendung von qualitativen und quantitativen Methoden im Design einer Studie haben sich unterschiedliche Begriffe eingebürgert: Man spricht von „Methodenmix", von „multimethodischem Vorgehen", von „Triangulation" oder von „Methodenkombination". Der Begriff der „Triangulation" ist zum aktuellen Zeitpunkt einer der am häufigsten verwendeten. Er kennzeichnet ursprünglich eine Methode der großflächigen Landvermessung. In die Methodendiskussion als Präzisierung von Messvorgängen wurde diese Idee von Donald T. Campbell und Donald W. Fiske (vgl. 1959) und von Eugene J. Webb u. a. (1966) übernommen. Als Validierungsstrategie geriet die „Triangulation" von Norman K. Denzin (vgl. 1970) in die Aufmerksamkeit der Methodendiskussion im Bereich qualitativer Forschung (vgl. Treumann 1998, S. 154; vgl. Schründer-Lenzen 1997, S. 107). Udo Kelle und Christian Erzberger (vgl. 1999) verwenden den Begriff „Methodenintegration" und zielen damit bewusst gegen die Tendenz der Paradigmenzuordnung.

Ich habe mich trotz vieler Vorbehalte – denn was haben schon erziehungswissenschaftliche Forschungsdesigns mit Landvermessungen größerer Gebiete in Form von Dreiecken zu tun – für den Begriff der „Methodentriangulation" entschieden, denn dieser Terminus verdeutlicht den Verflechtungs- und Verknüpfungsgedanken noch am ehesten. Verschiedene Forschungsmethoden sollen idealerweise in einen Forschungszusammenhang eingebettet sein und jeweils verschiedene Segmente des Untersuchungsgegenstandes erhellen können. Klaus Peter Treumann definiert als Triangulation die Kombination von Daten-Triangulation, Untersucher(innen)-Triangulation, Methoden-Triangulation, Theoretischer Triangulation und Interdisziplinärer Triangulation (vgl. Treumann 1998, S. 155ff.). Eine Triangulation muss sich nicht ausschließlich auf den Einsatz der Forschungsmethoden beziehen. Vielmehr ist es nach dieser Definition möglich, innerhalb des Forschungsprozesses auch die Sichtweisen verschiedener Forscher(innen), Fachdisziplinen, Theorien, Methoden und Datenquellen in Zusammenhang mit dem Untersuchungsphänomen zu kombinieren (vgl. Treumann 1998, S. 156f.). Anders als der einer mathematischen Terminologie entspringende Begriff der „Methodenkombination", der eine zu berechnende Verbindung der Verfahren impliziert, lässt der Begriff der „Triangulation" auch Verfahren des Zusammenführens (additiv, ergänzend, relativierend, illustrierend) zu, die nicht zwingend „verrechnet" und „verknüpft" sein müssen. Triangulation bezieht sich, anders als Kombination, auch auf die Verbindung und wechselseitige Ergänzung der Ergebnisse und ihrer Interpretation. Mit der begrifflichen Verwendung von Triangulation wird die unterschiedliche Sichtweise auf den Gegenstand, von verschiedenen Stationen und Standpunkten aus, eingeschlossen. In Kapitel 3.4 soll näher ausgeführt werden, auf welche Ebenen sich die Triangulation der vorliegenden Studie bezieht.

Der praktische Sinn der Methodentriangulation liegt in dem Wissen begründet, dass die Schwächen der einen Forschungsmethode oftmals die Stärken der anderen sind, so dass die Zusammenführung mehrerer unterschiedlicher Forschungsmethoden nicht unbedingt die Geltungssicherheit der eingesetzten Verfahren erhöhen, jedoch Qualität und Genauigkeit der Ergebnisse verbessern könnte. Das zu untersuchende soziale Phänomen, der „Untersuchungsgegenstand" dieser Arbeit – Konflikt- und Gewalthandlungen von Mädchen und Jungen im schulischen Kontext – lässt den Einsatz einander sich ergänzender Forschungsmethoden sinnvoll werden. Seit den 60er und 70er Jahren des letzten Jahrhunderts wurden die Methoden der standardisierten Empirie innerhalb der Erziehungswissenschaft, Psychologie und Sozialwissenschaften bevorzugt; denn nur durch geschlossene Erhebungen, durch das Falsifikationsprinzip und die Orientierung an einem naturwissenschaftlich orientierten Wissenschaftsverständnis (vgl. Friedrichs 1980, S. 16) schien die Reliabilität der Instrumente und die Validität der Ergebnisse realisierbar zu sein. Qualitative Interviews wurden allenfalls als Vorstudie akzeptiert oder dienten als heuristisches Mittel zur Hypothesengenerierung (vgl. Engler 1997, S. 124). Mit qualitativen Verfahren erhielt man – so die damalige Auffassung – singuläre subjektive Einschätzungen, die sich weder verallgemeinern noch intersubjektiv überprüfen lassen. Eine mögliche Kombination der Forschungsmethoden wurde in der Vergangenheit aufgrund gegenseitiger methodologischer und wissenschaftstheoretischer Vorbehalte nicht diskutiert.

In den letzten Jahren trifft man jedoch auch in der Schul- und Jugendforschung auf eine wachsende Anzahl empirischer Studien, deren Daten mit verschiedenen Forschungsmethoden erhoben und ausgewertet wurden (vgl. z. B. Jugendwerk der Deutschen Shell 1992, 1997; Deutsche Shell 2000; Popp 1994; Kraul/Horstkemper 1999; Czerwanski 2000). Seit den 80er Jahren entstanden zunehmend mehr Veröffentlichungen zur Methodologie qualitativer Forschung (vgl. Kleining 1986, 1994; Mayring 1996; Lamnek 1989; König/Zedler 1995; Strauss/Corbin 1996) mit Vorschlägen zum Einsatz qualitativer Verfahren in der Forschungspraxis. Aus diesen Texten geht hervor, dass qualitative Forschungsmethoden keineswegs beliebig, im Vorgehen unbestimmt und inhaltlich unpräzise sein müssen, sondern dass es explizite Verfahrensweisen und Auswertungstechniken mit klar definierten Reichweiten und Grenzen gibt. In den Erziehungs- und Sozialwissenschaften wird zunehmend die spezifische Erkenntnisfähigkeit qualitativer Verfahren anerkannt. Im Zuge dieser wissenschaftlichen und forschungsmethodischen Aufwertung des qualitativen Paradigmas wurde damit begonnen, die Frage nach einer Methodentriangulation breiter zu diskutieren (vgl. z. B. Treumann 1998). Inzwischen lässt sich sogar die Behauptung aufstellen, dass die „Kombination" von Forschungsmethoden „in Mode" geraten ist (vgl. Engler 1997, S. 18).

Im folgenden werden methodologische Prämissen des quantitativen und des qualitativen Paradigmas unter der Frage problematisiert, ob eine Integration von auf unterschiedlichen Erkenntnisinteressen basierenden Forschungsmethoden wissenschaftstheoretisch und methodologisch zulässig ist. Anschließend wird erklärt, in welcher Weise die Forschungsmethoden eingesetzt werden, um dem Untersuchungsgegenstand der vorliegenden Arbeit gerecht zu werden. Eine Besonderheit der in dieser Studie favorisierten Methodentriangulation besteht darin, dass die quantitativen und qualitativen Daten aus zwei zeitlich versetzten, jedoch inhaltlich aufeinander bezogenen DFG-Forschungsprojekten stammen – dies wird in dem Abschnitt zur Realisierung der Methodentriangulation noch näher geschildert. Am Ende des Kapitels erfolgt eine schematische Übersicht und eine inhaltliche Ausführung über die empirische Realisierung.

3.2.1 Methodologische Bemerkungen zur Methodentriangulation

Durch die unterschiedlichen Ansichten über die Konstruktion sozialer Wirklichkeit und ihrer Messbarkeit sowie des Einsatzes der Erhebungs- und Auswertungsverfahren wurden in der Vergangenheit die Unterschiede zwischen quantitativen und qualitativen Methoden festgeschrieben, was dazu führte, dass sie sich in der Bundesrepublik in starkem Ausmaß getrennt voneinander entwickelten (vgl. Engler 1997, S. 124; Hopf/Müller 1994). Inzwischen hat diese Trennung zwischen quantitativ und qualitativ verfahrenden Methoden in der Sozialforschung einen artifiziellen Charakter angenommen, denn quantitative Methoden und subjektives Verstehen sind keine Gegensätze, sondern werden erst in der wechselseitigen Verflechtung fruchtbar.

„Die Vorzüge der Kombination von qualitativen und quantitativen Methoden sind evident. Sie werden (...) darin gesehen, dass unterschiedliche Aspekte und Facetten des Untersuchungsgegenstandes beleuchtet werden, die Komplexität des sozialen Geschehens dargestellt und analysiert werden kann und somit eine differenziertere Erkenntnis gewonnen werden kann" (Engler 1997, S. 126).

Neben den hier herausgestellten Unterschieden zwischen quantitativen und qualitativen Forschungsverfahren lassen sich durchaus Gemeinsamkeiten feststellen, die für eine Methodentriangulation wichtig sein dürften: So zielt qualitative wie quantitative Forschung auf verallgemeinernde Erkenntnisse von Alltagsphänomenen und sozialen Handlungen. Der Einzelfall ist nur dann von Interesse, wenn seine Interpretationen zu allgemeineren weiterreichenden Erkenntnissen führen. Qualitative Forschung zielt des Weiteren auf Erklärungszusammenhänge und ist, wie quantitative Forschung, theoriengeleitet. Ein wichtiger Aspekt des Verstehens besteht ja darin, Ursachen und Folgen, Bedingungen und Abhängigkeiten miteinander in Beziehung zu setzen (vgl. Oswald 1997, S. 73).

Trotz der gestiegenen Akzeptanz, was Verknüpfungen zwischen verschiedenen Erhebungsmethoden angeht, gibt es der Methodentriangulation gegenüber bis heute Vorbehalte. So seien vor allem zahlreiche grundlagentheoretische Probleme einer solchen multimethodischen Vorgehensweise noch nicht gelöst. Die meisten Beiträge, die sich mit dem Thema „Triangulation" befasst haben, stimmen darin überein, dass der besondere Wert des gleichzeitigen Einsatzes verschiedener Methoden in der Erweiterung und Vervollständigung von Erkenntnismöglichkeiten liegt und weniger in der Überprüfung der jeweils isoliert gewonnenen Resultate. Es fehlt jedoch eine gemeinsame theoretische Basis, und bisherige Untersuchungen, die sowohl mit quantitativen als auch mit qualitativen Methoden arbeiteten, standen oft vor dem Problem, nicht über eine additive Darstellung der auf unterschiedlichen Wegen gewonnenen Erkenntnisse hinauszukommen. Insofern würde auch ein grundlagentheoretisches Konzept für die Integration oder Verknüpfung der verschiedenen methodischen Zugänge ausstehen (vgl. Bos/Koller 2000).

Methodologisch stellen sich bei der Kombination von Forschungsmethoden aus verschiedenen theoretischen Paradigmen durchaus Probleme ein, die in der bisher vorliegenden Literatur nur sehr rudimentär aufgegriffen wurden. Denn unterschiedliche theoretische Paradigmen setzen auch verschiedene Erkenntnisinteressen voraus. Ganz grob lässt sich das empirisch-analytische Paradigma von einem hermeneutischen Paradigma unterscheiden: Das Erklären von Phänomenen, die Ermittlung überindividueller Zusammenhänge und Regeln zwischen Begebenheiten kennzeichnen die Forschungsinteressen des empirisch-analytischen Paradigmas. Pädagogische Sachverhalte werden messbar gemacht, und mit Hilfe statistischer Analysemethoden werden Daten verarbeitet. Hinter dem empirisch-analytischen Paradigma steht die Auffassung, dass Regelhaftigkeiten des sozialen Lebens durch Messen, Tabellieren und Klassifizieren zu gewinnen sind. Forscherinnen und Forscher, die sich dem hermeneutischen Paradigma verpflichtet fühlen, verfolgen die Intention, menschliches Verhalten zu verstehen und die Kontextabhängigkeit sozialen Handelns zu berücksichtigen. Die Daten entstehen aus unstrukturiertem Material, aus Interviews, Tagebüchern, Erfahrungsberichten oder Beobachtungen und es geht primär nicht darum, die Häufigkeit eines Vorkommens von Merkmalen zu untersuchen, sondern einen Prozess – etwa einen Lebenslauf, eine Handlungsabfolge, eine Unterrichtsstunde – zu rekonstruieren. Obwohl es auf methodologischer Ebene heftige Auseinandersetzungen zwischen diesen beiden Positionen gegeben hat, können sich die Ansätze im Forschungsprozess ergänzen, denn die Interpretation quantitativer Daten ist auf das Verstehen der untersuchten sozialen Erscheinung angewiesen. Die Interpretation qualitativer Daten wiederum lebt von der Kenntnis objektiver, regelhafter Strukturen, in die die untersuchten Einzelergebnisse eingelassen sind (vgl. Abel u. a. 1998, S. 10f.).

Eine Methodentriangulation mit Forschungsmethoden, die in unterschiedlichen Paradigmen, etwa Positivismus und Phänomenologie, verwurzelt sind, kann aber auch erhebliche Probleme mit sich bringen. Der quantitativen Methodologie wird in der Regel unterstellt, dass sie sich wissenschaftstheoretisch am Kritischen Rationalismus orientiere, der mit dem Falsifikationsprinzip für die quantitative Methodologie und der darauf basierenden Interpretationen eine klare Basis geschaffen habe. Dabei wird oft vergessen, dass es durchaus quantitativ orientierte Forschende gibt, die die Umsetzung des Falsifikations- und Deduktionsprinzips sehr kontrovers diskutieren (vgl. von Saldern 1995, S. 346f.).

Anhand einiger methodologischer und wissenschaftstheoretischer Prämissen soll gezeigt werden, dass die quantitative und qualitative Methodologie einander nicht so konträr gegenüberstehen, wie das oft behauptet wird. Die quantitative Methodologie basiert auf dem Prinzip des Beobachtens und Beschreibens. Fragen danach, wie Forschende zu ihren Hypothesen kommen, liegen gemäß der Wissenschaftstheorie des Kritischen Rationalismus im außerwissenschaftlichen Bereich. Das heißt, der Bereich der Entstehung, Entdeckung und Genese von Theorien wird aus der erkenntnislogischen Begründung des Forschungsprozesses ausgeklammert. Die Forschungspraxis zeigt allerdings im Widerspruch dazu, dass auch Verstehensprozesse zumindest den Beginn eines quantitativ orientierten Forschungsprozesses bestimmen. Die Hypothesengenerierung verlangt genau das, was das qualitative Paradigma zentral kennzeichnet: das Erkennen von Sinn und Bedeutung (vgl. von Saldern 1995, S. 348f.).

Ein weiterer methodologischer Aspekt, der zu der starken Polarisierung der Forschungsmethoden führte, ist die aus dem Kritischen Rationalismus resultierende Trennung zwischen Subjekt und Objekt, ohne die wissenschaftliche Erkenntnis nicht möglich sei. Aber auch vereinzelte Vertreter(innen) qualitativer Forschung vollziehen in bestimmten Sequenzen des qualitativen Forschungsprozesses die Trennung zwischen Subjekt und Objekt. Selbst in der offensten Gesprächssituation, in der die interviewte Person Dialog und Untersuchungsgegenstand mitbestimmt, bleiben die Interviewenden in der Rolle der Forschenden. Zwar ist es korrekt, dass mittels Empathie und Rollenübernahme Kommunikationsasymmetrien reduziert werden; im stärker nachfrageorientierten Teil eines offenen Interviews werden die Forschenden jedoch nicht ihr Erkenntnisinteresse und ihre Hypothesen aus dem Blick geraten lassen (vgl. von Saldern 1995, S. 349ff.).

Eine weitere methodologische Prämisse bezieht sich auf ein unterschiedliches Verständnis von Objektivität: So schrieb Gerhard Kleining (1986, S. 733) in seiner ersten Regel über das „Subjekt" im qualitativen Experiment, der Forscher habe sein Vorverständnis als vorläufig anzusehen und zu ändern, falls Diskrepanzen zwischen Forschungsdaten und seinem Vorverständnis auftauchten. Die Bereitschaft, die eigenen Absichten zu modifizieren, Offenheit, Flexibilität und Skepsis gegenüber den eigenen Meinungen herzustellen, sei wichtig. Das qualitative Experiment verwendet nicht Variablen, sondern sucht und findet Strukturen. Damit sind alle Arten von Abhängigkeiten, Beziehungen und Relationen gemeint, auch Negationen, Widersprüche und Brüche, die sich weder messen lassen noch einem vorhersehbaren Verlauf unterliegen (vgl. Kleining 1986, S. 725). Qualitative Sozialforschung hat einen besonderen, einen emergentistischen Objektivitätsbegriff. Die Untersuchung führt von einer subjektiven Betrachtungsweise durch den Prozess der Analyse zur Objektivität. Subjektivität trifft also nur für den Beginn der Forschung zu. Im Verlauf des Analyse-Prozesses sollen strukturelle Gemeinsamkeiten sichtbar werden - im Unterschied zur quantitativen Forschung, in der Objektivität durch Hypothesenprüfung hergestellt wird (vgl. Kleining 1994).

Interessanterweise zeigte sich, dass auch die Unterschiede *innerhalb* des qualitativen Ansatzes in Bezug auf Untersuchungsgegenstand, methodischen Ansatz und Forschungsziel erheblich waren. So wurde die „alte" Konfrontation von „qualitativ" und „quantitativ" abgelöst durch die Wahrnehmung der Unterschiede innerhalb der qualitativen Methoden (vgl. Terhart 1995, S. 380). Ein bedeutsamer Aspekt der qualitativen innerparadigmatischen Auseinandersetzung bezieht sich auf die Frage der Hypothesengenerierung und Hypothesenüberprüfung. So widersprechen Udo Kelle (vgl. 1996) und Christel Hopf (vgl. 1996), die sich für ein hypothesenprüfendes Vorgehen innerhalb der qualitativen Sozialforschung aussprechen, den Positionen von Barney G. Glaser und Anselm L. Strauss (vgl. 1967). Glaser und Strauss erachten es prinzipiell als problematisch, qualitative Forschung mit dem Anspruch der Hypothesenprüfung zu verbinden, und sie haben die Auffassung vertreten, man müsse sich der eigenen Forschungsabsicht ohne vorab formulierte Theorien, Konzepte und Hypothesen nähern.

Dieser Punkt ist insofern von Relevanz, weil sich die qualitative Forschung durch das Zulassen hypothesenprüfender Fragestellungen methodologisch auf quantitative Verfahren zu bewegt – auch mit diesem Schritt ließe sich die Polarisierung aufbrechen und eine begründete Methodentriangulation realisieren. Hypothesen, die aus einem quantitativen Untersuchungszusammenhang entstanden sind, könnten als explizit formulierte Vorannahmen für Planung, Vorbereitung, Erhebung und Auswertung qualitativer Daten von großer Bedeutung sein (vgl. Hopf 1996, S. 15). Die mit den qualitativen Interviews einhergehende Erweiterung bestünde darin, dass subjektive Erklärungen und Interpretationsfolien für die quantitativ ermittelten Zusammenhänge geliefert werden. Die auf den Einzelfall bezogene Hypothesenprüfung kann demnach für die Weiterentwicklung oder Neukonstruktion von Hypothesen und für den Ausbau des Theoriebezugs von Bedeutung sein (vgl. Hopf 1996, S. 18). Bei guter qualitativer Forschung – so wird gefordert – müssen die Ebene des Einzelfalls und die der Generalisierung gleichermaßen angewendet werden können, während bei der quantifizierenden Forschung auf der Ebene der Generalisierung interpretiert wird. Auch Philipp Mayring widerspricht in seinen Ausführungen zum problemzentrierten Interview einer ausschließlichen Konzentration auf Hypothesengenerierung. Vielmehr sei es ein Vorteil, dass sich der hypothesenüberprüfende Interviewtyp auch für theoriegeleitete Forschung eigne und dass eine Teilstandardisierung durch den Leitfaden bei weitgehender Offenheit des Gesprächs möglich werde. Die Fragestellung der Analyse müsse genau geklärt und theoretisch an die bisherige Forschung und ihren Gegenstand angeschlossen sein (vgl. Mayring 1996, S. 51ff.). Aus diesen Ausführungen wird deutlich, dass es sich bei qualitativen und quantitativen Methoden nicht um diametral entgegengesetzte oder einander ausschließende Typen wissenschaftlicher Forschung handelt, sondern dass vielmehr eine Reihe von Gemeinsamkeiten, Überschneidungen und, wie im folgenden gezeigt werden soll, vielfältigen sinnvollen Triangulationsmöglichkeiten vorhanden sind (vgl. Oswald 1997, S. 74f.).

In Kenntnis dieser Ausführungen wird es immer undurchsichtiger, weshalb die forschungsmethodologische Debatte, die als eine der „hartnäckigsten" (vgl. Wilson 1982, S. 487) in den Sozialwissenschaften bezeichnet wurde, so kontrovers geführt wurde. Es gibt keine privilegierte Methode, sowohl qualitative als auch quantitative Methode haben ihre geeigneten Anwendungsgebiete (vgl. Wilson 1982, S. 501ff.; von Saldern 1995, S. 361f.). Vielmehr stehen die Methoden komplementär zueinander, wenn sie verschiedene Aspekte derselben Frage beantworten und sich auf unterschiedliche Segmente des Alltags beziehen.

3.2.2 Möglichkeiten der Methodentriangulation

Für die Realisierung einer Triangulation von Forschungsmethoden ist die Frage nach Einsatz und Gewichtung in der eigenen Untersuchung von Bedeutung. Auch die Funktion und die zeitliche Abfolge des Einsatzes der quantitativen und qualitativen Methode im Forschungsprozess ist unter Strukturierungsgesichtspunkten wichtig. Das relative Gewicht, welches die methodischen Verfahren im Verhältnis zueinander besitzen, kann sich in den im folgenden angeführten Weisen zeigen, die von Treumann (vgl. 1998) zusammengestellt wurden:

– Die quantitativen Methoden dominieren die qualitativen Verfahren. In diesem Kontext hätten die qualitativen Verfahren beispielsweise die

Funktion, als heuristisches Mittel in einer „Vorstudie" eingesetzt zu werden, um Forschungshypothesen zu generieren.

- Die qualitativen Verfahren dominieren in dem Sinne, dass quantitative Verfahren nur die Hintergrunddaten oder die Auswahlkriterien für die qualitative Hauptuntersuchung liefern.
- Die qualitativen und quantitativen Methoden besitzen gleiches Gewicht. Beispiele, in denen beide Methodenarten etwa die gleiche Rolle spielen, sind sehr selten (vgl. Treumann 1998, S. 167).

In der Literatur werden für diese Abfolge des Einsatzes der Forschungsmethoden verschiedene Gründe genannt. Einige dieser Gründe werden im folgenden beispielhaft aufgeführt, um bei der Präzisierung des eigenen Methodeneinsatzes (Kapitel 3.4) darauf zurückzukommen.

1.) Eine qualitative Untersuchung im Anschluss an die schriftliche Befragung ist sinnvoll, wenn quantitative Ergebnisse neue Fragen aufwerfen oder Widersprüche enthalten. Die qualitativen Interviews würden dann zu mehr Aufklärung führen können (vgl. Treumann 1998, S. 168).

2.) Standardisierte Erhebungen können dazu dienen, Forschungsfragen zu generieren, denen dann mit Hilfe qualitativer Methoden nachgegangen wird. Daten, die in einem Ergänzungsverhältnis stehen, beinhalten die Möglichkeit, unterschiedliche Facetten des Untersuchungsgegenstandes puzzleartig zusammenzufügen (vgl. Engler 1997, S. 125f.).

3.) Qualitative Verfahren im Anschluss an schriftliche Erhebungen könnten zusätzliche Informationen zur Verdeutlichung oder Erklärung liefern was die Aufklärung der Frage betrifft, weshalb bestimmte Variablen statistisch korrelieren.

4.) Die qualitativen Daten dienen im Anschluss an eine schriftliche Erhebung der Interpretation und Illustration. Sie können helfen, spekulative Interpretationen statistischer Ergebnisse zu korrigieren (vgl. Oswald 1997, S. 83).

5.) Die zeitlich an eine quantitative Erhebung anschließende qualitative Studie ermöglicht die Analyse kleiner, aber besonders interessanter Subgruppen.

6.) Besonders günstig ist es, wenn anhand dieser durch die statistischen Analysen ermittelten Subgruppen die Probanden für die qualitativen Interviews gezielt so ausgesucht werden, dass sie das gesamte interessierende Spektrum repräsentieren. Je intensiver diese qualitativen Interviews ausgewertet werden, umso wahrscheinlicher werden auch neue Erkenntnisse, die über das quantitativ Erschlossene hinausreichen (vgl. Oswald 1997, S. 83).

7.) Mit qualitativen Interviews lassen sich spezielle Forschungsfragen, die sich aus den Befunden der quantitativen Daten ergeben haben, weiterverfolgen.

Was beim Einsatz unterschiedlicher Forschungsmethoden nicht übersehen werden darf, sind die unterschiedlichen Strategien und Wege der Erkenntnisgewinnung. Es ist wichtig, sich darüber zu verständigen, worauf sich die Triangulation der Methoden beziehen soll: auf die Verfahren, die Ergebnisse, die Inhalte oder die Präsentation der Ergebnisse. Meines Erachtens ist es unzulässig, mit den am Einzelfall gewonnenen Resultaten die Ergebnisse der zuvor durchgeführten standardisierten Erhebung zu widerlegen. Auch lassen sich die in standardisierten Kontexten gefundenen Wahrscheinlichkeiten, Typen, Korrelationen und Bedingungsgefüge nicht am Einzelfall „bestätigen". Die Frage nach Methodentriangulation sollte immer mit der Frage nach dem „Wie" der Integration qualitativer und quantitativer Forschungsergebnisse verknüpft werden. Wie lässt sich auf der Ergebnisebene mit Widersprüchen und Unstimmigkeiten umgehen? Den Ausführungen von Kelle/Erzberger zufolge können quantitative und qualitative Ergebnisse tendenziell übereinstimmen, sich widersprechen oder komplementär zueinander sein (vgl. 1999, S. 516f.). Wichtig ist letztendlich, dass durch Methodentriangulation unterschiedliche Aspekte eines sozialen Phänomens beleuchtet werden (vgl. Kelle/Erzberger 1999, S. 521). Von daher ist es nötig, genau zu definieren, welche der Forschungsfragen mit schriftlich erhobenen Daten und welche mit qualitativen Daten beantwortet werden sollen. Diese Differenzierung muss nicht zu einem additiven, zusammenhangslosen „Hintereinander" in der Ergebnisdarstellung führen. Im folgenden werden die beiden Erhebungsverfahren der vorliegenden Untersuchung erst einmal genauer vorgestellt.

3.3 Forschungsstrategien

Ausgangspunkt der Überlegungen war der 1995 existierende Forschungsstand: Damals wurden die ersten Ergebnisse der ersten Überblicksstudien über die Verbreitung und Intensität schulischer Gewalthandlungen veröffentlicht. In fast allen schriftlichen Befragungen wurde problematisiert, dass Gewalt an Schulen vorrangig ein Jungenphänomen ist. Dies wurde in der Regel mit massiven Geschlechterdifferenzen in der quantitativen Beteiligung an Gewalthandlungen begründet. Zu den Fragen, ob die geringe Beteiligung der Mädchen sich auf alle Ausdrucksformen schulischen Gewalthandelns bezieht und welche Rolle Mädchen in Konfliktsituationen spielen, gab es bislang nur vage Vermutungen. Das zwischen 1995 und 1997 durchgeführte Forschungsprojekt über „Gewalt an Schulen" im Rahmen des Sonderforschungsbereiches 227: „Prävention und Intervention im Kindes-

und Jugendalter" an der Universität Bielefeld[2] favorisierte die Perspektive der Schule als Entstehungsort gewaltsamen Schülerhandelns. Geschlechterbezogene Fragestellungen standen nicht im Zentrum des Forschungsinteresses; dennoch ließ dieses quantitativ ausgerichtete Forschungsprojekt vielfältige Möglichkeiten zu, differenzierte geschlechtstypische Analysen über Gewalthandlungen, individuelle Einstellungen, Interaktionen und Gruppenkonstellationen anzuschließen. Schon die ersten Analysen der quantitativen Repräsentativerhebung unter der Geschlechterperspektive verwiesen auf neue Fragestellungen, Ideen, Vermutungen und interessante Zusammenhänge, die an anderer Stelle diskutiert wurden (vgl. Popp 1997a). Im Zuge dieser Überlegungen wurde deutlich, dass sich nicht alle Fragen mit ausschließlich geschlossenen Erhebungsverfahren beantworten ließen. Gerade im Bereich geschlechtstypischer Sozialisationsprozesse sind subjektive Perspektiven und individuelle Deutungsmuster unverzichtbar. Im Sinne einer Ergänzung, Erweiterung, Vervollkommnung der schriftlich erhobenen Daten fiel die Entscheidung für eine Methodentriangulation und für anschließende qualitative Forschungen.

Die DFG bewilligte 1997 ein weiteres Forschungsprojekt im thematischen Bereich von schulischen Gewalthandlungen, das den „geschlechtstypischen Blick" auf schulische Konflikt- und Gewaltphänomene einnehmen sollte[3]. Zwei forschungsleitende Fragen standen dabei zur Bearbeitung an: Die erste Frage lautet, ob es geschlechtstypisch unterschiedliche Ausdrucksformen von Gewalt und geschlechtstypisch unterschiedliche Reaktionen auf Gewalt gibt. Die zweite Frage zielt auf bedeutsame Interaktionen zwischen Jungen und Mädchen, mit denen Konflikt- und Gewalthandlungen provoziert oder verstärkt werden. Hierbei sollen die Anteile der Mädchen und ihr „Part" im Interaktionsgeschehen stärker in den Blick genommen werden, denn das Jugendalter ist für die Begegnung der Geschlechter, für neue Identitätsformationen und für die Auseinandersetzung mit Geschlechterverhältnissen in entwicklungspsychologischer und jugendsozialisationstheoretischer Hinsicht von großer Bedeutung.

Bei der quantitativen Analyse wird auf den vorhandenen, komplett erschlossenen Datensatz der repräsentativen Querschnittuntersuchung mit Schüler(inne)n zurückgegeriffen, der 1995 im Rahmen des SFB 227 an hessischen Sekundarschulen durchgeführt wurde. Die qualitative Erhebung folgte 1998 ebenfalls im Bundesland Hessen: An drei unterschiedlichen Schulformen wurden in 9. Klassen problemzentrierte Interviews mit Schülerinnen, Schülern, Lehrerinnen und Lehrern durchgeführt. Sie sind darauf angelegt, Einblicke in die informellen Kommunikationsmuster der Ge-

---

[2] An diesem Forschungsprojekt waren Birgit Holler-Nowitzki, Heinz Günter Holtappels, Ulrich Meier, Ulrike Popp und Klaus-Jürgen Tillmann beteiligt.
[3] An diesem Forschungsprojekt waren Gabriele Klewin, Ulrich Meier, Ulrike Popp und Klaus-Jürgen Tillmann beteiligt.

schlechter in diesen Schulklassen und die darin eingelagerten Gewalthandlungen zu erhalten.

Tab. 3.1: **Gewalt an Schulen / Geschlechtersozialisation und Gewalt an Schulen - Zeitliche Anordnung der Forschungsprojekte**

1995	1996	1997	1998	1999
SFB Forschungsprojekt: Gewalt an Schulen Repräsentative Schüler(innen)befragung an hessischen Schulen der Sekundarstufe I (SfL, HR, IGS, KGS, Gym)[4] Jahrgänge 6, 8, 9, 10 1722 Mädchen, 1796 Jungen n=3540			**DFG Forschungsprojekt: Geschlechtersozialisation und Gewalt an Schulen** Qualitative Schulfallstudien in drei 9. Klassen an drei hessischen Sekundarschulen (HR, IGS, Gym), problemzentrierte Interviews mit Schüler(inne)n und Lehrer(inne)n n=24	

Da die repräsentative Untersuchung im Bundesland Hessen durchgeführt wurde, sollte auch die qualitative Schulfallstudie dort angesiedelt werden. Mit der Entscheidung für problemzentrierte Interviews (vgl. Witzel 1985, 1996) fiel zugleich auch die Entscheidung gegen eine Beobachtungsstudie. Beobachtungen von Schülerinnen und Schülern erfordern einerseits einen extrem hohen Zeitaufwand (vgl. z. B. Krappmann/Oswald 1995). Eine 1997 probeweise durchgeführte Schulfallstudie mit Anteilen teilnehmender Beobachtung zeigte andererseits, dass sich Gewalthandlungen generell und Konflikte zwischen den Geschlechtern insbesondere, nur sehr schwer beobachten lassen. Sozial unerwünschte Verhaltensweisen zeigten die Jugendlichen in keiner Beobachtungssituation, weder im Klassenraum, noch auf dem Pausenhof oder auf dem Schulweg und an Bushaltestellen. Diese Studie stützt sich deshalb nicht auf eigene Beobachtungen, sondern auf die Erfahrungen und Interpretationen der Beteiligten. Die Beteiligten – das sind Schüler(innen) und Lehrer(innen) – werden als „Experten" angesehen; die aufgrund unterschiedlicher Einbindung in den schulischen Alltag zu unterschiedlichen Aspekten von Konflikt- und Gewalthandlungen auskunftsfähig sind.

Den Ausgangspunkt der hier realisierten Methodentriangulation stellen schriftliche, standardisierte Daten einer umfangreichen Stichprobe dar, die mit statistischen Verfahren ausgewertet wurden. Die anschließend erfolgte qualitative Forschung konzentriert sich vor allem auf subjektive Interpretationen von Gewalt und Konflikten, auf prozessuale Verläufe und interaktio-

---

[4] SfL = Schulen für Lernhilfen (die anderen Sonderschulen wurden nicht in die Stichprobe einbezogen), HR = Haupt- und Realschulen, IGS = Integrierte Gesamtschulen, KGS = Kooperative Gesamtschulen, Gym = Gymnasien. Eine genauere Erklärung der Schulformen befindet sich in Tillmann u. a. 1999, S. 76f.

nelle Prozesse in Schulklassen und peer-groups. Dies wird in den folgenden Abschnitten näher erläutert.

3.3.1 Schriftliche Befragung von Schülerinnen und Schülern (1995)

Im Herbst 1995 wurde eine standardisierte Befragung von Schülerinnen und Schülern durchgeführt, in der Verbreitung und Bedingungsgefüge von Gewalt an Schulen auf die Grundgesamtheit der Schülerschaft an hessischen Schulen der Sekundarstufe I verallgemeinerbar sein sollten[5]. Zur Abbildung dieser Grundgesamtheit wurde ein mehrstufiges Verfahren gewählt, das eine bewusste Gebietsauswahl mit einer zweistufigen Zufallsauswahl in den jeweiligen Gebieten verbindet. Entsprechend der Landes- und Siedlungsstruktur des Landes Hessen wurde zwischen Ballungsgebieten, solitären Verdichtungsgebieten und ländlichen Zonen unterschieden. Zur Abbildung dieser strukturtypischen Gebiete wurden in der vorliegenden Studie die Stadt Frankfurt/Main (Ballungsgebiet), die Stadt und der Landkreis Kassel (solitäres Verdichtungsgebiet) und die Landkreise Bergstrasse und Main-Taunus (ländliche Zonen) ausgewählt. Die Untersuchungsregionen wurden auf der Ebene der Kreise und der kreisfreien Städte abgegrenzt, so dass die amtlichen Statistiken bei der weiteren Stichprobenziehung genutzt werden konnten. Innerhalb dieser Regionen wurde dann per zweistufiger Zufallsauswahl die Stichprobe gezogen. In einem ersten Schritt wurden in den einzelnen Gebieten die Schulen – getrennt nach Schulform – ausgewählt. Aufgrund der Einbeziehung mehrerer Regionen des Landes war es möglich, dass alle in Hessen existierenden Schulformen der Sekundarstufe I (Haupt- und Realschule, Gymnasium, integrierte Gesamtschule, kooperative Gesamtschule und Schule für Lernhilfen) im Sample vertreten waren. Insgesamt wurden 24 Schulen ausgewählt, davon elf in der Region Kassel (fünf in Kassel-Stadt und sechs im Landkreis Kassel), vier in der Region Frankfurt/Main, sieben im Landkreis Bergstraße und zwei im Landkreis Main/Taunus. Auf diese Weise wird sowohl die landesweite Verteilung der Schülerschaft auf die verschiedenen Schulformen als auch die Verteilung der hessischen Bevölkerung auf unterschiedlich strukturierte Gebiete adäquat abgebildet.

Stichprobe der repräsentativen Erhebung
Die Einbeziehung sämtlicher Schulformen der Sekundarstufe I und der angestrebten Altersspanne (10–17 Jahre) verlangte eine große Stichprobe, um differenzierte statistische Auswertungsverfahren realisieren zu können. Die Schülerbefragung erfolgte deshalb als Erhebung im Klassenverband, wobei

---

[5] Die Ausführungen zur Anlage der quantitativen Schüler(innen)befragung folgen der Darstellung in Tillmann u. a. (vgl. 1999, Kapitel 3), da dieser Datensatz in beiden Studien identisch ist.

die Jahrgänge 6, 8 und 9 bzw. 10 berücksichtigt wurden.[6] Mit diesem Sample ist die statistische Repräsentativität gewährleistet. Lediglich bei den Haupt- und Realschulen ist eine leichte Unterrepräsentation und für die integrierten Gesamtschulen eine leichte Überrepräsentation gegeben. Diese Abweichungen sind bezogen auf die Grundgesamtheit jedoch so gering, dass von einer Gewichtung der Stichprobe abgesehen werden konnte. Hinsichtlich des Geschlechts weist unsere Stichprobe annähernd eine Gleichverteilung auf. 50,7% der Befragten sind männlichen Geschlechts (n=1796) und 48,7% weiblich (n=1722). Von 22 Schüler(inne)n wurden keine Angaben zum eigenen Geschlecht gemacht (0,6%). Die Schüler(innen)stichprobe umfasst 3540 Jugendliche aus 167 Klassen, die zwischen 10 und 17 Jahren alt sind. Der Vergleich der Verteilung der Schüler(innen) auf die einzelnen Schulformen in der Stichprobe und in der Grundgesamtheit findet sich in der folgenden Abbildung.

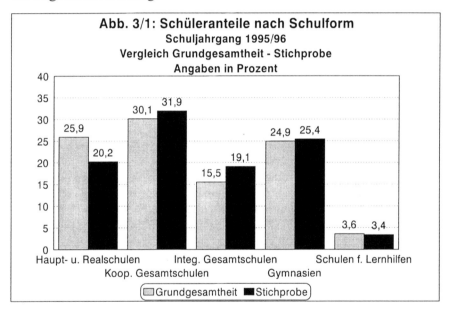

Die Erhebung wurde an 24 Schulen in 167 Klassen durchgeführt und erstreckte sich über einen Zeitraum von etwa acht Wochen (Okt. – Nov. 1995). Die schriftlich-standardisierte Befragung im Klassenverband dauerte – je nach Jahrgangsstufe – zwischen 60 und 90 Minuten. Zu Beginn der Befragung wurden innerhalb des Klassenverbandes einige Erläuterungen zum Inhalt unserer Studie und zu den Durchführungsmodalitäten gegeben, dabei wurde explizit auf die Gewährung der Anonymität verwiesen. Nach dieser Eingangsphase sollten die Schüler(innen) den Fragebogen einzeln und selb-

---

[6] Hauptschulen und Schulen für Lernhilfe enden in Hessen mit der 9. Klasse, die anderen Sek. I-Schulen mit der 10. Klasse. Befragt wurden jeweils die Abschlussklassen.

ständig ausfüllen. Die Beteiligung war freiwillig, doch die Verweigerungsquote lag unter 1%.

Variablen und Instrumente
Eine Probefassung des Fragebogens wurde als Pretest bei insgesamt 177 Schüler(inne)n aus acht Klassen in drei Schulen (eine Hauptschule, eine Gesamtschule, ein Gymnasium) eingesetzt. Anschließend wurde mit den Schüler(inne)n über Inhalte des Bogens und über ihre Erfahrungen beim Ausfüllen diskutiert. Neben den Erfahrungen aus diesen Pretests flossen die Ergebnisse intensiver Diskussionen mit Lehrer(innen) in die Modifizierung des Fragebogens ein. Die eingesetzten Messinstrumente wurden zum Teil im Rahmen des Projektes neu entwickelt. In anderen Teilen konnte auf bewährte Instrumente der schulischen Sozialisationsforschung zurückgegriffen werden (z. B. beim Sozialklima in Lerngruppen). Der Fragebogen besteht aus einer Mischung von Statement-Batterien zu verschieden Einschätzskalen, Itemlisten und Einzelfragen. Mit Ausnahme der offenen Fragen zur Berufstätigkeit der Mutter bzw. des Vaters sind alle anderen Fragen geschlossen formuliert.

Der Umfang und Aufbau des Fragebogens wurde zum einen durch die zeitliche Vorgabe (eine Doppelstunde = 90 Minuten) und die Belastbarkeit der Schüler(innen) mitbestimmt, zum anderen musste der Schwierigkeitsgrad der Fragestellungen auf die einzelnen Jahrgänge (6., 8., 9. und 10. Jahrgang) und die verschiedenen Schulformen zugeschnitten werden. Schließlich wurden drei Fassungen des Fragebogens entwickelt, die sich in Umfang, Frageformulierungen und der Darstellung der Antwortvorgaben unterscheiden. Eine Kurzform wurde in Schulen für Lernhilfen eingesetzt, eine erweiterte Form in der 6. Jahrgangsstufe aller anderen Schulformen und die Langfassung schließlich wurde schulformübergreifend in den 8., 9. und 10. Jahrgängen eingesetzt. Eine Auflistung der einzelnen Variablen, eine detaillierte Darstellung der einzelnen Skalen sowie die Nennung relevanter statistischer Kennwerte befinden sich in Tillmann u. a. 1999, Kapitel 10.

Auswertung der quantitativen Erhebung
Die ausgefüllten Fragebögen wurden codiert und dann anonymisiert eingegeben. Die Aufbereitung als auch Analyse der Daten geschah mit Hilfe des Statistik-Programms SPSS für Windows (Version 6.01). Nach Kontrolllesungen und Plausibilitätstests wurde in einem ersten Schritt eine Grundauswertung der Daten erstellt. Diese deskriptive Analyse zur Beschreibung der Daten wurde sowohl für das Gesamtsample als auch für einzelne Untergruppen (Geschlecht, Schulform etc.) durchgeführt. Daran anschließend wurden zum Zwecke der Datenreduktion explorative Faktorenanalysen (Hauptkomponentenanalyse, Eigenwert >1, Varimaxrotation, fallweiser Ausschluss fehlender Werte) und Itemanalysen gerechnet. Dazu wurden mehrere Variablen, die aufgrund inhaltlicher Erwägungen als Indikatoren

des jeweiligen Konstrukts betrachtet wurden, zusammengefasst und mit den genannten Verfahren analysiert. Anhand streng konventioneller Gütekriterien (Faktorenladung >.50; Itemtrennschärfe >.30) wurden für alle zentralen Dimensionen Likert-Skalen entwickelt. Die so gebildeten Indizes wurden auf Eindimensionalität und Reliabilität getestet. Nach testtheoretischen Kriterien (vgl. Lienert 1969) erreichen die Skalen gute bis sehr gute Kennwerte. Auf der Ebene der Individualdaten wurden zunächst anhand differenzierter, deskriptiver Analysen quantitative Ausprägungen hinsichtlich Art und Häufigkeit selbst ausgeübter und wahrgenommener Gewalthandlungen ermittelt. Im Ergebnis wurde mittels frequenz-analytischer Verfahren (Häufigkeitstabellen; Kontingenzanalysen, loglineare Modelle) ein differenziertes Bild darüber erstellt, ob und welche Unterschiede es in der Ausübung, Wahrnehmung und Beurteilung von Gewalt in der Schule gibt. Korrelationsstatistische Auswertungen (Bivariat; Partial) konnten aufzeigen, ob Zusammenhänge hinsichtlich der formulierten Hypothesen bestehen und nach Subgruppen differeren. Zur Aufdeckung vorhandener Unterschiede hinsichtlich der formulierten Fragestellungen wurden Mittelwertvergleiche (T-Test; U-Test; H-Test, ein- und mehrfaktorielle Varianzanalysen) durchgeführt. Zur Analyse spezifischer Bedingungskonstellationen wurden multivariate Methoden angewandt. Dazu gehörte die Überprüfung von Modellannahmen (Regressionsanalysen) und die Testung von Unterschieden (mehrfaktorielle und multivariate Varianzanalysen). Auf diesem Wege sollten Erkenntnisse über die Bedeutsamkeit relevanter Faktoren gewonnen werden, die begünstigend bzw. mindernd auf die individuelle Gewaltausübung von Jungen und Mädchen wirken. Die umfangreiche Stichprobe enthält auch die Möglichkeit, die Daten auf Klassenebene und auf Schulebene zu aggregieren. So konnten Aussagen über Gewalthandlungen einzelner Lerngruppen mit einem hohen und einem niedrigen Mädchenanteil ermittelt werden. Mit den auf Schulebene aggregierten Daten ließen sich etwa Fragen zur Abhängigkeit zwischen der regionalen Einbindung der Schule und dem Gewaltverhalten der Geschlechter klären.

3.3.2 Problemzentrierte Interviews mit Schüler(inne)n und Lehrkräften im Rahmen von Schulfallstudien (1998)

Drei Jahre nach der schriftlichen Befragung wurden mit der Perspektive auf Geschlecht, Konflikte und Gewalt drei qualitative Schulfallstudien in drei Regionen Hessens (Frankfurt/M./Kassel/Region Bergstraße) durchgeführt. Dabei wurden insgesamt 24 problemzentrierte Interviews mit Schüler(inne)n und Lehrer(innen) aus jeweils drei ausgewählten 9. Klassen (Hauptschulklasse, Gesamtschulklasse, Gymnasialklasse) geführt. Die qualitativen Interviews sollten den Schüler(inne)n und Lehrkräften Gelegenheit geben, ihre Erfahrungen über geschlechtstypische Konflikte und Ausdrucksformen von Gewalt ungefiltert und nicht als Antworten auf geschlossene Fragen einzubringen. Die kommunikativen Prozesse zwischen Jungen und Mädchen, die innerhalb einer Gruppe auf die Verstärkung (oder Abschwächung) solcher gewaltförmigen Verhaltensweisen hinwirken, sind kaum bekannt. Durch Interviews mit Lehrkräften sollten die Perspektiven erweitert werden, denn diese können als „außenstehende" Personen einen „objektiveren" Blick auf die Kommunikationsformen und konflikthaften Interaktionen zwischen Jungen und Mädchen einnehmen. Auch die Einschätzung weiblicher und männlicher Lehrkräfte zu möglichen Ursachen und Entstehungsbedingungen von Auseinandersetzungen zwischen den Geschlechtern waren von Interesse, denn Probeinterviews im Rahmen einer 1997 durchgeführten explorativen Schulfallstudie zeigten, dass den Schüler(inne)n nicht alle kommunikativen Abläufe mit dem anderen Geschlecht bewusst zu sein schienen.

Die Interviews zielen damit sowohl auf die Beschreibung von Kommunikationsmustern in einzelnen Gruppen als auch auf die Herausarbeitung von Deutungsmustern einzelner Akteure sowie auf die Bedeutung der Schule als Ort der Inszenierung und Austragung von Konflikten ab.

Interviewstichprobe im Rahmen der Schulfallstudien
Eine erste Probefallstudie zum Thema Schule, Geschlecht, Konflikte und Gewalt wurde, wie bereits erwähnt, 1997 durchgeführt, aus der insgesamt 19 qualitative Interviews vorliegen. Anhand der Probeinterviews wurde geprüft, ob Jungen und Mädchen thematisch auskunftsfähig waren und wie lange ihre Konzentrationsfähigkeit anhielt, um den zeitlichen Rahmen des Gesprächs abstecken zu können. Anhand weiterer Probeinterviews mit acht Mädchen und Jungen verschiedener Schulformen wurde der Gesprächsleitfaden so modifiziert, dass auch Hauptschüler(innen) die Gesprächsanforderungen intellektuell bewältigen konnten.

Die im Herbst 1998 durchgeführte qualitative Erhebung steht in engem Bezug zu der standardisierten Repräsentativbefragung; die Schulen für die Fallstudien wurden anhand der standardisierten Daten gezielt ausgesucht. In einem ersten Schritt wurde innerhalb der hessischen Sekundarschulen eine Schule pro Schulform (Gymnasium, Haupt- und Realschule, Gesamtschule) identifiziert, deren physische und psychische Gewaltbelastung sich in der Erhebung von 1995 im Vergleich zum Niveau der gleichen Schulform als hoch herausstellte. Anfangs wurde die Idee verfolgt, Schüler(innen), die 1995 eine gewaltbelastete 6. Klasse besuchten und sich an der schriftlichen Befragung beteiligt haben, drei Jahre später in Klasse 9 für ein qualitatives Interview zu gewinnen. Dieses Vorgehen erwies sich jedoch als nicht durchführbar: Viele der Sechstklässler(innen) befanden sich 1995 in Förderstufen, haben inzwischen die Schule verlassen oder den Schulzweig gewechselt und an allen Gymnasien erfolgte mit Beginn der Klasse 7 eine neue Zusammensetzung der Lerngruppen anhand der gewählten zweiten Fremdsprache. Kurz: Die Schüler(innen), die 1995 eine Klasse 6a besuchten, sind im Schuljahr 1998/99 nicht in zwangsläufig in Klasse 9a. Stattdessen wurde die Strategie verfolgt, im Vorfeld mit Lehrkräften und Schulleitungen der drei Fallschulen zu klären, welche ihrer 9. Klassen als gewaltbelastet oder „schwierig" gelten, in welcher der 9. Klassen es immer wieder Probleme zwischen Jungen und Mädchen gibt und in welcher dieser Lerngruppen ein problematisches Interaktionsgefüge innerhalb der Schülerschaft und zwischen Schüler(inne)n und Lehrkräften anzutreffen ist. Nachdem an jeder der ausgesuchten Schulformen jeweils eine 9. Klasse genannt wurde, sind die Klassenlehrer(innen) gebeten worden, je einen Schüler und eine Schülerin zu benennen, der/die häufig andere provoziert und in Konflikte verwickelt ist. Anschließend benannten die Lehrkräfte einen weiteren Jungen und ein weiteres Mädchen, die ihrer Ansicht nach gut in den Klassenverband integriert sind. Die Auswahl eines dritten Jungen und eines dritten Mädchens der entsprechenden Lerngruppe wurde von den die Erhebung durchführenden Forschenden selbst getroffen – und zwar anhand der Informationen, die sich aus den ersten vier Interviews über die Zusammensetzung der Lerngruppe, ihrer Cliquenstruktur und ihrer spezifischen Probleme ergaben. Bei dieser von Seiten der Forschenden getroffenen Auswahl sollte es sich um Opfer oder Ausgegrenzte handeln. Insgesamt liegen damit 6 Schüler(innen)interviews aus jeweils einer 9. Klasse/Schule vor. Daneben wurden Interviews mit einer weiblichen und einer männlichen Lehrkraft einer Schule geführt. Dabei handelt es sich um Lehrpersonen, die die ausgewählte Lerngruppe sehr gut und schon über einen längeren Zeitraum kennen sollten. Zum einen wurde der jeweilige Klassenlehrer/die Klassenlehrerin interviewt und zum anderen ein Fachlehrer/eine Fachlehrerin mit hohem Stundenanteil in der jeweiligen 9. Klasse. Die Stichprobe der qualitativen Erhebung besteht damit aus insgesamt 24 Interviews. In der folgenden Tabelle sind Untersuchungsdesign und Stichprobe der qualitativen Interviews graphisch dargestellt.

Tab. 3.2: Interviewstichprobe und Untersuchungsdesign der qualitativen Schulfallstudien				
jeweils eine 9. Klasse aus ...	Haupt/ Realschule	Integrierte Gesamtschule	Gymnasium	Analyseebene Geschlecht
Mädchen	*3*	*3*	*3*	*9 Mädchen*
Jungen	3	3	3	9 Jungen
Lehrerin	*1*	*1*	*1*	*3 Lehrerinnen*
Lehrer	1	1	1	3 Lehrer
Analyseebene Lerngruppe	8 Interviews (Hauptschulklasse)	8 Interviews (IGS-Klasse)	8 Interviews (Gymnasialklasse)	**n=24**

Die Namen der an den qualitativen Schulfallstudien beteiligten Lehrkräfte und Schüler(innen) wurden für die Präsentation verändert.

Tab. 3.3: Codierter Name, Geschlecht, Alter, Schulform und Nationalität aller Interviewparter(innen) der Schulfallstudien

Name	Geschlecht	Alter	Schulform	Nationalität
Andrea	Weiblich	16 Jahre	Hauptschule	Deutsch
Clara	Weiblich	16 Jahre	Hauptschule	Deutsch
Stefanie	Weiblich	15 Jahre	Hauptschule	Deutsch
Markus	Männlich	16 Jahre	Hauptschule	Deutsch
Ismet	Männlich	16 Jahre	Hauptschule	Türkisch
Rudi	Männlich	15 Jahre	Hauptschule	Deutsch
Frau M.	Weiblich	45 Jahre	Hauptschule	Deutsch
Herr S.	Männlich	51 Jahre	Hauptschule	Deutsch
Ingrid	Weiblich	14 Jahre	Gesamtschule	Deutsch
Jennifer	Weiblich	16 Jahre	Gesamtschule	Deutsch
Shennay	Weiblich	14 Jahre	Gesamtschule	Türkisch
Alexander	Männlich	15 Jahre	Gesamtschule	Deutsch
Eiko	Männlich	15 Jahre	Gesamtschule	Deutsch
Mirko	Männlich	16 Jahre	Gesamtschule	Deutsch
Frau H.	Weiblich	47 Jahre	Gesamtschule	Deutsch
Herr K.	Männlich	52 Jahre	Gesamtschule	Deutsch
Clarissa	Weiblich	14 Jahre	Gymnasium	Deutsch
Christine	Weiblich	14 Jahre	Gymnasium	Deutsch
Janina	Weiblich	15 Jahre	Gymnasium	Deutsch
Andy	Männlich	15 Jahre	Gymnasium	Deutsch
Onur	Männlich	15 Jahre	Gymnasium	Türkisch
Thomas	Männlich	16 Jahre	Gymnasium	Deutsch
Frau J.	Weiblich	42 Jahre	Gymnasium	Deutsch
Herr U.	Männlich	52 Jahre	Gymnasium	Deutsch

Problemzentrierte Interviews
Die Befragungen wurden als problemzentrierte Interviews (vgl. Witzel 1985, 1996) angelegt. Dieser Begriff kennzeichnet zunächst als Ausgangspunkt eine von den Forschenden wahrgenommene gesellschaftliche Problemstellung. Im problemzentrierten Interview steht die Konzeptgenerierung durch den Befragten im Vordergrund, doch wird ein bereits bestehendes wissenschaftliches Konzept oder eine durch zuvor durchgeführte quantitative Erhebungen generierte Fragestellung modifiziert. Das problemzentrierte Interview kennzeichnet sich – und darin liegt seine Stärke für eine

Methodentriangulation – durch eine Kombination von induktivem und deduktivem Vorgehen. Die Forschenden betreten mit einem theoretisch-wissenschaftlichen Vorverständnis die Erhebungsphase.

„Dieses Vorgehen wird damit begründet, daß der Forscher eben nicht eine tabula rasa sein kann, daß er sich nicht völlig theorie- und konzeptionslos in das soziale Feld begibt und er immer schon entsprechende theoretische Ideen und Gedanken (...) entwickelt hat" (Lamnek 1989, S. 74).

Dennoch wird auch im problemzentrierten Interview das Erzählprinzip herausgestellt. Die Interviews wurden im Rahmen ihrer Problemzentrierung mit umfangreichen narrativen Anteilen versehen: Die Befragten sollten ihre Erfahrungen überwiegend als Geschichten berichten, dabei bleibt ihnen die „Bedeutungsstrukturierung der sozialen Wirklichkeit (...) allein überlassen" (vgl. Lamnek 1989, S. 74). Bei der vorab definierten Problemstellung handelt es sich um Beziehungen zwischen Jungen und Mädchen im Kontext schulischer Konflikte und gewaltsamer Interaktionen. Die interviewten Personen wurden mit der Orientierung des Forschenden konfrontiert, dessen Vorwissen blieb jedoch im Hintergrund.

Vier Instrumente gehören zum problemzentrierten Interview: der Kurzfragebogen, der Gesprächsleitfaden, das auf Tonträger aufgezeichnete Interview und das Postscriptum. Dem Kurzfragebogen kommt eine Hilfsfunktion zu. Er enthält einige biographische Fragen und soll Hintergrundinformationen zur sozialen Situation der Befragten ermitteln. Idealerweise wird der standardisierte Kurzfragebogen vor dem Interview eingesetzt. Das hat zum einen den Vorteil, dass die schriftlichen Antworten als Einstiegsfrage genutzt werden können, um eine erste Erzählsequenz in Gang zu setzen. Zum anderen verhindern solche Basisinformationen exmanente, von außen in den Erzählstrang eingebrachte Verständnisfragen, die ein Frage-Antwort-Schema erzeugen können (vgl. Witzel 1985, S. 236). Der im Kontext der vorliegenden Arbeit eingesetzte standardisierte Kurzfragebogen enthielt Angaben zu Alter, Geschlecht, Jahrgang und Schulform sowie Fragen nach Erfahrungen von Schulversagen, nach der häuslichen Lebenswelt und der Zusammensetzung der Freundesgruppe außerhalb der Schule.

Der Gesprächsleitfaden soll das Hintergrundwissen der Forschenden thematisch organisieren, dient der Kontrolle des Forschungsgegenstandes und ist ein Instrument, das zur Vergleichbarkeit der Interviews beitragen soll. Es fungiert als Orientierungsrahmen bzw. als Gedächtnisstütze für die Interviewenden (vgl. Witzel 1985, S. 236). Im Gesprächsleitfaden ist der Problembereich in Form von einzelnen thematischen Feldern alltagssprachlich mit erzählgenerierenden Fragen und einigen Aspekten zum Nachfragen formuliert. Jedoch sollten die ausgeführten Themenbereiche im Interview nicht hintereinander „abgefragt" werden. Die forschende Person, die idealerweise auch Interviewer(in) sein sollte, hat in der Kommunikationssituation einerseits dem Erzählstrang und den Nachfragen der Interviewten zu folgen. Andererseits müssen die Forschenden auch ihr problemzentriertes Interesse und die damit verbundenen Fragen in die Kommunikation einbringen können.

Der Gesprächsleitfaden für Schüler(innen) wie Lehrkräfte enthielt folgende Gesprächsthemen: Zunächst wurden die Interviewten darum gebeten, zum allgemeinen Befinden in der Lerngruppe und zum Verhältnis zwischen Mädchen und Jungen Stellung zu nehmen. Anschließend wurde das Gespräch auf mögliche Ärgernisse und Konflikte in der Klasse gebracht. Eine offene Stellungnahme zu einem subjektiv selbst gewählten Erlebnis mit „Gewalt" ermöglichte den Befragten, ihr begriffliches Verständnis zu präsentieren und auszuführen. Weitere Themen des Gesprächsleitfadens berührten individuelle Reaktionen und die Reaktionen der Lehrkräfte auf Gewalthandlungen im schulischen Kontext. Auch über den „Ruf" der Schule wurde berichtet. Für Erzählungen über geschlechtstypisch unterschiedliche Ausdrucksformen von Gewalt wurden die Schüler(innen) explizit dazu angehalten, eine geschlechtervergleichende Perspektive einzunehmen und zu überlegen, ob Mädchen und Jungen sich in der Art der Konfliktbewältigung unterscheiden.

Alle Interviews wurden aufgezeichnet und vollständig transkribiert. Mit Hilfe der Aufnahme hatten die Interviewenden die Chance, sich auf das Gespräch zu konzentrieren und gleichzeitig nonverbale Elemente beobachten und notieren zu können (vgl. Witzel 1985, S. 237). Es ist allerdings auch notwendig, die interviewende Person selbst als Teil der Erhebungssituation zu begreifen. Etwaige Ahnungen, Zweifel, Beobachtungen und Situationseinschätzungen beeinflussen Kontext und Verlauf des Interviews und werden im Transkript nicht deutlich. Von daher ist es wichtig, die sich mit einer Tonaufnahme nicht erfassen lassenden Ereignisse unmittelbar vor und nach dem Interview in einer Postkommunikationsbeschreibung (Postscriptum) im Anschluss an jedes Interview zu notieren. Das postscriptum vermag den Interpret(inn)en wichtige Anhaltspunkte zu liefern, um einige Gesprächspassagen oder auch missglückte Interaktionen besser zu verstehen (vgl. Witzel 1985, S. 237f.).

Der kommunikative Ablauf des problemzentrierten Interviews verläuft idealerweise in vier Phasen.[7] In der ersten Phase wird mit dem Interviewten der Problembereich der sozialen Wirklichkeit festgelegt und die Gesprächsstruktur erläutert. Die zweite Phase wird als „allgemeine Sondierung" bezeichnet. Durch ein Erzählbeispiel sollen die Interviewenden die narrative Phase der Befragten stimulieren. Für diese Phase ist es wichtig, Gesprächseinstiege allgemeiner Art zu wählen, um sicherzugehen, dass alle Befragten darauf kompetent antworten können. Auch werden durch unverfängli-

---

[7] In den folgenden Ausführungen zum kommunikativen Ablauf problemzentrierter Interviews folge ich dem Vorschlag von Lamnek (vgl. 1989, S. 74ff.).

che Themen Hemmungen reduziert und Berührungsängste abgebaut. Fragen zu Gewalt, zu konflikthaften Interaktionen und der eigenen Beteiligung daran, sollten zu einem späteren Zeitpunkt im Interview erfolgen, wenn sich Interviewer(innen) und Befragte aufeinander und auf die auf die Interviewsituation eingestellt haben.

Nach der Erzählphase, die primär auf Materialgenerierung gerichtet ist, schließt sich die Phase der spezifischen Sondierung an, die eine genuin verständnisgenerierende Funktion hat und daher auch als „Nachfragephase" bezeichnet wird. Dafür werden drei Kommunikationsformen genannt: Zurückspiegelung bedeutet, dass die Interviewenden dem Befragten in seinen Worten ein Interpretationsangebot machen. Der Interviewte hat damit die Möglichkeit, die Deutungen der Forschenden zu kontrollieren oder zu modifizieren. Als zweite Kommunikationsform wird beschrieben, Verständnisfragen zu stellen mit der Funktion, etwaige widersprüchliche Antworten oder ausweichende Äußerungen zu thematisieren, um zu gültigeren und präziseren Interpretationen zu gelangen. Die dritte Kommunikationsform besteht darin, die Befragten mit eigenen Widersprüchen und Ungereimtheiten zu konfrontieren. Die Konfrontation ist allerdings sehr mit Bedacht zu handhaben, denn der Interviewte könnte sich bei zu starker Konfrontation mit den eigenen Widersprüchen unverstanden fühlen. Die Interviewatmosphäre wird möglicherweise verdorben und der Gesprächsfluss gerät ins Stocken. Aus entwicklungspsychologischen Gründen wurde in diesem Kontext auf die Kommunikationsform der Konfrontation weitgehend verzichtet, denn gerade Jugendliche im Prozess der Identitätsbildung dürften das Beharren auf Inkonsistenzen als Verunsicherung oder Maßregelung verstehen.

Die letzte Phase des Interviews sieht ad-hoc-Fragen vor: Die Interviewenden greifen Aspekte der Themenbereiche auf, die die Befragten bislang noch nicht genannt haben, prüfen anhand des Gesprächsleitfadens, ob sie relevante Themen vergessen haben und stellen abschließend direkte, knappe Fragen.

Die Gesprächssituation und -dauer gestaltete sich in den Schüler(innen)interviews der einzelnen Klassen sehr unterschiedlich. In der Hauptschulklasse zeigten sich insbesondere in den Interviews mit den Jungen massive Probleme mit den narrativen Anforderungen eines problemzentrierten Interviews. Oftmals waren die Antworten nur knapp und einsilbig. Des Weiteren stellte sich heraus, dass die zeitliche Gesprächsdauer von etwa 40 Minuten die Konzentrationsfähigkeit der männlichen Hauptschüler fast überforderte, während die Gymnasiast(inn)en problemlos fast zwei Schulstunden kommunizieren konnten. Insgesamt kamen die Mädchen mit der Interviewsituation – Gesprächsaufforderungen, subjektiven Erzählungen, Dialogen – besser zurecht als die Jungen, was eine größere Vertrautheit der weiblichen Interviewpartner mit derartigen Interaktionen vermuten lässt. Dieses Ungleichgewicht in der Erzählkompetenz der Schüler(innen) führte nicht nur dazu, dass der Umfang der transkribierten Interviews sehr unterschiedlich war, sondern hat auch eine unterschiedlich ausführliche Präsentation der Interviewzitate im Text zur Folge. Die Interviews mit den Lehrkräften dauerten etwa 90 Minuten.

Auswertung der Interviews
Die aufgezeichneten Interviews wurden anschließend wörtlich transkribiert. Auslassungen, Intonationen, Pausen oder Wechsel zwischen Objekt- und Subjektperspektive wurden in den Transkriptionen nicht hervorgehoben. Die Namen aller Interviewten wurden verändert. Der Umfang des transkribierten Textes von 24 Interviews umfasst etwa 1000 Seiten. Die Auswertung erfolgte in mehreren Schritten:

Personenbezogene Auswertung: Aus jedem Interview wurden mit Hilfe des standardisierten Kurzfragebogens und den Postscripten die individuellen, biographischen Besonderheiten herausgearbeitet und die subjektive Sichtweise auf die im Interview behandelten Problembereiche dargestellt. Anhand der Einzelinterviews wurde eine zwei- bis vierseitige Falldarstellung, ein personenbezogenes Portrait erstellt (vgl. Witzel 1996, S. 60f.). Nachdem diese Zusammenfassungen aller Interviews vorlagen, zeigten sich im Vergleich der Portraits unterschiedliche Themenschwerpunkte. Des Weiteren stellte sich heraus, dass die Interviewten in ihrer Erzählphase auch neue Aspekte des Themas konstruierten oder den Untersuchungsgegenstand änderten. Der Interviewleitfaden wurde in diesem Durchgang anhand des Erzählten modifiziert und in eine Systematik gebracht, die einer Textgliederung ähnelt. Die Entwicklung fallspezifischer zentraler Themen ist ein ausgeprägt theoriegenerierender Interpretationsschritt (vgl. Witzel 1996, S. 65). Ein derartiger thematischer Verlauf wurde für jedes Interview erstellt. Mit Hilfe dieser individuell-biographischen Auswertung ist es möglich, personenspezifische Sichtweisen auf Gewalt in der Schule zu verdeutlichen und als Fallbeispiele zu präsentieren.

Codierung des Materials: Die Themen, Kategorien und neuen Aspekte der Kurztexte wurden in die Form eines Codierleitfadens gebracht, der die Grundlage für die themenbezogene Auswertung darstellt. Mit Codieren ist im Zusammenhang problemzentrierter Interviews eine Zuordnung des Materials zu den Auswertungskategorien gemeint (vgl. Schmidt 1997, S. 554f.). In diesem Auswertungsschritt ist eine fallzentrierte Reduzierung der Materialfülle beabsichtigt, um dominante Tendenzen zwischen den Fällen vergleichen zu können. Um zu mehr „Objektivität" und zu einer generellen Struktur zu gelangen, haben wir uns auf den in der Literatur als „konsensuelle Codierung" vorgeschlagenen Prozess in einem Codierteam eingelassen (vgl. Schmidt 1997, S. 557ff.). Die gesamte Forschungsgruppe mit ihren unterschiedlichen akademischen Sozialisationsprozessen, ihren divergierenden Anschauungen und Wahrnehmungen, wurde in die Diskussion einbezogen. Damit folgten wir der von Kleining vorgeschlagenen Regel der maximalen strukturellen Variation der Perspektiven (vgl. 1994, S. 27f.). Kommt keine konsensuelle Einigung zustande, wird entschieden, ob die Kategorie des Codierleitfadens überarbeitet oder der zur Diskussion stehende Fall als nicht klassifizierbar eingestuft werden soll.

Nach der Fertigstellung des Codierleitfadens beginnen die systematisch zu kontrastierenden Fallvergleiche. Auch hier wird wieder die Verschränkung zwischen offener und theoriegeleiteter Auswertung sichtbar: Im analytischen Bemühen muss dem spezifischen Einzelfall Rechnung getragen werden, und andererseits geht es darum, ihn vor dem Hintergrund anderer Einzelfälle zu interpretieren und zu explizieren. Die Fälle werden in ihren unterschiedlichen Ausprägungen bei den inhaltlichen Themen und entlang der grundlegenden Strukturkategorien miteinander verglichen – im vorliegenden Fall: nach Geschlecht, Schulform, Lerngruppe (vgl. Witzel 1996, S. 68f.). Auf dieser Auswertungsebene geht es auch um die Entwicklung von Typologien bzw. spezifischen Argumentationsmustern. Mit dieser *thematisch-vergleichenden Auswertung* wurde der Versuch unternommen, thematisch-vergleichend nach „Gemeinsamkeiten" zu suchen, nach Zusammenhängen zu gruppieren, um zu prüfen, inwieweit sich anhand der Aussagen und der zentralen Themen einzelner Interviews übereinstimmende Strukturen zeigen lassen. Die von Kleining formulierte Regel zur Analyse auf Gemeinsamkeiten stellt sich in der qualitativen Sozialforschung als 100%-Forderung dar: Alle Daten müssen im strukturellen Zusammenhang ihren Platz haben und als Teile des Gesamtbildes verstehbar sein. Aus verschiedenen Aussagen müssen Identitäten herausgefiltert werden (vgl. Kleining 1994, S. 31ff.). Darüber hinaus soll dieser Auswertungsschritt einen Vergleich mit Ergebnissen der schriftlichen Erhebungen ermöglichen. Der Codierleitfaden dient der thematisch-vergleichenden Auswertung als Gliederung. Für jedes Interview entstehen jeweils neu zusammengesetzte Texte, die nunmehr anhand der Systematik die Vergleichbarkeit mit den Themen der anderen Interviews ermöglichen. In dieser Phase der Auswertung wurden die Daten zusammengefasst, und es wurde nach ähnlichem Antwortverhalten, nach wiederkehrenden Mustern eines jeden Gesprächs gesucht. Das nach typischen Handlungsweisen und Meinungen verdichtete Interviewmaterial soll nun zu allgemeineren Erkenntnissen führen (vgl. Lamnek 1989, S. 105; vgl. Kleining 1994; Witzel 1996). Mit Hilfe der themenbezogenen Auswertung nach Geschlecht lassen sich Interviews zwischen Mädchen, Jungen, Lehrerinnen und Lehrern thematisch miteinander vergleichen.

3.4 Zur Methodentriangulation dieser Studie

Zu Beginn des 3. Kapitels wurden die forschungsleitenden Fragen und deren theoretische Einordnung angesprochen. Ein wichtiger Einwand in der methodologischen Debatte um das Für und Wider einer Methodentriangulation wurde in der „Passung" der Theorien und ihrer erkenntnisleitenden Interessen gesehen. Der Teil des Untersuchungsgegenstandes, der in Anlehnung an feministische Theorien den Blick auf Geschlechterdifferenzen und geschlechtstypische Ungleichheiten konzentriert, steht mit dem quantitativen Erhebungsverfahren in Einklang, denn anhand einer großen Stichprobe lassen sich quantitative Geschlechterdifferenzen, aber auch -gleichheiten genau feststellen. Die qualitativen Interviews eignen sich zum Sichtbarmachen subjektiv vorgebrachter Differenzen oder Ähnlichkeiten zwischen Schülerinnen und Schülern, Lehrerinnen und Lehrern. Der durch Erkenntnisse der Individualisierungsthese gestützten Jugend- und Gewaltforschung liegen vorrangig quantitative Erhebungsdesigns zugrunde (vgl. Heitmeyer u. a. 1995, 1997), und auch die hier als Resultat von Individualisierungsprozessen vermutete Annäherung der Geschlechter hinsichtlich gewaltsamer Handlungen soll mit Hilfe der repräsentativen Daten ermittelt werden. Ansätze zur sozialen Konstruktion der Geschlechter, die auf „doing gender"-Prozesse in Interaktionen verweisen, dürften in ihrem Erkenntnisinteresse mit qualitativen Verfahren korrespondieren. Ebenso verhält es sich mit interaktionistischen Theorieansätzen, die davon ausgehen, dass in Interaktionen soziale Realitäten – Außenseiter, Etikettierte, Mädchen, Jungen – geschaffen werden. Die qualitativen Interviews sind von ihrer Anlage her auf die Erfassung der Dynamik informeller Beziehungen und Gruppen angelegt worden. Insofern lassen sich solche Interaktionen nicht nur rekonstruieren, sondern der subjektive Sinn dürfte sich durch die Interpretation der Interaktionsteilnehmer erschließen lassen. Diese theoretische Zuordnung zu den eingesetzten Forschungsmethoden ist an dieser Stelle nur grob, in den Ergebniskapiteln wird die Frage, wie die Methodentriangulation mit theoretischen Erklärungszusammenhängen korrespondiert, für den jeweiligen Analyseaspekt dezidiert thematisiert.

Da quantitative Querschnitterhebungen sowie einmalig realisierte qualitative Schulfallstudien „Momentaufnahmen" sind, stößt man bei Fragen, die sich auf Entwicklung, Verlauf, Abhängigkeiten oder auch Bedingungskonstellationen und Risikofaktoren von Gewalt beziehen, an methodische Grenzen. Die vorliegende Untersuchung versucht, durch ihre spezifische Anlage als Methodentriangulation auch auf die Frage nach den prozessualen Verläufen konflikthafter Handlungen zwischen den Geschlechtern einzugehen. Auf die Darstellung zeitlicher Verläufe, Prognosen und Veränderungen erhebt diese Studie keinen Anspruch. Da die standardisierte Erhebung zeitlich vor den qualitativen Schulfallstudien angesiedelt war, haben die quantitativen Daten zum Teil die Ergebnisse, Hypothesen und Strukturen für den Ablauf der qualitativen Interviews geliefert. Daneben gibt es

Abschnitte, die von ihrer Anlage her auf subjektive Interpretationsleistungen abzielen – hierbei tritt verstärkt die Anwendung der qualitativen Methode in den Vordergrund. Das hier realisierte empirische Verfahren erhebt den Anspruch auf einen gleichgewichteten Einsatz und erkennt den eigenständigen wissenschaftlichen Beitrag beider Methoden an. Wie bereits erwähnt, besteht ein wichtiger Anlass einer Methodentriangulation darin, die jeweiligen Schwächen und Grenzen der Methoden zu minimieren. Die Zusammenführung der Methoden dieser Studie erhebt den Anspruch, nicht einer additiven, kapitelweisen Aneinanderreihung zu folgen, sondern alle Ergebnisabschnitte zu durchziehen. Die folgende Übersicht (vgl. Tabelle 3.4 a+b) bietet einen formalen Überblick über die Realisierung der Methodentriangulation der vorliegenden Studie, bezogen auf die inhaltlichen Fragestellungen.

Welche „Subtypen von Triangulation" (Treumann 1998, S. 155) sollen hier realisiert werden? Zunächst handelt es sich um eine *„Daten-Triangulation"*, denn unterschiedliche Datenquellen zu verschiedenen Zeitpunkten werden für die Kombination genutzt. Wie schon erwähnt, liegen dieser Methodentriangulation zwei zeitlich versetzte empirische Untersuchungen aus zwei aufeinander folgenden DFG-Forschungsprojekten zugrunde. Die schriftliche Befragung wurde zuerst realisiert und aus ihr ergaben sich eine Reihe von Überlegungen und Anfragen zu geschlechtstypischen Ausdrucksformen von Gewalt – insbesondere zur Rolle, die Mädchen bei Gewalthandlungen spielen. Des Weiteren kommt hier eine *„Methodentriangulation"* zum Einsatz und zwar die von Denzin vorgeschlagene Variante der Triangulation zwischen verschiedenen Methoden („between-methods") (vgl. Treumann 1998, S. 156), zwischen einem quantitativen und einem qualitativen Verfahren. Auch die Strategie der *„Theoretischen Triangulation"* soll in dieser Studie verfolgt werden. Wie aus Kapitel 3.1 hervorgeht, sollen die Daten mit unterschiedlichen theoretischen Perspektiven und Hypothesen (differenztheoretisch, sozial-konstruktivistisch, individualisierungstheoretisch und interaktionistisch) interpretiert werden. Diese Vorgehensweise habe den Vorteil, so Treumann (vgl. 1998, S. 156f.), Polemiken zwischen isolierten Theorieansätzen zu vermeiden und durch den Einsatz alternativer Theorien eine gehaltvollere Interpretation und Erklärung der empirischen Befunde zu erhalten. Am Ende der Ergebniskapitel soll die Leistung der Triangulation von Theorien und Forschungsmethoden kritisch reflektiert werden.

Tab. 3.4 a: Design der Methodentriangulation:
Variablen der standardisierten Schüler(innen)erhebung (1995)
Gesprächsthemen der qualitativen Interviews mit Schüler(inne)n und Lehrkräften (1998)

Persönlichkeitsangaben	Risikofaktoren für Gewalthandlungen	Interaktionen der Geschlechter in Cliquen und im sozialen Umfeld der Schule
Alter Geschlecht Schulform Schüler(innen)-jahrgang	**Gewaltaffirmative Einstellungen:** Mangelnde Selbstbeherrschung Nationalistische Einstellung Gewaltbilligung	Zusammensetzung der Freundesgruppe nach Geschlecht	*Zur besonderen Qualität außerschulischer Gewalt*
Alter *Geschlecht* *Schulform* *Schüler(innen)-* *jahrgang* *Angestrebter* *Schulabschluss* *Bisherige Schul-* *karriere* *Häusliche* *Lebenswelt* *Angaben über die* *Freundesgruppe*	**Außerschulische Risikofaktoren:** Familiales Erziehungsklima Wertvorstellungen der Freundesgruppe **Schulische Risikofaktoren:** Schüler(in)-Lehrer(in)-Beziehung Sozialklima in der Lerngruppe Soziale Etikettierung Außenseiter „Täterinnen" und „Täter"	Wertklima in der Gleichaltrigengruppe: Aggressive Konfliktlösung Intoleranz Soziales Umfeld der Schule: Region, Gewalt und Geschlecht	*Die Bedeutung der Mädchen in Konflikten zwischen Cliquen* *Fallbeispiel: Der „Ruf" einer gewaltbelasteten Schule*
	Fallbeispiel einer „Täterin"		

Tab. 3.4 a: Design der Methodentriangulation:
Variablen der standardisierten Schüler(innen)erhebung (1995)
Gesprächsthemen der qualitativen Interviews mit Schüler(inne)n und Lehrkräften (1998)

Häufigkeiten und Erscheinungsformen von Gewalt		Interaktionen der Geschlechter in der Lerngruppe	
Selbstreport eigener gewaltförmiger Handlungen	Alltagsverständnis von Schülergewalt"; Wahrnehmung von prozessualen Verläufen gewaltförmiger Eskalationen	**Schüler(in)-Schüler(in)-Beziehung:** Kohäsion Konkurrenz Desintegration Soziale Bindung **Lehrer(in)-Schüler(in)-Beziehung:** Akzeptanz Vertrautheit Mitbestimmung Restriktivität	*Interaktionen von Jungen und Mädchen in der Lerngruppe* *Konflikte zwischen den Geschlechtern innerhalb der Lerngruppe*
Selbstreport über eigene Opfererfahrungen	Geschlechtstypische Ausdrucksformen von Gewalt in der Schule	Geschlechterinteraktionen im Kontext von Gewalt: Einstellungen der Mädchen	*Geschlechterinteraktionen im Kontext von Gewalt*
Reaktionen auf Gewalt	Reaktionen auf psychische und physische Gewalt	Geschlechterinteraktionen im Kontext von Gewalt: Einstellungen der Jungen	*Rolle der Mädchen bei Auseinandersetzungen zwischen Jungen*

Auf welchen *Ebenen des Forschungsprozesses* soll sich die Verknüpfung qualitativer und quantitativer Daten vollziehen? Zum einen auf die Ebene des *Untersuchungsgegenstandes*, d. h. auf die zu untersuchenden sozialen Phänomene. Quantitative und qualitative Erhebung fokussieren den gleichen Untersuchungsgegenstand, z. B. geschlechtstypische Ausdrucksformen von Schüler(innen)gewalt, sie beziehen sich dezidiert jedoch auf unterschiedliche Facetten und Segmente der Realität. Die Integration der quantitativen und qualitativen Erhebung erfolgt in diesem Kontext als ein Vorgehen vom Allgemeinen zum Besonderen und umgekehrt: Mit Hilfe der umfangreich angelegten schriftlichen Querschnitterhebung kann ein breiteres Untersuchungsfeld erschlossen werden, in dem Regelmäßigkeiten, Typen, Indikatoren und charakteristische Zusammenhänge ermittelt und strukturiert werden. Diese statistisch ermittelten Zusammenhänge sollen in Interviews um die subjektive Dimension angereichert, mit „Leben" gefüllt werden. Die Interviewpartner(innen) wurden auch mit Fakten und Befunden der schriftlichen Befragung konfrontiert und um ihre subjektive Stellungnahme zu ausgewählten Befunden geschlechtsbezogener Konflikte gebeten. Der Gesprächsleitfaden der qualitativen Interviews enthält jedoch nicht nur Themen zur „Hypothesenprüfung", sondern eignet sich durch weitgehend offene, erzählstimulierende Fragen auch zur Hypothesengenerierung. Die Interviews werden auch explizit eingesetzt für Fragestellungen, die sich mit einer quantitativen Querschnitterhebung nicht ermitteln lassen. Denn die Intention dieser Arbeit ist auch darauf gerichtet, Brüche und Widersprüche in den Geschlechterkonzepten der Jugendlichen aufzuspüren – also jenen Relationen nachzugehen, die Kleining (vgl. 1994) für qualitative Forschungsmethoden als elementar herausstellte.

Zum anderen soll sich die Kombination der Forschungsmethoden auf die Ebene der *Resultate und Ergebnisinterpretation* beziehen: Wie Stefanie Engler (vgl. 1997) ausführte, können quantitative Verbreitung und subjektives Verstehen sich wechselseitig ergänzen und zwar auf der Ebene der Interpretation der Befunde mit dem Ziel, differenziertere Einblicke und Erkenntnisse über den Untersuchungsgegenstand zu gewinnen.

Welche der in Kapitel 3.2.2 optional genannten *praktischen Triangulationsmöglichkeiten* werden favorisiert? Die Studie konzentriert sich unter Berücksichtigung der in den Ergebniskapiteln sehr unterschiedlichen spezifischen Strukturen des Untersuchungsgegenstandes auf vier verschiedene Varianten:

1. Auswahl eines qualitativen Fallbeispieles auf der Grundlage quantitativer Repräsentativdaten. Mit dem Fallbeispiel wird geprüft, ob sich Ergebnisse aus den schriftlich erhobenen Daten in subjektiven Erzählungen wiederfinden lassen. Das Fallbeispiel dient demnach zur Illustration der quantitativen Befunde.

2. Quantitative und qualitative Verfahren werden gleichberechtigt eingesetzt und beziehen sich auf den gleichen Untersuchungsgegenstand, jedoch auf unterschiedliche Segmente des sozialen Phänomens. Die Forschungsmethoden ergänzen sich wechselseitig und führen zu einer gemeinsamen Interpretation.

3. Die qualitativen Daten dienen als heuristisches Mittel und werden zur Hypothesengenerierung genutzt. Sie können – in Form eines Fallbeispiels – zu „unerwarteten" Erkenntnissen des Untersuchungsgegenstandes führen. Mit Hilfe der quantitativen Erhebung wird anschließend geprüft, ob sich das qualitativ „Entdeckte" auch in repräsentativen Daten finden und verallgemeinernd interpretieren lässt.

4. Ein quantitativer Befund wird in den qualitativen Interviews verhandelt und mit subjektiven Interpretationen versehen. Daraus können neue Facetten des sozialen Phänomens resultieren oder der Untersuchungsgegenstand kann seine Richtung verändern. Eine weiterreichende Interpretation der Ergebnisse wird möglich.

In den folgenden Ergebniskapiteln wird die jeweilige methodische Architektur sowie der theoretische Erklärungszusammenhang anhand des konkret zu bearbeitenden Untersuchungsgegenstandes ausgewiesen.

4. Häufigkeiten und Erscheinungsformen von Gewalt bei Jungen und Mädchen

In diesem Kapitel sollen Ergebnisse der quantitativen Übersichtsstudie und der problemzentrierten Interviews präsentiert werden mit dem Ziel, Informationen zu geschlechtstypischen Ausdrucks- und Beteiligungsformen von Mädchen und Jungen zu erhalten. Die Perspektive des einzelnen Individuums mit dessen subjektiver Beteiligung und Einschätzung von Gewalthandlungen steht hier im Vordergrund der Betrachtung. Der Blick soll jedoch nicht nur auf die Unterschiede zwischen den Geschlechtern, sondern auch auf Übereinstimmungen und Gemeinsamkeiten gerichtet werden. Die diesem Kapitel unterlegte theoretische Perspektive ist der Blick auf die Geschlechterdifferenzen. Die Fragestellung ist auf das Alltagsverständnis von Gewalt und auf individuelle Selbstreporte gewaltsamen Handelns und auf Opferselbstreporte gerichtet.

4.1 Fragestellungen und methodische Perspektive

Im folgenden geht es zunächst um die Klärung des Alltagsverständnisses gewaltsamen Handelns von Schüler(inne)n. Dafür wurde im Rahmen der qualitativen Interviews eine offene Frage formuliert, mit der die Schüler(innen) aufgefordert wurden, ein Ereignis im schulischen Kontext zu erzählen, das sie persönlich als „Gewalt" definieren würden. Den Befragten wurde mit diesem Gesprächseinstieg die Möglichkeit gegeben, nicht nur das Ereignis, sondern auch die Handlung ohne festgeschriebene Definitionen auszuwählen. Damit können Aussagen getroffen werden, ob und inwieweit Jungen und Mädchen über unterschiedliche Alltagsverständnisse von Gewalt verfügen. Mit Hilfe dieser Kenntnisse ließe sich ermitteln, ob die Alltagsdefinitionen mit der erziehungswissenschaftlichen Definition von physischer oder psychischer Gewalt kongruiert: Stimmt der im Rahmen der quantitativen Untersuchung operationalisierte Begriff von „Schülergewalt" mit dem Alltagsverständnis der Interviewten überein, oder verweisen die subjektiven Akteure in den Erzählungen auf ganz andere Facetten von „Gewalt" im schulischen Kontext?

Für Kapitel 4.2 ist damit eine Methodentriangulation vorgesehen (vgl. Kapitel 3, Variante 2, S. 119), die sich durch den gleichgewichtigen Einsatz beider Forschungsmethoden kennzeichnet und die auf den gleichen Untersuchungsgegenstand, nämlich geschlechtstypische Verbreitung und Ausdrucksform von Gewalthandlungen im schulischen Kontext, gerichtet wird.

Die Segmente des zu untersuchenden Phänomens sind unterschiedlich: Das qualitative Verfahren zielt auf subjektive Alltagsverständnisse beteiligter Akteure und die quantitative Erhebung prüft singuläre Gewalthandlungen, die entlang der wissenschaftlichen Definitionen als Items und Skalen operationalisiert wurden.

In Kapitel 4.3 werden ausschließlich qualitative Daten verarbeitet: Hier wurden die Interviewten darum gebeten, den Blick auf Geschlecht explizit einzunehmen und zu „typischen" Ausdrucksformen von Mädchen und Jungen Stellung zu beziehen. In diesem Zusammenhang wurde die zeitliche Versetzung der Erhebungen zu nutzen versucht: Aus der zuerst realisierten quantitativen Übersichtsstudie ergaben sich Hypothesen über geschlechtstypische Ausdrucksformen. Mit diesen Hypothesen wurden die Interviewten konfrontiert und sollten ihre subjektive Sicht diesbezüglich äußern. Die problemzentrierten Interviews bekamen in diesem Sinne einen explizit hypothesenprüfenden Charakter (vgl. Kapitel 3, Variante 4, S. 119).

Für die empirische Erschließung der Opfererfahrungen nach Geschlecht wurde eine andere Triangulationsmöglichkeit realisiert: Zunächst wird ein qualitatives Fallbeispiel eines Mädchens präsentiert, das ihre eigenen Opfererfahrungen beschrieb und diese als „Gewalt" definierte. In dieser Erzählung werden sexuelle Übergriffe dem Gewaltbegriff hinzugefügt und damit Handlungen berücksichtigt, die bislang nicht unter der Kategorie „Schülergewalt" zur Kenntnis genommen wurden. Die Daten der quantitativen Erhebung wurden anschließend daraufhin untersucht, ob sich über „Täter" sexueller Gewalt und zu Opfern sexueller Übergriffe verallgemeinerungsfähige Ergebnisse nachweisen lassen (vgl. Kapitel 3, Variante 3, S. 119).

4.2 Selbst berichtete Gewalt – Definition und Verbreitung

Eine vergleichende Betrachtung des wissenschaftlichen Verständnisses von Gewalt mit dem Alltagsverständnis der Akteure im Schulalltag, dürfte den Untersuchungsgegenstand ergänzen. Darüber hinaus sollen mit den Daten aus der repräsentativen Schüler(innen)stichprobe die selbst berichteten „Gewalttaten" unter geschlechtstypischer Perspektive analysiert werden. Physische Gewalt und psychische Gewalt im schulischen Kontext werden nicht nur entlang der Geschlechtszugehörigkeit, sondern auch anhand des Alters der Schüler(innen) (6., 8., 9., 10. Jahrgang) und ausgewählten Schulformen (Sonderschule für Lernhilfen, Integrierte Gesamtschule, Gymnasium) analysiert.[1] Anschließend wird untersucht, wie Mädchen und Jungen

---

[1] Ein genauere Skizzierung der hessischen Sekundarschulen findet sich in Tillmann u. a. 1999, S. 76.

auf Gewalt reagieren und ob sie im Konfliktfall intervenieren würden. Bei der Frage nach Opfern von Schülergewalt unter Berücksichtigung der Geschlechterdifferenzen zeigten sich dem bisherigen Forschungsstand zufolge divergierende Positionen zwischen der feministischen Schulforschung, nach deren Ergebnissen Mädchen grundsätzlich eher zum Opfer werden als Jungen, und den Resultaten der schulbezogenen Gewaltforschung. Jedoch wird die Auseinandersetzung mit Opfern hier nicht nur in Bezug auf schulbezogene Ausdrucksformen von Gewalt geführt, sondern auch hinsichtlich sexueller Übergriffe.

Will man über die Häufigkeit und die Verbreitung von Gewalthandlungen möglichst genaue Daten haben, so hat sich die Methode des „Selbstreports" als besonders aussagekräftig erwiesen (vgl. z. B. Krumm 1997, S. 73). Im Rahmen der schriftlichen Befragung gaben die Schüler(innen) an, ob und wie oft sie als gewaltförmig zu bezeichnende Handlungen im Verlauf des vergangenen Schuljahres selbst ausgeführt haben. Den Befragten standen die fünf verschiedenen Antwortalternativen „nie", „alle paar Monate", „mehrmals im Monat", „mehrmals wöchentlich" oder „fast täglich" zur Wahl, um die eigenen „Taten" der vergangenen zwölf Monate nach individuellem Ermessen quantitativ einordnen zu können. Aus den verschiedenen im Fragebogen aufgeführten Einzelitems wurden nach faktorenanalytischer Prüfung zwei Skalen konstruiert, die als „physische Gewalt" und „psychische Gewalt" bezeichnet wurden (vgl. Tillmann u. a. 1999, S. 341f.).

4.2.1 Physische Gewalt

Im Alltagssprachgebrauch werden Sachverhalte als „Gewalt" bezeichnet, die sich – so Ergebnisse anderer Forschungskontexte - nicht zwingend unter die Rubriken „physisch" und „psychisch" subsumieren lassen. Schüler(innen) und Lehrer(innen) verstehen unter „Gewalt" etwas sehr unterschiedliches (vgl. Klewin/Popp 2000). Aus anderen Fallstudien ging hervor, dass Gewalt im Verständnis eines als aggressiv und unbeherrscht attribuierten Schülers einen ganz anderen Stellenwert besitzt, als etwa für eine Schülerin, die aufgrund einer körperlichen Behinderung häufig Opfer von Hänseleien war (vgl. Popp 1998). Die Assoziationen stehen in Abhängigkeit von bisherigen Interaktionen und der Art der persönlichen Betroffenheit, so dass es „die" Gewalt als eindeutiges Phänomen in den Erzählungen subjektiver Akteure nicht gibt.

Der bisherige Forschungsstand über selbst berichtete Gewalthandlungen deutet darauf hin, dass physische Gewalt unter Schülerinnen und Schüler nicht sehr häufig auftritt. Bei den physischen Gewalthandlungen steht die Prügelei an erster Stelle, 31% aller Schülerinnen und Schüler haben zugegeben, sich im vergangenen Schuljahr mindestens einmal mit einem anderen Mitschüler geschlagen zu haben. Vandalistische Handlungen berichten nur verhältnismäßig wenige Schülerinnen und Schüler von sich: Insgesamt gaben zwischen 12% und 18% von ihnen an, im Schulgebäude etwas absichtlich beschädigt oder Sachen von Mitschüler(inne)n absichtlich kaputtgemacht zu haben. Deutlich wurde aber auch, dass die „harten" Gewalthandlungen (Bedrohung, Waffenbesitz) nur von einer kleinen Minderheit häufig ausgeübt werden (vgl. Tillmann u. a. 1999, S. 97ff.).

Begriffliches Verständnis der Jungen und Mädchen
Um zu erfahren, welches Alltagsverständnis von Gewalt unsere Interviewpartner(innen) besitzen, formulierten wir eine offene Frage: Die Schüler(innen) wurden aufgefordert, von einem Erlebnis oder Ereignis an ihrer Schule zu erzählen, das sie persönlich als „Gewalt" bezeichnen würden. Im Zuge dieses offenen Gesprächseinstiegs favorisierten alle Schüler(innen) einen engen, auf körperliche Attacken begrenzten Gewaltbegriff, der der zuvor angesprochenen wissenschaftlichen Definition von physischer Gewalt entspricht. Drei Schüler(innen), Eiko, Rudi und Andrea[2] konnten sich nur an Erlebnisse außerhalb der Schule erinnern, die für sie persönlich das Etikett „Gewalt" verdienen. Im Rahmen dieses Begriffsverständnisses von physischer Gewalt verwiesen die Schüler(innen) auf sichtbare Zeichen der körperlichen Verletzung: Gewalt ist immer dann vorhanden, wenn jemand blutet, blaue Flecken oder herausgeschlagene Zähne hat.

„Also, ich denk, Gewalt, wenn man sich schlägt und dann ein blaues Auge danach hat oder so (...) oder blutende Nase (...) Ja, also ich hab mal einem den Helm (über den Kopf) gehauen, den Motor(rad)helm (...). Der ist dann ins Krankenhaus gekommen (...) Ich denke, wenn das in der Schule passiert wäre, dann wäre ich jetzt hier, glaub ich, nicht mehr auf der Schule. (Rudi 1998, H, S. 6f.)

I. „Was ist für dich denn eigentlich Gewalt, wo würdest du sagen, fängt das an?"

„Wenn sie so arg sich prügeln und die Zähne rausschlagen und ein blaues Auge, aber so schubsen oder so, finde ich, noch nicht Gewalt" (Andrea 1998, H, S. 7) „(In richtigen Gewaltsituationen) dann raufen die sich richtig gegen die Wand. Und beim Spielkampf, da lachen sie so auch, aber wenn es ernst ist, dann hat, tut der eine immer das Gesicht zerdrehen und so, also Grimassen machen und so. (...). Man sieht es schon, wenn (....) zwei

---

[2] In den präsentierten Interviewausschnitten wurden Auslassungen mit (...) gekennzeichnet. Erläuternde, für das Textverständnis unerlässliche Kommentare der Autorin wurden in Klammern gesetzt. In den Interviewzitaten wurde der Alltagssprachgebrauch der Jugendlichen und der Lehrkräfte aus Gründen der Authentizität weitgehend beibehalten, d.h. es erfolgte keine Übertragung und Korrektur ihrer Äußerungen in die hochdeutsche Schriftform. Für die Person der Interviewer(innen) steht im Text jeweils ein „I". Am Ende eines jeden Interviewzitats erfolgt neben der Angabe der Seitenzahl des Originaltranskriptes auch eine Abkürzung der besuchten Schulklasse: H = Hauptschulklasse, IGS = Klasse an der Integrierten Gesamtschule, GYM = Klasse am Gymnasium.

sich richtig (...), also richtig kämpfen, dann sieht man das doch" (Andrea 1998, H, S. 14).

Gewalt wird nicht nur begrifflich gegen „Spielkampf" abgegrenzt, sondern die Schüler(innen) meinen, die Situation eindeutig identifizieren und unterscheiden zu können, wo Spaß aufhört und „Gewalt" beginnt. Stefanie erweitert den physischen Gewaltbegriff um Bedrohungen.

„Ähm, jemanden zu schlagen oder ähm jemanden (...) so verprügeln, dass er blaue Flecken hat (...) oder was noch? Ähm, ja, jemanden bedrohen halt (...) das ist eigentlich Gewalt so" (Stefanie 1998, H, S. 4).

Auch bei Ismet werden Erpressungen und Bedrohungen mit dem Gewaltbegriff belegt. Er berichtet über die Erpressung und Bedrohung eines Mitschülers. Hier deutet ebenfalls alles darauf hin, dass unter „Gewalt" auch Verhaltensweisen im Vorfeld verstanden werden, die eine Schlägerei auslösen können.

„Also ich, ich weiß nicht, ich bin in (die) Schule gekommen (...) Dann waren zwei Jungs nicht mehr da (...). Der eine (...) Junge, der war auch bei uns in der Klasse, der hat von dem (anderen Mitschüler) Geld genommen (...). Ah ich hab gar nichts mitbekommen (...), ich hab nur so gehört. Und danach bin ich zu (dem) eine(n) Junge(n) gegangen, (und habe gefragt): ‚was ging (...) unten ab?' (...). Da hat er gemeint, ja, der (...) der andere Junge hat (ihn) gezwungen oder wollte (ihn) schlagen, (...) Geld abnehmen" (Ismet 1998, H, S. 10).

Aus den oben zusammengestellten Definitionen geht hervor, dass nicht alle der geschilderten Ereignisse im schulischen Kontext stattgefunden haben. Insbesondere aus der Äußerung von Rudi wird deutlich, dass seine als „Gewalt" definierte Handlung im schulischen Kontext nicht akzeptiert worden wäre. Alle Schüler(innen) vertreten die Ansicht, dass massive Gewalthandlungen im schulischen Bereich nicht vorkommen. Man treffe eher auf abgeschwächte Ausdrucksformen. So wird „Schubsen" und „blöd anmachen" als Gewalt gefasst, wenn diese Handlungen eine Prügelei provozieren und zur Folge haben (vgl. Mirko 1998, IGS, S. 5).

Sowohl in der Auffassung als auch bei den im Kontext von Gewalt geschilderten Vorfällen konnten keine geschlechtstypischen Unterschiede festgestellt werden. Jungen als auch Mädchen scheinen unter „Gewalt" primär die Androhung und Realisierung von körperlichen Attacken mit Verletzungsfolge zu verstehen. Aus den Äußerungen der Schülerinnen und Schüler lässt sich herauslesen, dass außerhalb der Schule mehr und massivere Gewalthandlungen stattfinden – diese Sicht deckt sich auch mit den Befunden von Böttger (vgl. 1997, S. 160ff.). Dieses Wissen um Schule als „geschützte Enklave" und pädagogisch kontrolliertem „Raum" wird in Kapitel 7 noch näher aufgegriffen.

Verbreitung physischer Gewalt nach Geschlecht, Schüler(innen)jahrgang und Schulform

Physische Gewalt, so die erziehungswissenschaftliche Definition, bezieht sich auf körperliche Schädigung sowie die Androhung dessen. Die Skala „Physische Gewalt" misst körperliche Gewalthandlungen gegen Personen und Gegenstände (z. B. Prügeleien und Beschädigung von Schuleigentum). Auch die Androhung körperlicher Attacken wurde unter die Rubrik „physische Gewalt" gefasst. Im folgenden werden die selbst berichteten Gewalthandlungen zunächst unter geschlechtstypischer Perspektive analysiert. Hier weisen die bisherigen bundesdeutschen Befunde darauf hin, dass Jungen daran wesentlich häufiger beteiligt sind als Mädchen (vgl. z. B.: Todt/ Busch 1994; Schubarth u. a. 1996; Fuchs u. a. 1996; Greszik u. a. 1995). Anschließend erfolgt eine nähere Betrachtung der Beteiligung von Mädchen und Jungen verschiedener Jahrgänge. Auch hier soll der bundesweit konstatierte Befund, dass es vor allem die 7. und 8. Schüler(innen)jahrgänge sind, in denen sich gewaltförmige Verhaltensweisen konzentrieren, noch einmal unter Berücksichtigung der Geschlechtszugehörigkeit überprüft werden: Sind auch Mädchen in den 8. Jahrgängen „gewaltbereiter" als ihre jüngeren und älteren Mitschülerinnen oder lässt sich die überproportionale Verbreitung physischer Gewalthandlungen in 7. und 8. Klassen darauf zurückführen, dass Jungen im Alter zwischen 12 und 14 Jahren besonders aggressiv sind? Da viele der vorliegenden Ergebnisse darauf verweisen, dass die Verbreitung gewaltförmiger Handlungen nach Schulformen variiert, erfolgt abschließend eine Prüfung nach drei ausgewählten Typen der hessischen Sekundarschulen. Auch für die schulformbezogene Analyse soll geprüft werden, ob die jeweils stärkere oder schwächere Belastung mit Schülergewalt sich auch in den Selbstreporten der Geschlechter an diesen Schulformen widerspiegelt.

Die große Mehrheit der Jugendlichen ist nicht an gewalttätigen Handlungen an der Schule beteiligt. Ein Blick auf die Verteilung zeigte allerdings bei allen aufgeführten physischen Gewalthandlungen eine signifikante Geschlechterdifferenz: Mädchen verhalten sich weitaus seltener physisch aggressiv als Jungen, ganz besonders krass sind die geschlechtstypischen Unterschiede im Bereich von Körperverletzung: 47% der Jungen, aber nur 15% der Mädchen haben sich im vergangenen Schuljahr mindestens alle paar Monate mit jemandem geprügelt, Jungen tun so etwas demnach drei Mal so häufig wie Mädchen. Dieses quantitative Verhältnis zwischen den Geschlechtern zeigt sich auch bei Waffenbesitz und Drohungen, wobei einzuräumen bleibt, dass solche Handlungen auch bei Jungen insgesamt recht selten vorkommen. Bei den verbleibenden physischen Gewalthandlungen (Vandalismus, gewaltsames Entwenden etc.) ist der Vorsprung der Jungen gegenüber Mädchen „nur" doppelt so hoch (ohne Abb., vgl. Tillmann u. a. 1999, S. 100). Im Bereich der „harten" Gewalthandlungen bestätigen die Daten somit den nunmehr hinlänglich bekannten Befund, dass es sich dabei vor allem um ein Jungenphänomen handelt. Dennoch sollte nicht außer acht gelassen werden, dass immerhin 15% aller Mädchen in Prügeleien involviert gewesen sind und dass 12% von ihnen angegeben haben, mindestens alle paar Monate einmal eine absichtliche Beschädigung von Schuleigentum vorgenommen zu haben.

Die Aufschlüsselung nach Geschlechtszugehörigkeit und Jahrgangsstufen (vgl. Tabelle 4.1) zeigt: Schülerinnen und Schüler des 8. Jahrgangs sind zum Teil erheblich stärker in physische Gewalthandlungen, insbesondere in Prügeleien und Erpressungssituationen verstrickt als die Sechstklässler und die älteren Schüler(innen) des 9. und 10. Jahrgangs. Vandalismus scheint eher eine Domäne der Älteren zu sein. Hier sind insbesondere die Jungen aus den 9. und 10. Jahrgänge in erheblich stärkerem Ausmaß als jüngere Schüler beteiligt. In allen Jahrgangsstufen zeigen sich erwartbare geschlechtstypische Unterschiede.

Tab. 4.1: Selbst berichtete physische Gewalt nach Geschlecht und Schüler(innen)jahrgang

In den letzten 12 Monaten habe ich mindestens alle paar Monate ...

Handlungen*	6. Jg. Jungen (n=577)	6. Jg. Mädchen (n=546)	8. Jg. Jungen (n=601)	8. Jg. Mädchen (n=598)	9./10. Jg. Jungen (n=581)	9./10. Jg. Mädchen (n=558)
mich mit einem (einer) anderen geprügelt	51,6%	18,2%	52%	16,2%	37%	8,8%
anderen gewaltsam etwas weggenommen	22,3%	12%	32,9%	15,5%	30,5%	9,9%
im Schulgebäude etwas absichtlich beschädigt	15,9%	7,1%	25%	16,4%	30,6%	11,3%
Schulsachen (Bücher, Stühle) absichtlich zerstört	11,6%	5,8%	20,7%	12,7%	25,7%	8,8%
mit anderen einen Jungen/ein Mädchen verprügelt	21,4%	9,8%	21,7%	8,8%	17,8%	4,5%
Sachen von anderen absichtlich kaputtgemacht	14,1%	7,3%	22,4%	9,2%	21,6%	5,9%
anderen aufgelauert, sie bedroht	14,7%	8%	18,8%	6,5%	14,3%	4,5%
Waffen mit in die Schule gebracht	11,7%	4,6%	20,3%	4,5%	18,8%	5%

* Items der Skala „Physische Gewalt", Reliabilität (Cronbachs Alpha) = .88

Interessant ist bei den Mädchen der Befund, dass die stärkste Beteiligung an Körperverletzung und Prügeleien bei den jüngsten Schülerinnen der 6. Jahrgänge zu verzeichnen sind. Gewalt gegen Sachen und Schuleigentum ist bei Jungen wie Mädchen der 8. Jahrgangsstufen am häufigsten. Bei den ältesten Mädchen der Stichprobe (9./10. Klasse) reduziert sich die Beteiligung bei fast allen der angeführten körperlichen Gewalthandlungen erheblich, während die Beteiligung an körperlichen Gewalthandlungen bei Jungen zwischen dem 8. und dem 10. Jahrgängen in der Höhe der Ausprägung nahezu konstant bleibt.Mit diesem Ergebnis widersprechen die vorliegenden Daten dem Forschungsbefund, alle physischen Gewalthandlungen würden mit zunehmenden Alter der Schüler(innen) rückläufig sein. Dieses Ergebnis stimmt insofern nur zum Teil, da die rückläufigen Beteiligungsquoten bei physischer Gewalt insbesondere auf einen Rückgang dieser Handlungen bei Mädchen zurückzuführen sind. Dieser Befund ließe sich damit erklären, dass Mädchen durch die eher einsetzende physiologische, psychische und emotionale Reife eine zunehmende Distanz gegenüber körperlich ausgetragenen Konflikten entwickeln und ihnen verbale Mittel opportuner erscheinen. Weitere Erklärungsmöglichkeiten könnten in der zunehmenden Internalisierung sozialer Erwartungen bestehen, die mit dem weiblichen Geschlechterkonzept einhergehen. Die zitierten Studien über weibliche Adoleszenzverläufe haben gezeigt, dass die auf stereotyp weibliches Verhalten bezogenen Konstruktionsprozesse das subjektive Verhaltensspektrum von Mädchen einschränken.

Betrachtet man die Beteiligung an physischen Gewalthandlungen nach Schulform und Geschlechtszugehörigkeit, zeigt sich zum einen, dass Schüler(innen) im Gymnasium deutlich weniger körperliche Gewalt verüben als Schüler(innen) in den anderen Schulformen. Gymnasiast(inn)en scheinen sich auch seltener als Jugendliche an den anderen Schulformen zu bewaffnen und Schuleigentum zu beschädigen. In besonders auffälliger und dramatischer Weise häufen sich physische Gewalthandlungen an den Sonderschulen (vgl. Tillmann u. a. 1999, S. 102f.). Die folgenden Darstellungen werden auf drei ausgewählte Schulformen reduziert.

Die geschlechtstypische Verteilung der Gewalthandlungen nach Schulform zeigt, dass auch Mädchen an Sonderschulen häufig physische Gewalt anwenden. Immerhin 45% aller Mädchen an Sonderschulen hat sich im Verlauf des vergangenen Schuljahres mit jemanden ernsthaft geprügelt, über 30% der Sonderschülerinnen haben Mitschüler(inne)n mindestens alle paar Monate etwas mit Gewalt weggenommen. Die Diskrepanz zwischen Gymnasiastinnen und Sonderschülerinnen an der Beteiligung physischer Gewalthandlungen ist erheblich größer als die zwischen den entsprechenden männlichen Schülern.

Tab. 4.2: Selbstberichtete physische Gewalt nach Geschlecht und ausgewählter Schulform

In den letzten 12 Monaten habe ich mindestens alle paar Monate ...

Handlungen	SfL		IGS		Gym	
	Jungen (n=66)	*Mädchen (n=49)*	Jungen (n=318)	*Mädchen (n=352)*	Jungen (n=439)	*Mädchen (n=447)*
mich mit einem (einer) anderen geprügelt	67,7%	*44,9%*	50,3%	*11,9%*	40%	*8,1%*
anderen gewaltsam etwas weggenommen	29,7%	*31,4%*	29,2%	*16,4%*	21,7%	*7,2%*
im Schulgebäude etwas absichtlich beschädigt	37,8	*24,5%*	30,9%	*12,5%*	15,8%	*9,2%*
Schulsachen (Bücher, Stühle) absichtlich zerstört	26,9%	*18,4%*	21,2%	*9,1%*	15,4%	*7,2%*
mit anderen einen Jungen/ein Mädchen verprügelt	66,3%	*23,3%*	23,6%	*8%*	11,2%	*2%*
Sachen von anderen absichtlich kaputtgemacht	27,3%	*20,4%*	23,9%	*7,4%*	8,9%	*4%*
anderen aufgelauert, sie bedroht	34,8%	*26,5%*	21,3%	*6,5%*	8,4%	*1,8%*
Waffen mit in die Schule gebracht	30,9%	*16%*	20,2%	*6%*	10,9%	*2%*

Aber auch beim direkten geschlechtstypischen Vergleich sind die Unterschiede zwischen Jungen und Mädchen im Gymnasium erheblich – die männlichen Gymnasiasten verüben drei- bis fünfmal so viel körperliche Gewalt wie die Mädchen. An den Sonderschulen dagegen betragen die geschlechtstypischen Unterschiede etwa beim Beschädigen von Schulsachen und Bedrohungen weniger als zehn Prozentpunkte. An den Integrierten Gesamtschulen ist die Geschlechterdiskrepanz in Hinblick auf physische Gewalthandlungen nicht so gravierend wie am Gymnasium. Mit Vorsicht ließe sich behaupten, dass die Annäherung der Geschlechter bezüglich körperlicher Gewalthandlungen an den Sonderschulen am größten ist – dieses Phänomen wird bei der Betrachtung von Sozialisationsprozessen männlicher und weiblicher „Gewalttäter" noch einmal aufgegriffen.

Anhand der vorliegenden Daten ließe sich die Vermutung äußern, dass die bundesweit übereinstimmenden schulformbezogenen Resultate, nach denen es an Gymnasien signifikant weniger körperliche Gewalt gibt als an den anderen Sekundarschulen, mit auf das Verhalten der Mädchen zurückzuführen sind. Die geringe Beteiligung der Gymnasiastinnen an Gewalthandlungen sowie deren gleichzeitige Überrepräsentanz an dieser Schulform, dürfte mit ein Grund dafür sein, dass das Gewaltniveau am Gymnasium insgesamt niedrig ist.

4.2.2 Psychische Gewalt

Mit dem Einbezug psychischer Gewalthandlungen wird das erziehungswissenschaftliche Verständnis von „Gewalt" an Schulen erweitert. Das Spektrum der Handlungen und verbalen Attacken, die psychische Schäden verursachen, reicht von emotionaler Erpressung über Ausgrenzung bis hin zu Beleidigungen. Psychische Gewalt ist im Schulalltag verbreiteter als physische Gewalthandlungen. Der bisherige Forschungsstand deutet darauf hin, dass über die Hälfte aller Schüler(innen) im Berichtszeitraum eines Schuljahres angegeben haben, solche Handlungen ausgeführt zu haben. Dabei zeigten sich keine nennenswerten Schulformdifferenzen: Hänseleien, Beleidigungen und Schimpfwortattacken kommen offensichtlich an Sonderschulen ebenso vor wie an Gymnasien. In den bisherigen Forschungszusammenhängen konnten altersspezifische Differenzen festgestellt werden: Psychische Gewalt nimmt mit steigendem Alter zu. Was psychische Gewalt von Jungen und Mädchen angeht, wurde darauf verwiesen, dass Mädchen hierbei aktiver sind als bei körperlichen Gewalthandlungen.

Psychische Gewalt ist durch die Erweiterung in nicht unmittelbar sicht- und wahrnehmbare Handlungen interpretationsbedürftiger als physische Gewalt. Unter einer „Prügelei" kann man sich eine konkrete Handlung vorstellen; ein „blaues Auge" oder eine blutende Nase sind, wie aus den Interviews hervorging, kaum zu übersehen. Wann jedoch und in welchem Kontext haben Hänseleien den Charakter von verbaler Gewalt? Welche Bedingungen müssen erfüllt sein, damit derartige Handlungen den Status von „Gewalt" erhalten? Im folgenden geht es zunächst wieder um die mit Hilfe der qualitativen Interviews gewonnenen subjektiven Deutungen. Dabei wird gefragt, ob und wie die Jugendlichen psychische Gewalt wahrnehmen. Um psychische Gewalthandlungen begrifflich zu konkretisieren, wurden die Jugendlichen nach der Bedeutung von Schimpfworten gefragt.

Wahrnehmung und Beurteilung von psychischer Gewalt
Ein erster Befund ist, dass keine(r) der Schüler(innen) von sich aus mit „Gewalt" psychische oder verbale Attacken assoziierte. Daher wurde in den Interviews zu diesem Punkt im Rahmen der spezifischen Sondierung nachgefragt. Die Nachfrage bezog sich sinngemäß auf die Möglichkeit des verletzenden Charakters verbaler Attacken, kurz: Die Schüler(innen) sollten beurteilen, ob Worte einen verletzenden Charakter haben können – dabei wurde eine allzu schnelle Fixierung auf „psychische Gewalt" vermieden. Erst am Ende der Erzählsequenz wurden die Schüler(innen) gebeten, darüber nachzudenken, ob derartige Verhaltensweisen „Gewalt" sind oder nicht. Bei der Beurteilung dieser Frage traten massive Unterschiede zwi-

schen den Schüler(inne)n der verschiedenen Schulformen auf. Mädchen haben die Schilderungen von psychischen Gewalthandlungen breiter thematisiert und mit ausführlicheren Beispielen versehen als Jungen.[3] Andrea aus der 9. Hauptschulklasse definiert verbale Attacken und Beleidigungen explizit nicht als Gewalt. Ingrid aus der Integrierten Gesamtschule ist der gleichen Meinung. Obgleich sie den verletzenden Charakter von Worten hervorhebt, möchte sie solche Interaktionen nicht als „Gewalt" bezeichnet wissen, denn „unter Gewalt versteh ich, geprügelt zu werden" (Ingrid 1998, IGS, S. 9). Stefanie versucht, den prozessualen Verlauf von Gewalt darzustellen. Zwar ist sie bei der Einschätzung, ob und inwiefern böse Worte „Gewalt" sein könnten, unsicher, aber nach ihrer Meinung könnten durch verbale Attacken Gewalthandlungen initiiert werden.

„Man kann sagen, es tut schon weh (...), wenn man beschimpft wird mit (...) Worten (...) Wenn man nämlich mit (...) Wörtern beschimpft wird, fängt es schon mal an, ‚ähm, den mach ich irgendwie fertig' und so halt. Und dann irgendwann geht halt auch irgendwie die Gewalt los. Ich würde sagen, das ist der Anfang von der Gewalt so" (Stefanie 1998, H, S. 5).

Zwei Jungen definierten verbale Attacken dann als Gewalt, wenn es sich um sexualisierte Beleidigungen von Familienangehörigen handelt. Ambivalent ist die Position von Jennifer (vgl. 1998, IGS, S. 10). Obgleich ihr persönlich verbale Attacken viel näher gehen als körperliche Gewalthandlungen definiert sie psychische Verletzungen nicht als Gewalt. Die Schüler(innen) der 9. Gymnasialklasse berichten übereinstimmend von der Bedeutung verbaler Gewalt sowie der Intensität und zeitlichen Dauer seelischer Qualen in dessen Folge. Christine betont, dass psychische Gewalt im Gegensatz zu körperlicher Gewalt nachhaltiger wirkt.

„Für die Seele ist es Gewalt, ja, auf jeden Fall, weil ich denke, das sitzt dann schon ganz tief drin, und ich denke mal, das vergisst man auch nie, auch wenn man schon aus der Schule draußen ist. Daran erinnert man sich wahrscheinlich noch als alte Oma oder Opa dran" (Christine 1998, GYM, S. 14).

Aus den Äußerungen geht hervor, dass bei dem Alltagsverständnis von psychischer Gewalt primär das Selbstwertgefühl im Zentrum des Angriffs steht. Dies erklärt auch wiederum den weniger punktuellen Charakter psychischer Gewalthandlungen und die schlechteren „Heilungschancen". Clarissa macht, wie die Schülerin zuvor, auch Wirkungen und Folgen psychischer Gewalt deutlich. Nicht nur aus Angst vor körperlichen Übergriffen würden die betroffenen Schüler(innen) den Schulbesuch fürchten, sondern

---

[3] Selbstkritisch sollte an dieser Stelle auf die Interviewsituation hingewiesen werden. Im Rahmen der Interviewauswertung stellte sich im Proze der konsensuellen Kodierens heraus, dass vereinzelt mit den Mädchen intensiver über psychische Gewalthandlungen diskutiert wurde als mit den Jungen.

auch wiederholte oder langandauernde Erfahrungen psychischer Schikanen sind dafür als Ursache zu benennen. Der im folgenden Interviewausschnitt thematisierte Sachverhalt berührt die Problematik des Mobbings – einer Form von Gewalt über einen längeren Zeitraum hinweg (vgl. Olweus 1996).

„Ja, ich denke, dass Worte teilweise da gegenüber viel mehr treffen können als irgendwelche Schläge, weil Schläge, das mag eine Wunde geben, die verheilt wieder. Aber wenn man verbal jemanden angreift, das kann einen schon ziemlich verletzen. Und das sind dann halt Wunden, die nicht so schnell heilen. Und dass man sich dann da ängstlich fühlt (...) und nicht akzeptiert und dass man irgendwie keine Lust mehr hat, in die Schule zu gehen oder abends auszugehen, weil man sich denkt, ja, vielleicht sagt der das ja wieder zu mir und dass man dann halt ganz schüchtern und verschlossen wird (...) Ja, also ich denke, dass psychische Gewalt sehr viel schlimmer ist und sehr viel tiefere Folgen und Wunden verursachen kann" (Clarissa 1998, GYM, S. 23f.).

Der 15jährige Onur ist der Meinung, viel sei von der eigenen Situationsdefinition abhängig, ob bestimmte Anmachen als Gewalt empfunden werden oder nicht. Er erzählt, sowohl von Lehrkräften als auch von Schüler(inne)n würde man zuweilen etikettiert und bei falschen Unterrichtsbeiträgen als „dumm" attribuiert. Wenn man so etwas ernstnähme, sei die vorausgegangene Handlung als Gewalt zu bezeichnen, wenn nicht, handele es sich um Spaß.

„Wenn man mal was Dummes gesagt hat oder so, was nicht da zum Thema gehört, da wird man schon so diskriminiert oder bist du blöd (...), was machst du denn jetzt schon wieder oder wird man irgendwie so ausgestoßen. Ich weiß nicht (...). Wenn man mit lacht, (...) ist es gleich wieder vorbei, aber wenn man nicht mit lacht, es so richtig ernst nimmt für sich selber, dann wird man noch mehr diskriminiert" (Onur 1998, GYM, S. 10).

Im Vergleich des Gesagten von Mädchen und Jungen zeigen sich Gemeinsamkeiten in der Art der Auffassung und im subjektiven Verständnis von Gewalt. Insgesamt bringen die Schüler(innen)interviews zum Ausdruck, dass körperliche Attacken unstrittig das Etikett „Gewalt" verdienen. Die Bedeutung psychischer Gewalt wird als Anlass oder Provokation für physische Gewalthandlungen registriert. Dass die Schüler(innen) der Hauptschulklasse und der Gesamtschulklasse ein engeres Begriffsverständnis von Gewalt besitzen, mag auch daran liegen, dass sie in der Realität intensiver mit körperlichen Angriffen konfrontiert werden. Als ein zentraler Befund der qualitativen Interviews hinsichtlich der begrifflichen Einordnung von „Schülergewalt" sind schulformbezogene Unterschiede zu nennen. Sowohl Schüler als auch Schülerinnen der Hauptschulklasse favorisieren eine enge Gewaltdefinition, die sich auf die körperlichen Ausdrucksformen von Gewalt und auch auf sichtbare Handlungsfolgen (blaue Flecken, Bluten) beschränkt. Bei den Schüler(inne)n der Integrierten Gesamtschule ließen sich keine eindeutigen Muster erkennen. Die Schüler(innen) der hier einbezogenen Gymnasialklasse gehen reflektierter mit dem Gewaltbegriff um. Psychische Gewalt scheint im begrifflichen Verständnis über singuläre Hänseleien und Beleidigungen weit hinauszuweisen. Was die zur Erfassung der Selbstreporte eingesetzte Skala „psychische Gewalt" misst (vgl. Tab. 4.3), würde von Schüler(inne)n voraussichtlich nur unter bestimmten Voraussetzungen als „Gewalt" empfunden werden können.

Welche Bedeutung haben Schimpfworte in der Interaktion zwischen Schüler(innen)? Die im Rahmen der Schulfallstudien interviewten Lehrkräfte vertreten übereinstimmend die Meinung, es handele sich bei beleidigenden Umgangsformen und abwertenden Bemerkungen um psychische Gewalt (vgl. Klewin/Popp 2000). Obgleich die Schüler(innen) nicht von sich aus auf psychische Gewalt eingingen, spielten Stellungnahmen zum verletzenden Charakter gegenseitiger Beschimpfungen und Beleidigungen in den Interviews eine bedeutsame Rolle. Wir fragten Schüler(innen) daher ausführlicher nach Bedeutung und Beurteilung von Schimpfworten. Aus schriftlichen Befragungen geht hervor, dass Hänseleien, beleidigende, entwürdigende Attacken, Zeichen und Gesten zu den am häufigsten im Schulalltag anzutreffenden Ausdrucksformen psychischer Gewalt gehören (vgl. z. B. Tillmann u. a. 1999, S. 103ff., Forschungsgruppe Schulevaluation 1998, S. 92).

Die Schüler(innen) scheinen über ein sehr „differenziertes" Vokabular zu verfügen. Sie sondieren in der Situation, welche Schimpfworte als „Gewalt" gewertet werden und möglicherweise physische Übergriffe nach sich ziehen und welche Schimpfworte zum „normalen Umgangston" gehören. In der Tat werden isoliert vorgebrachte verbale Attacken und Schimpfworte von vielen Schüler(inne)n nicht sonderlich ernst genommen, sie sind vielmehr Bestandteil täglicher Kommunikation. Die Schüler(innen) wissen, dass ihre Lehrkräfte empfindlich auf entwürdigende, herabsetzende Ansprachen reagieren und mit institutionellen Machtmitteln drohen. Auf die Frage nach dem Umgangston in der Lerngruppe, wurde folgendermaßen geantwortet:

„Wir beschimpfen uns eigentlich die ganze Zeit, aber es ist eigentlich nur aus Spaß, aber unsere Lehrerin sieht (...) das anders. Sie hat uns schon mal Strafarbeiten aufgegeben (...) Oder immer dieses Wort dazwischen (...) Da haben wir auch (einen) Lehrer, der hat gesagt, wenn das noch mal jemand sagt, dann gibt es eine Strafarbeit oder so. Und da müssen wir uns also das verkneifen" (Alexander 1998, IGS, S. 11).

Der Gebrauch von Schimpfworten in moderater Weise ...

„Das ist Umgangssprache (...) das ist immer so, man redet sich immer so an (...) Das nimmt man auch keinem übel, wenn man sagt, man (...) be-

schimpft sich eigentlich ständig (...) oder oft, aber wenn man es nicht übertreibt, dann (...) nehmen die es einem nicht übel. (...) Man macht sich auch mal richtig an, wenn man irgendwie sauer ist. (...). Den Lehrer schimpft man nicht an, aber ich meine, man gibt ihm auch manchmal sprachlich zu verstehen, dass man nichts von ihm hält (...) Und unter Schülern, da ist das normal, wenn man sagt ‚du Arschloch' (...). Deswegen kriegen ja viele mit den Eltern Ärger, (...) weil die nicht wissen, wie sie mit den Eltern reden sollen. Ich auch. Na gut, ich schimpfe sie nicht an, aber ist Umgangssprache. Es regt sich keiner mehr auf drüber (...). (Und wichtig ist) der Tonfall. Nur Tonfall, das reicht schon" (Thomas 1998, GYM, S. 20f.).

Mit dem Verweis auf die Intonation verbaler Mitteilungen scheinen die Schüler(innen) sehr sensibel die Bedeutung des Gesagten zu registrieren. Der soziale Kontext, in dem die Beleidigung geäußert wird, dürfte ebenfalls relevant sein.

Die Mädchen scheinen in ähnlicher Weise miteinander umzugehen wie die Jungen. So antwortet Christine auf die Frage nach dem Umgangston zwischen den Mädchen ihrer Lerngruppe:

„Gesittet (...) Na ja, vielleicht mal ‚dumme Fotze' oder so, aber mehr halt wirklich nicht" (Christine 1998, GYM, S. 21).

Die Schüler(innen)interviews aus unserer Studie deuten darauf hin, dass Schimpfworte zum Alltag der interviewten Schüler(innen) zu gehören scheinen und an den einbezogenen Klassen der unterschiedlichen Schulformen in ähnlicher Weise formuliert werden. Auch hierbei zeigen sich kaum Unterschiede im Sprachgebrauch zwischen Mädchen und Jungen. Bestimmte Schimpfworte gelten als harmlos und andere als massiv beleidigend. Sexuell anzügliche Bemerkungen eskalieren bei Jungen schnell zu physischen Gewalthandlungen. So versucht Ismet sein aggressives Verhalten bei bestimmten Beleidigungen damit zu legitimieren, dass sexuell anzügliche Bemerkungen gegenüber der Mutter und der Schwester von Moslems nicht akzeptiert werden könnten, dass es sich hierbei um eine massive Verletzung seiner religiösen Wertvorstellungen handele, die ihn zum Zuschlagen nötige.

„Hurensohn, das ist das letzte und dann ist Schluss bei mir (...) Wenn jemand Hurensohn sagt, ich ich, ich flipp einfach so aus (...) Ja, ich weiß nicht, ich kann mich nicht kontrollieren" (Ismet 1998, H, S. 16). *Noch hat keiner mir Hurensohn oder so was gesagt. Und also ich will auch nicht unbedingt, dass jemand zu mir Hurensohn sagt (...) Seit drei, vier Jahren hab ich überhaupt keine Schlägerei gemacht. Ist schon lange her. Mal kurz eine Ohrfeige oder so, das war es, sonst nicht"* (Ismet 1998, H, S. 24).

Aber auch bei Jungen deutscher Herkunft scheint mit dem Begriff „Hurensohn" die Grenze zwischen psychischer und physischer Gewalt überschritten zu werden (vgl. Eiko 1998, IGS, S. 7, S. 11). Der Gebrauch und die Bedeutung von Schimpfworten scheint immens von der Person des Adressaten und Empfängers abhängig zu sein. Die Schüler(innen) setzen Grenzen dahingehend, wer ihnen Schimpfworte sagen darf und wer nicht. Verbale Mittel werden also auch eingesetzt, um Sympathien und Antipathien zum Ausdruck zu bringen. Freunden gegenüber nimmt man Schimpfworte weniger übel.

„Also, es ist so, wenn ich mich mit (Christine) unterhalte, dann ist es halt so, dass wir nicht so unsere Wörter genau auswählen oder so, sondern dann reden wir einfach drauf los. Und dann, was weiß ich, aus Spaß kommt dann auch schon mal ‚du blöde Kuh, halt's Maul' oder so. Das ist aber nicht böse gemeint. (...) Nur ich denke auch, es kommt drauf an, wer sich das sagt (...). Nur wenn jemand Wildfremdes, der mich absolut nicht kennt, zu mir Schlampe sagt, ja, dann werde ich schon ziemlich fuchtig, muss ich sagen" (Clarissa 1998, GYM, S. 31).

Am Umgang mit und Selbstverständnis von Schimpfworten scheint sich ein Generationenkonflikt abzuzeichnen. An anderer Stelle konnte gezeigt werden, dass Lehrkräfte auf Schimpfworte in ihren Lerngruppen sehr sensibel reagieren. Sie erleben den Umgangston als Respektlosigkeit und betrachten beleidigende Attacken als verbale Gewalt. Lehrer(innen) erwarten von ihren Schüler(inne)n, höflich und sozial angemessen miteinander zu kommunizieren, was von den Jugendlichen als befremdlich empfunden wird und Unverständnis hervorruft. Die Schüler(innen) empfinden auch die von Lehrkräften deswegen ausgesprochenen Sanktionen als unangemessen (vgl. Klewin/Popp 2000).

Verbreitung psychischer Gewalt nach Geschlecht, Schüler(innen)jahrgang und Schulform
Bewusstes „Ärgern" anderer Mitschüler(innen) und Lehrkräfte, Beleidigungen, Hänseleien und Provokationen gehören zu den Items der Skala „Psychische Gewalt". Die Ergebnisse der selbstberichteten Handlungen bestätigen die weite Verbreitung psychischer Ausdrucksformen von Gewalt insgesamt. Im Unterschied zur körperlichen Gewalt sind Mädchen an psychischen Übergriffen deutlich häufiger beteiligt. Der Mädchenanteil dominiert bei psychischen Attacken und Provokationen zwar nie den Anteil der Jungen, der Abstand zwischen den Geschlechtern ist jedoch deutlich geringer als bei physischer Gewalt. Obgleich die Geschlechtsunterschiede bei allen Items der Skala „Psychische Gewalt" statistisch signifikant sind (ohne Abb., vgl. Tillmann u. a. 1999, S. 105), lässt sich aufgrund der geschlechtstypischen Beteiligungsmuster nicht wie bei der physischen Gewalt der Schluss ziehen, Gewalt sei ein Jungenphänomen. Vielmehr sind bei psychischer Gewalt auch die Mädchen in erheblichem Maße beteiligt.

Tab. 4.3: Selbst berichtete psychische Gewalt nach Geschlecht und Schüler(innen)jahrgang
In den letzten 12 Monaten habe ich mindestens alle paar Monate ...

Handlungen*	6. Jg.		8. Jg.		9./10. Jg.	
	Jungen (n=580)	Mädchen (n=547)	Jungen (n=604)	Mädchen (n=598)	Jungen (n=584)	Mädchen (n=558)
andere Schüler gehänselt	49,6%	26,1%	68,0%	57,7%	71,2%	59,8%
mit gemeinen Ausdrücken beschimpft	58,3%	40,2%	65,1%	50,1%	66,8%	42,3%
andere im Unterricht geärgert	46,5%	25,9%	64,9%	51,6%	67,7%	51,8%
andere mit Sachen beworfen	33,6%	21,0%	52,5%	41,6%	56,3%	34,4%
einen Lehrer geärgert	26,7%	24,3%	42,4%	33,1%	51,0%	36,1%

Items der Skala „Psychische Gewalt", Reliabilität (Cronbachs Alpha) = .81

Allgemein deuten die Daten darauf hin, dass psychische Gewalthandlungen mit steigendem Alter der Schüler(innen) häufiger auftreten – es vollzieht sich demnach in der Schülerschaft eine Entwicklung in den Strategien der Konfliktbewältigung vom Zuschlagen hin zur psychischen Abwertung mit verbalen Mitteln. Während in den 6. Jahrgängen knapp 50% der Jungen und ein gutes Viertel der Mädchen von sich behauptet haben, andere im befragten Zeitraum mindestens alle paar Monate gehänselt zu haben, sind es im 9. und 10. Jahrgang fast 60% aller Mädchen und über 70% aller Jungen. Im Zuge der Sekundarstufe I scheinen derartige Handlungen zunehmend in den Alltag integriert und selbstverständlich zu werden. Beim Gebrauch von Schimpfworten und beim „Sachenwerfen" scheinen sich die Mädchen der höheren Jahrgänge im Vergleich zu den Jungen stärker zurückzuhalten – die Geschlechterdiskrepanz fällt bei diesen Items besonders ins Gewicht.

Bei der Betrachtung des Auftretens psychischer Gewalt entlang der besuchten Schulform gibt es längst nicht so starke Differenzen wie bei den physischen Gewalthandlungen. Vielmehr finden sich psychische Attacken in allen Schulformen etwa gleich oft, dabei wurden Hänseleien am häufigsten berichtet. Auch bei Handlungen, die darauf abzielen, andere zu ärgern, stehen Gymnasiasten und Gesamtschüler noch vor ihren altersgleichen Mitschülern an Sonder-, Haupt- und Realschulen. Lediglich „Lehrer ärgern" scheint eine Verhaltensweise zu sein, die von männlichen und weiblichen Sonderschülern besonders ausgiebig praktiziert wird. Beim Schikanieren von Mitschülerinnen und Mitschülern erweisen sich Gesamtschüler(innen) nicht gerade als zimperlich. Sonderschüler(innen) provozieren ihre Lehrkräfte häufiger als die Jugendlichen an anderen Schulformen. Insgesamt zeigen diese Ergebnisse die immense Verbreitung derartiger Verhaltensweisen im Alltag aller Schulformen.

Tab. 4.4: Selbst berichtete psychische Gewalt nach Geschlecht und ausgewählter Schulform

In den letzten 12 Monaten habe ich mindestens alle paar Monate ...

Handlungen	SfL Jungen (n=66)	SfL Mädchen (n=49)	IGS Jungen (n=318)	IGS Mädchen (n=353)	Gym Jungen (n=440)	Gym Mädchen (n=446)
andere Schüler gehänselt	60,6%	55,1%	58,3%	51,8%	67,0%	50,2%
andere mit gemeinen Ausdrücken beschimpft	62,7%	52,9%	64,8%	50,4%	62,1%	25,1%
andere im Unterricht geärgert	55,2%	40,8%	59,7%	49,0%	61,1%	39,2%
andere mit Sachen beworfen	52,2%	41,7%	51,1%	39,2%	39,9%	26,3%
einen Lehrer geärgert	48,5%	42,0%	43,9%	24,3%	28,9%	23,7%

Bei der nach Geschlecht differenzierten Betrachtung wird aber auch deutlich, dass es an den Gymnasien vorrangig die männlichen Schüler sind, die ihre Mitschüler(innen) schikanieren und das Niveau der Gewaltbelastung dieser Schulform in die Höhe treiben. Anzunehmen ist, dass diese Form der Gewalt dem gymnasialen Habitus eher entspricht als physische Gewalt. Männliche Gymnasiasten erreichen in der schulformspezifischen Analyse sogar „Spitzenwerte" beim Hänseln und Ärgern ihrer Mitschüler(innen). An allen Schulformen weisen Jungen auch bei psychischen Attacken stärkere Beteiligungsquoten auf als Mädchen. Welche Erklärungsmöglichkeiten gibt es dafür? Verliert die Demonstration männlicher Überlegenheit ihre überzeugende Wirkung angesichts der besseren Noten und Schulabschlüsse der Mädchen? Geraten Jungen in die Situation, angesichts der Herausforderung und Überlegenheit der Mädchen mit Mobbing und psychischen Gewaltattacken zu reagieren? Stellt dies ein Versuch dar, sich durch Abwertung der Mädchen symbolisch zu erhöhen, Überlegenheit entgegen realer Verhältnisse demonstrieren zu wollen? In den qualitativen Interviews wird der Frage nachgegangen, ob und in welcher Weise in den Lerngruppen Konflikte und Konkurrenzen – insbesondere im Leistungsbereich – thematisiert und ausgetragen werden, und ob dies nach Geschlecht und Schulform variiert.

Konkurrenz als Auslöser psychischer Gewalt
In der Tat weisen die Interviews der qualitativen Schulfallstudien darauf hin, dass Konkurrenz im Leistungsbereich ein Auslöser für psychische Gewalt sein kann und es zeigt sich auch ein unterschiedlicher Umgang mit der Konkurrenzthematik an den in die Analyse einbezogenen Schulen der verschiedenen Schulformen: In der Hauptschulklasse werden Schüler(innen) aufgrund von Noten und Konkurrenzen im Leistungsbereich gar nicht er-

wähnt. In der 9. Gesamtschulklasse existiert eine leistungsstarke und eine leistungsschwache Gruppe. Während die leistungsschwächeren Schüler(innen) der Klasse dem Schulbesuch und den leistungsbezogenen Anforderungen gegenüber gleichgültig eingestellt sind, werden Einzelne der leistungsstarken Schüler(innen) als „Streber" bezeichnet und ausgegrenzt (vgl. Ingrid 1998, IGS, S. 4f.).

Von den Schüler(inne)n der 9. Klasse des Gymnasiums dagegen wurden (von einer Ausnahme abgesehen) leistungsbezogene Probleme, psychische Gewalt und Konkurrenz breit thematisiert. Ein Junge meinte, er würde sich an den Lehrer wenden, wenn er sich ungerecht behandelt fühle, ein Mädchen beschwert sich darüber, von anderen als arrogant wahrgenommen zu werden. Ein weiterer Schüler beklagt sich über massive Konkurrenzkämpfe, die darin bestehen, dass in der Lerngruppe ein Zwang herrsche, anderen über die Noten und Fehler Auskunft geben zu müssen. Die Lehrkräfte würden mit der Situation so umgehen, dass sie die Noten erst am Ende der Stunde bekannt geben, um diesbezügliche Unruhen zu vermeiden.

„Ja, in der Klasse, wenn jemand eine bessere Note hat, fragt er gleich den anderen, ob er eine, was für eine Note er hat. Und wenn er dann eine schlechtere Note hat, sagt er, ja, ich hab diese Note, prahlt er mit der Note. Gibt schon Konkurrenzen, da wird schon über die Note geredet gleich nach der Arbeit. Sagt der, ich hab hier die Fehler und da die Fehler. Wird schon sehr groß Konkurrenz gemacht (...). (Dann) ist ein großes Tohuwabohu, (...) steht man auf, geht man zum anderen. Ja, was für eine Note hast du denn? Zeig mal deine Note, will man die beste Note der Klasse haben oder so. Die einzige Zwei oder die einzige Eins oder so, also gibt es schon große Konkurrenz" (Onur 1998, GYM, S. 1f.).

Ein Junge nennt auch aus seiner Sicht die Gründe für die leistungsbezogenen Konkurrenzen:

„Ja, das ist das, also in meiner (jetzigen) Klasse nicht, aber ich war ja schon in anderen Klassen (am Gymnasium) (...). Es gibt Leute, die sich die Noten von anderen mitschreiben (...) dass sie wissen, wer welche Noten hat. Das gibt es schon (...). Ich denke mir, das sind so, so Leute, (...) die besser sein wollen als die anderen, die es den anderen so zeigen wollen oder so Leute, die kein gutes Selbstvertrauen haben oder vielleicht gute Noten brauchen, um im Klassenverband standzuhalten. Meistens sind es Leute (...), die im Klassenverband nicht so gut zurechtkommen" (Thomas 1998, GYM, S. 1f.).

Ein direkter Zusammenhang zwischen Geschlecht, psychischen Gewalthandlungen und konkurrenzbezogenen Interaktionen in der Gymnasialklasse ließ sich nicht finden. Aus den Interviews ging nicht hervor, dass Jungen sich Mädchen gegenüber profilieren müssten und diese psychisch herabsetzen würden. Vielmehr deuten die Interviews auf Übereinstimmungen mit

Befunden zum Verhältnis von Leistung und Schulerfolg hin (vgl. Arbeitsgruppe Schulforschung 1980; Hurrelmann/Wolf 1986): In Lerngruppen (oder Kursen), in denen die Leistungsthematik für die Schüler(innen) einen zentralen Stellenwert hat, kommt es eher zu Konkurrenzen und Beschwerden, aber auch kritischen Einwänden gegen die Notengebung, als in Schulformen, deren Abschlusszertifikate einen geringeren Stellenwert besitzen.

4.2.3 Geschlechtstypische Ausdrucks- und Beteiligungsformen aus der Sicht subjektiver Akteure

Die schriftlich erhobenen Daten der Selbstreporte wiesen insgesamt auf eine Geschlechterdiskrepanz bei der Beteiligung der Jungen und Mädchen an schulbezogenen Gewalthandlungen hin. Jedoch sind diese Differenzen bei der Beteiligung an psychischer Gewalt nicht so gravierend wie im Bereich der körperlichen Gewalthandlungen. Die quantitativ erhobenen Daten geben jedoch keine Auskunft darüber, in welcher Weise und Intensität Mädchen in Konflikthandlungen involviert sind und welche „Rolle" sie dabei spielen. Mit Hilfe der problemzentrierten Interviews sollten diese Aspekte ergänzt und um subjektive Interpretationen und Erklärungszusammenhänge bereichert werden. Um die narrative Phase der interviewten Schüler(innen) und Lehrer(innen) zu stimulieren, wurden die Interviewten um Auskunft gebeten, wie sie die Beteiligung von Jungen und Mädchen an Konflikten und Gewalthandlungen im Schulalltag wahrnehmen und ob unterschiedliche Ausdrucksformen zwischen den Geschlechtern zu registrieren sind.

Darüber hinaus sollte dezidiert ermittelt werden, wie Mädchen in konkreten Konfliktsituationen handeln und wie sie sich verhalten, wenn sie aggressiv und wütend sind. Wahrnehmungen und Einordnungen dieser Art vermögen auch Auskunft darüber zu geben, wie geschlechtstypische Ausdrucks- und Beteiligungsformen von den Interviewten konstruiert werden. So bestätigen viele Mädchen die Hypothese der geschlechtstypischen Ausdrucksformen von Gewalt: Jungen seien direkter und würden Konflikte untereinander körperlich austragen, Mädchen bevorzugten psychische Attacken und wehrten sich verbal.

„Also ich denke, Jungen schlagen dann doch schon eher zu. Mädchen setzen sich, glaub ich, eher verbal auseinander. Also schlagen hab ich bis jetzt eigentlich nur Jungen gesehen. Und Mädchen, da kommen halt nur Sprüche oder so, oder sie machen sich gegenseitig fertig irgendwie (...). Also, ich denke, die machen, wenn sie sauer auf jemanden sind, machen sie ihn mit Sprüchen fertig (...), aber sie prügeln sich nicht. Also das hab ich noch nie gesehen. Alles so hintenrum. Ich denke, Mädchen sind da eher so ein bisschen hinterlistig (...). Sie hetzen andere gegen den auf" (Christine 1998, GYM, S. 23f.).

Indirekte psychische Ausdrucksformen, „Heimtücke", „Hetzen" oder auch „Provokationen" tauchten als Begriffe zur Bezeichnung „mädchentypischer" Gewalt in den Interviews mit den Schülerinnen immer wieder auf.

„Ja. (...) Ich würde sagen, Mädchen sind da heimtückischer. Also bei Jungen, da kann man das besser sehen. Wenn Jungen wütend werden, dann schlagen sie drauf zu. Und bei Mädchen ist es erst mal so, dass sie erst mal so reizen und dann auch teilweise nie alleine sind sondern immer mit einer ganzen Gruppe von Mädchen, die sich dann ein anderes Mädchen aus irgendwelchen Gründen aussuchen. Keine Ahnung, vielleicht sie trägt keine Markenkleidung oder irgend so was. Und ich denke, dass da Mädchen schon heimtückischer sind und auch andere (Mädchen eher) schlagen als Jungen, erst mal wegen der Kraft" (Clarissa 1998, GYM, S. 35).

Aus den Interviews geht hervor, dass Mädchen ihre Aggressionen auch häufig gegen Mitschülerinnen richten. Clara erzählt konkret, wie sie und ihre Freundin hinter unbeliebten Mädchen herlaufen und diese verbal bedrängen und nötigen, ohne dass es dabei zu körperlichen Auseinandersetzungen kommen muss (vgl. Clara 1998, H., S. 12f.).

Mädchen seien, nach Beobachtung mehrerer Schülerinnen, an Sachbeschädigungen geringeren Ausmaßes beteiligt, wie dem Bekritzeln von Wänden und Tischen. Körperliche Auseinandersetzungen werden jedoch als männliche Ausdrucksform des Konfliktmanagements beschrieben.

„Ich mein, so an die Wände schmieren oder an die Tische kritzeln, das machen schon Jungs und Mädchen, aber ich glaub, bei so einem Streit und so, aufeinander losgehen, das machen eher Jungs als Mädchen. Es kommt auch auf die Art an von den Mädchen, aber so hab ich es nur bei, also sehr oft nur bei Jungs erlebt" (Andrea 1998, H, S. 14).

Die physische Überlegenheit der Jungen behalten Mädchen in Konfliktsituationen im Auge. Bei körperlichen Angriffen von Jungen scheinen sie das Risiko eines körperlichen Einmischens zu kalkulieren. Wenn die Körperkraft des männlichen Angreifers als niedrig eingestuft wird, riskieren Mädchen körperliche Gegenattacken.

Sollte es zu Situationen kommen, in denen sich beide Geschlechter körperlich angreifen, zeigen sich Unterschiede in der Praxis.

„Ha, die Mädchen, die kratzen eher (...) die Jungs, die schlagen gleich mit den Fäusten rum. Da find ich ja, find ich aber schon kratzen besser" (Ingrid 1998, IGS, S. 17).

Ein Mädchen geht explizit auf Auswirkungen des sozialen Wandels im Verhältnis zwischen Mädchen und Jungen ein, indem sie meint, früher hätten sich Mädchen eine Auseinandersetzung mit Jungen nicht zugetraut. Und auch bei Jungen hätte es in der Vergangenheit eine Hemmschwelle gegeben in Anlehnung an die soziale Erwartung, nach der es „unfein" sei, Mädchen zu schlagen. Diese Norm habe nach Ansicht der Mädchen heute ihre Geltung verloren. So sei die Beteiligung der Geschlechter an einer körperlichen Auseinandersetzung ...

"unterschiedlich, manchmal sind es Mädchen, manchmal sind es Jungs, manchmal ist es auch gemischt. Zum Beispiel früher hat sich keiner getraut, sich gegen einen Jungen zu schlagen oder so. Oder (...) wenn ein Junge ein Mädchen schlägt, dann (...) sagen auch alle ‚iih, du bist ja voll ekelhaft und du (...) schlägst ein Mädchen' und so (...). Die Mädchen? (...) Ja, die halten sich schon mehr zurück als die Jungs, also die Jungs würden gleich, die sind schon aggressiver als wir Mädchen schon irgendwie ein bisschen. Aber wir sind, wir Mädchen sind auch nicht irgendwie besser, wir sind eigentlich schlimmer, ich weiß nicht" (Jennifer 1998, IGS, S. 17).

Die Interviewpartnerinnen beschreiben, dass Mädchen, die in Wut geraten würden, auch zu physischen Mitteln der Gewaltausübung greifen, wenn ganz bestimmte Voraussetzungen gegeben seien. Dieser Aspekt sowie Faktoren, die auf körperliche Gewaltausübung von Mädchen Einfluss haben, werden in Kapitel 5.3 bei der Beschreibung weiblicher „Täter" noch näher aufgegriffen.

„Also ich denk mal, die (Mädchen) verhalten sich genauso, wenn die sauer sind, dann hauen sie auch, wenn sie irgend jemanden verprügeln wollen, dann (...) verprügeln sie den genauso, als wenn es ein Junge wäre. Also gibt es, glaub ich, keine Unterschiede (...) So dass sie sich vielleicht (...) denken, Gott, was die Jungen können, können wir jetzt auch" (Janina 1998, GYM, S. 27).

Auf die Frage, wie Mädchen mit männlichen Angreifern umgehen und ob sie sich gegen Attacken von Jungen zur Wehr setzen, wird zunächst angeführt, dass Mädchen sich körperlich wehren, dass sie auch zuschlagen und „schlimm" sein würden (vgl. Shennay 1998, IGS, S. 10). Im Zusammenhang mit körperlichen Auseinandersetzungen zwischen den Geschlechtern werden auch Machtaspekte im Geschlechterverhältnis thematisiert, die den Mädchen nicht eine den Jungen adäquate Handlungsfähigkeit in Konfliktsituationen gestattet. In dem folgenden Zitat kommt zum Ausdruck, dass Jungen in physischen Konfliktsituationen unbeherrschter und hemmungsloser seien.

„Also, wir (Mädchen) versuchen halt immer, irgendwie (...) zurückzuhauen oder so. Oder sagen es halt auch dem Lehrer. Und dann kriegt er (der Junge) halt Ärger vom Lehrer. Also wir können, wir haben ja nicht, die Jungens haben irgendwie (...) viel mehr (...) Macht irgendwie (...) (als) wir Mädchen. Wir können uns auch irgendwie nicht so wehren wie die Jungens" (Stefanie 1998, H, S. 17).

I: „Weil die stärker sind?"

„Ähm, einerseits schon, also ich glaub schon, dass wir Mädchen genauso stark sein könnten wie die Jungens, aber ich glaub kaum, dass ein Mädchen so arg ist wie ein Junge, (der) (...) halt machen kann, was er will" (Stefanie 1998, H, S. 17).

Zwei Mädchen (vgl. Clarissa 1998, GYM 1998, S. 34 und Janina 1998, Gym, S. 26) unterscheiden bei dieser Frage den schulischen und außerschulischen Interaktionskontext. Während sich Mädchen innerhalb der Schule stärker zurückhalten, kann die Beteiligung an Gewalthandlungen außerhalb der Schule durchaus beträchtlich sein und sich nicht von der der Jungen unterscheiden. Die interviewten Jungen sehen das Verhältnis der Geschlechter bei körperlichen Gewalthandlungen in anderen Relationen. Sie schätzen die Situationen so ein, dass Jungen an körperlichen Gewalthandlungen allein beteiligt sind, dass Mädchen seltener aggressiv werden und sich auch seltener streiten. Als Grund wird genannt, Mädchen hätten ein geringeres Interesse, sich im Rahmen von körperlichen Gewalthandlungen selbst darzustellen. Mädchen würden aufgrund mangelnder Körperkraft bei Auseinandersetzungen lieber zuschauen. Wenn Mädchen sich auseinandersetzen, sei dies nicht so „ernsthaft" wie bei Jungen – dennoch werden sie in Konfliktsituationen als beteiligt erlebt, z. B. als Zuschauerinnen, die hetzen. Ismet vertritt explizit die Meinung, dass Mädchen ebenso wie Jungen an Gewalthandlungen beteiligt sind, dass das Ausmaß der Brutalität bei den Jungen allerdings erheblich größer ist. Nach seiner Erfahrungen bringen sich Jungen mit dem ganzen Körper in Konfliktsituationen ein, Mädchen dagegen punktuell. Die Annahme über die stärkere Brutalität von Jungen scheint für ihn ein selbstverständlicher, nicht weiter interpretationsbedürftiger Sachverhalt zu sein. Auf die Frage nach der Wahrnehmung der Geschlechter an Gewaltsituationen meint er:

„Das ist für mich auch Jungs und Mädchen. (...) Ja, das erleb ich auch.(...) Also die (Jungen) müssen, die sind schlimmer so (...) Also Jungs, die gehen mit dem Faust, mit Kopf, mit Füße, Beine rein, aber die Mädchen geben nur Ohrfeige und so. Vielleicht noch, was weiß ich, an den Pullover oder irgendwas ziehen. Bei uns sind (die Jungen) noch brutaler, klar" (Ismet 1998, H, S. 18).

Betont wird auch die verbale Beteiligung der Mädchen an Konfliktsituationen von Seiten der Jungen. Mädchen würden sich nicht ernsthaft prügeln (vgl. Alexander 1998, IGS, S. 13), sie würden derartige Handlungen „nicht nötig" haben, während Jungen sich „meist irgendwie was beweisen" müssten. Mädchen würden bei Prügeleien eher zuschauen, auch weil ihnen „die nötige Kraft" fehlt (Mirko 1998, IGS, S. 14f.).

Es werden aber auch Mädchen genannt, die weniger zurückhaltend sind und im Schulalltag durchaus negativ registriert werden. Wenn Mädchen, was selten vorkommt, andere verprügeln, unterstellt ein Junge die gleichen Motive der Selbstinszenierung wie bei männlichen Schülern auch.

"Ja, also ich sehe fast nie, dass die Mädchen, die streiten sich voll selten und so, aber es gibt halt eine, die, ich will nicht sagen, welche Klasse (...) Die ist hier an der Schule halt, das find ich halt Scheiße von der, (die) macht so rum, die geht zu Schwächeren, macht die immer an und so, Ellenbogencheck, lauter so Sachen" (Eiko 1998, IGS, S. 12).

I.: "Und was meinst du, warum macht die so was?"

"Ja, weil die, die will krass sein halt, will so breit sein. Die will so zeigen, ja, ich bin so und so.(...) Ja, ich bin jemand" (Eiko 1998, IGS, S. 12).

Thomas ist der Ansicht, dass sich Mädchen vergleichsweise selten schlagen. Im Gegensatz zu den Mädchen vertritt er die Auffassung, unter Jungen gäbe es noch den Ehrenkodex, dass man Mädchen nicht schlagen dürfe. Wenn Mädchen sich zu einer körperlichen Auseinandersetzung entschieden hätten, seien die Anlässe schwerwiegender. Wie Eiko erzählt Thomas von Mädchen, die sich körperlich auseinandersetzen und begründet dies mit „Revierverhalten". Zur Erklärung dieses Mädchenverhaltens konstruiert er innerhalb der Gruppe der Mädchen sogenannte „männliche" Mädchen, die ein den Jungen ähnliches Verhalten zeigen, und sogenannte „weibliche" Mädchen, die sich im Konfliktfall zurückhalten.

"Also es deckt sich schon (mit meinen Wahrnehmungen), dass da (bei physischen Konflikten) (...) auch Mädchen bei sind, aber (...) was Mädchen (für) eine Rolle spielen? (...) Es ist selten so, dass sich ein Mädchen mit schlägt, weil (...) keiner schlägt ein Mädchen (...) Ja ja, das ist immer noch so, aber die Mädchen (...) untereinander, die schlagen sich schon, also die haben sich früher, (...) so sechste, siebte Klasse schlagen die sich schon, aber meistens dann untereinander (...). Aber Mädchen schlagen sich eigentlich selten. Da muss schon (...) es muss schon was Heftiges passieren. Die keifen sich eher an oder machen da, machen eine dabei fertig, aber dass sie sich direkt schlagen? Es gibt (...) ein paar so, vielleicht zwei in der Klasse, so pro Klasse würde ich Durchschnitt sagen zwei Stück. Die andern sind mehr so (...) so weiblich. (Die zuschlagenden Mädchen) sind halt mehr männlich. Also (...) so vom (...) Denken her noch, und dann schlagen die sich genauso wie die Jungen auch" (Thomas 1998, GYM, S. 24f.).

Die Äußerungen der Schüler(innen) bestätigen insgesamt die Hypothese von den geschlechtstypischen Ausdrucksformen von Gewalt. Gleichzeitig wird aber auch die Partizipation der Mädchen an Gewalthandlungen von den Schüler(inne)n an allen in die qualitative Erhebung einbezogenen Klassen der Fallschulen bekräftigt.

Die insgesamt sechs Lehrkräfte der Interviewstudie wurden mit den gleichen Fragen konfrontiert wie ihre Schüler(innen). Deutlicher als die Jugendlichen formulieren sie geschlechtstypische Unterschiede nicht nur im Gewalthandeln, sondern allgemein im Sozialverhalten der Geschlechter. Frau J. definiert körperliche Gewalt ganz klar als „Jungenphänomen" und differenziert nach Nationalität: Ihren Erfahrungen zufolge seien die türkischen Jungen brutaler. Die Mädchen würden im Kontext gewaltförmigen Handelns eher soziale Ausgrenzungen praktizieren, was Frau J. persönlich „schlimmer" findet, da solche Situationen über einen längeren Zeitraum eskalieren und psychisch schmerzhafter seien.

„Diese Käbbeleien unter Mädchen, die äußern sich ganz anders. Die sind mehr verbal: ‚Du bist nich mehr meine Freundin und ich schneide dich', und dieses Schneiden tut eigentlich besonders weh. Das tut mehr weh, als so'n Schlag ins Gesicht und am nächsten Tag können wir wieder gute Freunde sein, ne? Das geht irgendwie mehr an, tiefer bei den Mädchen" (Frau J. 1998, GYM, S. 17).

Dass Mädchen direkt in körperlich ausgetragene Konflikte hineingeraten, ist eine seltene Ausnahme. Diese „Ausnahmemädchen" scheinen im schulischen Alltag allerdings einen hohen Bekanntheitsgrad zu besitzen. Sie fallen auf, da sie in ihrem Verhalten dem weiblichen Geschlechterkonzept widersprechen.

„Ja, Jungs und Mädchen keilen auch miteinander, ohne weiteres (...). Das sind auch die Beleidigungsgeschichten, die so laufen. Ähm, es sind nur ganz bestimmte Mädchen, die, die ähm, die sich körperlich auseinandersetzen und was das Verrückte daran ist: Wo immer sie auch auftreten, sie signalisieren auch etwas" (Frau H. 1998, IGS, S. 17).

Wenn ein Streit bei Mädchen eskaliert, was seltener vorkommt, wird er auch körperlich ausgetragen. Dies scheint insbesondere auf Auseinandersetzungen zwischen Kontrahentinnen zuzutreffen.

„Also, ich denk, zwischen Mädchen (...), wenn es Ernst wird (...)schlagen sich Mädchen genauso, reißen sich an'n Haaren und ähnliches, härtere, härteres Ausmaß (...) als bei den Jungen" (Herr K. 1998, IGS, S. 24).

„Also, ich habe Mädchen selten beobachtet, dass sie sich jetzt regelrecht geschlagen haben (...). Das eben, das ist für Mädchen nicht üblich, dass die sich schlagen, das kommt seltener vor" (Frau M. 1998, H, S. 13).

Ansonsten wird von Frau M. in ihrer Äußerung „das ist für Mädchen nicht üblich" auch auf die mit der weiblichen Geschlechtsrolle verbundenen sozialen Erwartungen verwiesen. Gleichzeitig konstruiert sie mit diesem Satz ein Geschlechterkonzept für Mädchen, in das Gewalthandlungen nicht passen. Auch in den Äußerungen der Lehrkräfte findet sich das von Seiten des männlichen Schülers beschriebene Artikulationsmuster wieder: Mädchen hätten eine größere Hemmschwelle hinsichtlich physischer Gewalt – wenn diese allerdings überschritten wird, können Mädchen ebenso erbittert reagieren wie Jungen. Dieser Befund korrespondiert mit Forschungsergebnissen aus den USA (vgl. Frodi u. a.1977), in denen der situative und soziale Kontext der Gewalthandlung für Mädchen herausgestrichen wurde.

Die Äußerungen der Lehrkräfte zeigen, dass Mädchen in gewaltorientierten Interaktionen ihren Erfahrungen zufolge eine Rolle spielen und auch im folgenden Erzählbeispiel wird auf geschlechtstypisch unterschiedliche Ausdrucksformen verwiesen.

„Klingt jetzt alles ein bisschen sehr auf die Jungs abgeschoben irgendwo, aber ich denke irgendwo, sie haben trotz allem, mit Erziehung hin oder her, sie haben einfach typische Arten, ne und die Jungen reagieren häufiger nicht verbal. Und die Mädchen reagieren eher verbal. Und es sicherlich beides für jeden nicht immer einfach zu vertragen, ne. Ja, denn auch Mädchen leiden unter Attacken, die eben verbal geführt werden unter Umständen. Wenn ihre beste Freundin sie nun mal verletzt, ne" (Frau M. 1998, H, S. 15).

Ein Lehrer weist auf die mögliche Rolle der Mädchen als „Drahtzieherinnen" von Gewalthandlungen im Hintergrund hin, die selbst nicht aktiv schlagen, sondern dies von Stellvertretern erledigen lassen. Die dazu nötigen Fähigkeiten begründet er mit „instinktiver" Einschätzung sowie den psychischen Kompetenzen der Mädchen, die durch ihren Entwicklungsvorsprung männlichen Jugendlichen gegenüber bedingt seien.

„Bei Mädchen is es teilweise eben so, aber Gott, das kennt man ja auch von politischen Veranstaltungen bei Frauen. Die schlagen nicht selber, die lassen schlagen (...) und die haben ne instinktiv recht gute Einschätzung sehr oft, also rein psychologisch gesehen, sind Mädchen den Jungen in dem Alter, in gleichem Alter oder auch Jungs, die zwei bis vier Jahre älter sind, weit überlegen" (Herr U. 1998, GYM, S. 24).

Dass die in der Regel früher einsetzende körperliche und psychische Reife der Mädchen das Verhältnis der Geschlechter innerhalb der Lerngruppe beeinträchtigt, wird als Argument für Konflikte ebenfalls angesprochen. Jungen können gewaltsame handeln, da sie sich Mädchen im Pubertätsalter unterlegen fühlen (vgl. Frau J., 1998, Gym, S. 15).

Welche Schlüsse lassen sich aus den subjektiv vorgenommenen Einschätzungen über die Art der Beteiligung von Jungen und Mädchen an Gewalthandlungen ziehen? Zunächst bestätigen die Interviews grundsätzlich die Beteiligung der Mädchen an gewaltsamen Schülerhandlungen. Aus den Wahrnehmungen geht hervor, dass Mädchen zum größten Teil verbale und sozial ausgrenzende Aggressionshandlungen vollziehen, als Beobachterinnen beteiligt sind, „hetzen" oder als „Drahtzieherinnen" andere für sich kämpfen lassen. Als Wandel interpretieren die interviewten Mädchen das Verhalten von Mädchen bei physischen Gewaltsituationen: Mädchen würden sich heute verstärkt zur Wehr setzen und bei Angriffen zurückschlagen. Lehrkräfte empfinden das Verhalten ihrer Schülerinnen, wenn sie in Wut geraten sind, fast ebenso aggressiv wie das ihrer männlichen Schüler. Während die Wahrnehmung der Mädchen auch die Ausübung körperlicher Gewalthandlungen bei Mitschülerinnen bestätigen, definieren Jungen physische Ausdrucksformen vorrangig als Jungenphänomen. Körperliche Gewalt bei Mädchen registrieren Jungen nicht als reale Bedrohung. Übereinstimmend lässt sich feststellen, dass Jungen ein größeres Ausmaß an Brutalität und eine niedrigere Hemmschwelle zugesprochen wird.

4.3 Geschlechtstypische emotionale Reaktionen und Interventionen

In diesem Abschnitt stehen nicht die subjektiv wahrgenommenen oder selbst verübten „Taten" im Vordergrund der Betrachtung, sondern es geht um die individuelle Bewertung von Gewalthandlungen: Wie verhalten sich Schüler(innen) angesichts solcher Konfliktsituationen, wie bewerten sie diese und welche emotionalen Reaktionen zeigen sie? Im Fragebogen wurden die Proband(inn)en mit Bildern konfrontiert, die aggressive Handlungen zeigten und zu denen sie Stellung beziehen sollten. Auf einem Bild war eine massive Prügelei zwischen zwei Kontrahenten mit Verletzungsfolgen (blutige Nasen, „blaue" Augen) zu sehen, das zweite Bild zeigte eine Erpressungssituation und in der dritten Darstellung ging es um einen sexuellen Übergriff gegen den Willen eines Mädchens. Die Schüler(innen) wurden gebeten, ihre emotionalen Reaktionen auf diese Bildergeschichten mitzuteilen.[4] Auf einer fünfstufigen Antwortskala sollten die Schüler(innen) angeben, ob sie in Konfrontation mit diesen Situationen „nie", „selten", „manchmal", „oft" oder „sehr oft" Angst oder Gleichgültigkeit empfinden, ob die abgebildeten Handlungen zum Nachahmen reizen, und ob sie in derartige Konflikte aktiv eingreifen würden, um die Auseinandersetzung zu beenden.

Mit Hilfe der qualitativen Interviews sollten die Reaktionen auf Gewalthandlungen nach der Präsentation der quantitativen Daten noch etwas dezidierter ermittelt werden. Auch hier kommt eine Stärke des qualitativen Vorgehens, die Möglichkeit, soziale Kontexte und Handlungsabläufe zu erfassen, zum Tragen. Der Gesprächsleitfaden der Interviews enthielt erzählstimulierende Fragen zum Thema „Reaktionen auf Gewalthandlungen", wobei zwischen Reaktionen auf ernsthafte verbale Attacken und physische Attacken unterschieden wurde. Da der überwiegende Teil der Schüler(innen) im schulischen Kontext jedoch nicht die Erfahrung gemacht hat, körperlich angegriffen worden zu sein, haben darauf bezogene Erzählungen vielmehr den Charakter hypothetischer Überlegungen.

---

[4] Diese Items (Bildergeschichten) wurden einem Fragebogen von Todt und Busch (vgl. 1994) entnommen.

4.3.1 Emotionale Reaktionen auf Gewalt und die Interventionsbereitschaft der Geschlechter anhand quantitativer Daten

Im Gegensatz zu den an anderer Stelle dargestellten Reaktionen der Lehrerinnen und Lehrer (vgl. Tillmann u. a. 1999, S. 127ff.), von denen zwischen 76% und 89% angegeben haben, dass sie die beschriebenen Gewaltsituationen unter keinen Umständen „normal" finden, zeigt sich bei den Schüler(inne)n eine deutlichere handlungsabhängige Abstufung.

Eine Minderheit der Schülerinnen und Schüler findet Gewalt „normal" und steht solchen Handlungen gleichgültig gegenüber. Es ist nicht zu übersehen, dass Schülerinnen und Schüler unterschiedliche „Normalitätskonzepte" äußern. Für Mädchen sind die beispielhaft dargestellten Gewalthandlungen durchgehend weniger akzeptabel als für Jungen.

Tab. 4.5: Emotionale Reaktionen auf Gewalthandlungen nach Geschlecht: "Gleichgültigkeit"						
Wenn ich so etwas beobachte, sehe ich das als ganz normal an; ich denke mir nichts dabei						
	Ein Junge/Mädchen fordert Geld und droht		Zwei prügeln sich so stark, dass es Verletzungen gibt		Ein Junge bedrängt ein Mädchen und fasst es gegen ihren Willen an	
	Jungen (n=1754)	Mädchen (n=1691)	Jungen (n=1764)	Mädchen (n=1693)	Jungen (n=1751)	Mädchen (n=1676)
nie	64,8%	72,0%	57,1%	66,6%	62,5%	74,2%
selten	17,2%	16,9%	20,2%	19,7%	16,5%	13,7%
manchmal	9,9%	7,5%	14,2%	9,7%	10,9%	8,1%
oft	4,6%	2,1%	4,9%	2,7%	5,0%	2,2%
sehr oft	3,5%	1,5%	3,7%	1,3%	5,2%	1,8%
insgesamt	100%	100%	100%	100%	100%	100%

Die Handlungen sind von den Schüler(inne)n auch gemäß ihrer „Schwere" und sozialen Schädigung in eine Rangfolge gebracht worden. Erpressungen mit Geldforderung und sexuelle Übergriffe gegen Mädchen werden von Schüler(inne)n am wenigsten toleriert. Die Geschlechtsunterschiede bei der Beurteilung von sexuellen Übergriffen gegen Mädchen sind am größten: Gut 10% der Jungen, aber nur 4% der Mädchen finden es „oft" oder „sehr oft" normal, ein Mädchen gegen dessen Willen sexuell zu nötigen. Die Schüler(innen) wurden auch danach gefragt, ob sie bei derartigen Handlungen Ärger empfinden oder ob sie zur Nachahmung gereizt werden. Ohne die Ergebnisse im Detail vorstellen zu wollen, lässt sich auch hier das geschlechtstypische Muster dahingehend finden, dass sich Mädchen eher als Jungen über die geschilderten Vorfälle ärgern, und dass sie sich häufiger wünschen, Schülerinnen und Schüler mögen doch nicht in dieser Weise miteinander umgehen. Die Jungen fühlen sich eher als Mädchen durch die erwähnten Situationen zur Nachahmung animiert. In den folgenden Tabellen wird dargestellt, ob die Schülerinnen und Schüler bei den vorgegebenen Gewalthandlungen (Erpressen, Prügeln und sexuelle Belästigung) Angst empfinden.

Tab. 4.6: **Emotionale Reaktionen auf Gewalthandlungen nach Geschlecht: „Angst"**

Wenn ich so etwas beobachte, dann empfinde ich Angst

	Ein Junge/Mädchen fordert Geld und droht		Zwei prügeln sich so stark, dass es Verletzungen gibt		Ein Junge bedrängt ein Mädchen und fasst es gegen ihren Willen an	
	Jungen (n=1772)	Mädchen (n=1711)	Jungen (n=1753)	Mädchen (n=1686)	Jungen (n=1749)	Mädchen (n=1680)
nie	53,7%	34,6%	53,5%	36,2%	72,2%	35,5%
selten	21,8%	25,3%	25,4%	25,2%	16,0%	20,6%
manchmal	13,3%	22,2%	12,0%	21,2%	6,9%	19,3%
oft	7,6%	12,6%	6,8%	10,8%	3,1%	13,3%
sehr oft	3,5%	5,2%	2,3%	6,6%	1,8%	11,3%
insgesamt	100%	100%	100%	100%	100%	100%

Mädchen haben häufiger als Jungen angegeben, dass ihnen die beschriebenen Situationen Angst machen. Bei sexuellen Belästigungen wird das besonders deutlich: Fast ein Viertel aller Mädchen empfindet oft oder sehr oft Angst bei der Vorstellung, von einem Jungen gegen den eigenen Willen angefasst zu werden. Aber auch Körperverletzungen machen Mädchen verstärkt Angst – sicherlich spielt hierbei das Wissen um die eigene Verletzbarkeit (vgl. Kolip 1997) und die Angst vor körperlicher Unterlegenheit in Konfliktsituationen eine Rolle. Dennoch sollte auch dieser Befund vor dem Hintergrund betrachtet werden, dass Mädchen möglicherweise eher als Jungen Angst eingestehen können und derartige Emotionen nicht als identitätsbedrohend verleugnen müssen. Dass über 50% der Jungen auch bei der Wahrnehmung und Bewertung ernsthafter körperlicher Auseinandersetzungen mit Verletzungsfolge keine Angst äußern, muss auch nicht unbedingt mit der Realität übereinstimmen, sondern ließe sich auch als Demonstration von „Coolness" interpretieren.

Die Mehrheit der Schüler(innen) erwägt ein Eingreifen in Konfliktsituationen selten oder nie. Dieser Befund verweist offensichtlich auf mangelnde Zivilcourage, Gleichgültigkeit, Unsicherheit oder auch Hilflosigkeit im Umgang mit Konfliktsituationen.

Tab. 4.7: Gewaltintervention nach Geschlecht
Wenn ich so etwas beobachte, dann mische ich mich ein
und versuche, das Verhalten zu beenden

	Ein Junge/Mädchen fordert Geld und droht		Zwei prügeln sich so stark, dass es Verletzungen gibt		Ein Junge bedrängt ein Mädchen und fasst es gegen ihren Willen an	
	Jungen (n=1747)	Mädchen (n=1686)	Jungen (n=1760)	Mädchen (n=1685)	Jungen (1749)	Mädchen (n=1680)
nie	38,0%	45,7%	36,4%	45,9%	43,1%	40,7%
selten	21,3%	22,1%	23,8%	22,8%	18,8%	20,6%
manchmal	21,0%	18,9%	21,6%	18,7%	16,7%	18,9%
oft	10,3%	7,4%	10,2%	7,2%	10,3%	10,4%
sehr oft	9,4%	5,9%	8,0%	5,4%	11,1%	9,4%
insgesamt	100%	100%	100%	100%	100%	100%

Bei der Intervention in Gewalthandlungen gibt es geschlechtstypische Unterschiede. Mädchen ergreifen durchweg seltener als Jungen die Initiative bei Versuchen, Konflikthandlungen zu beenden. Nur wenn Mitschülerinnen von sexuellen Übergriffen bedroht sind, würden Mädchen ebenso häufig wie die Jungen versuchen, diesen Konflikt zu beenden. Durch die potentiell gegebene Betroffenheit, selbst zum Opfer zu werden, und die von Mädchen häufiger geäußerten Angstgefühle solchen Situationen gegenüber, wurde im folgenden geprüft, ob es über alle Handlungen hinweg einen Zusammenhang zwischen situativem Angstempfinden und ausbleibender Hilfsbereitschaft gibt. Dieser Zusammenhang bestätigte sich allerdings für beide Geschlechter nicht.

4.3.2 Emotionale Reaktionen auf Gewalt und die Interventionsbereitschaft der Geschlechter anhand qualitativer Interviews

In den problemzentrierten Interviews finden sich sowohl bei Jungen als auch bei Mädchen Hinweise darauf, körperliche Attacken mit Gegenattacken zu beantworten (vgl. Jennifer 1998, IGS, S. 15f.; Janina 1998, GYM, S. 24; Onur 1998, GYM, S. 11). Genauso häufig konnten Äußerungen festgestellt werden, in denen eine ausgeprägte Distanz gegen körperliche Gewalt zum Ausdruck kam (vgl. Andy 1998, GYM, S. 11; Mirko, 1998, IGS, S. 11), oder die Notwendigkeit betont wurde, Eltern und Polizei einschalten zu müssen (vgl. Christine 1998, GYM, S. 21). Überwiegend berichteten die Jugendlichen jedoch von ihren Reaktionen auf *verbale Gewalt* – und zwar auf ernsthafte psychische Attacken ohne Spaßcharakter.

Aus einer Studie, die sich der Problematik verbaler Gewalt unter Jugendlichen widmet, geht hervor, dass diese auf vulgäre, sexuell anzügliche Bezeichnungen, insbesondere in Provokationssituationen mit ethnischen Minderheiten, sehr empfindlich reagieren (vgl. Schad 1996, S. 314f.). Um der „Qualität" der Schimpfworte einen vergleichbaren Charakter zu geben und um auf Begriffe zu rekurrieren, die unter heutigen Jugendlichen mehr oder weniger „üblich" sind, wählten wir in der Interviewsituation für die Mädchen Beleidigungsformen wie „Nutte" und „Schlampe", und bei den Jungen bezogen wir uns auf „Wichser" und „Hurensohn". Die Reaktionen der Jungen und Mädchen sind sehr unterschiedlich. Es gibt ein geschlechtstypisches Muster dahingehend, dass die Hemmschwelle bei Jungen in Hinblick auf die Eskalation hin zur körperlichen Gewalt niedriger zu sein scheint als bei den meisten Mädchen. Dennoch ist es wichtig, darauf zu verweisen, dass dieses Muster nicht für alle Befragten zutrifft. So hat einer der neun befragten Jungen explizit betont, er würde niemals zuschlagen, Gewalt sei sinnlos und er hätte davor Angst. Selbst wenn er körperlich angegriffen wird, zieht er es vor, leichte Verletzungen in Kauf zu nehmen und sich nicht zu wehren (vgl. Mirko 1998, IGS, S. 11). Während der überwiegende Teil der Mädchen verbale Reaktionen bevorzugt oder die Angreifer ignoriert, gibt es auch unter den insgesamt neun interviewten Mädchen eine Schülerin, die sich mit Einsatz körperlicher Kräfte wehrt und dieses Verhalten auch verteidigt (vgl. Jennifer 1998, IGS, S. 15f.). Die meisten Jungen wehren sich gegen psychische Attacken zunächst verbal: Sie versuchen, erst einmal mit ihrem Angreifer ins Gespräch zu kommen und die Hintergründe für sein Verhalten zu erfahren. Sollte diese Strategie erfolglos bleiben, sind acht von neun Jungen bereit, zu schlagen, zu stoßen oder zu schubsen. Sie betonen allerdings, dass sie nicht sofort ganz hart in eine Auseinandersetzung einsteigen würden, sondern mit leichteren körperlichen Einsätzen die Warnung zum Ausdruck bringen wollen, dass bald die Grenze erreicht sei. Dieses Muster findet sich in den qualitativen Jungeninterviews in allen Schulformen in ähnlicher Ausprägung (vgl. z. B. Andi 1998, GYM, S. 11; Alexander 1998, IGS, S. 12). Verbale Angriffe können eine Rauferei harmlosen Charakters einleiten. Markus beispielsweise wehrt sich, wenn er die Hänseleien seiner Mitschüler(innen) in Bezug auf seine Gehbehinderung nicht mehr ertragen kann.

„Kann sein, dass es vielleicht eine Rauferei gibt, aber nicht arg. Zumindest also keine Verletzungen" (Markus 1998, H, S. 9). *„Eigentlich ist es blöd, dass (sie) (...) mich halt andauernd hänseln. Weil wenn sie dann halt zu weit gehen, kann es sein, dass ich dann auch mal ausraste"* (Markus 1998, H, S. 16).

Deutlich wird, dass die hier zitierten Jungen von Grenzen unterschiedlichen Niveaus sprechen, die durch verbale Beleidigungen überschritten werden können. Wie schon aus Kapitel 4.2 hervorging, gibt es Jungen, für die die Bezeichnung als „Hurensohn" eine Schwelle zur körperlichen Gewalt darstellt. Diese Jungen würden sich in dem Falle auch schlagen. Es scheint einen geschlechtstypisch unterschiedlichen Umgang mit Affekten zu geben. Jungen „rasten" schneller aus, schlagen schneller zu. Typisch für die meisten Mädchen sind verbale Reaktionen auf Beleidigungen. Alle interviewten Mädchen haben angegeben, sich gegen diesbezügliche Angriffe zur Wehr zu setzen. Die Schülerinnen der Haupt- und Gesamtschule unternehmen einen Gegenangriff mit verbalen Beleidigungen, herabsetzenden Briefen, oder bewerfen Angreifer mit Federmäppchen.

Die Mädchen an der Hauptschule haben angegeben, dass auch Bezeichnungen wie „Schlampe" oder „Nutte" alltägliche Anreden seien. Dies führt aber nicht in gleichem Maße wie etwa bei den Jungen die Betitelung mit „Hurensohn" zu physischer Eskalation des Streites.

I.: „Wie reagierst du da drauf (auf die Bezeichnung „Schlampe") oder passiert das nicht?"

„Doch, passiert schon, voll oft (...). Mhm, na ja, sag(t) man was zurück oder so oder man, oder ich zumindest, ich frag halt immer, warum ich eine Schlampe bin, wenn sie so was sagen. Na ja, und dann stehen sie halt immer dumm da, wissen sie nicht, was sie antworten sollen. Ja, und das reicht dann schon. Dann lassen sie einen halt gerade in Ruhe oder so. Aber so, wenn die was sagen, dann sag ich halt was zurück (...). Ist mir gerade egal (...). Das geht manchmal den ganzen Tag lang, das geht durch die Stunden oder so schreibt man sich so Briefchen, wo halt so ein paar Ausdrücke drauf stehen. Und dann schreibt man halt zurück" (Clara 1998, H, S. 9f.).

Weitere Mädchen betonen, es sei wichtig sei, sich gegen verbale Attacken überhaupt zu wehren (vgl. Christine 1998, GYM, S. 27; Shennay 1998, IGS, S. 9). Bei den Mädchen vom Gymnasium überwiegt neben den eigentlichen Reaktionen die moralische Bewertung von physischer Gewalt. Diese Ausdrucksformen und ihre Anwender werden als „primitiv" zurückgewiesen. Bei den Schülerinnen aus der untersuchten 9. Gymnasialklasse zeigt sich auch eine Reaktion dahingehend, mit Arroganz und Ignoranz zu verdeutlichen, dass man sich auf derartige Kommunikationsebenen nicht zu begeben wünscht (vgl. Christine 1998, GYM, S. 21; Janina 1998, GYM, S. 23). Clarissa erzählt, wie und mit welcher Argumentationsführung sie selbst auf ein Mädchen reagiert hat, von dem sie sich angegriffen fühlte. Auch aus diesem Erzählbeispiel wird die Strategie der Mädchen deutlich, Angriffe mit wirkungsvollen verbalen Mitteln zurückzuweisen.

„Wenn mich jemand beleidigt, dann beleidige ich denjenigen auch zurück. Nur selber anfangen, jemanden zu beleidigen, das würde ich nie machen. Und vor allem, denke ich so, Beleidigungen, die unter die Gürtellinie gehen, sind eigentlich ziemlich überflüssig. Nur was, was mich, ich, ich hab das mal erlebt, das war ein Mädchen, die war eifersüchtig auf meinen Freund. Das war jetzt im Sommer, ist noch gar nicht lange her. Und sie meinte dann halt auch, dass sie mich schlagen wollte und so. Und dann hab ich sie mit Worten an die Wand gespielt, so dass sie dann nachher nur noch da stand und völlig wütend war und nur noch gestammelt hat. Und

das war für mich auch quasi so ein richtiges Erfolgserlebnis, weil ich habe einfach nur argumentiert. Und sie konnte keine Argumente zurückbringen. Und dann als es dann, als ich dann gemerkt hab, gleich schlägt sie wirklich los, da bin ich dann einfach gegangen. Und hab sie stehen lassen. Und seitdem beachtet sie mich auch gar nicht mehr, weil sie ganz genau weiß, dass sie mich damit nicht kriegen kann" (Clarissa 1998, GYM, S. 24).

Es gibt auch Mädchen, die Angst vor körperlichen Angriffen haben, wenn sie sich gegen Beleidigungen zur Wehr setzen, und die deshalb nichts unternehmen würden.

I.: „Und was machst du dann, wenn jemand dich so blöd beleidigt?"

„Ich, ich geh einfach weg, ich will mich nicht schlagen. Ich geh weg und dann fertig. Ich meine, erst versuche ich, mit der Person zu reden. Wenn sie hier ankommt oder er, dann geh ich erst mal weg. Weil dann steh ich als Feigling da, aber ist mir egal. Hauptsache, nicht geschlagen zu werden" (Ingrid 1998, IGS, S. 9).

Auch Angst vor Sanktionen und Ärger sowie Befürchtungen, in fremde Angelegenheiten mit einbezogen zu werden, scheinen Gründe zu sein, eine Intervention im Konfliktfall nicht in Erwägung zu ziehen.

„Na, ich kann irgendwie nicht (...) eingreifen, ich würde aber gerne, bloß irgendwann werde ich vielleicht mit reingezogen. Und dann heißt es, wenn der Lehrer das irgendwie rausbekommt so, der, der und der war es. Und dann krieg ich irgendwie Ärger oder so. Ich würde schon gern irgendwie reingreifen, bloß halt der Nachteil ist halt der Ärger dann halt immer mit den Lehrern. Also wenn eine Freundin da praktisch sitzt, mach ich es schon. Oder den ich also mag, aber ich mach es auch gern (...) für einen Klassenkameraden, aber halt der Ärger, das ist mir immer das größte Problem, der größte Ärger" (Stefanie 1998, IGS, S. 12).

Aus den Erzählungen der hier interviewten Mädchen geht hervor, dass sie Konfliktsituationen stärker als Jungen zu vermeiden suchen. „Weggehen" und „Ignorieren" wurde vom überwiegenden Teil der Mädchen als Reaktionsform gewählt, von den Jungen dagegen kaum. An dieser Äußerung wird auch deutlich, dass es für Handeln und Reaktionen von Relevanz zu sein scheint, wer in die Konflikte verwickelt ist und wie eng die Beziehung zu der bedrängten Person ist. Im Interview wurden die Jugendlichen dazu aufgefordert, zu überlegen, wie sie reagieren würden, wenn eine Person, die sie gut leiden könnten (z. B. beliebte Mitschüler(innen) oder gute Freunde) an einer Auseinandersetzung mit anderen Schüler(inne)n beteiligt wären. Alle Jungen und Mädchen sind sich dahingehend einig, ihren betroffenen Freund(inn)en oder Mitschüler(inne)n in solcher Situation zu helfen. Überwiegend bei Mädchen konnte das Handlungsmuster gefunden werden, spontan, ohne abwägende Überlegungen in die Konfliktsituation hineinzugehen, wenn die beste Freundin in Gefahr ist (vgl. z. B. Clara 1998, H, S. 11; Shennay 1998, IGS, S. 10; Clarissa 1998, GYM, S. 13).

"Also nee, bei meiner besten Freundin hört es dann auf, ich glaube, wenn die geschlagen würde, dann würde ich auf denjenigen losgehen und würde dem, glaub ich, so eine knocken, dass er gerade runterfallen würde. Ja, vor allen Dingen, wenn es dann mehrere sind, und die gehen dann auf einen los. Also so was Niveauloses, wirklich, finde ich grässlich" (Christine 1998, GYM, S. 22).

Aus anderen Äußerungen – überwiegend von Jungen – ging hervor, es sei angemessen, die Beteiligten auseinander zu bringen und sie von der Sinnlosigkeit ihrer Handlung zu überzeugen (vgl. Rudi 1998, H, S. 11; Andy 1998, GYM, S. 12). Auch die Angst, selber Schläge zu bekommen, ist ein wichtiges Motiv, bei emotional entfernteren Personen kaum und in Konflikte mit Freunden lieber in schlichtender Funktion einzugreifen. Auch gibt es Schüler(innen), die in der Situation die Körperkraft des Gegners abschätzen und ihre Interventionsbereitschaft davon abhängig machen (vgl. Markus 1998, H, S. 10; Ingrid 1998, IGS, S. 11f.). Die Angst, in einer Konfliktsituation alleine handeln zu müssen, ohne Hilfe von Zuschauenden, scheint mit ein Grund dafür zu sein, sich zurückzuhalten.

"Kommt auch drauf an, wo es ist. Wenn es jetzt in der Stadt ist, da hilft sowieso meistens keiner oder ganz selten (...). Ich denk mal, das kommt auf die Situation an, wie man sich verhält. Ob man mit, ob man hilft oder ob man dann erst mal abwartet" (Janina 1998, GYM, S. 25).

Noch ein weiteres Motiv kommt in der Äußerung von Ismet (1998, H, S. 16) zum Ausdruck, der seine Interventionen in Konflikte mit Hilfsbereitschaft begründet. Ismet greift gern in Konflikte ein und er scheint für solche Situationen auch von seinen Mitschüler(inne)n angesprochen zu werden.

Aus dem zuvor dargestellten Interventionsverhalten der Schüler(innen) anhand der quantitativen Daten resultierte der problematische Befund, dass relativ wenig Schüler(innen) in beobachtete Konfliktsituationen im schulischen Kontext eingreifen würden. Anhand der qualitativen Interviews erhofften wir uns nähere Stellungnahmen zu diesem Ergebnis. Jedoch waren die Schüleräußerungen diesbezüglich sehr uneindeutig. So gäbe es Mitschüler(innen), die aktiv eingreifen (vgl. Shennay 1998, S. 5; Eiko 1998, S. 8) und es gibt andere, die nur zuschauen und nicht einmal einen Lehrer zu Hilfe holen würden (vgl. Mirko 1998, S. 6; Thomas 1998, S. 16). Aus den Interviews wird ersichtlich, dass viele Schüler(innen) ihr Engagement von der Person des Opfers abhängig machen. Handelt es sich um nahestehende Personen oder beliebte Mitschüler(innen), werden Interventionen in Betracht gezogen. Besteht keine Beziehung zum Opfer, wird sehr viel seltener reagiert. Als weitere Gründe für die Zurückhaltung in Konfliktsituationen wurde die Befürchtung thematisiert, alleine nichts ausrichten zu können und bei Einsätzen im Alleingang physisch geschädigt zu werden. Des Weiteren scheinen große Unsicherheiten zu bestehen, sich in Konflikte anderer einzumischen und möglicherweise in Gruppenkonflikte hineinzugeraten, ohne zu wissen, ob und wie man aus dieser Situation wieder herauskommt.

4.4 Mädchen und Jungen als Opfer

Der überwiegende Teil der schulischen Gewalthandlungen hat ein Zielobjekt: entweder Gegenstände der Schule, Sachen von Schüler(inne)n oder, was häufiger ist, eine andere Person. In diesem Kapitel soll zunächst der Frage nachgegangen werden, wie oft Mädchen und Jungen sich als Opfer von Gewalt in der Schule erfahren haben und wie ausgeprägt die Opfererfahrungen in den verschiedenen Jahrgangsstufen und Schulformen sind. Aus den schriftlichen Daten wurden nach faktorenanalytischer Prüfung zwei Skalen aus den vorhandenen Items zu den selbst berichteten Opfererfahrungen der Schülerinnen und Schüler konstruiert (vgl. Tillmann u. a. 1999, S. 345): Die eine Dimension umfasst *personenbezogene Angriffe*. Die Schüler(innen) sollten angeben, ob sie im Verlauf des vergangenen Schuljahres von Mitschüler(inne)n geschlagen, gehänselt, angeschrien oder unter Druck gesetzt und bedroht wurden. Die Dimension *sachbezogene Angriffe* bezieht sich auf erfahrene Schädigungen oder Zerstörungen des Privateigentums. Im folgenden soll zunächst dargestellt werden, wie häufig Schüler(innen) im vergangenen Schuljahr Opfer geworden sind.

Die Analyse der Opferselbstreporte zeigt zunächst, dass die erlittenen *psychischen* Gewalthandlungen überwiegen. Am seltensten sind Opfererfahrungen, die sich körperlich gegen die eigene Person richten. Unter geschlechtstypischer Perspektive zeigen sich signifikante Geschlechtsunterschiede zuungunsten der Jungen, mit Ausnahme des Items, welches das Ausmaß erlittener Hänseleien gemessen hat (ohne Abb., vgl. Tillmann u. a. 1999, S. 115): 41% der Mädchen und 45% der Jungen haben angegeben, im vergangenen Schuljahr mindestens alle paar Monate gehänselt worden zu sein. Angeschrien und beleidigt wurden 32% der Mädchen und 42% der Jungen. Auch hinsichtlich der sachbezogenen Opfererfahrungen zeigten sich zwischen Jungen und Mädchen eher geringe Differenzen: 23% der Jungen und 16% der Mädchen gaben an, Sachen von ihnen seien versteckt worden. 18% aller Jungen und 12% aller Mädchen berichteten, andere hätten ihnen im Verlauf des vergangenen Schuljahres persönliche Gegenstände absichtlich kaputtgemacht. Aussagekräftigere Geschlechtsunterschiede zeigten sich bei körperlichen Gewalterfahrungen: So wurden in den letzten 12 Monaten 19% der Jungen von anderen geschlagen, aber nur 8% der Mädchen. Auch bei Belästigungen, Bedrohungen und Erpressungen wurden Mädchen etwa nur halb so oft Opfer wie Jungen Diese Ergebnisse verweisen erneut auf die relativ stärkere Beteiligung der Mädchen an verbalen Gewalthandlungen – und auf eine stärkere Einbindung der Jungen in physische Gewalthandlungen. Dies gilt – wie sich hier zeigt – nicht nur für die Täter-, sondern auch für die Opferposition und für Täter-Opfer-Interaktionen (vgl. Tillmann u. a. 1999, S. 124ff.).

Tab. 4.8: Selbst berichtete Opfererfahrungen personen- und sachbezogener Angriffe nach Geschlecht und Schüler(innen)jahrgang
In den letzten 12 Monaten ist mir an der Schule mindestens alle paar Monate folgendes passiert ...

Erfahrungen	6. Jg.		8. Jg.		9./10. Jg.	
	Jungen (n=578)	*Mädchen (n=550)*	Jungen (n=606)	*Mädchen (n=597)*	Jungen (n=582)	*Mädchen (n=559)*
ich wurde gehänselt/geärgert*	46,4%	*44,6%*	44,7%	*41,8%*	43,2%	*34,9%*
ich wurde angeschrien, beleidigt*	42,2%	*35,3%*	42,4%	*34%*	41,1%	*27,3%*
ich wurde geschlagen*	22,4%	*11,3%*	21,3%	*9,9%*	13,2%	*3,4%*
ich wurde unter Druck gesetzt, erpresst*	9,1%	*7,8%*	10,7%	*5,4%*	8,8%	*2,9%*
ich wurde auf dem Schulhof belästigt/ bedroht*	12,4%	*10,4%*	15,1%	*8,9%*	13,1%	*4,5%*
mir wurden Sachen unauffindbar versteckt**	18%	*16,9%*	27,2%	*16,4%*	25%	*14,8%*
mir wurde gewaltsam etwas weggenommen**	10,3%	*12,4%*	24,4%	*15,2%*	20,3%	*8,6%*
mir wurden Sachen absichtlich kaputtgemacht**	12%	*10,4%*	22,9%	*15,6%*	18,6%	*11,1%*

* Items der Skala: Opfer personenbezogener Gewalt, Reliabilität (Cronbachs Alpha) = .76
** Items der Skala: Opfer sachbezogener Gewalt, Reliabilität (Cronbachs Alpha) = .74

Bei der Betrachtung der Opfererfahrungen nach Geschlechtszugehörigkeit und entlang der jeweiligen Schüler(innen)jahrgänge zeigt sich, dass die jüngsten Schüler(innen) des 6. Jahrganges häufiger als die älteren angegeben haben, in den vergangenen 12 Monaten zum Opfer geworden zu sein. Zumindest trifft das auf personenbezogene physische und psychische Gewalthandlungen zu. In den 6. Klassen klagen überraschend viele Mädchen über Opfererfahrungen. Bei Erpressungen und Körperverletzungen ist der Anteil der geschädigten Mädchen im Zuge des Älterwerdens stark rückläufig. Die Opfer sachbezogener Angriffe findet man eher in den 8. Klassen. Am seltensten haben die ältesten Schüler(innen) des 9. und 10. Schuljahres die Erfahrung gemacht, direkt physisch oder psychisch angegriffen worden zu sein. Die Differenzierung nach Geschlecht zeigt durchweg, dass Jungen häufiger Opfer von Schlägereien, Erpressungen und Bedrohungen als Mädchen werden.

Bei der Auswertung dieser Items konnten in den verschiedenen Schulformen besonders krasse Unterschiede ermittelt werden: Insbesondere körperliche Angriffe erlebten Sonderschüler(innen) während eines Schuljahres dreimal so oft wie die Schüler(innen) an den anderen Schulformen. So haben insgesamt etwa 40% aller Sonderschüler(innen) die Erfahrung gemacht, in den letzten 12 Monaten mindestens alle paar Monate einmal geschlagen worden zu sein – dies erlebten „nur" 12% der Jungen und 5% der Mädchen an Gymnasien.

Tab. 4.9: Selbst berichtete Opfererfahrungen personen- und sachbezogener Angriffe nach Geschlecht und ausgewählter Schulform

In den letzten 12 Monaten ist mir an der Schule mindestens alle paar Monate folgendes passiert ...

Erfahrungen	SfL		IGS		GYM	
	Jungen (n=66)	Mädchen (n=49)	Jungen (n=318)	Mädchen (n=352)	Jungen (n=439)	Mädchen (n=447)
ich wurde gehänselt/geärgert	53,7%	66,5%	40,8%	38,5%	50,2%	40,4%
ich wurde angeschrieen, beleidigt	51,5%	68,0%	39,5%	34,3%	39,1%	28,5%
ich wurde geschlagen	42,6%	35,3%	20,3%	7,1%	12,3%	4,9%
ich wurde unter Druck gesetzt, erpresst	23,5%	26,0%	8,5%	4,2%	3,6%	2,9%
ich wurde auf dem Schulhof belästigt/ bedroht	30,9%	33,3%	11,1%	6,2%	10,9%	4,5%
mir wurden Sachen unauffindbar versteckt	37,3%	48,0%	24,5%	14,2%	23,5%	11,9%
mir wurde gewaltsam etwas weggenommen	26,5%	29,4%	26,3%	11,6%	16,7%	10,3%
mir wurden Sachen absichtlich kaputtgemacht	26,5%	37,3%	23,2%	8,5%	14,3%	13,0%

Die Sonderschülerinnen und Sonderschüler sind auch von Erpressungen und Beschädigungen ihres Eigentums stärker betroffen als die Jugendlichen der anderen Schulformen. Etwas geringer sind die Diskrepanzen zwischen den Schulformen hinsichtlich psychischer Gewalt. Obenstehende Tabelle zeigt nun einen interessanten geschlechtstypischen Befund: Obgleich aus den Täterselbstreporten hervorging, dass männliche Sonderschüler fast alle der angegebenen Gewalthandlungen häufiger als die Mädchen verübt haben, kehrt sich das Geschlechterverhältnis bei den Opfererfahrungen um. Mit Ausnahme von Körperverletzungen erleben Sonderschülerinnen häufiger psychische Schikanen, Erpressungen und Bedrohungen als Jungen, und sie haben häufiger davon berichtet, dass ihre Sachen zerstört oder beschädigt wurden.

Aus quantitativ ermittelten Opferberichten lassen sich Intentionen und Motive der abgefragten einzelnen Handlungen nicht entschlüsseln. Aus der schulformbezogenen Auswertung wurde ersichtlich, dass insbesondere die Sonderschülerinnen in hohem Maße die Erfahrung gemacht haben, von anderen körperlich angegriffen, bedrängt und belästigt worden zu sein. Hinter diesen Attacken könnten sich sexuelle Motive, Machtdemonstrationen und sexualisierte Einschüchterungsversuche verbergen. Dies würde die Befunde der feministischen Schulforschung stützen. Sexuelle Gewalt ist im Schulalltag schwer zu registrieren und empirisch zu erschließen; diese Handlungen laufen verdeckt ab und werden an Orten vollzogen, die sich pädagogischer Kontrolle entziehen. Die folgenden Abschnitte verdeutlichen dies.

4.4.1 Fallbeispiel: Clara als Opfer sexueller Übergriffe

Aus den qualitativen Schulfallstudien wird im folgenden die Erzählung eines Mädchens wiedergegeben, die als Gewaltereignis von sexuellen Übergriffen gegen die eigene Person berichtete. Diese Erfahrungen wirken sich nicht nur negativ auf die Beziehungen zu ihren männlichen Mitschülern innerhalb und außerhalb der Lerngruppe aus, sondern führen in dem geschilderten Fall zu Hilflosigkeit, Angst, Resignation und Handlungsunfähigkeit. Sexualisierte Gewalt als Variante physischer Gewalt im schulischen Kontext wurde in den bislang vorliegenden „Gewaltstudien" nur am Rande angesprochen – eine klare Befundlage gibt es diesbezüglich nicht. Eine Schulleitungsbefragung im Bundesland Hessen kam zu dem Ergebnis, dass nach Einschätzungen der Befragten sexuelle Über- und Angriffe auf Mädchen im Vergleich zu anderen Gewalthandlungen rückläufig sind (vgl. Meier/Tillmann 1994). Dennoch soll in dieser Arbeit eine Präsentation der verfügbaren Daten zum Themenbereich „sexualisierte Gewalt" erfolgen, zumal „Geschlecht" zentrale Kategorie dieser Arbeit ist.

Clara ist 16 Jahre alt und besucht die 9. Hauptschulklasse der untersuchten Fallschule. Sie ist im Verlauf ihrer bisherigen Schulzeit einmal sitzen geblieben und musste von der Realschule in die Hauptschule „absteigen". Den Angaben ihrer Mitschüler(innen) zufolge ist Clara vom äußerlichen Erscheinungsbild ein attraktives Mädchen. Von einigen Jungen ihrer Lerngruppe und von Schülern anderer Klassen wird sie öfter an der Bushaltestelle sexuell belästigt.

„Also wenn die Schule vorbei ist, stehen wir halt vorne immer am Bus und warten dann halt immer auf den Bus. Und (der Bus) meine(r) Freundin (...) kommt halt schon mal eher, und dann steh ich halt allein da. Und dann kommen die Jungens halt immer und was weiß ich, die fragen einen immer so, so perverse Sachen irgendwie. (...) Und dann stehen die immer neben einem und wollen immer anfassen und so was, das ist eigentlich schon ein bisserl blöd so (...) Ja, ich sag halt, die sollen aufhören und so, aber die sagen halt immer, die kennen kein ‚nein'. Na, und dann sagen sie immer, ‚bei uns gibt es so was nicht in unserem Wortschatz' und so. Na ja, und dann machen sie halt immer weiter, die hören dann nicht auf bis halt irgendein Lehrer kommt. Dann sagst du es halt gerade. Und dann hören sie auf, aber auch bloß, bis der Lehrer weg ist. Und dann fängt es halt wieder von vorne an" (Clara 1998, H, S. 3).

In diesem Beispiel wird deutlich, dass sexuelle Belästigung mit einer ausgeprägten Verletzung des Rechts auf Selbstbestimmung und körperlicher Unversehrtheit des betroffenen Mädchens verbunden ist. In der konkreten Interaktion wurde Clara von einem Jungen geschlagen, als sie sich physisch gegen seine Übergriffe auf ihre Person zur Wehr setzen wollte.

„Also, was sie (die Jungen) anfassen, gehört ja mir (...) und wenn ich das nicht will, sollen sie es halt bleiben lassen (...) Die stehen halt gerade vor einem und langen unter die Jacke oder in den Pullover und so was. Ja, wenn du denen dann halt eine scheuerst, weil, dem einen hab ich eine geklebt, (...) und der ging soweit, der hat mir auch eine geschossen. Und da hab ich gemeint, ‚ich geh zum Direktor'. Da hat er gemeint, ‚mach doch, ist mir scheißegal' und so. (...) Aber ich bin nicht hingegangen. Ich hab es irgendwie vergessen, aber ich hab es meinen Eltern gesagt. Und die haben (bei der Schulleitung) angerufen (...) Und der (...) (Schulleiter) wollte halt mal mit den Schülern reden, ne, weil, es sind nicht nur die aus meiner Klasse" (Clara 1998, H, S. 7f.).

Das „Vergessen" ließe sich als Abwehrmechanismus (vgl. Freud 1964) interpretieren, möglicherweise aus Schamgefühlen heraus, was hier jedoch nur vermutet werden kann. Das Interventionsverhalten von Klassenlehrer und Schulleitung blieb in diesem Fall sehr halbherzig und beschränkte sich darauf, das Problem „anzusprechen". Zum Zeitpunkt der Interviewdurchführung wurde Clara immer noch mit sexuellen Attacken konfrontiert.

4.4.2 Mädchen als Opfer sexualisierter Gewalt

Wie verbreitet sind sexuelle Übergriffe gegen Mädchen an Schulen? Einige Statements in der schriftlichen Schülerbefragung bezogen sich auf die Wahrnehmung von sexuellen Übergriffen im Schulalltag generell, sowohl gegen Jungen als auch gegen Mädchen. Weitere Fragen zielten ab auf die Häufigkeit sexueller Übergriffe von Jungen gegen Mädchen in der Klasse und innerhalb der Schule. Mit diesen Selbstreport-Daten konnten Jungen identifiziert werden, die als „Täter" sexualisierter Gewalt gegen Mädchen in Erscheinung getreten sind.

Tab. 4.10: Wahrnehmung sexueller Übergriffe gegen Mädchen und Jungen nach Geschlecht						
	Ein oder mehrere Jungen bedrängen ein Mädchen und fassen es gegen ihren Willen an			Ein Junge wird von einem oder mehreren Mädchen bedrängt und gegen seinen Willen angefasst		
	Gesamt (n=3540)	Mädchen (n=1714)	Jungen (n=1790)	Gesamt (n=3540)	Mädchen (n=1708)	Jungen (n=1784)
nie	63,9%	66,0%	61,7%	77,7%	82,7%	73,0%
alle paar Monate	20,4%	21,5%	19,4%	12,3%	10,2%	14,1%
mehrmals monatlich	6,0%	5,2%	6,8%	2,7%	2,0%	3,3%
mehrmals wöchentlich	3,4%	2,5%	4,2%	2,4%	2,0%	2,8%
fast täglich	6,3%	4,7%	7,8%	4,9%	3,0%	6,8%
GESAMT	100%	100%	100%	100%	100%	100%

Tabelle 4.10 demonstriert, dass sexuelle Übergriffe stattfinden und in ihrer Häufigkeit durchaus andere physische Gewalthandlungen übertreffen. Es zeigt sich, dass es mehr Wahrnehmungen gibt, nach denen Mädchen Opfer sexualisierter Übergriffe wurden. Gleichzeitig wird sichtbar, dass es auch eine Minderheit von Jungen gibt, die von Mädchen sexuell bedrängt wird. Mehr Jungen als Mädchen nehmen sexuelle Attacken im Schulalltag wahr.

In den folgenden Ausführungen wird auf sexuelle Übergriffe eingegangen, bei denen Mädchen Opfer von Jungen sind. In der eigenen Klasse nehmen Schüler(innen) seltener sexuelle Übergriffe wahr als im Kontext der Schule. Übersehen werden darf jedoch nicht, dass immerhin 8% aller Schüler(innen) angegeben haben, sexuelle Angriffe gegen Mädchen kämen in ihrer Klasse „oft" bzw. „sehr oft" vor. Auf den Kontext der gesamten Schule bezogen schätzten 9% aller Schüler(innen) sexuelle Attacken gegen Mädchen als ein Phänomen, das häufig vorkommt (ohne Tabelle). Die parallel zur Schüler(innen)befragung in Hessen durchgeführte Lehrererhebung mit insgesamt 448 Sekundarschullehrkräften zeigte, dass 65% der Lehrkräfte sexuelle Übergriffe gegen Mädchen „nie" an ihrer Schule beobachtet hatten. 25% registrierten solche Handlungen „selten", 8% „manchmal" und knapp 2% der befragten Lehrerinnen und Lehrer berichteten, diese Verhaltensweisen kämen an ihrer Schule „oft" oder „sehr oft" vor. Sexuelle Attacken werden demnach erheblich häufiger von Schüler(inne)n als von Lehrer(inne)n überhaupt registriert (ohne Tabelle). Ein gravierendes Problem, gerade im Bereich von sexuellen Übergriffen, besteht darin, dass sich diese Handlungen in einem Dunkelfeld oder in Grenzbereichen zwischen schulischen und außerschulischen Umwelten abspielen, die für Lehrkräfte schwer einsehbar sind. Genau dieses Problem wurde in dem zitierten Fallbeispiel deutlich: Sexuelle Übergriffe finden nicht im Unterricht oder vor den Augen der Lehrkräfte statt.

Die sich hier anschließende Frage lautet: Welche Jungen begehen sexuelle Übergriffe gegen den ausdrücklichen Willen der betroffenen Mädchen? Die folgende Tabelle zeigt hierzu die Selbstreporte von Jungen.

Tab. 4.11: Von Jungen selbst berichtete sexuelle Übergriffe gegen Mädchen (n=1964)

So etwas habe ich in den letzten 12 Monaten selbst getan	Ein Junge bedrängt ein Mädchen und fasst es gegen ihren Willen an den Busen oder zwischen die Beine.							
	6. JG (n=676)	8. JG (n=664)	9./10. JG (n=624)	SfL (n=81)	HR (n=424)	KGS (n=649)	IGS (n=351)	Gym (n=459)
nie	85,1%	72,1%	82,1%	65,4%	75,2%	78,4%	76,4%	90,8%
selten	6,4%	10,7%	8,5%	19,8%	11,3%	8,3%	8,0%	4,6%
manchmal	4,1%	7,1%	4,3%	6,2%	6,6%	5,9%	7,1%	1,3%
oft	1,9%	3,6%	1,9%	1,2%	1,4%	4,0%	2,8%	1,3%
sehr oft	2,5%	6,5%	3,2%	7,4%	5,4%	3,4%	5,7%	2,0%
GESAMT	100%	100%	100%	100%	100%	100%	100%	100%

Bei den „Tätern" sexueller Übergriffe zeigt sich ein ähnliches Bild wie bei der physischen Gewaltbelastung: Insbesondere die Jungen der 8. Jahrgänge und die in Sonderschulen erweisen sich Mädchen gegenüber als besonders aggressiv. In den Kooperativen und Integrierten Gesamtschulen befinden sich etwa 8% Jungen, die angegeben haben, Mädchen „oft" oder „sehr oft" sexuell zu bedrängen. In den Hauptschulklassen der Haupt- und Realschulen liegt die Belastung erwartungsgemäß etwas höher – bei 10% (ohne Tabelle). Zwischen „Schülergewalt" und sexuellen Übergriffen zeigen sich hohe bivariate Korrelationen: Jungen, die Mädchen gegenüber sexuelle Gewalt anwenden, gehören mit großer Wahrscheinlichkeit auch im schulischen Kontext zu den „Tätern" physischer Gewalthandlungen (p=.48). Bei diesen Jungen zeigen sich ebenfalls hohe Korrelationen mit schuldeviantem Verhalten, wie Unterrichtsstörungen, Täuschungsversuchen, Schwänzen (p=.40) und psychischer Gewalt (p=.34).

Was zeigen die Befunde zu Opfern im Kontext von Schülergewalt und Geschlechtszugehörigkeit nun zusammenfassend:

- Bei den quantitativ erhobenen sach- und personenbezogenen Opfererfahrungen (vgl. Tab. 4.8/4.9), bei denen sexuell motivierte Handlungen außen vor gelassen werden, sind Jungen eher Opfer als Mädchen.

- Sexualisierte Gewalt gegen Mädchen in Form unerwünschter körperbezogener Attacken vollziehen sich häufiger, als von Lehrkräften wahrgenommen. Viele Übergriffe finden offensichtlich in abgelegeneren oder der Öffentlichkeit unzugänglichen Orten statt. So ging aus dem zitierten Fallbeispiel der Schülerin Clara und aus anderen Interviews hervor, dass als „Orte" der sexuellen Gewaltausübung Mädchentoiletten, Bushaltestellen und Schulwege beschrieben wurden.

4.5 Zwischenfazit

4.5.1 Gegenstandsbereich und Theoriebezug

Untersuchungsgegenstand des Kapitels waren Alltagsverständnis, Ausmaß, Erscheinungs- und Ausdrucksformen gewaltsamer Handlungen im schulischen Kontext sowie ausgewählte Reaktionen darauf unter geschlechtstypischer Perspektive. In diesem Sinne wurde explizit unter Rekurs auf die Theorien der Geschlechterdifferenz der forschende Blick auf mögliche Geschlechtsunterschiede eingenommen und die Geschlechtszugehörigkeit in beiden empirischen Verfahren als relevante Schlüsselvariable betont. Die Daten nach Geschlecht, Schüler(innen)jahrgang und besuchter Schulform haben gezeigt, dass psychische Übergriffe gegen andere Schüler(innen) im Schulalltag einen großen Raum einnehmen. Sachbeschädigungen kommen weit seltener vor und tätliche An- und Übergriffe, Erpressungen und Waffenbesitz markieren eher die Ausnahmesituation. So konnte gezeigt werden, dass Mädchen zwar in alle Gewalthandlungen deutlich seltener als Jungen involviert sind, dass aber ihre Beteiligung an psychischen Gewalthandlungen zum Teil die 50%-Marke übersteigt und damit keinesfalls eine vernachlässigbare Größe darstellt. Der in der bundesweiten Forschung konstatierte Befund, Gewalt an Schulen sei ein Jungenphänomen, sollte anhand dieser Ergebnisse relativiert werden. Durch die Berücksichtigung psychischer Gewalthandlungen im Kontext von Schule wird vermieden, dass Mädchen, die eher mit verdeckten Attacken und im Hintergrund handeln, aus dem Betrachtungshorizont herausfallen.

In der schulformbezogenen Perspektive zeigt sich, dass körperliche Gewalthandlungen an Sonderschulen sehr viel häufiger stattfinden als an den anderen Schulformen und dass die Sonderschülerinnen hier erstaunliche Beteiligungsquoten aufweisen – an keiner anderen Schulform ist eine derartige Annäherung der Geschlechter bei physischen Gewalthandlungen feststellbar. Gymnasiast(inn)en greifen andere zwar selten körperlich an, aber sie weisen ihre Mitschüler(innen) besonders häufig mit verbalen, abwertenden und provozierenden Verhaltensweisen zurecht. Insbesondere den männlichen Gymnasiasten kommt dabei eine exponierte Position zu. Bestätigen lassen sich anhand der geschlechterbezogenen Ergebnisse nur zum Teil solche Befunde, die sich auf einen Zusammenhang zwischen dem Alter der Schüler(innen) und gewaltförmigen Handlungen beziehen: Bei einer nicht geschlechterdifferenzierten Auswertung fällt der 8. Jahrgang, zumindest was die physischen Gewaltarten angeht, durch die relativ starke Beteiligung der Jugendlichen auf (vgl. Tillmann 1999, S. 101f.). Unter Berücksichtigung der Geschlechtszugehörigkeit zeigt sich allerdings, dass dieser Befund relativiert werden muss: Es sind insbesondere die Jungen, die diesen Altersjahrgang zu einer gewaltbelasteten Gruppe machen. Die in anderen Forschungsbefunden kommentierte Rückläufigkeit schulischer Gewalthandlungen am Ende der Sekundarstufe I erweist sich ebenfalls als behaftet mit einem Geschlechterbias: Dass das Niveau der körperlichen Gewalthandlungen abnimmt, lässt sich auf die stark reduzierte Beteiligung der Mädchen an diesen Handlungen zurückführen. Bei den Jungen bleibt die Häufigkeit des Gewalthandelns in Klasse 9 und 10 keineswegs hinter dem Niveau der 8. Jahrgangsstufen zurück. Psychische Gewalthandlungen dagegen werden eher von den Älteren angewandt - von denjenigen, die "zu alt" für direkte körperliche Attacken sind und Konflikte mittlerweile anders lösen. Dieser zeitliche Verlauf ist bei Mädchen und Jungen in ähnlicher Weise zu konstatieren.

Anhand der qualitativen Interviews konnte gezeigt werden, dass es wichtig ist, subjektive Akteure im sozialen Umfeld „Schule" zu ihrem individuellen Gewaltverständnis zu befragen. Deutlich wurde, dass die Jungen und Mädchen übereinstimmend nicht singuläre Gewalthandlungen, sondern soziale Situationen, Folgen, Ursachen und prozessuale Verläufe als „Gewalt" bezeichnen, an deren Anfang Beleidigungen stehen können, die im Zuge der Interaktion eskalieren. In Anlehnung an interaktionistische Theoriebezüge wird deutlich, dass in diesen Begegnungen Realitäten und Interaktionsordnungen produziert werden, die sich verselbstständigen. So ging aus den Äußerungen hervor, dass es im Schulalltag häufig Situationen gibt, in denen aus zunächst harmlos anmutenden Albereien verbale Attacken werden, die nicht selten eskalieren und zu körperlichen Gewalthandlungen werden. Dieser Befund steht in Einklang mit den Ergebnissen der Interaktionsstudien, die an Berliner Grundschulen durchgeführt wurden: Interaktionen auf der Grenze zwischen Spiel und Spaß können in Gewalt umschlagen, wenn Missverständnisse vorliegen und Aushandlungsprozesse nicht erfolgreich sind (vgl. Oswald 1999, S. 197).

Zwischen Jungen und Mädchen zeigen sich im Alltagsverständnis hinsichtlich ihrer Definition, Wahrnehmung und Bewertung der Qualität von körperlicher Gewalt und beleidigender Schimpfworte viele Gemeinsamkeiten. An dieser Stelle wird deutlich, dass die auf Geschlechterdifferenzen gerichtete Analyseperspektive auch geeignet ist, Gemeinsamkeiten und Übereinstimmungen zwischen den Geschlechtern zu konstatieren. Aus den Interviewpassagen zur Frage, wie Mädchen und wie Jungen Gewalt ausüben, zeigen sich geschlechtsbezogene Differenzen. „Hetzen", Hänseln und soziale Ausgrenzung wird als Ausdrucksform der Mädchen beschrieben und körperliche Auseinandersetzungen als die der Jungen. Es zeigten sich jedoch auch hier Übereinstimmungen in den Erzählungen: Gewalt wird von Jungen wie Mädchen als prozessualer Verlauf, als Ereignis, das aus Handlungen und ihren Folgen besteht, aufgefasst: Psychische Provokationen gehen nicht selten in handfeste körperliche Auseinandersetzungen über und somit kann zwischen physischer und psychischer Gewalt nicht immer eindeutig unterschieden werden.

Die Interviews mit Lehrkräften und Schüler(inne)n deuten darauf hin, dass die Ausübung körperlicher Gewalt für Mädchen zunehmend ins Spektrum möglichen Handelns gerät: Mädchen würden sich in zunehmenden Ausmaß nichts gefallen lassen, sich körperlich wehren und auch gegen Jungen Aggressionen zeigen. Diese Interviewpassagen könnten sich somit als Hinweise auf Individualisierungsprozesse im Sinne einer Annäherung des Verhaltens der Geschlechter interpretieren lassen.

Den Jungen wird sowohl von Seiten der Lehrkräfte als auch in den Einschätzungen der Schüler(innen) ein höheres Ausmaß an Brutalität und eine geringere Fähigkeit zur Selbstbeherrschung zugesprochen. Durch immer wiederkehrende Bekräftigungen und Bestätigungen dieser Sachverhalte werden Männlichkeiten im Zusammenhang mit körperlichen Gewalthandlungen bzw. mangelnden Affektkontrollen stets konstruiert und aktualisiert. Und an einer anderen Stelle deutet die Interviewpassage eines Mädchens (vgl. Stefanie 1998, H., S. 17) ebenfalls auf mögliche Männlichkeitskonstruktionen im Kontext gewaltsamen Handelns hin: Jungen hätten mehr Macht als Mädchen und könnten eher tun, was sie wollen – konstruiert werden damit unterschiedliche Freiheitsspielräume im Verhalten. Interessant sind auch die in diesem Kontext vorgebrachten Äußerungen zum psychischen, emotionalen und körperlichen „Reifevorsprung" der Mädchen als potentiell konfliktträchtigem Tatbestand. Einem möglichen Einfluss dieses „Reifevorsprungs" auf Gewalt und konflikthafte Interaktionen wird in Kapitel 6 nachgegangen, wenn Konflikte und Spannungen zwischen den Geschlechtern in Lerngruppen thematisiert werden.

Die quantitativ und insbesondere qualitativ ermittelten Reaktionen der Geschlechter auf Gewalthandlungen bestätigen übereinstimmend das Vorhandensein geschlechtstypischer Unterschiede: Die geäußerten Reaktionen auf Gewalt zeigen, dass Mädchen sich zur Wehr setzen, sie greifen dabei jedoch eher als Jungen zu verbalen Mitteln oder strafen die Angreifer mit Ignoranz. Jungen lassen sich verbal schneller provozieren und zum Zuschlagen veranlassen. Geschlechtstypische Unterschiede hinsichtlich emotionaler Reaktionen auf Gewalt bestehen beim geäußerten Gefühl von

Angst: Mehr Mädchen als Jungen empfinden Angst bei der Konfrontation mit gewalthaltigen Situationen. Weniger Mädchen als Jungen stehen solchen Situationen gleichgültig gegenüber. Und: Mehr Jungen als Mädchen mischen sich, von sexuellen Übergriffen einmal abgesehen, in Gewaltsituationen ein. Dass sich Jungen eher in Konflikte körperlicher Art einmischen, könnte auch mit sozialen Erwartungen an Männlichkeit und klaren Aufforderungen seitens der Lerngruppe einhergehen. In einer vergleichbaren Situation dürften Mädchen von Mitschüler(innen) wohl kaum dazu motiviert werden, in einen Konflikt physisch einzugreifen. Anhand der Interviews wird auch ersichtlich, dass die Schüler(innen) eine Intervention gut abwägen. Sich für einen guten Freund/eine gute Freundin zu engagieren, scheint insbesondere den Mädchen selbstverständlich zu sein. Ansonsten wird Einmischung in Gewalthandlungen eher skeptisch betrachtet und geht mit erheblichen Handlungsunsicherheiten einher.

Unter der Berücksichtigung von Geschlechtszugehörigkeit und Schulform zeigt sich bei erlittenen Gewalthandlungen personen- und sachbezogener Art, dass Jungen signifikant häufiger Opfer werden als Mädchen. Dieser Befund kann als Beispiel dafür herangezogen werden, dass der theoretisch angeleitete Blick auf Geschlechterdifferenzen nicht nur Benachteiligungen von Mädchen thematisiert, sondern auch zeigt, in welchen Bereichen Jungen Nachteilen ausgesetzt sind. Sonderschülerinnen werden jedoch häufiger zum Opfer personen- und sachbezogener Art als Schülerinnen an den anderen Schulformen – sie haben gleichzeitig erheblich mehr physische Gewalthandlungen von sich berichtet als die Mädchen der anderen Schulformen. Offensichtlich deutet dieses Ergebnis auf Opfer-Täter-Interaktionen zwischen Mädchen und zwischen Jungen und Mädchen hin. Diese Befunde verweisen auf die Relevanz interaktionistischer Erklärungsansätze, die in Kapitel 6 und 7, in denen Interaktionen von Gruppen untersucht werden, noch näher aufgegriffen werden.

Neben den als „Schüler(innen)gewalt" definierten Handlungen müssen sexuelle Übergriffe und Bedrohungen als weitere Dimension „physischer Gewalt" betrachtet werden. Opfer dieser Gewalthandlungen sind Mädchen, selbst wenn es unter Mädchen eine Minderheit gibt, die Jungen sexuell attackieren. Wahrnehmungen und Selbstreporte deuten darauf hin, dass sexualisierte Gewalt gegen Mädchen im schulischen Kontext häufiger vorkommt, als Lehrkräfte meinen. Die Ermittlung sexualisierter Gewalt sowie sexistische Interaktionen stellen ein Desiderat in der schulbezogenen Gewaltforschung dar; über „Orte", Verbreitung und Ausdrucksformen liegen keine verallgemeinerbaren Erkenntnisse vor.

4.5.2 Leistung der Methodentriangulation

Mit der Konstruktion verschiedener Einzelitems und Skalen zu selbst berichteter physischer und psychischer Gewalt werden singuläre Handlungen zusammengefasst und als Dimension vorgegeben, über deren Interpretation, Intensität und zeitliche Dauer die Befragten nicht verhandeln können. Die Befragten haben zwar die Möglichkeit, sich den Statements gegenüber zustimmend oder ablehnend zu verhalten, nicht zur Disposition steht jedoch die Frage, ob die Probanden jene singulären Merkmale, zu denen sie sich zustimmend oder ablehnend äußern, überhaupt als „Physische Gewalt" oder „Psychische Gewalt" klassifizieren. Ob genau diese Handlungen, ob nicht vielmehr Erlebnisketten und längerfristige Ereignisse die Bezeichnung „Gewalt" verdienen – dafür gibt es in einem geschlossenen Fragebogen keine Antwortmöglichkeiten. Durch die Thematisierung des Alltagsverständnisses von Gewalt und den dazu abgegebenen subjektiven Erläuterungen und Kommentaren wurde deutlich, dass schulische Konflikt- und Gewalthandlungen in Alltagsinteraktionen eingebunden sind. Der prozessuale Verlauf konflikthafter Auseinandersetzungen, die Eskalation von psychischer Gewalt, lässt sich aus den Ergebnissen quantitativer Studien allein nicht ermitteln.

Durch die Nutzung quantitativer und qualitativer Erkenntnisse konnte der Untersuchungsgegenstand daher umfassender erschlossen werden. Das zeigt sich auch darin, dass es inhaltsbezogene Überschneidungen in den Ergebnissen der quantitativen und qualitativen Daten gibt: Breite Überschneidungen zeigen sich in der Definition von „Physischer Gewalt". So wurde deutlich, dass Schüler(innen) zweifelsohne körperliche Angriffe auch als „Gewalt" definieren. Zwar wurde in den Interviews der „Handlungserfolg" von Prügeleien anhand sichtbarer Verletzungszeichen herausgestellt, jedoch enthielt auch der Fragebogen eindeutig den Verweis auf „ernsthafte Körperverletzungen", die von „Spaßkämpfen" explizit abgegrenzt wurden.

Differenzen zwischen den Befunden der quantitativen und qualitativen Erhebung wurden jedoch bei „Psychischer Gewalt" sichtbar. Hier ist das Ausmaß der Übereinstimmung zwischen Alltagsverständnis und wissenschaftlicher Definition weitaus gebrochener: Schimpfworte, gemeine Zeichen und Gesten sind in nur sehr eingeschränkter Weise für Schüler(innen) „Gewalt", vielmehr definieren Jugendliche derartige Kommunikationsformen als „Umgangston". Beleidigungen und Hänseleien erfüllen in der Alltagswahrnehmung erst dann den Tatbestand von psychischer Gewalt, wenn sie über einen längeren Zeitraum dazu dienen, die Opfer systematisch zu schikanieren und seelisch zu quälen. Die Interviewten sprechen demnach mit ihrer Alltagsdefinition von psychischer Gewalt die Mobbing-Problematik an, die in der standardisierten Erhebung nicht explizit erschlossen werden konnte. Weitere relevante Unterschiede in den Ergebnissen der qualitativen und quantitativen Erhebung beziehen sich auf die Bedeutung der Schulform bei psychischen Gewalthandlungen: Während bei den Items der Skala „Psychische Gewalt" keine signifikanten Schulformunterschiede gemessen werden konnten, zeigte sich in den problemzentrierten Interviews in den untersuchten Klassen der verschiedenen Schulformen ein sehr differenzierter Umgang sowie unterschiedliche Einschätzungen des persönlichkeitsschädigenden Potentials derartiger Handlungen. Mit Hilfe dieser Triangulationsstrategie, die verschiedene Facetten des Gewaltphänomens an Schulen sichtbar machte, ergibt sich im Endeffekt ein umfassenderes Bild über das Spektrum des Untersuchungsgegenstandes. Die qualitativ gewonnenen Aspekte zum Alltagsverständnis, zu Interaktionen, prozessualen Verläufen und der Dynamik gewaltsamer Handlungen stellen eine unverzichtbare Ergänzung und Erweiterung der quantitativen Befunde dar.

Aus den bisherigen qualitativen und quantitativen Ausführungen zu Verbreitung und Ausdrucksformen von Gewalt an Schulen wurde deutlich, dass in beiden Erhebungen Risikofaktoren gewaltsamen Handelns (Eskalation von Gewalt, Hemmschwellen etc.) genannt wurden. Diese sollen im folgenden Kapitel analysiert werden.

5. Risikofaktoren für Gewalthandlungen bei Mädchen und Jungen

5.1 Fragestellungen und methodische Perspektive

Die außer- und innerschulischen Einflussfaktoren aus den unterschiedlichen sozialen Umwelten (Familie, peer-group, Medien, Schule), die bei Jugendlichen die Wahrscheinlichkeit gewaltsamen Handelns erhöhen, sind in Kapitel 1 genannt worden. Im folgenden soll untersucht werden, welche individuellen Verhaltensweisen und sozialen Konstellationen der inner- und außerschulischen sozialen Umwelt sich als Risikofaktoren[1] für schulisches Gewalthandeln für Mädchen und Jungen erweisen. Dabei wird im außerschulischen Bereich das Hauptaugenmerk auf das familiale Erziehungsklima und die Wertvorstellungen in der Freundesgruppe gerichtet. Im Bereich der schulischen Risikofaktoren werden Etikettierungs- und Ausgrenzungserfahrungen, Schüler(in)-Schüler(in)-Beziehungen und Lehrer(in)-Schüler(in)-Beziehungen untersucht. Auch gewaltaffirmative Einstellungen, Überzeugungen und Dispositionen werden in diesem Zusammenhang näher betrachtet. Unter geschlechtstypischer Perspektive wird analysiert, ob sich die genannten Risikofaktoren, die körperliches Gewalthandeln bei Mädchen und Jungen begünstigen, unterscheiden oder ähneln.

Zur Erfassung der Risikokonstellationen bei subjektiven Einstellungen und inner- wie außerschulischer Umwelten, wird kein triangulatives Vorgehen gewählt. Quantitative Verfahren, wie Mittelwertsvergleiche (t-test für unabhängige Stichproben) zur Feststellung der Geschlechterunterschiede sowie Regressionsanalysen zur Prüfung signifikanter Effekte kommen in Kapitel 5.2 zum Einsatz. Nachdem mögliche Risikofaktoren im Bereich der individuellen Haltungen und der unterschiedlichen sozialen Umwelten für Mädchen und Jungen identifiziert wurden, geht es in Kapitel 5.3 um die Frage nach den Merkmalen der „Täterinnen" und „Täter" physischer Gewalt. Im Zuge dieser Auseinandersetzung wird ermittelt, inwieweit es Übereinstimmungen und Unterschiede zwischen Jungen und Mädchen gibt in Hinsicht auf gewaltbefürwortende Einstellungen, familiales Erziehungs-

---

[1] Der Begriff „Risikofaktoren" suggeriert ein zeitliches, kausales und räumliches Wirkungsgefüge unterschiedlichster Variablen, für deren Ermittlung mehrebenenanalytisch organisierte Längsschnittuntersuchungen nötig wären. Wie in Kapitel 3 bereits angedeutet, können durch die Begrenzung der methodischen Anlage dieser Untersuchung lediglich Querschnittdaten kausal interpretiert werden, die keine Prognose zulassen.

klima, schulische Faktoren und die Qualität von Freundesgruppen. Damit wird auch die Frage berührt, ob für ausgeprägt aggressive Jungen und Mädchen unterschiedliche oder ähnliche gewaltbegünstigende Bedingungen erfüllt sein müssten.

Dass zu der Frage, ob es auch weibliche „Täter" gibt, was ihre Beweggründe sind und welche besonderen Risikokonstellationen bei ihnen vorhanden sind, kaum Befunde vorliegen, dürfte auch an dem bisher dominierenden Forschungsansatz liegen: Die quantitativ-vergleichende Analyse unterschiedlicher Beteiligungen und die dabei immer wieder gefundene männliche Dominanz verstellen nur zu leicht den Blick auf den durchaus vorhandenen weiblichen Anteil an schulischer Gewalt. Mit Hilfe der quantitativen Daten werden „Täterinnen" und „Täter" physischer Gewalt zunächst näher untersucht und ihre Sozialisationskontexte mit denen an Gewalt unbeteiligten Schüler(innen) verglichen. Dies geschieht sowohl mit dem Blick auf Geschlechtsunterschiede als auch mit dem Blick auf Gemeinsamkeiten zwischen Angehörigen spezifischer Extremgruppen. Die qualitative Methode kann hier unmittelbar anschließen, da für die Erhebung im Rahmen der Schulfallstudien einige der befragten Mädchen und Jungen von ihren Lehrkräften explizit als „Täter(innen)" ausgesucht und für das Interview vorgeschlagen wurden. Die an dieser Stelle zum Zuge kommende Triangulationsvariante (vgl. Kapitel 3, Variante 1, S. 118) sieht vor, dass auf der Grundlage der repräsentativen Daten über die spezifischen Risikofaktoren von „Täterinnen" die besondere „Geschichte" einer „Täterin" ausgewählt wird. Aus dem Erzählbeispiel soll herausgearbeitet werden, ob sich Aspekte der subjektiven Einstellungen Gewalt gegenüber sowie die ermittelten Risikofaktoren der sozialen Umwelten in der Einzelfalldarstellung finden lassen. Es soll demnach versucht werden, mit dem qualitativen Fallbeispiel die Resultate der schriftlichen Befragung zu illustrieren und um die subjektive Dimension zu erweitern.

5.2 Der Einfluss individueller, schulischer und außerschulischer Faktoren auf das Gewaltverhalten der Geschlechter

Die Rechtsextremismusforschung verwies auf die Bedeutung nationalistischer Einstellungen und die Befürwortung von Gewalt - die zu diesen Auffassungen neigenden Jugendlichen sind insbesondere in Freundesgruppen gefährdet, die ein hohes Gewaltpotential und ein aggressives, autoritäres, ausgrenzendes Wertklima vertreten. Die bisherige Forschung zeigte, dass insbesondere für Jungen hier Risiken bestehen, da in derartigen Gruppen auch gewaltorientierte Männlichkeitskonzepte verfolgt werden. Im Kontext der hessischen Schüler(innen)studie wurde auf die Bedeutung einer Dimension hingewiesen, die Bestandteil des Selbstkonzeptes ist: Mangelnde

Selbstbeherrschung als individueller Zustand erhöhter Reizbarkeit, der jedoch in engem Zusammenhang zu den Dynamiken und Normen relevanter Bezugsgruppen (Familie, Freundesgruppe) steht (vgl. Tillmann u. a. 1999, S. 171).

Die Familie als außerschulische soziale Umwelt spielt als Entstehungszusammenhang für gewaltsame Verhaltensweisen eine wichtige Rolle – Gewalterfahrungen in der Kindheit gelten als gute Prädiktoren für die Gewaltbereitschaft im späteren Lebensalter. Als ein besonders relevanter Einfluss der Familie hat sich – neben einer prekären Beschäftigungssituation des Vaters – das innerfamiliale Klima und das von den Schülerinnen und Schülern wahrgenommene elterliche Erziehungsverhalten erwiesen (vgl. Tillmann u. a. 1999, S. 155ff.). Auch für die Freundesgruppe als außerschulische Sozialisationsumwelt wurde das in ihr herrschende Wertklima in Zusammenhang mit Gewalthandeln der Jugendlichen häufig thematisiert. Insofern sollen zur Messung der außerschulischen Risikofaktoren, die hier entlang der Geschlechtszugehörigkeit untersucht werden, ausschließlich Skalen einbezogen werden, die sich inhaltlich auf dieses Wertklima beziehen.

Die schulische Umwelt als zentraler Lebensbereich, in dem männliche und weibliche Jugendliche viel Zeit verbringen, prägt deren Einstellungen und Handlungen. Im schulischen Kontext haben sich insbesondere die sogenannten „weichen" Faktoren des Sozialklimas, d. h. die kommunikativen Umgangsformen innerhalb der Lerngruppe und im Lehrer(innen)-Schüler(innen)-Verhältnis, die Chance von Partizipation und Mitbestimmung, die Intensität der Sozialbeziehungen und die Erfahrung von Etikettierung und Ausgrenzung als relevante gewaltfördernde bzw. -hemmende Faktoren erwiesen. Diese Skalen zum interaktionellen Schulkontext werden zur Analyse innerschulischer Bedingungsfaktoren von Gewalt nach Geschlechtszugehörigkeit eingesetzt.

5.2.1 Gewaltaffirmative Einstellungen als Risikofaktoren für Mädchen und Jungen

Mit der Bezeichnung „gewaltaffirmativer" Einstellungen oder Dispositionen sollen hier Verhaltensweisen beschrieben werden, die in der Sozialisationsgeschichte des Individuums erworben wurden und sich aufgrund bestimmter Zugehörigkeiten und lebensweltlichen Erfahrungen als opportun erwiesen haben. Als gewaltnahe und -befürwortende Einstellungen werden die Ausprägung von Gewaltbilligung, nationalistischen Einstellungen und mangelnder Selbstbeherrschung gemessen. Die zu den Skalen gehörenden Items sind in den folgenden Tabellen zusammen mit den Itemmittelwerten nach Geschlecht und dem jeweiligen Signifikanzniveau sowie den Effektstärken (Eta) zur Demonstration der praktischen Signifikanzen (vgl. Cohen 1988) präsentiert. Der Wertebereich der Skalen bewegt sich zwischen 1 und

5, je höher der Wert ausfällt, umso ausgeprägter die gewaltbefürwortenden Einstellungen.

Gewaltbilligende Einstellungen sind verbunden mit der Einschätzung, dass Stärke und physische Überlegenheit, Normalität von Gewalt und gewaltbereite Männlichkeit als legitim und erstrebenswert gelten. Schüler(innen), die gewaltbilligende Einstellungen vertreten, definieren Gewaltausübung als adäquate Ausdrucksform der Konfliktbewältigung und zeigen auch mehr Gewalt als Vergleichsgruppen (vgl. Tillmann u. a. 1999, S. 172f.).

Tab. 5.1: Gewaltbilligung, Mittelwerte nach Geschlecht					
Var.-Nr.	Itemformulierung	Jungen (n=1703)	Mädchen (n=1590)	Signifikanz-niveau	Eta
186.	Gewalt gehört selbstverständlich zur menschlichen Natur.	2,78	2,14	***	.26
187.	Der Stärkere muss sich durchsetzen, sonst gibt es keinen Fortschritt.	2,53	1,98	***	.24
188.	Gewalt ist etwas völlig normales, weil sie überall vorkommt.	1,32	1,14	***	.21
189.	Es ist völlig normal, wenn Männer sich im körperlichen Kampf mit anderen selbst beweisen wollen.	2,71	2,41	***	.13
190.	Auge um Auge, Zahn um Zahn, so ist nun einmal das Leben.	2,66	2,29	***	.14
Reliabilität der Skala, Cronbachs Alpha: .85 ns: nicht signifikant, * (p<.05), ** (p<.01), *** (p<.001); Eta: .25					

Insgesamt bewegen sich die Zustimmungen zu gewaltbilligenden Einstellungen der Schüler(innen) in einem mittleren Wertebereich. Aus der Tabelle geht hervor, dass Jungen allen Items signifikant eher zustimmen als Mädchen. Jungen haben demnach durch ihre ausgeprägteren gewaltbilligenden Einstellungen auch ein größeres Risiko als Mädchen, gewaltsam zu handeln.

Nationalistische Einstellungen beziehen sich zum einen auf den Wunsch nach Sicherheit, Ordnung und straffer politischer Führung, zum anderen auf ethnozentristische Haltungen, nach denen Deutsche anderen Kulturen und Ethnien gegenüber überlegen sind. Mit dieser Skala wird demnach die Befürwortung von Gewalt auf einer gesellschaftlichen Ebene gemessen. Im Sinne der Individualisierungsthese handelt es sich hier auch um vergangenheitsbezogene und traditionalistische Einstellungen, zu denen verunsicherte Jugendliche eher als andere neigen. Die Abwehrhaltung Fremden gegenüber lässt auf individuelle Abgrenzungsbemühungen, Konkurrenz- und Zukunftsängste schließen.

Tab. 5.2: Nationalistische Einstellungen, Mittelwerte nach Geschlecht

Var.-Nr.	Itemformulierung	Jungen (n=1128)	Mädchen (n=1123)	Signifikanzniveau	Eta
302	Unser Volk sollte wieder einen Führer haben, der mit starker Hand regiert	2,04	1,86	***	.08
303	Die Deutschen waren schon immer die Größten in der Geschichte	2,13	1,83	***	.13
305	In jeder Gesellschaft gibt es Konflikte, die nur mit Gewalt gelöst werden können	2,40	1,98	***	.19
306	Wer sich in Deutschland nicht anpassen kann, soll das Land am besten verlassen	2,53	2,23	***	.11
307	Ich bin durchaus bereit, Fremde schlechter zu behandeln, damit sie wissen, wo hier ihre Grenzen sind	2,03	1,66	***	.18
	Reliabilität der Skala, Cronbachs Alpha: .79 **ns: nicht signifinkant, * (p<.05), ** (p<.01), *** (p<.001), Eta: .21**				

Auch bei den nationalistischen Einstellungen gibt es Differenzen nach Geschlecht. Mädchen verhalten sich in ihrem Zustimmungsverhalten zurückhaltender als Jungen. Auch bei diesen gesellschaftsbezogenen gewaltbefürwortenden Einstellungen tragen Jungen demnach ein erhöhtes Risiko.

Mangelnde Selbstbeherrschung zielt auf die Ermittlung einer individuellen Disposition des Konfliktmanagements. Jugendliche, die kaum in der Lage sind, sich zu beherrschen, die sich schnell provoziert und angegriffen fühlen und sich in solche Situationen auch physisch hineinsteigern, geraten eher als andere in die Gefahr, bei Konflikten sozial inadäquat zu reagieren.

Tab. 5.3: Mangelnde Selbstbeherrschung, Mittelwerte nach Geschlecht

Var.-Nr.	Itemformulierung	Jungen (n=1128)	Mädchen (n=1123)	Signifikanzniveau	Eta
105.	Ich fühle mich leicht angegriffen.	2,18	2,12	ns	.03
108.	Ich steigere mich leicht in einen Streit hinein.	2,73	2,53	***	.09
114.	Ich gerate schnell in Wut.	2,63	2,51	**	.07
121.	Es bringt mich zum Kochen, wenn andere sich über mich lustig machen.	3.10	3,03	ns	.04
128.	Bei Streit mit anderen raste ich richtig aus und habe mich nicht mehr unter Kontrolle.	2,27	1,87	***	.18
	Reliabilität der Skala, Cronbachs Alpha: .73 **ns: nicht signifikant, * (p<.05), ** (p<.01), *** (p<.001); Eta: .15**				

Die Ergebnisse der Mittelwertvergleiche sind hier nicht so eindeutig, wie bei den zuvor präsentierten Skalen, was sich auch in den Effektstärken-Analysen zeigt. Mädchen fühlen sich ebenso schnell angegriffen wie Jungen und haben ähnlich ausgeprägte Probleme mit Situationen, in denen sich andere über sie lustig machen. Die Befunde von Jürgen Mansel und Petra Kolip (vgl. 1996) deuten darauf hin, dass die Aggressionsbereitschaft der Mädchen und Gefühle von Wut in noch größerem Maße als bei Jungen vorhanden sind, dass Mädchen jedoch Konflikte eher interiorisieren und somatisieren. Bemerkenswert ist im Kontext der vorliegenden Ergebnisse, dass Jungen in Konfliktsituationen signifikant häufiger ihre Affekte nicht unter Kontrolle haben. Jungen kommen offensichtlich im Vergleich zu Mädchen eher in die Situation eines Kontrollverlustes: Sie geraten schneller in Wut, fühlen sich eher gereizt und besitzen eine reduzierte Hemmschwelle.

5.2.2 Außerschulische Bedingungskonstellationen als Risikofaktoren für Mädchen und Jungen

Aus den zitierten Studien zu Bedingungsgefügen von Schülergewalt hat sich das innerfamiliale Klima als bedeutsam herausgestellt. Wenn Kinder und Jugendliche in ihrem häuslichen Umfeld Gewalterfahrungen machen müssen, erhöht das die Wahrscheinlichkeit, in der Schule selbst zu den „Tätern" zu gehören (vgl. z. B. Fuchs u. a. 1996). Umgekehrt hat sich ein unterstützendes und akzeptierendes Klima in der Herkunftsfamilie als gewalthemmender Einfluss erwiesen. Da Jugendliche sich zunehmend an Freundesgruppen orientieren, soll diese Sozialisationsinstitution als außerschulischer Faktor näher betrachtet werden. Auch hier verweisen bisherige Ergebnisse auf die Wertstruktur und das Klima in einer Freundesgruppe als mögliche relevante Konstellationen für Gewalthandeln.

Um einen Eindruck zu bekommen, wie Mädchen und Jungen das Klima innerhalb ihrer Familie wahrnehmen, wurden sie darum gebeten, den subjektiv empfundenen Erziehungsstil ihrer Eltern einzuschätzen. In der ersten Skala wurde „Akzeptanz" gemessen, womit der Grad der Unterstützung und Akzeptanz durch die Eltern gemeint ist (vgl. Tab. 5.4). In einem hohen und übereinstimmenden Ausmaß nehmen Jungen wie Mädchen wahr, dass ihre Eltern in der Regel für sie da sind, wenn Probleme auftauchen. Jedoch fühlen sich Jungen in ihrer Familie tendenziell wohler als Mädchen und würden auch eher als Mädchen das elterliche Erziehungsverhalten für ihre eigenen Kinder übernehmen wollen (vgl. Tab 5.5).

Die nächste Skala misst das erlebte Maß an Restriktivität der elterlichen Erziehung. Das Niveau der Skalenmittelwerte deutet darauf hin, dass nur wenige Jugendliche ihr Aufwachsen zu Hause als rigide, unterdrückend und restriktiv wahrnehmen.

Tab. 5.4: Familiales Erziehungsklima: Akzeptierendes Familienklima, Mittelwerte nach Geschlecht

Var.-Nr.	Itemformulierung	Jungen (n=1740)	Mädchen (n=1690)	Signifikanz-niveau	Eta
58.	Wenn ich mal Probleme habe, sind meine Eltern für mich da.	4,34	4,28	ns	.05
62.	Zuhause fühle ich mich sehr wohl.	4,45	4,30	***	.09
63.	Meine Kinder würde ich so erziehen, wie ich von meinen Eltern erzogen wurde.	3,51	3,27	***	.10
	Reliabilität der Skala, Cronbachs Alpha: .71 ns: nicht signifikant, * (p<.05), ** (p<.01), *** (p<.001), Eta: .11				

Während es bei der Einschätzung, körperliche Züchtigungen und übermäßige Einschränkungen durch die Eltern zu erfahren, keine Unterschiede zwischen Jungen und Mädchen gibt, haben Jungen signifikant häufiger als Mädchen den Eindruck, von den Eltern in Hinsicht auf schulische Leistungen unter Druck gesetzt zu werden und Vorschriften zu erhalten.

Tab. 5.5: Familiales Erziehungsklima: Familiale Restriktivität, Mittelwerte nach Geschlecht

Var.-Nr.	Itemformulierung	Jungen (n=1720)	Mädchen (n=1663)	Signifikanz-niveau	Eta
56.	Zuhause hat es für mich schon so manches Mal Prügel gegeben.	1,70	1,64	ns	.09
57.	Meine Eltern erlauben mir viel weniger, als andere in meinem Alter dürfen.	2,36	2,39	ns	.05
59.	Die hohen Erwartungen meiner Eltern an meine Schulleistungen setzen mich unter Druck.	2,37	2,01	***	.16
60.	Meine Eltern schreiben mir sehr stark vor, was ich zu tun habe.	2,09	1,85	***	.15
	Reliabilität der Skala, Cronbachs Alpha: .61 ns: nicht signifikant, * (p<.05), ** (p<.01), *** (p<.001); Eta: .15				

Möglicherweise sind schlechte Schulleistungen häufiger Thema und Konfliktstoff zwischen Eltern und Söhnen; den zitierten aktuellen Schulstatistiken zufolge sind Jungen im Durchschnitt in einer ungünstigeren Leistungsposition als Mädchen.

Der überwiegende Anteil heutiger Jugendlicher bewegt sich in einer Freundesgruppe (vgl. Schröder 1995). Neuere Jugendstudien zeigen, dass es bei dem Bedürfnis, die Freizeit in Freundesgruppen zu verbringen, keine Geschlechtsunterschiede mehr gibt (vgl. z. B. Jugendwerk der Deutschen Shell 1997, S. 348ff.). Nur eine Minderheit von Jugendlichen (ca. 3%) hat angegeben, die Freizeit überwiegend allein zu verbringen (vgl. Tillmann u.a.

1999, S. 175). Für die Bestimmung möglicher Risikofaktoren ist es wichtig, die Binnenstruktur und die Wertvorstellungen der Freundesgruppen zu ermitteln: Wie regeln die Jugendlichen untereinander Konflikte? Gibt es in der Freundesgruppe einen internen subtilen Zwang, aggressiv zu sein? Mit den Items der Skala „Aggressive Konfliktlösung" wird die Art des Umgangs mit Konflikten gemessen. Schätzen die Schüler(innen) ihre Freundesgruppe als wenig gesetzeskonform ein? Gibt es häufiger körperliche Auseinandersetzungen mit verfeindeten Gruppen und wird Gewalt als Mittel der Konfliktlösung eingesetzt?

Tab. 5.6: Wertklima in der Freundesgruppe: Aggressive Konfliktlösung, Mittelwerte nach Geschlecht

Var.-Nr.	Itemformulierung	Jungen (n=1465)	Mädchen (n=1430)	Signifikanz-niveau	Eta
28.	Wenn wir mal Probleme mit anderen Gruppen haben, lösen wir die nicht mit Diskutieren.	2,62	2,23	***	.16
29.	Im letzten Jahr hat es mit anderen Gruppen Kämpfe, Prügeleien oder ähnliche Auseinandersetzungen gegeben.	1,99	1,61	***	.16
30.	Um die Ziele und Interessen unserer Gruppe durchzusetzen, pfeifen wir auch schon mal aufs Gesetz.	2,33	1,99	***	.14
Reliabilität der Skala, Cronbachs Alpha: .57					
ns: nicht signifikant, * (p<.05), ** (p<.01), *** (p<.001); Eta: .21					

Signifikant mehr Jungen als Mädchen schätzen, dass in ihrer Freundesgruppe ein aggressives Klima herrscht, das gegenwärtig und in der Vergangenheit zu gewaltförmigen Auseinandersetzungen mit anderen führte. Auch im Kontext der Freundesgruppen stellen sich somit für männliche Jugendliche größere Risikofaktoren für gewaltsames Handeln heraus als für Mädchen. Nicht ganz so gravierend sind die Unterschiede in den Wahrnehmungen der Jungen und Mädchen in Bezug auf den sozialen Umgang der Mitglieder untereinander. Die folgende Skala misst das Ausmaß an Intoleranz gegenüber divergierenden Meinungen. Auch ein problematischer Konformitätszwang wird mit den Items der Skala ausgedrückt (vgl. Tab. 5.7). Dieser Gruppenzwang zur Übereinstimmung mit den intoleranten Zielen und Idealen der Freundesgruppe, wird von Jungen eher als von Mädchen als Kennzeichen der eigenen Freundesgruppe berichtet.

Während es demnach im Bereich des familialen Klimas erwartungsgemäß wenig Unterschiede in den Einschätzungen der Jungen und Mädchen gibt, stellt sich die Gefahr, einer aggressionsbereiten, intoleranten, ausgrenzenden und delinquenten Clique anzugehören, für Jungen in erheblich größerem Ausmaß als für Mädchen.

Tab. 5.7: Wertklima in der Freundesgruppe: Intoleranz, Mittelwerte nach Geschlecht					
Var.-Nr.	Itemformulierung	Jungen (n=1479)	Mädchen (n=1435)	Signifikanz-niveau	Eta
27.	Wer motzt oder kritisiert, wird in unserer Gruppe nicht geduldet.	2,34	2,28	ns	.05
31.	Wer nicht vollständig mit unserer Gruppe übereinstimmt, ist kein richtiges Gruppenmitglied.	2,03	1,89	**	.11
Reliabilität der Skala, Cronbachs Alpha: .48 ns: nicht signifikant, * (p<.05), ** (p<.01), *** (p<.001); Eta: .09					

5.2.3 Schulische Bedingungskonstellationen als Risikofaktoren für Mädchen und Jungen

Als Risikofaktoren für Schüler(innen)gewalt haben sich im Bereich Schule vor allem die besuchte Schulform, ein prekärer Leistungsstand und interaktionelle Kontexte erwiesen: Schüler(innen), die von ihrer Lerngruppe ausgegrenzt werden, die sich in ihrer Klasse nicht sonderlich wohl fühlen, die sich von Lehrkräften wie Mitschüler(inne)n etikettiert sehen, sind in erheblich höherem Ausmaß gefährdet, Konflikte gewaltsam zu bearbeiten. Auf die Bedeutung der schulformspezifischen Belastung und auf Schulversagen als schulische Risikokonstellation wurde bereits hingewiesen (vgl. Tillmann u. a. 1999, S. 102, S. 240ff.).

Interaktionen in der Schule finden auf unterschiedlichen Ebenen statt: So gibt es die innerhalb und außerhalb des Unterrichts vorhandene Beziehung zwischen Schüler(inne)n und Lehrer(inne)n. Des Weiteren sind die Interaktionen in der Lerngruppe, d.h. zwischen Schülerinnen und Schülern von Bedeutung. Und im Kontext des interaktionistischen Theorieansatzes wurde auf die desintegrierenden Prozesse von Stigmatisierungs-, Etikettierungs- und Ausgrenzungserfahrungen als gewaltfördernde Bedingungen hingewiesen. An den letztgenannten Interaktionen sind sowohl Schüler(innen) als auch Lehrer(innen) beteiligt.

Im folgenden geht es um Aspekte der Lehrer-Schüler-Beziehung. Eine Skala misst das Ausmaß an Restriktivität im Lehrerhandeln. Hier geht es darum, wie Schüler(innen) den Umgang ihrer Lehrkräfte mit institutionellen Regeln und ihrer Definitionsmacht wahrnehmen. So ist aus schulbezogenen Forschungen bekannt, dass Schüler(innen) mit abweichendem Verhalten reagieren, wenn sie ihre Lehrkräfte als wenig zugewandt und als übermäßig streng wahrnehmen und darüber hinaus den Eindruck haben, Noten würden als Strafe eingesetzt. Wenn Lehrkräfte ihren Schüler(innen) vermitteln, stets unanfechtbar und unfehlbar zu sein, stellen solche Interaktionen Risiken für ein vermehrtes Auftreten von Schülergewalt dar.

Tab. 5.8: Lehrer(in)-Schüler(in)-Beziehung: Restriktivität der Regelanwendung, Mittelwerte nach Geschlecht

Var.-Nr.	Itemformulierung	Jungen (n=1705)	Mädchen (n=1590)	Signifikanz-niveau	Eta
180.	Wenn bei uns jemand etwas falsch gemacht oder etwas angestellt hat, dann stellen ihn die Lehrer(innen) als schlecht hin.	2,66	2,44	***	.11
182.	Bei uns gibt es Lehrer(innen), die gegen Schüler schon mal handgreiflich werden.	2,12	1,87	***	.10
183.	Bei uns würde nie ein Lehrer/eine Lehrerin zugeben, dass er/sie sich einmal geirrt hat.	2,80	2,89	*	.07
185.	Es gibt Lehrer(innen), die einen vor der ganzen Klasse blamieren.	3,06	3,16	**	.08
234.	Wer sich bei unseren Lehrer(inne)n nicht an die Regeln hält, riskiert zur Strafe auch noch schlechte Noten.	3,20	2,94	***	.11

Reliabilität der Skala, Cronbachs Alpha: .64
ns: nicht signifikant, * ($p<.05$), ** ($p<.01$), *** ($p<.001$); Eta: .14

Signifikant häufiger als Mädchen nehmen Jungen Disziplindruck und Restriktionen durch ihre Lehrkräfte wahr. Auch sind Mädchen seltener der Meinung als Jungen, dass Lehrkräfte mit schlechten Noten undiszipliniertes Schülerverhalten abstrafen. Bei diesen generell negativeren Einschätzungen der Jungen hinsichtlich der erfahrenen Restriktivität gibt es eine Ausnahme: Mädchen sind eher als Jungen davon überzeugt, dass es Lehrkräfte gibt, die einen vor der ganzen Klasse blamieren. Die folgende Subskala zur Lehrer(in)-Schüler(in)-Beziehung misst das Ausmaß an erlebter Mitbestimmung. Hier geht es um die Frage, ob die Schüler(innen) den Eindruck haben, dass ihre Meinungen von Lehrkräften anerkannt und geschätzt werden.

Tab. 5.9: Lehrer(in)-Schüler(in)-Beziehung: Mitbestimmung, Mittelwerte nach Geschlecht

Var.-Nr.	Itemformulierung	Jungen (n=1702)	Mädchen (n=1648)	Signifikanz-niveau	Eta
236.	Unsere Lehrer(innen) sind bereit, mit uns zu diskutieren, wenn uns etwas nicht gefällt.	3,61	3,59	ns	.04
237.	Die Lehrer(innen) fragen uns häufig nach unserer Meinung, wenn etwas entschieden oder geplant werden soll.	3,50	3,45	ns	.06

Reliabilität der Skala, Cronbachs Alpha: .65
ns: nicht signifikant, * ($p<.05$), ** ($p<.01$), *** ($p<.001$); Eta: .07

Mangelnde Möglichkeiten der Partizipation an Entscheidungen sowie der Eindruck, dass Schüler(innen) ihren Lehrkräften gegenüber Unzufriedenheiten nicht zum Ausdruck bringen können, erweisen sich als Risikofaktoren für Gewalthandeln. Das Niveau der Mittelwerte zeigt, dass die meisten Schüler(innen) den Eindruck haben, ihre Lehrkräfte seien kompromissbereit. Signifikante Unterschiede zwischen den Geschlechtern konnten bei dieser Dimension nicht ermittelt werden.

Wie bereits erwähnt, reicht die Lehrer(in)-Schüler(in)-Beziehung über den Unterricht hinaus. Wenn die Schüler(innen) den Eindruck haben, von ihren Lehrkräften als individuelle Person angesprochen zu werden, wenn die Gewissheit besteht, dass sich Schüler(innen) auch bei außerschulischen Problemen an ihre Lehrkräfte wenden können, wirkt dies gewaltmindernd.

Tab. 5.10: Lehrer(in)-Schüler(in)-Beziehung: Kontakt und Vertrauen, Mittelwerte nach Geschlecht

Var.-Nr.	Itemformulierung	Jungen (n=1702)	Mädchen (n=1652)	Signifikanzniveau	Eta
239.	Die meisten Lehrer(innen) bemühen sich, uns auch persönlich kennen zu lernen.	3,15	3,15	ns	.04
240.	Ich würde mich trauen, mit einigen von unseren Lehrer(innen) auch persönliche Probleme zu besprechen.	2,75	2,65	*	.06
242.	Mit einigen Lehrer(inne)n reden wir häufig auch außerhalb des Unterrichts über Privates.	2,47	2,37	ns	.05
243.	Die meisten Lehrer(innen) versuchen, auf die Eigenarten und Probleme einzelner Schüler(innen) einzugehen.	3,12	3,01	*	.07

Reliabilität der Skala, Cronbachs Alpha: .69
ns: nicht signifikant, * (p<.05), ** (p<.01), *** (p<.001); Eta: .11

Die Mittelwerte zeigen nicht eindeutig, dass ein vertrauensvolles Verhältnis den Lehrkräften gegenüber nach Geschlecht variiert. Jungen sind eher als Mädchen davon überzeugt, dass Lehrkräfte darum bemüht seien, auf die subjektiven Eigenarten ihrer Schüler(innen) einzugehen. Insgesamt äußern sich die weiblichen und männlichen Schüler(innen) zufriedenstellend zur Qualität des Kontaktes zu ihren Lehrkräften. Eine ähnliche Skala, die auch die wahrgenommene Qualität der Lehrer(in)-Schüler(in)-Beziehung misst, wurde mit „Akzeptanz" konstruiert. Hierbei geht es generell um die Frage des Miteinander-Auskommens sowie um den Eindruck, von Lehrkräften akzeptiert und ernstgenommen zu werden.

Tab. 5.11: Lehrer(in)-Schüler(in)-Beziehung: Akzeptanz, Mittelwerte nach Geschlecht

Var.-Nr.	Itemformulierung	Jungen (n=1740)	Mädchen (n=1680)	Signifikanzniveau	Eta
241.	Man wird an dieser Schule von den meisten Lehrer(inne)n ernst genommen.	3,55	3,53	ns	.05
244.	Wir kommen mit unseren Lehrer(inne)n gut aus.	3,54	3,53	ns	.08

Reliabilität der Skala, Cronbachs Alpha: .54
ns: nicht signifikant, * (p<.05), ** (p<.01), *** (p<.001); Eta: .07

Es ließen sich keine Geschlechtsunterschiede in der Wahrnehmung der Akzeptanz ermitteln und die Mittelwerte bewegen sich im oberen Wertebereich der Skala, was darauf hindeutet, dass der überwiegende Anteil der Schüler(innen) mit dem Ausmaß der Akzeptanz durch Lehrkräfte zufrieden ist.

Die folgenden Skalen beziehen sich auf die Beziehung zwischen den Mitschüler(inne)n und geben damit auch Auskunft über die Qualität der Lerngruppe als Interaktionszusammenhang. Kohäsion bezieht sich auf den erlebten Zusammenhalt der Klasse. Zum einen wird das Ausmaß an Kohäsion deutlich in der Frage des Zusammenhaltens und bei der Leichtigkeit, Kontakt und Anschluss zu finden. Kohäsion äußert sich des Weiteren in einer schnellen, produktiven Konfliktlösung bei Streitereien innerhalb der Lerngruppe. Jugendliche, die ihren Klassenverband als soziale Gruppe erleben, in der man sich nicht versteht und Kontaktschließung unmöglich erscheint, sind vermehrten Risiken ausgesetzt, soziale Fähigkeiten nicht erlernen zu können und abweichende Formen der Konfliktbewältigung zu praktizieren.

Tab. 5.12: Schüler(in)-Schüler(in)-Beziehung: Kohäsion, Mittelwerte nach Geschlecht

Var.-Nr.	Itemformulierung	Jungen (n=1720)	Mädchen (n=1660)	Signifikanzniveau	Eta
247.	In unserer Klasse ist es für alle Schüler(innen) einfach, Anschluss und Kontakt zu bekommen.	3,33	3,25	*	.04
249.	Wenn es einmal darauf ankommt, halten die Schüler(innen) unserer Klasse prima zusammen.	3,67	3,87	***	.10
251.	Die meisten Schüler(innen) verstehen sich richtig gut miteinander.	3,81	3,87	ns	.06
252.	Auch wenn wir in der Klasse mal richtig Streit haben, werden die Konflikte rasch und gut gelöst.	3,60	3,51	*	.08

Reliabilität der Skala, Cronbachs Alpha: .66
ns: nicht signifikant, * (p<.05), ** (p<.01), *** (p<.001); Eta: .09

Mädchen sind sich sicherer als Jungen, dass die Klasse im Zweifelsfall gut zusammenhalten würde. Jungen wiederum sind von einer konstruktiven Konfliktbearbeitung in ihrer Klasse überzeugter als Mädchen.

Insgesamt bewegen sich die Mittelwerte der Skalen, die die Qualität des erlebten Binnenklimas der Lerngruppe messen, im oberen Wertebereich. Das bedeutet, in der Regel wird die Klasse von Jungen wie Mädchen als positives soziales Umfeld eingeordnet. Die folgende Subskala bezieht sich auf die Wahrnehmung leistungsbezogener Konkurrenzverhältnisse innerhalb der Klasse. Wenn das Klima der Klasse in der Wahrnehmung der Schüler(innen) gekennzeichnet ist vom Blick auf den eigenen Vorteil, von Neid und Missgunst, wenn Leistungsstand und Noten zum Kriterium der Beziehungen der Schüler(innen) untereinander werden, stellt dies ein Risiko für Gewalthandeln dar.

Tab. 5.13: Schüler(in)-Schüler(in)-Beziehung: Konkurrenz, Mittelwerte nach Geschlecht

Var.-Nr.	Itemformulierung	Jungen (n=1701)	Mädchen (n=1649)	Signifikanzniveau	Eta
257.	In unserer Klasse sieht jeder nur auf seinen eigenen Vorteil.	3,25	2,98	***	.13
258.	Viele Schüler(innen) sind hier manchmal neidisch, wenn ein anderer bessere Leistungen hat als sie.	3,14	3,12	ns	.03
259.	In unserer Klasse versucht unter den Schüler(inne)n jeder besser zu sein als der andere.	2,98	2,75	***	.12
Reliabilität der Skala, Cronbachs Alpha: .69					
ns: nicht signifikant, * (p<.05), ** (p<.01), *** (p<.001); Eta: .15					

In dieser Hinsicht erleben die Jungen das Klima ihrer Klasse wiederum negativer als die Mädchen: Konkurrenzkämpfe um Leistungen sowie Opportunismus stellen sie signifikant stärker als konstituierende Merkmale ihrer Klasse heraus als ihre Mitschülerinnen.

Im Rahmen der Individualisierungsthese wird die Erfahrung von Desintegration als ein Einfallstor für misslingende Identitätsbalancen und prekäres Sozialverhalten von Jugendlichen charakterisiert (vgl. Heitmeyer u. a. 1995). Die folgende Subskala bezieht sich auf Desintegrationserfahrungen im Klassenverband: Desintegration ist dann vorhanden, wenn es in der Lerngruppe miteinander verfeindete Cliquen gibt, wenn Außenseiter „produziert" und Schüler(innen) missachtet und ignoriert werden.

Tab. 5.14: Schüler(in)-Schüler(in)-Beziehung: Desintegration, Mittelwerte nach Geschlecht

Var.-Nr.	Itemformulierung	Jungen (n=1707)	Mädchen (n=1650)	Signifikanz-niveau	Eta
246.	In unserer Klasse gibt es eine ganze Reihe von Schüler(inne)n, die bei den anderen wenig Beachtung finden.	3,02	2,96	ns	.04
248.	Bei uns wird man leicht zum Außenseiter, wenn man nicht tut, was die Klasse für richtig hält.	2,62	2,46	***	.08
250.	In unserer Schule gibt es verschiedene Gruppen von Schüler(inne)n, zwischen denen eine richtige Feindschaft besteht.	2,81	2,89	ns	.05

Reliabilität der Skala, Cronbachs Alpha: .53
ns: nicht signifikant, * (p<.05), ** (p<.01), *** (p<.001); Eta: .05

Bis auf die Einschätzung, durch Handlungen ausgegrenzt zu werden, die mit den Idealen der Lerngruppe nicht konform sind, stellten sich im Bereich schulischer Desintegrationsprozesse keine signifikanten Effekte.

Die Subskala „Soziale Bindung" rekurriert auf die Wahrnehmung des persönlichen Eingebundenseins in die Lerngruppe. Hierbei ist die Einschätzung von Bedeutung, ob die Jugendlichen gute Freunde/Freundinnen in der Klasse haben, ob sie sich individuell anerkannt fühlen oder ob ihnen die Mitschüler(innen) gleichgültig sind. Hierbei treten die Geschlechtsunterschiede wieder etwas deutlicher hervor: Jungen haben eher den Eindruck, in der Klasse keinen guten Freund zu haben und sie empfinden ihren Mitschüler(inne)n gegenüber auch signifikant mehr Gleichgültigkeit als Mädchen. Dieses Ergebnis korrespondiert mit den Befunden von Preuss-Lausitz (vgl. 1992), aus dessen Untersuchungen hervorging, dass den Mädchen eine größere Beliebtheit im Klassenverband attestiert wird als Jungen.

Tab. 5.15: Schüler-Schüler-Beziehung: Soziale Bindung, Mittelwerte nach Geschlecht

Var.-Nr.	Itemformulierung	Jungen (n=1702)	Mädchen (n=1652)	Signifikanz-niveau	Eta
254.	Die Schüler(innen) meiner Klasse sind mir völlig gleichgültig.	2,29	2,03	***	.12
255.	In meiner Klasse habe ich überhaupt keine(n) gute(n) Freund(in).	1,84	1,62	***	.11
256.	Ich werde von den Schüler/innen meiner Klasse anerkannt.	3,85	3,81	ns	.03

Reliabilität der Skala, Cronbachs Alpha: .59
ns: nicht signifikant, * (p<.05), ** (p<.01), *** (p<.001); Eta: .12

Die in Kapitel 2 angeführten interaktionistischen Schulstudien verwiesen auf die Bedeutung von Etikettierungsprozessen als Interaktionsproblem. Verfestigt sich ein Etikett im Sinne abweichenden Verhaltens, kann sich im Prozess sekundärer Devianz (vgl. Holtappels 1987, 1993) bei dem Betroffenen eine Identifikation und Übernahme der zugeschriebenen Handlung vollziehen. Im Rahmen der interaktionistischen Theorieauffassung des Labeling approach werden durch die Erfahrungsresistenz der Etiketten Identitäten beschädigt und abweichende Interaktionen provoziert. Etikettierungserfahrungen stellen einen besonders gravierenden Risikofaktor für schulbezogene Gewalt und Schuldevianz dar (vgl. Tillmann u. a. 1999, S. 258f.).

Soziale Etikettierung im schulischen Kontext bezieht sich der Skala zufolge ausschließlich auf die Lehrer(in)-Schüler(in)-Interaktion. Aus qualitativen Interviews wurde jedoch deutlich, dass Mitschüler(innen) solche Stigmen ebenfalls aufgreifen (vgl. Tillmann u. a. 1999, S. 269ff.; Popp 1998) und die Attribuierungen weiter verfestigen können. Sozial etikettiert fühlen Schüler(innen) sich dann, wenn sie den Eindruck haben, vorschnell verdächtigt, bestraft und verurteilt zu werden, wenn sie sich als unter Kontrolle stehend wahrnehmen und den Verdacht haben, von Lehrkräften „aufgegeben" worden zu sein und als Störenfried zu gelten.

Durchgängig signifikante Unterschiede zeigen sich zu Ungunsten der Jungen, die sich auf allen Ebenen der sozialen Etikettierung von diesen Interaktionen in weitaus stärkerem Maße betroffen fühlen als Mädchen.

Tab. 5.16: Soziale Etikettierung, Mittelwerte nach Geschlecht

Var.-Nr.	Itemformulierung	Jungen (n=1735)	Mädchen (n=1680)	Signifikanz-niveau	Eta
96.	Ich kann mich so gut benehmen, wie ich will, man glaubt immer nur Schlechtes von mir.	2,34	1,84	***	.20
97.	Auch wenn ich nichts ausgefressen habe, hat man mich immer gleich in Verdacht.	2,25	1,67	***	.25
100.	Ich habe das Gefühl, die Lehrer(innen) behalten mich dauernd im Auge.	2,50	2,12	***	.16
101.	Ich glaube fast, ich bin immer dabei, wenn Strafen verteilt werden.	2,03	1,56	***	.22
113.	Ich glaube, die Lehrer(innen) haben mich schon aufgegeben.	1,58	1,44	***	.08
129.	Ich glaube, die meisten Lehrer(innen) und Schüler(innen) betrachten mich als Störenfried.	2,10	1,60	***	.25
Reliabilität der Skala, Cronbachs Alpha: .85 ns: nicht signifikant, * (p<.05), ** (p<.01), *** (p<.001); Eta: .28					

Aus der schulbezogenen Geschlechterforschung wurde deutlich, dass vermehrt Jungen Probleme im Sozialverhalten haben, durch Unruhe und Unterrichtsstörungen verstärkt auf sich aufmerksam machen wollen und von Lehrkräften nachdrücklicher zurechtgewiesen und härter sanktioniert werden. Diese Faktoren dürften bei der subjektiven Wahrnehmung, etikettiert und von anderen als „Störer" registriert zu werden, mit eine Rolle spielen.

Es gibt noch eine andere Form problematischer Interaktionen: das subjektive Erleben als „Außenseiter(in)" der Lerngruppe. Wenn Schüler(innen) vermehrt den Eindruck haben, im Klassenverband gemieden und an den Rand gedrängt zu werden, als Außenseiter behandelt und von Gerüchten betroffen zu sein, gilt dies ebenfalls als ein starkes Risiko für die Verübung von Gewalt.

Tab. 5.17: Außenseiter, Mittelwerte nach Geschlecht				
Var.-Nr.	Itemformulierung	Jungen (n=1705)	Mädchen (n=1657)	Signifikanzniveau	Eta
106.	Ich habe das Gefühl, Lehrer(innen) und andere Schüler(innen) behandeln mich wie einen Außenseiter.	1,69	1,61	ns	.05
112.	Ich habe den Eindruck, hinter meinem Rücken reden Lehrer(innen) und andere Schüler(innen) schlecht über mich.	2,09	2,04	ns	.05
126.	Ich habe das Gefühl, viele in der Schule meiden den Kontakt mit mir.	1,92	1,86	ns	.05
Reliabilität der Skala, Cronbachs Alpha: .73 ns: nicht signifikant, * (p<.05), ** (p<.01), *** (p<.001): Eta: .06					

Bei dem subjektiven Eindruck, als Außenseiter einer Lerngruppe zu fungieren, unterscheiden sich Jungen und Mädchen nicht voneinander. Die insgesamt niedrigen Mittelwerte verweisen darauf, dass nur wenig Schüler(innen) diese Einschätzung, am Rand des Klassengeschehens zu stehen, von sich haben.

Zusammenfassend zeigen die Risikokonstellationen für gewaltsames Schülerhandeln im Bereich gewaltaffirmativer Einstellungen, außer- und innerschulischer Bedingungsgefüge folgendes: Jungen tragen durch ihre ausgeprägteren gewaltbezogenen Einstellungen ein erheblich größeres Risiko als Mädchen, in der Schule aggressiv zu handeln. Bei den außerschulischen Sozialisationsbedingungen gibt es im Bereich der familialen Erziehung keine geschlechtstypisch eindeutige Risikolage zu Ungunsten der Jungen. Im Kontakt zu den Lehrkräften haben Jungen eher als Mädchen den Eindruck restriktiver Regelanwendung und ein besonders krasser Unterschied stellt sich im Bereich der Wahrnehmung sozialer Etikettierung dar, bei der die Geschlechtsunterschiede besonders ausgeprägt sind. Aber es zeigt sich, dass

Mädchen von den genannten Risiken auch betroffen werden, z. B. im Bereich von Außenseitererfahrungen oder Desintegrationsempfindungen. Insgesamt stellen sich jedoch die Risiken für schulisches Gewalthandeln für Jungen deutlicher dar.

5.2.4 Einfluss der Risikofaktoren auf physische Gewaltausübung von Mädchen und Jungen

Die untenstehenden Tabellen geben Auskunft über signifikante Effekte der inner- und außerschulischen Risikofaktoren. In der folgenden Regressionsanalyse sind die gewaltaffirmativen Einstellungen mit den außerschulischen Faktoren zusammengefasst worden; hier handelt es sich um wertbezogene Haltungen und um die subjektive Einschätzung des Wertklimas der Herkunftsfamilie und der Freundesgruppe. Demgegenüber beruhen die Skalen zu den schulischen Risikokonstellationen durchweg auf Items zur Wahrnehmung von Interaktionszusammenhängen, in denen auch eher eine vergleichende Position gefordert wurde (z. B. hinsichtlich der Mitschüler(innen), hinsichtlich des Verhaltens der Lehrkräfte gegenüber der eigenen Person).

Im Bereich gewaltbefürwortender Einstellungen und außerschulischer Sozialisationskontexte zeigt sich, dass für die Verübung körperlicher Gewalt bei Jungen mehr Faktoren handlungsrelevant sind als bei Mädchen. Auch klären die genannten Faktoren bei Jungen etwas mehr der Varianz von physischer Gewalt auf als bei Mädchen. Für beide Geschlechter bewegt sich der prozentuale Anteil der Varianzaufklärung im mittleren Bereich.

Tab. 5.18: Regression Physischer Gewalt bei Jungen und Mädchen auf gewaltaffirmative Einstellungen und außerschulische Sozialisationskontexte (Pearson´s r, beta, SIG T)						
	Jungen (n=969)			Mädchen (n=921)		
	r	beta	SIG T	r	beta	SIG T
Gewaltbilligung	.43	.16	***	.39	.18	***
Aggressionsbereitschaft	.39	.16	***	.30	.12	**
Nationalistische Einstellung	.38	.15	***	.31	.09	*
Familie: Restriktivität	.21	-.01	ns	.19	.00	ns
Familie: Akzeptanz	-.21	-.09	*	-.16	-.03	ns
Freundesgruppe: Aggressive Konfliktlösung	.47	.23	***	.47	.33	***
Freundesgruppe: Intoleranz	.23	.07	*	.20	.01	ns
Multiples R / R^2	.57 /.33			.55/.29		

ns = nicht signifikant * (p<.05), ** (p<.01), *** (p<.001)

Übereinstimmungen zeigen sich zwischen Mädchen und Jungen in den Einflüssen der gewaltbefürwortenden Haltungen. Für Mädchen wie Jungen stellen Gewaltbilligung, Aggressionsbereitschaft und nationalistische Einstellungen statistisch bedeutsame Einflüsse zur Verübung körperlicher Gewalthandlungen dar. Der stärkste Prädiktor für körperliche Gewalt ist für Jungen und für Mädchen in noch ausgeprägterer Weise ein aggressiv gewaltorientiertes Klima in der Freundesgruppe. Nur bei Jungen hat „Intoleranz" als klimatisches Merkmal der Freundesgruppe einen gewaltfördernden Effekt. Während bei Mädchen das erlebte familiale Erziehungsklima keine Rolle für die eigene Gewaltausübung im schulischen Kontext spielt, erweist sich ein als akzeptierend wahrgenommenes Erziehungsmilieu bei Jungen als gewaltmindernder Faktor.

Auch für die schulischen Risikofaktoren gilt, dass diese bei allen Jungen in dieser Stichprobe einen größeren Anteil der Varianz von physischer Gewalt aufklären als bei den Mädchen. Es zeigen sich für Jungen in mehr Dimensionen signifikante Effekte.

Tab. 5.19: Regression Physischer Gewalt bei Jungen und Mädchen auf schulische Sozialisationskontexte (Pearson's r, beta, SIG T)						
	Jungen (n=1584)			Mädchen (n=1506)		
	r	beta	SIG T	r	beta	SIG T
LSB^2: Restriktivität	.38	.17	***	.26	.08	ns
LSB: Mitbestimmung	-.17	-.03	ns	-.06	.01	ns
LSB: Vertrautheit	.01	.00	ns	.02	.00	ns
LSB: Akzeptanz	-.29	-.11	**	-.18	-.11	**
SSB: Kohäsion	-.20	-.08	ns	-.08	.01	ns
SSB: Konkurrenz	.13	-.03	ns	.10	-.04	ns
SSB: Desintegration	.31	.11	***	.21	.07	ns
SSB: soziale Bindung	-.20	-.02	ns	-.16	.08	ns
Soziale Etikettierung	.43	.29	***	.41	.37	***
Außenseiter	.23	-.07	ns	.15	-.10	**
Multiples R / R^2	.51 /.26			.44 /.19		

ns = nicht signifikant * (p<.05), ** (p<.01), *** (p<.001)

Ein wichtiger Befund bei Jungen wie Mädchen ist die wahrgenommene Beziehung zu den Lehrkräften. Für beide Geschlechter erweist sich eine durch Akzeptanz gekennzeichnete Haltung der Lehrkräfte als statistisch relevanter gewaltmindernder Effekt. Der stärkste innerschulische Prädiktor für physische Gewaltausübung ist für Jungen wie Mädchen die Erfahrung, von Mitschülerinnen und Mitschülern und ihren Lehrkräften etikettiert zu werden.

---

[2] LSB = Lehrer(in)-Schüler(in)-Beziehung, SSB = Schüler(in)-Schüler(in)-Beziehung.

Für Mädchen hat auch die Selbstwahrnehmung als Außenseiterin einen gewaltfördernden Effekt. Für Jungen ist dagegen ein Faktor aus dem Bereich des Sozialklimas der Lerngruppe für Gewaltausübung relevant: Ein als desintegriert wahrgenommenes Lerngruppenklima stellt für Jungen einen gewaltfördernden Einfluss dar, für Mädchen dagegen nicht. Erweisen sich Lehrer(innen) restriktiv und rigide in der Anwendung institutioneller Machtmittel, hat das für Mädchen keine, für Jungen sehr wohl eine gewaltfördernde Wirkung.

Dass für Jungen ein restriktives Verhalten ihrer Lehrkräfte von so großer Bedeutung für die Ausübung körperlicher Gewalt ist, könnte mit dem in Kapitel 1 angesprochenen Befund in Zusammenhang stehen, nach dem Jungen im Schulalltag sozial auffälliger sind als Mädchen, schlechtere Noten haben und in der Tat von ihren Lehrkräften eher sanktioniert und zurechtgewiesen werden. Eine Erklärung für den Befund, dem zufolge Jungen auf erfahrene Desintegrationsprozesse in ihrer Klasse offensichtlich eher mit Gewalthandlungen reagieren als Mädchen, ließe sich mit Forschungsergebnissen über Interaktionen in Lerngruppen geben. So konnte Marianne Horstkemper (vgl. 1987) zeigen, dass ein enges und positives Verhältnis zu den Mitschülern für Jungen eine wichtige Quelle des Selbstvertrauens ist. Hier erweist sich das wahrgenommene Klima in der Klasse für Jungen offensichtlich auch im Kontext von Gewalthandlungen als bedeutungsrelevant.

Die für Gewalthandlungen insgesamt relevanten Effekte sind in den zuvor präsentierten Ergebnissen für alle 3540 Mädchen und Jungen der quantitativen Repräsentativstudie analysiert worden. Es wird sich zeigen, wie und ob sich diese Einflussfaktoren verschieben, wenn im folgenden Subgruppen betrachtet werden: die kleine Gruppe der ausgeprägt gewalttätigen Mädchen und Jungen in Abgrenzung zu Schüler(inne)n, die physischen Gewalthandlungen in der Schule explizit aus dem Weg gehen.

5.3 Weibliche und männliche „Täter"

Obgleich die Selbstreporte für alle körperlichen Gewalthandlungen eine stärkere Beteiligung der Jungen auswiesen, sollte nicht aus dem Blick geraten, dass es auch eine Minderheit von Mädchen gibt, die physische Gewalt anwenden. So gesehen gibt es hinreichende Gründe, die Minderheit der aggressiven Mädchen nicht andauernd zu übersehen, sondern sich auch dieser Gruppe sowohl analysierend als auch pädagogisch-präventiv zuzuwenden. Es kommt hinzu, dass gerade die Ausdrucksformen weiblicher Gewalt (und deren Hintergründe) auch theoretisch von großem Interesse sind. Denn daran lässt sich möglicherweise erkennen, wie sich im jugendlichen Verhalten Geschlechterkonzepte angleichen und wie „Sicherungen" gegen Gewalt, die bisher überwiegend im weiblichen „Sozialcharakter" verankert waren, abgebaut werden. Genau aus diesen Gründen wird die folgende Analyse auf die Minderheit der weiblichen und männlichen „Täter" gerichtet und wendet sich ihren Einstellungen, Verhaltensweisen und sozialen Einbindungen zu.

5.3.1 „Gewalttäter(innen)" im schulischen Kontext – eine Minderheit

Die folgende Tabelle gibt einen ersten Eindruck davon, wie groß (bzw. wie klein) der Anteil der Mädchen ist, der häufig gewalttätig auftritt. Um genauer zu bestimmen wie groß der Anteil der Schüler(innen) ist, der an mehreren Delikten beteiligt ist, wurden alle Befragten nach der Häufigkeit der ausgeübten körperlichen Gewalthandlungen in die folgenden drei Gruppen eingeteilt: „Unbeteiligte", „Gelegenheits-Täter(innen)" und „Mehrfachtäter(innen)" – dabei sind im folgenden vor allem die „Mehrfachtäterinnen"[3] von Interesse. Die Typenbildung erfolgte mit Hilfe eines Count-Indexes (Meier 1997); dabei wurden die Gruppengrenzen anhand von inhaltlichen Erwägungen gesetzt. Die Gruppe der „Unbeteiligten" umfasst insgesamt 52% aller Schüler(innen). Dabei handelt es sich um Mädchen und Jungen, die ihren eigenen Angaben zufolge „nie" in körperliche Attacken involviert waren. Zu den „Gelegenheitstäter(inne)n" wurde eine Gruppe von Schüler(inne)n zusammengefasst, die mindestens eine der acht physischen Gewalthandlungen (vgl. Tab. 4.1) alle paar Monate und höchstens die Hälfte der zur Skala gehörigen Verhaltensweisen (d. h. vier Handlungen) mehrmals wöchentlich von sich berichtet haben. Zu dieser Gruppe gehören 40% aller Schüler(innen). Anders formuliert: Sobald ein(e) Schüler(in) auch nur eine dieser acht Gewalthandlungen einräumte (selbst, wenn diese nur ein einziges Mal begangen wurde), wurde er/sie der Gruppe der „Gelegenheitstäter(innen)" zugerechnet. Schwieriger zu definieren ist die Grenze zu „Mehrfachtäter(inne)n". Hier wurde folgende Setzung vorgenommen: Wer von den acht Gewalthandlungen vier überhaupt nicht vorgenommen hat, die anderen vier hingegen häufiger, wurde noch als „Gelegenheitstäter(in)" eingeordnet. Geht das Ausmaß der individuell verübten Gewalthandlungen über dieses Maß hinaus, erfolgte eine Einordnung als „Mehrfachtäter(in)". Diese Gruppe besteht aus knapp 8% der befragten Jugendlichen.

Tabelle 5.20 zeigt, wie sich die Anteile dieser drei Typen nach Geschlecht und nach Schulform verteilen: Unter den Mädchen gibt es fast doppelt so viele „Unbeteiligte" (67%) wie unter den Jungen (37%). Immerhin fast 30% der Mädchen befinden sich in der Gruppe der „Gelegenheitstäter(innen)". Unter den „Mehrfachtäter(inne)n" gibt es fast drei Mal soviel Jungen (11%) wie Mädchen (4%).

---

[3] Mit dieser Bezeichnung wird nicht die Absicht verfolgt, Schülerinnen und Schüler zu stigmatisieren. Bei den Gruppen der Mehrfachtäter(innen) handelt es sich um eine analytische, keine evaluative Kategorie.

Tab. 5.20: Täter(innen) physischer Gewalt nach Geschlecht und besuchter Schulform								
		Geschlecht		Schulform				
Status	gesamt (n=3540)	männlich (n=1796)	weiblich (n=1722)	SfL (n=120)	HR (n=716)	KGS (n=1130)	IGS (n=676)	Gym (n=898)
Unbeteiligte	51,9%	37,3%	67,2%	24,2%	52,4%	49,8%	50,0%	59,4%
Gelegenheits-täter(innen)	40,3%	51,6%	28,6%	55,0%	38,4%	41,9%	42,2%	36,6%
Mehrfach-täter(innen)	7,8%	11,1%	4,2%	20,8%	9,2%	8,3%	7,8%	4,0%
GESAMT	100%	100%	100%	100%	100%	100%	100%	100%

Anders formuliert: Sowohl bei den Jungen wie bei den Mädchen sind die häufig Aggressiven deutlich in der Minderheit - allerdings sind diese Minderheiten unterschiedlich groß: Etwa jeder 10. Junge, aber nur jedes 25. Mädchen gehört zu denjenigen, die häufig zuschlagen, Sachen kaputtmachen, andere erpressen und bedrohen. Betrachtet man die Schulformen im Vergleich, so fällt zunächst vor allem die Ausnahmestellung der Sonderschule für Lernhilfe auf: Dort gehören mehr als 20% der Schüler(innen) zur Gruppe der „Mehrfachtäter(innen)", während es im Gymnasium (der am geringsten belasteten Schulform) nur 4% sind. Damit ist nun der Anteil der Mädchen, die im folgenden im Mittelpunkt der Analyse stehen, quantitativ recht präzise definiert: Es geht um etwa 4% der Schülerinnen zwischen 12 und 16 Jahren.

Welche Umstände begünstigen bei Mädchen gewalttätiges Handeln? Welche Anreize, welche Attraktionen sind für Mädchen in der Situation von Bedeutung? Cornelia Helfferich betont, Mädchen, die „männliche" Züge ergriffen und sich an den kollektiv-öffentlich aggressiven Praktiken beteiligten, würden zumindest an der Forderung scheitern, eine eindeutige weibliche Identität auszubilden. Eingeräumt wird allerdings, dass man bislang über aggressive „männliche" Mädchen wissenschaftlich wenig weiß. Vermutet wird, dass „Täterinnen" in ihren Herkunftsfamilien gewaltförmige Auseinandersetzungen erlebt und gelernt haben, sich abzugrenzen und zu kämpfen (vgl. Helfferich 1994, S. 171ff.). Im Konzept der „hegemonialen Männlichkeit" gelten gewalttätige Mädchen als abweichend und werden – je nach Perspektive – mit Etiketten wie „Schlampe", „Flittchen" oder auch „aggressive Schlägerin" versehen (vgl. Kersten 1999, S. 81f.). Mädchen, die sich in der Schule als physisch gewalttätig präsentieren, dürften in verschärfter Weise mit sozialem Missfallen und Ablehnung konfrontiert werden. Wenn Mädchen die ihnen nahegelegten sozialen Erwartungen an ihr Geschlecht durch gewaltsames Handeln zurückweisen, dürften sie dazu mehr Mut und Überwindung aufzubringen haben als Jungen in einer vergleichbaren Situation. Zu vermuten ist, dass Mädchen, um gewalttätig zu handeln, ganz bestimmte Anreize, Ausgleiche und Bedingungen vorfinden oder geboten bekommen müssten, die sie für soziale Missbilligungen entschädigen. Zu fragen wäre, wie diese Bedingungen im schulischen und außerschulischen Bereich aussehen. Um hier zu ersten Anhaltspunkten zu gelangen, wird im folgenden aus den problemzentrierten Interviews die Fallbeschreibung eines Mädchens präsentiert, aus dessen Äußerungen eine ausgeprägte Neigung zur Verübung körperlicher Gewalthandlungen hervorgeht.

5.3.2 Fallbeispiel: Jennifer und ihre Clique

Jennifer ist 16 Jahre alt und besucht die 9. Klasse der ausgewählten Integrierten Gesamtschule in einer Großstadt. Trotz Klassenwiederholung ist sie sich sicher, den Hauptschulabschluss zu bekommen. Sie gehört zu einer festen Freundesgruppe, die aus insgesamt 20 Jungen und Mädchen besteht und im Stadtteil als „auffällig" gilt. Die Mitglieder ihrer Gruppe besuchen zum Teil ihre Schule, kommen aber auch aus benachbarten Schulen oder haben die Schulzeit bereits abgeschlossen. In dieser Freundesgruppe scheint ein gewaltbilligendes Wertklima zu herrschen, denn man müsse sich – so Jennifer – wehren und schlagen können, sonst hätte man da Probleme. Eine andere Schülerin aus Jennifers Lerngruppe erzählte, dass es im Stadtteil Cliquen gäbe, die sich als Gang formiert hätten und zum Teil gegeneinander antreten würden. Jennifers Klassenlehrerin schildert sie und zwei weitere Mädchen um sie herum als aggressionsbereit – diese würden sich sowohl mit Mädchen als auch mit Jungen anlegen und vom äußerlichen Erscheinungsbild her auf ein „Outfit" Wert legen, das zu bestimmten „In-groups" gehöre. In der Vergangenheit hätten diese Mädchen auch jüngere Schülerinnen auf den Toiletten verprügelt, es seien vom Temperament her „Powermädchen" – so die Lehrerin. Jennifer sagt, sie schlage zu, wenn man sie provoziert, vor ihr hätten auch Jungen Angst. Auf die Frage, weshalb sich Jugendliche an sie nicht herantrauen, meint sie:

„Ja, ich wehre mich. Ja, und die wissen es ganz genau (...). Ich denke mal (...) viele sagen, ja, das ist asozial und so (...), aber das, das ist einfach so (...). (W)ir wohnen ja alle in (einem problematischen Stadtteil), ja. Das, es ist einfach so in (diesem Stadtteil) (...), wenn man nichts sagt, wenn man nicht aufsteht und was sagt und sich nicht wehrt, dann, dann kriegt man, wird man immer aufs Maul kriegen und immer, immer Scheiße angemacht werden. Das ist so (...). Ich weiß nicht, (...) da gibt es total ekelhafte (...) Jungs (...), ja, die wissen ganz genau, zu wem sie gehen können und die ärgern können und was weiß ich, die auch mal schlagen können. Und die wissen ganz genau, die wehren sich nicht, ja. Die nutzen das also richtig aus, ja, gehen halt dahin (...) anstatt zu den anderen zu gehen, vor denen sie Angst haben (...). Die trauen sich das gar nicht, aber denn, bei den anderen trauen sie sich" (Jennifer 1998, 16 Jahre, S. 15).

Interessant ist, dass Jennifer in ihren Äußerungen reflektiert, dass ihr Gewalthandeln mit dem Attribut "asozial" versehen werden könnte. Jennifer verdeutlicht, dass es ihres Erachtens Situationen gibt, in denen nur körperliche Gewalt hilft und dass ihre Clique auch die eigenen Mitglieder gegen andere Gruppen verteidigt. Aus der Beschreibung der internen Struktur dieser Freundesgruppe wird ein bestimmtes Wertklima sichtbar: Die Durchsetzung der Interessen erfolgt mit Gewalt und wer sich nicht wehren kann, gehört nicht dazu:

I.: „Schlägst du eigentlich auch zurück (...), wenn du geschlagen wirst?"

„ Ja. Ich, ich muss ja, es geht ja nicht anders (...) Erstens kann ich das gar nicht zulassen, also dass die mich einfach schlagen, und ich steh da, und lass mich von denen schlagen, geht gar nicht. Muss ich die einfach zurückschlagen (...) ich schlag nicht gleich oder so halt. Ich, ich wehr mich nur, ja, wenn jemand zu mir kommt und mich schlägt, dann wehr ich mich, ja, aber sonst, ich, dass ich jemand schlage, mache ich nicht. Wenn jemand was zu mir sagt, (...)es kommt ja gar nicht vor (...). Ja, wenn jemand was zu mir sagt (...), dann sag ich (...) ihm halt, ‚hier pass auf' (...) Und dann hört der auch meistens auch schon auf, sagt der nichts mehr (...). Ja, nee, also gegenseitig helfen wir (in der Freundesgruppe) uns (...) immer. Also wenn, weil es gibt, es gibt manche, die hassen uns total, ja, und das kann mal sein, dass die (anderen) mal (...) eine Freundin von uns mal alleine erwischen, und die schlagen die dann halt zusammen oder so" (Jennifer 1998, S. 15f.).

Jennifer scheint in ihrer Clique ein gewisses Ansehen zu genießen und einen Status zu besitzen, was von anderen Mädchen, die sich Zutritt zu ihrer Clique verschaffen wollen, entsprechend wahrgenommen wird. Die „Neuen" würden sie aus Angst respektieren, auch wenn sie sie zu ihrem Bedauern nicht als Person akzeptierten.

„Es gibt manche (Mädchen), die mögen dich gar nicht, aber sind trotzdem deine Freunde, ja, weil die wollen nur, weil du halt (...) eine bist, vor (der) die anderen Angst (...) haben, und die will halt zu dir gehören. Die (...) will halt nur zu der Gruppe rein, zu der, in der du bist, ja. Und deswegen, obwohl sie dich (...) gar nicht mag, trotzdem sagt sie, das ist meine Freundin und so was" (Jennifer, 16 Jahre, S. 6).

Jennifer scheint gleichzeitig auch Selbstvertrauen aus der Tatsache zu ziehen, dass andere Angst vor ihr haben. Obgleich aus dem Interview nicht deutlich wird, wie sie ihre Beziehung zu den Jungen der Gruppe definiert, lässt sich vermuten, dass diese ihr mit Respekt begegnen. An diesem Fall sind mehrere Aspekte auffällig:

- Körperliche Gewalt wird hier – wie selbstverständlich – als eine Verhaltensform beschrieben, die *beiden* Geschlechtern in gleicher Weise zukommt. So gesehen finden sich hier auch Momente der Individualisierung und Auflösung der traditionellen Geschlechterkonzepte.

- All diese Handlungsweisen sind eingebunden in die Interaktionen einer Clique, die als Aktionsfeld und als Orientierungsmöglichkeit eine hohe Bedeutung besitzt und Sicherheit verleiht. Die Fähigkeit, auch körperliche Gewalt einsetzen zu können, ist zum Erwerb von Anerkennung in dieser Clique unverzichtbar. Deutlich wird, dass es sich hier um eine Freundesgruppe handeln dürfte, in der gewaltbefürwortende Wertvorstellungen herrschen, die für die Mitglieder verbindlich zu sein scheinen und intersubjektiv geteilt werden.
- Die Schule als Institution (und ihre Vertreter, die Lehrkräfte) werden in dieser Darstellung und Selbstdarstellung gar nicht erwähnt. Sie scheinen, was die hier präsentierten Aspekte des Selbstbilds angeht, für Jennifer recht nebensächlich zu sein.

Mit diesen Feststellungen sind erste Anhaltspunkte für die weiterführende Analyse der quantitativen Daten gelegt: Gibt es bei den Mädchen und Jungen, die extrem aggressiv sind, eine Angleichung im Verhalten, und welchen Einfluss darauf nimmt die Clique, nimmt die Schule? Im Rahmen der repräsentativen Schülerdaten sollen in einem *ersten Schritt* „Unbeteiligte" und „Mehrfachtäter(innen)" in ihren gewaltbefürwortenden Einstellungen, in außer- und innerschulischen Risikofaktoren miteinander verglichen werden. Dabei wird der Blick auf die Differenzen zwischen Jungen und Mädchen gerichtet. Auf diese Weise soll in Erfahrung gebracht werden, durch welche Verhaltensweisen, welche Orientierungen, welche Kontexteinbindungen sich Jungen und Mädchen voneinander unterscheiden. In einem *zweiten Schritt* werden die schulischen und die außerschulischen Kontextvariablen in den Blick genommen: Welche Sozialisationsbedingungen erhöhen die Wahrscheinlichkeit, dass jemand zum „Mehrfachtäter", zur „Mehrfachtäterin" wird? Dies geschieht mit dem Blick auf mögliche Geschlechterdifferenzen.

5.3.3 *Quantitativer Vergleich zwischen „Unbeteiligten" und „Täter(inne)n"*

Die hier präsentierten Analysen ermöglichen zwei vergleichende Betrachtungen: Zum einen wird die Gruppe der „gewalttätigen" Mädchen und Jungen mit der großen Gruppe derjenigen verglichen, die keine physischen Gewalthandlungen verübt haben. Zum zweiten werden gewaltaffirmative Einstellungen und Sozialisationskontexte weiblicher und männlicher „Täter" kontrastiert.

Im folgenden soll zunächst gefragt werden, wie stark die Unterschiede im Gewaltverhalten und bei den gewaltnahen Einstellungen zwischen „unbeteiligten" Mädchen auf der einen und „Mehrfachtäterinnen" auf der anderen Seite ausfallen. Die Dimension „physische Gewalt" dient hier als Kriterium der Gruppeneinteilung, sie kann deshalb nicht erneut als abhängige Variable aufgeführt werden. Untersucht werden die Differenzen von „Täter(inne)n" und „Unbeteiligten" an *psychischer Gewalt* und an *Schuldevianz*. Unter schuldeviantem Verhalten werden schulspezifische Formen abweichenden Verhaltens (z. B. Unterrichtsstörungen, Schwänzen, Täuschungsversuche) definiert. Zwar fällt diese Dimension strenggenommen nicht unter das begriffliche Verständnis von „Gewalt", korreliert jedoch hoch mit schulischen Gewalthandlungen (vgl. Tillmann u. a. 1999, S. 109). In Ergänzung zu diesen Formen des abweichenden Verhaltens sind die zuvor präsentierten Risikofaktoren aus dem Bereich der gewaltaffirmativen Haltungen erhoben worden, die in engem inhaltlichen Zusammenhang zu Gewalthandlungen stehen: *Gewaltbilligung, nationalistische Einstellungen und mangelnde Selbstbeherrschung* (vgl. die nähere Beschreibung in Kapitel 5.2).

In Abb. 5/1 (und im folgenden) wird somit die kleine Gruppe der „Täterinnen" und „Täter" jeweils mit der erheblich größeren Gruppe der „Unbeteiligten" verglichen. Bei allen untersuchten Handlungsformen und Einstellungen zeigt sich, dass zwischen „Unbeteiligten" und „Aggressiven" hochsignifikante Unterschiede bestehen – und zwar bei Jungen wie bei Mädchen: Schüler(innen), die in der Schule keine körperliche Gewalt ausüben, fallen im Schulalltag weniger durch Unterrichtsstörungen auf und sie hänseln und beleidigen andere Mitschüler signifikant seltener als die „Mehrfachtäter(innen)".

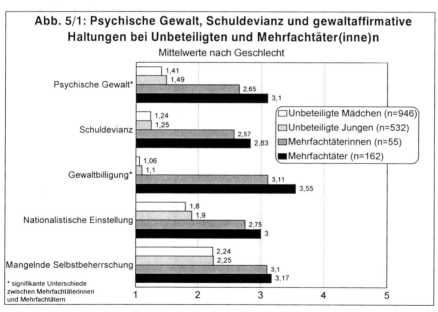

Ähnlich gravierende Unterschiede sind im Bereich der gewaltaffirmativen Einstellungen zu identifizieren. An physischer Gewalt nicht Beteiligte geraten seltener schnell in Wut, sie distanzieren sich eher von nationalistischen und gewaltbilligenden Einstellungen als die Vergleichsgruppe der „Täter(innen)". Die Abstände zwischen den an Gewalt unbeteiligten Mädchen und den „Täterinnen" sind ebenso groß wie zwischen „unbeteiligten" Jungen und „Tätern". Das „Gefälle" zwischen „Friedlichen" und „Aggressiven" ist demnach bei beiden Geschlechtern ähnlich und stark ausgeprägt.

Vergleicht man nun „Täterinnen" und „Täter" miteinander, so lassen sich folgende Interpretationen vornehmen: Die männlichen „Mehrfachtäter" befinden sich bei der Ausübung psychischer Gewalt, bei Schuldevianz, Gewaltbilligung und bei nationalistischen Einstellungen auf einem höheren Niveau als die „Mehrfachtäterinnen". Diese Unterschiede sind bei den Dimensionen psychische Gewalt und Gewaltbilligung signifikant ($p<.01$). Demgegenüber zeigen sich bei mangelnder Selbstbeherrschung in den Tätergruppen keine Geschlechtsunterschiede. Die wenigen weiblichen „Mehrfachtäterinnen" erreichen in der Ausprägung gewaltbefürwortender individueller Einstellungen und bei den untersuchten Gewalthandlungen ein Niveau, das sehr nahe an das der männlichen „Mehrfachtäter" heranreicht.

Der schulische Kontext
Die bisherigen nach Schulform ausgewerteten Ergebnispräsentationen haben gezeigt, dass Sonderschüler(innen) insgesamt physisch gewaltauffälliger sind als die Schüler(innen) der anderen Schulformen und dass sich mehr „Mehrfachtäter(innen)" als „Unbeteiligte" an den Sonderschulen für Lernhilfen befinden (vgl. Tabelle 5.20). Die männlichen „Mehrfachtäter" konzentrieren sich in den 8. Schülerjahrgängen. Im 6. Schüler(innen)jahrgang ist der Anteil der weiblichen „Mehrfachtäter" mit 5,2% am höchsten (ohne Abb.). Physisch gewaltauffällige Jungen wie Mädchen haben in der Schule Probleme im Leistungsbereich. Mehr als doppelt so viele Mädchen, die zur Gruppe der „Mehrfachtäterinnen" gehören, sind beinahe oder einmal sitzen geblieben, im Vergleich zu der Gruppe ihrer an Gewalt unbeteiligten Mitschülerinnen. Bei den Jungen gehen diese Differenzen in die gleiche Richtung.

Tab. 5.21: „Schulversagen" bei Mehrfachtäter(inne)n und Unbeteiligten				
	unbeteiligte Jungen (n=670)	Mehrfachtäter (n=199)	unbeteiligte Mädchen (n=1157)	Mehrfachtäterinnen (n=72)
beinahe sitzen geblieben	17%	33%	11%	29%
eine Klasse wiederholt	16%	39%	15%	39%
zwei Klassen wiederholt	1%	2%	1%	4%
Schulwechsel wegen schlechter Noten	4%	7%	3%	12%
keine Situationen von „Schulversagen"	62%	19%	70%	16%
Gesamt	100%	100%	100%	100%

Auffällig ist, dass in der Gruppe der „Mehrfachtäterinnen" Mädchen sind, die überproportional häufig zwei Klassen wiederholt haben und aufgrund schlechter Leistungen die Schule wechseln mussten. Dieses Resultat ist insofern bedeutsam, da Mädchen in der Regel im Vergleich zu Jungen die besseren schulischen Leistungen erbringen und in den weiterführenden Schulformen überrepräsentiert sind. Mädchen, die den Rollenerwartungen einer „guten Schülerin" und den damit einhergehenden Verhaltensweisen wie Fleiß, Anpassungsfähigkeit etc. nicht nachkommen, scheinen in dieser Konstellation für gewaltförmige Handlungen anfälliger zu sein als Jungen.

Im nächsten Schritt wird analysiert, ob von den verschiedenen Gruppen die kommunikative Situation in der Schule unterschiedlich wahrgenommen wird. Hierzu wurden die in Kapitel 5.2 angeführten Dimensionen der Schüler(in)-Lehrer(in)-Beziehung und der Schüler(in)-Schüler(in)-Beziehung herangezogen sowie die Skalen zur Etikettierung und Außenseitererfahrung.

In der ersten Vergleichsdimension zwischen „Unbeteiligten" und „Mehrfachtäter(inne)n" physischer Gewalt ist festzustellen, dass die „Unbeteiligten" das Klima in ihrer Lerngruppe durchgängig positiver wahrnehmen.

Sie empfinden in ihrer Lerngruppe signifikant weniger Desintegration und Konkurrenz als die Gruppe der „Täter(innen)" und sind vom Zusammenhalt in der Klasse überzeugter als die physisch aggressive Gruppe. Auch in diesen Vergleichen stellt sich heraus, dass es signifikante Unterschiede in der Wahrnehmung des Sozialklimas der Lerngruppe zwischen „unbeteiligten" und „aggressiven" Schüler(inne)n gibt. Insbesondere bei den Etikettierungserfahrungen zeigen sich massive Unterschiede zwischen den Gruppen der „Unbeteiligten" und der „Mehrfachtäter(innen)": Mädchen und Jungen, die zur Gruppe der „Mehrfachtäter(innen)" gehören, erleben ihre Lehrkräfte signifikant stärker als restriktiv und rigide in der Anwendung institutioneller Machtmittel, sie fühlen sich stärker etikettiert und aus dem Klassenverband ausgeschlossen. Im schulischen Kontext scheint demnach für „Täter(innen)", und zwar in gleicher Weise für Jungen wie für Mädchen, ein problematisches Interaktionsgefüge zu bestehen: Deren „Untaten" führen dazu, dass sie in ihrer Lerngruppe und bei ihren Lehrkräften unbeliebter sind und sozial gemieden werden.[4]

Bei der zweiten Vergleichsstrategie, der geschlechterbezogenen Sicht auf „Täterinnen" und „Täter", erweisen sich die hier angeführten, auf das Sozialklima in der Lerngruppe bezogenen Merkmale als nicht signifikant: Körperlich gewalttätige Mädchen wie Jungen erleben sich demnach in ähnlich hohem Maße von ihren Mitschüler(inne)n ausgegrenzt und weniger in den Klassenverband integriert. Sie fühlen sich gleichermaßen als „Abweichler" etikettiert und erleben die Behandlung von ihren Lehrkräften in ähnlicher Weise als rigide und weniger akzeptierend. Aus diesen Ergebnissen lässt sich somit nicht der Schluss ziehen, dass aggressive Mädchen durch offen gezeigte physische Gewalthandlungen in stärkerem Maße als die männlichen Täter den Eindruck haben, für ihr Handeln sanktioniert oder als abweichend attribuiert zu werden.

Außerschulische Sozialisationskontexte: Familie und Freundesgruppe
Obgleich der familiäre Kontext als gewaltbegünstigende Umwelt nicht im Zentrum der Betrachtung steht, soll bei dem Extremgruppenvergleich zwischen „Mehrfachtäter(inne)n" physischer Gewalt und „Unbeteiligten" nach Aspekten der sozialen Herkunft und des erlebten innerfamilialen Erziehungsklimas gefragt werden. Eine detaillierte Erschließung des familialen Herkunftsmilieus ist anhand der hier erhobenen Variablen nicht möglich. Die Schüler(innen) wurden darum gebeten, über den beruflichen Status ihrer Eltern Auskunft zu geben. Mehr als Hinweise allgemeinerer Art lassen sich in diesem Kontext nicht ermitteln. Die Daten zeigen, dass mehr „Mehrfachtäter(innen)" als „Unbeteiligte" angegeben haben, Vater und Mutter hätten einen beruflichen Status als Arbeiter(in). Jungen, deren Väter als Angestellte und Beamte arbeiten, sind in der Gruppe der „Mehrfachtäter" und „Unbeteiligten" etwa gleich häufig vertreten. Das ist bei den Mädchen anders: „Mehrfachtäterinnen" sind seltener Beamtentöchter als „unbeteiligte" Mädchen. Bei beiden Geschlechtern, allerdings bei den Mädchen in stärkerer Ausprägung, scheint eine Rolle zu spielen, wenn Vater und Mutter

---

[4] Auf eine ausführliche Darstellung der Skalenmittelwerte zur Lehrer(in)-Schüler(in)-Beziehung, zwischen den „Unbeteiligten" und den „Täter(innen)" wurde verzichtet. Bei der Erfahrung von Mitbestimmung und Vertrautheit ergaben sich keine signifikanten Unterschiede zwischen den Extremgruppen. Jedoch fühlen sich „Täter(innen)" von ihren Lehrkräften signifikant weniger akzeptiert und restriktiver behandelt.

nicht berufstätig sind. Bei 42% der „Mehrfachtäterinnen" ist der Vater und bei 53% von ihnen die Mutter nicht erwerbstätig oder in ungeklärten Arbeitsverhältnissen. „Nur" 16% der nicht an Gewalt beteiligten Mädchen haben einen Vater, bei dem der Erwerbsstatus unklar ist (ohne Tabelle). Bei den männlichen Tätern zeigt sich ein ähnlicher Hinweis, so dass vermutet werden kann, dass Jungen und Mädchen, deren Eltern arbeitslos oder aus anderen Gründen nicht berufstätig sind, vermehrt zu den „Täter(inne)n" physischer Gewalt gehören. Fehlender Schulabschluss bei den Eltern, eine prekäre Beschäftigungssituation, insbesondere die Arbeitslosigkeit des Vaters, führen zu besonderen familiären Belastungen und haben sich als Risikofaktoren für physische Gewalt im schulischen Kontext erwiesen (vgl. Tillmann u. a. 1999, S. 168).

Nicht nach Geschlecht differenzierte Analysen über „Schülergewalt" kamen übereinstimmend zu dem Ergebnis, dass Zusammensetzung, Struktur und Wertklima in der Freundesgruppe einen entscheidenden Einfluss auf gewaltsames Handeln von Schüler(inne)n haben. Als hinreichend geklärt kann der Sachverhalt angesehen werden, dass Gewalt auch von außen in die Schule hineingetragen wird, z. B. durch untereinander verfeindete Cliquen, die Konflikte im Freizeitbereich mit in die Schule transportieren. Aus qualitativen Interviews wurde deutlich, dass Schulen oftmals Probleme mit schulfremden Jugendlichen bekommen, die das Schulgelände betreten, um sich gezielt auf bestimmte Schüler(innen) zu stürzen, da sie mit denen noch „alte Rechnungen" meinen begleichen zu müssen (vgl. Popp 1998). Die Frage, ob Struktur und Binnenklima der außerschulischen peers für beide Geschlechter im Kontext von Gewalthandlungen von Bedeutung sind, wurde bisher nicht gestellt.

In Kapitel 2 wurde die Bedeutung der Freundesgruppen für Jungen und Mädchen herausgestrichen. In Hinsicht auf die Zusammensetzung der Freundesgruppen weisen andere Studien darauf hin, dass sich viele Jungen und Mädchen vor der Pubertät in geschlechtshomogenen Gruppen bewegen und mit zunehmenden Alter in geschlechtergemischten Konstellationen. Dieses Ergebnis ließ sich auch in unseren Daten finden. Während nur knapp die Hälfte der Schüler(innen) aus den 6. Klassen angegeben haben, in ihrer Freundesgruppe seien Jungen und Mädchen, waren es in den 9. und 10. Jahrgängen über 80% (vgl. Tillmann u. a. 1999, S. 176).

Was lässt sich zur Zusammensetzung und Struktur der Freundesgruppe von „Täter(inne)n" und „Unbeteiligten" sagen? Der überwiegende Anteil der Jungen und Mädchen bewegt sich, unabhängig von der Frage nach „Tätern" oder „Nicht-Tätern", in geschlechtergemischten Freundesgruppen. Immerhin 45% der „unbeteiligten" Jungen und 36% der Mädchen haben angegeben, ihre Freundesgruppe sei geschlechtshomogen. Aus Zusammenhangsanalysen zur Struktur und Geschlechterzusammensetzung der Freundesgruppen und selbstberichteten physischen und psychischen Gewalthandlungen konnten, mit Ausnahme des Befundes, dass in Mädchengruppen am wenigsten Gewalt auftritt, keine eindeutigen Aussagen getroffen werden (vgl. Tillmann u. a. 1999, S. 181f.). Bei einem Vergleich der Extremgruppen („Mehrfachtäter(innen)"/„Unbeteiligte") nach Geschlechtszugehörigkeit zeigt sich für die Zusammensetzung der Freundesgruppen folgendes Bild:

„Mehrfachtäter(innen)" sind auffallend häufig in geschlechtergemischten Konstellationen integriert. Dieses Ergebnis verweist, wie schon die zuvor präsentierten qualitativen Analysen zu Gewaltwahrnehmungen, auf eine aktive Rolle der Mädchen an Gewalthandlungen in der Freundesgruppe. „Reine" Jungengruppen stellen bei den männlichen „Mehrfachtätern" nicht die dominierende Sozialform dar. Und noch ein Merkmal ist für Freundesgruppen von „Mehrfachtäter(inne)n" bedeutsam: Sie klassifizieren ihre Freundesgruppe als „festen" Zusammenhang.

Tab. 5.22: **Unbeteiligte und Mehrfachtäter(innen) physischer Gewalt: Zusammensetzung der Freundesgruppe nach Geschlecht (in Prozent)**

	unbeteiligte Jungen (n=567)	Mehrfachtäter (n=185)	unbeteiligte Mädchen (n=999)	Mehrfachtäterinnen (n=64)
nur Mädchen	--	1%[5]	36%	20%
nur Jungen	45%	29%	--	3%[6]
Mädchen und Jungen	55%	70%	64%	77%
Gesamt	100%	100%	100%	100%

Insbesondere männliche „Mehrfachtäter" beschreiben die Kohäsion in ihrer Freundesgruppe als ausgeprägt. Bei den physisch aggressiven Mädchen ist diese Tendenz nicht so stark ausgeprägt (ohne Tabelle). Aus der bisher beschriebenen äußerlichen Beschaffenheit von Familie und Freundesgruppe geht nicht hervor, wie die Jugendlichen das Klima in diesen Umwelten wahrnehmen.

Neben schulischen Bedingungskonstellationen wurden auch die außerschulischen Sozialisationskontexte für „Täter(innen)" und „Unbeteiligte" ermittelt. Dabei konzentrieren wir uns auf das von den Schüler(inne)n beschriebene Erziehungsklima in ihrer Herkunftsfamilie und auf die Einschät-

---

[5] Diese Minderheit der Jungen bewegt sich in Freundesgruppen, die mit Ausnahme der eigenen Person nur aus Mädchen bestehen. Von außen betrachtet handelt es sich demnach um eine geschlechtergemischte Gruppe mit einem Jungen und mehreren Mädchen.

[6] Diese Minderheit der Mädchen bewegt sich in Freundesgruppen, die mit Ausnahme der eigenen Person nur aus Jungen bestehen. Von außen betrachtet handelt es sich demnach um eine geschlechtergemischte Gruppe mit einem Mädchen und mehreren Jungen.

zungen der Wertstrukturen in ihrer Freundesgruppe. Das familiäre Erziehungsklima wurde, wie aus Kapitel 5.2 hervorgeht, mit den Dimensionen „*Akzeptanz*" und „*Restriktivität*" erfasst. Das Wertklima in der Freundesgruppe wird mit Hilfe der beiden Subskalen „*Aggressive Konfliktlösung*" und „*Intoleranz*" ermittelt. Die folgende Abbildung zeigt die Mittelwertsunterschiede, die zwischen den unterschiedlichen Gruppen bei diesen Dimensionen bestehen.

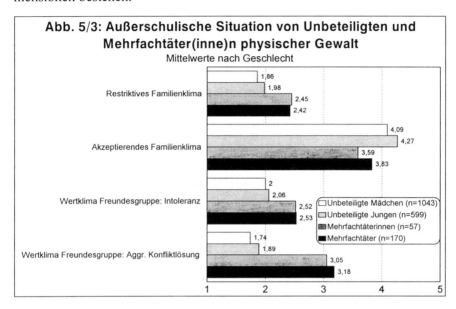

Auch die außerschulischen Erfahrungen in der Familie und in der Freundesgruppe sind zwischen Schüler(inne)n, die keine physischen Gewalthandlungen verüben, und den „Mehrfachtäter(inne)n" unterschiedlich. Gewaltausübende Mädchen und Jungen beschreiben das Erziehungsklima in ihrem Elternhaus negativer als die Vergleichsgruppe: Sie fühlen sich zu Hause signifikant weniger wohl, werden häufiger von ihren Eltern geschlagen oder wegen schlechter Noten bestraft und unter Druck gesetzt. Auch in der Freundesgruppe zeigen sich statistisch bedeutsame Unterschiede: Mädchen und Jungen, die in der Schule häufig physisch aggressiv sind, bewegen sich eher in Freundesgruppen, die sich durch ein intolerantes Klima kennzeichnen und in denen aggressive Konfliktlösungsstrategien vorherrschen. Bei den „Täter(inne)n" scheint es in diesem Sinne auch eine Kontinuität zu geben zwischen familialem Klima, Wertklima der Freundesgruppe und eigener physischer Gewaltausübung.

Die gewaltfördernden Bedingungskonstellationen der männlichen und weiblichen „Mehrfachtäter" sind auch hier wieder recht ähnlich: „Gewalttätige" Mädchen wie Jungen bewegen sich außerhalb der Schule gleichermaßen in Cliquen mit einem gewaltbefürwortenden Wertegefüge. Diese

Freundesgruppen kennzeichnen sich zum einen durch eine intolerante Haltung gegenüber Andersdenkenden und zum anderen dadurch, dass Konflikte nicht mit Worten ausgetragen werden. In der Präferenz für derartige Freundesgruppen und bei den Erfahrungen, in der Familie mit Leistungsdruck und Gewalt konfrontiert zu werden, gibt es zwischen „Tätern" und „Täterinnen" keine signifikanten Unterschiede.

Zusammenfassend lassen sich aus den bisherigen Präsentationen zwei bedeutsame Ergebnisse festhalten:

- Bei der Ausübung gewaltsamer Handlungen, in der individuellen Ausprägung gewaltfördernder Persönlichkeitsmerkmale sowie in den schulischen und außerschulischen Sozialisationskontexten finden sich unabhängig von der Geschlechtszugehörigkeit der Befragten signifikante Unterschiede zwischen den Gruppen der Schüler(innen), die in der Schule nie und denjenigen, die häufig gewalttätig sind.

- Es gibt bei fast allen gemessenen Gewalthandlungen und in den untersuchten schulischen und außerschulischen Lebenswelten keine statistisch signifikanten geschlechtstypischen Unterschiede zwischen den männlichen und weiblichen „Mehrfachtätern". Die soziale Strukturkategorie „Geschlecht" scheint demnach bei hochaggressiven Schülergruppen ihre differenzierende Wirkung zu verlieren.

5.3.4 Bedeutsame Einflüsse auf „Mehrfachtäter" und „Mehrfachtäterinnen"

Nachdem auf Gemeinsamkeiten zwischen aggressiven Jungen und Mädchen und auf Unterschiede zwischen „Täter(inne)n" und „Unbeteiligten" hingewiesen wurde, werden in diesem Abschnitt nur noch die Gruppen der weiblichen und der männlichen „Mehrfachtäter" in den Blick genommen. Weil die bisher präsentierten Mittelwertsvergleiche keine Auskunft darüber geben können, welche der dargestellten sozialisatorischen Umwelten sich als besonders relevante Bedingungen für aggressive Mädchen und Jungen erweisen, wird im folgenden der Versuch unternommen, mit Hilfe von Regressionsanalysen statistisch bedeutsame Effekte im schulischen und außerschulischen Bereich für männliche und für weibliche „Mehrfachtäter" zu ermitteln. Auf diese Weise soll geprüft werden, ob es bei Mädchen andere Kontexteinflüsse auf körperliche Gewalt gibt als bei Jungen.

Bei körperlich aggressiven Jungen wie Mädchen haben die meisten hier verhandelten Dimensionen des Klassenklimas keine signifikante Wirkung auf physische Gewalt. Was die Schüler(in)-Lehrer(in)-Beziehung angeht, so hat die soziale Etikettierung sowohl bei den „Mehrfachtäterinnen" (beta = .31) als auch bei den „Mehrfachtätern" (beta = .45) einen hohen Stellenwert.

Tab. 5.23: Schrittweise Regression Physischer Gewalt von Mehrfachtäter(inne)n auf schulische Merkmale (Standardisierte Regressionskoeffizienten; p<.01)

Dimensionen schulischer Sozialisation	Geschlecht	
	Jungen (n=144)	Mädchen (n=59)
Lehrer(in)-Schüler(in)-Beziehung:		
Vertrautheit	-	-
Akzeptanz	-	-.30
Restriktivität	-	-
Soziale Etikettierung	.45	.31
Schüler(in)-Schüler(in)-Beziehung:		
Kohäsion	-.27	-
Konkurrenz	-	-
Desintegration	-	-
Soziale Bindung	-	-
Multiples R / R²	.52 / .27	.46 / .21

Für Jungen hat sich ein Einfluss aus dem Bereich der Lerngruppe als gewaltmindernd erwiesen und zwar dann, wenn der Klassenverband von ihnen als starker Zusammenhalt erlebt wird (beta = -.27). Bei Mädchen existiert hingegen ein gewaltmindernder Einfluss aus dem Bereich der Schüler-Lehrer-Beziehung: Wenn sie sich (trotz ihres aggressiven Verhaltens) von Lehrkräften akzeptiert und verstanden fühlen, dämpft das ihre Gewaltaktivitäten (beta = -.30).

Interessanterweise konnten in dem schon zitierten Fallbeispiel des Mädchens Jennifer Hinweise auf die Bedeutung einer durch Akzeptanz gekennzeichneten Beziehung zu ihren Lehrkräften gefunden werden. In einem Erzählkontext, in dem es vorrangig um die Frage ging, durch welche „Qualitäten" sich eine „gute" Lehrkraft hervorhebe, äußerte Jennifer die Bedeutung von Vertrauen und Akzeptanz als wichtigstes Kriterium.

I: „Was ist für dich eine gute Lehrerin oder ein guter Lehrer?"

„Wenn man ihr vertrauen kann. Wenn man ihr halt was sagt und sie sagt es niemandem weiter (...) Weil, es gibt Lehrer, wenn man denen was erzählt, die rennen gleich (...) zu den Eltern. Und das gibt (...) nur noch mehr Ärger (...). Gibt es wenige Lehrer, denen man vertrauen kann. Mal sagen die es den anderen Lehrern oder mal sagen sie es dem Schulleiter (...). Eine gute Lehrerin ist schon, wenn man dem irgendwann mal vertrauen kann. Das ist eigentlich das Wichtigste. Und wenn man immer mit der reden kann (...). Es gibt schon einen Vertrauenslehrer bei uns (...), aber keiner geht dahin. Weil, (...) wenn man diesen Lehrer gar nicht kennt, (...) hat man irgendwie gar kein Vertrauen zu ihm" (Jennifer 1998, IGS, S. 12).

Sowohl die Regressionsanalyse als auch dieses illustrierende Fallbeispiel weisen somit darauf hin, dass eine durch Akzeptanz gekennzeichnete Lehrer(in)-Schüler(in)-Beziehung bei Mädchen einen gewalthemmenden Einfluss haben kann. Bei der Interpretation dieser Analyse darf allerdings nicht übersehen werden, dass die Varianzaufklärung bei den schulischen Faktoren sowohl für Jungen (27%) als auch für Mädchen (21%) insgesamt als mittelmäßig einzustufen ist. Anders formuliert: Ob ein junger Mensch in der Schule zum „Mehrfachtäter", zur „Mehrfachtäterin" wird, ist zum erheblichen Teil von weiteren – vermutlich außerschulischen – Faktoren abhängig.

Bei der nächsten Regressionsanalyse, in der die gewaltbefürwortenden Persönlichkeitsmerkmale und die außerschulischen Einflüsse (Wertklima in Familie und Clique) einbezogen wurden, zeigen sich im Geschlechtervergleich recht überraschende Ergebnisse: Bei den Jungen hat lediglich der Faktor, einer Clique anzugehören, in der Konflikte mit Gewalt ausgetragen werden, einen signifikanten Einfluss (.28) auf die eigene physische Gewaltausübung. Gleichzeitig deutet die Varianzaufklärung von lediglich 8% darauf hin, dass andere, hier nicht erfasste Bereiche und Einflüsse für die Ausübung physischer Gewalt bei der Gruppe männlicher „Mehrfachtäter" relevant sind.

Tab. 5.24: Schrittweise Regression Physischer Gewalt von Mehrfachtäter(inne)n auf außerschulische Merkmale (Standardisierte Regressionskoeffizienten; p<.01)

Dimensionen außerschulischer Sozialisation	Geschlecht	
	Jungen (n=111)	Mädchen (n=29)
Familiales Erziehungsklima: *Akzeptanz* *Restriktivität*	- -	- -
Wertklima der Freundesgruppe: *Aggressive Konfliktlösung* *Intoleranz*	.28 -	.56 -
Mangelnde Selbstbeherrschung	-	-
Nationalistische Einstellung	-	.52
Gewaltbilligung	-	-
Multiples R / R^2	.28 / .08	.86 / .74

Bei den aggressiven Mädchen wurden demgegenüber zwei relevante Einflussfaktoren für die Verübung physischer Gewalt identifiziert: eine nationalistische Einstellung (.52) als gewaltfördernde Haltung und die Zugehörigkeit zu einer peer-group, die sich durch Gewaltbereitschaft und aggressive Konfliktlösungsstrategien kennzeichnet (.56). Anders als bei den männlichen „Mehrfachtätern" erklären diese beiden außerschulischen Einflüsse bei den „Täterinnen" 74% der Varianz von physischer Gewalt. Erstaunlicherweise spielen familiale Einflüsse bei beiden Geschlechtern als begünstigende oder verhindernde Faktoren für Gewaltausübung keine Rolle. Der familiale Sozialisationskontext – gemessen als restriktiver oder akzeptierender Erziehungsstil der Eltern – hat bei aggressiven Mädchen wie Jungen zwar auf bivariater Ebene einen Einfluss, erweist sich jedoch im Zusammenspiel mit anderen außerschulischen Faktoren nicht als signifikanter Effekt für physisches Gewalthandeln.

Im schulischen Kontext erweist sich eine durch Akzeptanz und Vertrauen gekennzeichnete Lehrer-Schüler-Beziehung bei Mädchen als gewaltmindernde Schlüsselvariable. Die Bedeutung einer gut funktionierenden Lehrer(in)-Schüler(in)-Beziehung für Mädchen wurde auch in anderen Studien herausgearbeitet: So machte Horstkemper (vgl. 1987) darauf aufmerksam, dass eine positiv erlebte Beziehung zu den Lehrkräften für die Entwicklung des Selbstvertrauens von Mädchen in der Schule wichtig ist.

5.4 Zwischenfazit

5.4.1 Gegenstandsbereich und Theoriebezug

Die Analyse der inner- und außerschulischen Risikofaktoren für „Mehrfachtäter(innen)" und physisch nicht gewaltsam handelnde Schüler(innen) zeigt massive Diskrepanzen auf allen Ebenen der untersuchten Dimensionen. Bei „Täterinnen" wie „Tätern" akkumulieren sich ungünstige Bedingungen, sei es auf der Ebene der gewaltaffirmativen Einstellungen, im Erleben von Restriktionen innerhalb der Herkunftsfamilie, in devianten Cliquen, im Leistungsbereich und im interaktionellen Kontext der Schule. Mit den vorliegenden Daten können Vermutungen über Zunahme, Annäherungen, Angleichungen von Mädchen an das Gewaltniveau von Jungen sowie gesellschaftliche Trends weder explizit gestützt noch widerlegt werden. Verwiesen werden kann allerdings darauf, dass es eine kleine Gruppe von Mädchen gibt, die sich in ihrem abweichenden Verhalten eher an Männlichkeitskonzepten zu orientieren scheint – und die darin von geschlechtsgemischten Cliquen gestützt und getragen wird. Zu diesem Befund liefern die Jugendstudien, die sich mit der rechtsextremen Szene befassen, einige zusätzliche Erkenntnisse. Denn dort wird dargestellt, wie sich Mädchen in gewaltbereiten Cliquen bewegen, welche Positionen sie darin einnehmen, welche Bedürfnisse sie dabei befriedigen und welche Erfahrungen ihnen wichtig sind (vgl. z. B. Birsl 1994; Siller 1995; Holzkamp/Rommelspacher 1991; Lutzebaeck u. a. 1995). Die Entwicklung weiblichen Aggressionsverhaltens würde ähnlichen Mechanismen unterliegen, wie die des männlichen Aggressionsverhaltens. Direkte Aggression kann auch bei Mädchen mit einem Gefühl der Stärke verbunden sein (vgl. Lutz 2000, S. 159f.). Auch die Befunde aus den USA zur Dynamik von delinquenten Mädchencliquen (vgl. Campbell 1991; Chesney/Lind 1999; Schmerl 1999) sind vor dem Hintergrund dieser Ergebnisse anschlussfähig. Als Hypothese wurde formuliert, es müsse für Mädchen einen Anreiz oder Ausgleich geben, der Gewalthandlungen lohnenswert macht, trotz der Gefahr, durch Verstoß gegen bestehende Geschlechterkonzepte mit sozialem Missfallen „bestraft" zu werden. Aufgrund der hier ermittelten Ergebnisse kann dieser Ausgleich vorrangig im Erleben befriedigender und emotional stabilisierender Beziehungsnetze der Freundesgruppe vermutet werden. Wenn Mädchen dort einen anerkannten Status besitzen und den Eindruck haben, wichtig zu sein und gebraucht zu werden, dann sind sie auch eher bereit, sich mit einem aggressiven Wertklima und der entsprechenden Ideologie einer Clique zu identifizieren und dies durch eigene körperliche Gewalthandlungen zu unterstützen.

Dieses Ergebnis stärkt zunächst einmal die Annahmen der neueren Sozialisationsforschung, die wiederholt auf Selbstsozialisation und die zunehmende Bedeutung der Altersgleichen verweist (vgl. Krappmann/Oswald 1995; Schröder 1995; Honig u. a. 1996; Fromme u. a. 1999). Auch aus den jüngeren Shell-Jugendstudien (vgl. Jugendwerk 1992, 1997; Deutsche Shell 2000) geht hervor, dass die Gruppen der Altersgleichen für Mädchen ebenso wichtig sind wie für Jungen, selbst wenn es in der Aneignung öffentlicher Räume, im Interesse für Politik und in den Freizeitpräferenzen geschlechtstypische Unterschiede gibt (vgl. Nolteernsting 1998, S. 137ff.). Dabei gilt für die gesamte Breite der Jugendlichen ohne Zweifel, dass in den peer-groups Gewalthandlungen von Jungen eher gestützt werden als entsprechende Handlungsformen von Mädchen.

Zu den Risikokonstellationen gewaltsamen Handelns liefert die Individualisierungsthese einen Erklärungszusammenhang für gewaltbereite Jugendliche: Diese befinden sich in problematischen sozialen Umwelten, die mit erhöhten Risiken für Desintegrationsprozesse und Verunsicherungspotenziale verbunden sind. Desintegrationserfahrungen führen aufgrund eines eingeengteren Verhaltensspektrums und weniger flexibler Identität zu einer größeren Bereitschaft, Konflikte mit Gewalt zu lösen. Risikofaktoren werden in der Struktur von Netzwerken verortet, im Bereich der familialen Sozialisation, in der Struktur der Freundesgruppe, im Bereich von Medien und Freizeitgestaltung und im Statusübergang Schule, Ausbildung, Beruf.

Mit der Frage, ob und inwieweit sich Jungen von Mädchen, „Täterinnen" von „Tätern" unterscheiden, wird der differenztheoretisch hergeleitete Blick auf die Geschlechter eingenommen. Die Betonung der Geschlechterdifferenzen erweist sich hier auch als sinnvolle analytische Strategie, um auf Gemeinsamkeiten zwischen männlichen und weiblichen „Tätern" hinzuweisen und um Unterschiede zwischen an Gewalt beteiligten und unbeteiligten Mädchen und Jungen herauszuarbeiten. Die Analysen zeigen, dass Mädchen, die nicht mit physischer Gewalt handeln, sich sehr viel erheblicher von „Täter"-Mädchen unterscheiden als „Täterinnen" von „Tätern". Das Gleiche trifft auf an physischer Gewalt unbeteiligte Jungen und die Täter zu. Gewalthandlungen werden zum Teil zu einer Behauptungs- und Durchsetzungsstrategie beider Geschlechter oder anders gewendet: Bei hochaggressiven Schülern verliert die soziale Kategorie „Geschlecht" offensichtlich ihre differenzierende Wirkung. Im theoretischen Teil wurde darauf verwiesen, dass Gewalt als männliches Phänomen konstruiert wurde. Bei Jungen wird gewaltsames Handeln in der Schule sanktioniert und verurteilt – dennoch würden Jungen mit aggressiven Handlungen nicht ihrem Geschlechterkonzept wiedersprechen. Bei den weiblichen „Mehrfachtätern" ist das anders: durch oft verübte körperliche Gewalthandlungen weisen Mädchen die mit ihrem Geschlechterkonzept verbundenen sozialen Erwartungen zurück und verstoßen damit gegen gesellschaftliche Konstruktionen. Diese Überlegung lässt sich auch mit Annahmen der Individualisierungsthese stützen: Gewalt wird im Zuge der Auflösung traditioneller Geschlechterkonzepte zu einer möglichen, wenngleich unerwünschten Ausdrucksform für beide Geschlechter.

Die Resultate zu den „Mehrfachtätern" zeigen durch die hohe Varianzaufklärung der außerschulischen Prädiktoren bei den Schülerinnen, dass die peers und die innerhalb der Freundesgruppe ablaufenden sozialen Bindungen für Mädchen eine größere Rolle spielen als für Jungen. Dabei erscheint es besonders auffällig und überraschend, dass die „nationalistischen Einstellungen" bei der kleinen Minderheit der „Mehrfachtäterinnen" einen solch hohen Einfluss haben. Mädchen, so hat es den Anschein, benötigen die Einbindung in eine aggressive und „rechte" Clique, um mit eigenen Gewalthandlungen hervortreten zu können. Demgegenüber sind bei Jungen solche körperlichen Gewalthandlungen auch ohne Einbindungen in „rechte" Cliquen vorhanden. Dies alles spricht dafür, die Frage nach der Bedeutung der Clique für Gewalthandlungen für die Sozialisation von Mädchen konkreter zu verfolgen. Analysen weiblicher und männlicher „Täter" deuten auf die immense Bedeutung von Sozialisationsprozessen in der Freundesgruppe hin: Die Relevanz von Gruppen – Lerngruppen und Freundesgruppen –, die Frage nach Interaktionen zwischen Jungen und Mädchen im Rahmen einer Gruppe unter besonderer Berücksichtigung gewaltsamer Handlungen, soll in den folgenden Ergebniskapiteln aufgegriffen werden.

5.4.2 Leistung der Methodentriangulation

Kapitel 5.2. kennzeichnet sich nicht durch eine Methodentriangulation, sondern stellt eine quantitative Übersicht über mögliche schulinterne, schulexterne und einstellungsbezogene Risikokonstellationen dar, die physisches Gewalthandeln im schulischen Bereich wahrscheinlicher werden lassen. In diese Analysen wurden alle Jungen und Mädchen der repräsentativen Stichprobe einbezogen. Bei der Gesamtheit aller 3540 Schüler(innen) zeigten sich zum einen Effekte, die bei Mädchen und Jungen für gewaltsames Handeln in ähnlicher Weise relevant sind: Gewaltbilligung und aggressive Konfliktlösungsstrategien in der Freundesgruppe als außerschulische Bedingungsgefüge und soziale Etikettierung im Bereich der schulischen

Interaktionen. Die Ergebnisse der querschnittigen Rekonstruktion möglicher risikorelevanter Sozialisationseinflüsse dienten als Vorbereitung, als Vorstrukturierung für einen Vergleich zwischen ausgewählten männlichen und weiblichen Subgruppen, der auch zunächst mit quantitativ erhobenen Daten realisiert wurde.

In den in Kapitel 5.3 präsentierten quantitativen Analysen männlicher und weiblicher „Täter" wurde die kleine Minderheit der mehrfach „gewalttätigen" Mädchen und Jungen zwischen 12 und 16 Jahren in den Mittelpunkt der Betrachtung gestellt. Bei den Analysen dieser ausgewählten Subgruppen zeigte sich zum Teil eine Verschiebung der signifikanten Effekte: Während „soziale Etikettierung" im schulischen Bereich und aggressive Konfliktlösungsmuster innerhalb der Freundesgruppe nicht nur für die Gesamtheit aller Schüler(innen), sondern insbesondere für männliche und weibliche „Täter" relevante Einflüsse für die Verübung körperlicher Gewalthandlungen darstellen, sind bei den „Täterinnen" offensichtlich nationalistische Einstellungen eine wichtige Antriebskraft zur Verübung gewaltsamer Handlungen. Bei der Gruppe der aggressiven Jungen kommt dem Klassenverband eine bedeutsame, gewaltverhindernde Rolle zu: Die Wahrnehmung von Kohäsion hat sich in dieser Subgruppe, anders als bei der Mehrheit aller Schüler, als Variable herausgestellt, die Gewalt mindern kann. Aufgrund der Befunde der schriftlich erhobenen Subgruppenanalysen wurde in den problemzentrierten Interviews geprüft, ob es Erzählungen gibt, in denen Dimensionen der statistisch ermittelten Effekte angesprochen wurden. In diesem Zusammenhang kam die in Kapitel 3 (S. 118) formulierte Triangulationsstrategie 1 zur Anwendung, mit der die quantitativ gewonnenen Befunde durch subjektive Interpretationen gestützt werden. Sowohl das Fallbeispiel „Jennifer" als auch die quantitativen Gruppenvergleiche verdeutlichen, dass bei *diesen* Mädchen die Clique eine extrem hohe Bedeutung besitzt. Während das Fallbeispiel aufzeigt, wie sich in das Zusammenspiel von aggressiver Durchsetzung und wechselseitiger Solidarität auch Mädchen einbringen, verweist die Regressionsanalyse auf einen weiteren Punkt: Nationalistische Einstellungen haben bei „Mehrfachtäterinnen" eine überragende Bedeutung. Anders formuliert: Bei den Mädchen ist der Sprung in die Position „Mehrfachtäterin" deutlich seltener, vermutlich auch deutlich risikoreicher als bei den Jungen. Er wird wohl nur dann vollzogen, wenn eine aggressive, insbesondere nationalistische bzw. rechtsextrem orientierte Clique ein solches Verhalten akzeptiert und stützt. Des Weiteren verweisen beide Erhebungsverfahren darauf, dass es sich bei den „Täterinnen" um Mädchen handelt, die sich in ihren gewaltförmigen Verhaltensweisen von den männlichen „Mehrfachtätern" kaum unterscheiden. Aus dem Erzählbeispiel von Jennifer ging hervor, dass dieses Mädchen Stolz und Selbstvertrauen daraus zu schöpfen scheint, dass andere – auch Jungen – vor ihr Angst haben. Sie schildert des Weiteren die Notwendigkeit einer aggressiven Außenabgrenzung ihrer Freundesgruppe mit der Begründung, die

Struktur des Stadtteils sowie Konkurrenz und Gewaltbereitschaft anderer aggressiver Cliquen im Umfeld würden dies herausfordern. Durch die Präsentation des qualitativen Fallbeispiels treten demnach eine Menge relevanter Zusatzinformationen über die in den Regressionsanalysen ermittelten gewaltbegünstigenden Faktoren auf, die in Kapitel 7 bei der Thematisierung des außerschulischen Umfeldes noch näher aufgegriffen werden.

6. Konflikthafte Interaktionen von Jungen und Mädchen in der Lerngruppe

In den beiden zuvor dargestellten Ergebniskapiteln waren selbst berichtete Gewalthandlungen, Opfererfahrungen, Reaktionen, Emotionen und Beobachtungen Gegenstand der Analyse. Die Analyse der für Gewalthandlungen bedeutsamen Sozialisationskontexte von „Mehrfachtäter(inne)n" hat deutlich werden lassen, dass es wichtig ist, sich Interaktionen und Beziehungsnetzwerken von Gruppen zuzuwenden. Die Bedeutung der Gruppen für das Handeln der Schüler(innen), Einflüsse, die Jungen und Mädchen auf Handlungsabläufe im Kontext von Gewalt haben, werden hier genauer betrachtet. Dabei erfährt innerhalb der Schule die Lerngruppe eine besondere Beachtung. In Kapitel 6 und 7 stehen nicht individuelle Handlungen, sondern Interaktionen und Gruppenprozesse im Vordergrund der Betrachtung. Zwar werden diese Gruppeninteraktionen und ihre Handlungsresultate auch durch individuell vorgetragene Einstellungen und Interpretationen gestützt, jedoch wird stets die Gestalt der Gruppe und ihre spezifische Konstellation betrachtet.

6.1 Fragestellungen und methodische Perspektive

Die Lerngruppe ist keine frei gewählte, sondern eine altershomogene und geschlechtsheterogene zum Zwecke des Lernens und Leistens zusammengesetzte „Zwangsgemeinschaft". Mädchen wie Jungen, Schüler(innen) und Lehrer(innen) müssen sich im Unterricht und darüber hinaus miteinander arrangieren. Das bedeutet nicht, dass das soziale Klima in einer Lerngruppe genuin von unterdrückten Spannungen und subjektivem Unwohlsein geprägt sein muss. Die Klasse kann auch als Ort wahrgenommen werden, der gerne aufgesucht wird, und der sich durch identitätsbedeutsame und freundschaftliche Beziehungen innerhalb der Schüler(innen) kennzeichnet. In diesem Kontext soll die Hypothese aus der feministischen Schulforschung, nach der viele Mädchen in einer Lerngruppe das Klassenklima positiv beeinflussen, einer empirischen Prüfung unterzogen werden. Dabei wird insbesondere der Frage nachgegangen, ob Jungen in Klassen mit einem hohen Mädchenanteil weniger physische Gewalt verüben als Jungen in anderen Klassen. Mit Bezug auf die Frage nach der Qualität der Lerngruppe soll untersucht werden, ob ein auf Klassenebene positiv wahrgenommenes Sozialklima, das sich durch Integration, Zusammenhalt und eine gut funktionierende Schüler-Lehrer-Beziehung auszeichnet, für Jungen und Mädchen gleichermaßen gewaltmindernd wirkt. Umgekehrt wird analysiert, ob Lerngruppen, in denen übereinstimmend Desintegration, Etikettierung und Ausgrenzung wahrgenommen werden, bei beiden Geschlechtern das Ausmaß an körperlicher Gewaltausübung begünstigen.

Kapitel 6.2 wird mit Hilfe der schriftlich erhobenen Daten bearbeitet. Um zu untersuchen, ob sich die soziale „Qualität" von Lerngruppen auf Gewalthandeln auswirkt, wurden ausgewählte Skalen der quantitativen Daten der Schüler(innen)erhebung auf Klassenebene aggregiert. Kapitel 6.3 analysiert mittels der repräsentativen Übersichtsdaten das Gewaltniveau in Lerngruppen mit hohem Mädchen- und Jungenanteil. Die in Kapitel 6.4 aufzugreifende Frage lautet, ob schulische Gewalthandlungen einen Beitrag zur Konstruktion und Reproduktion des Geschlechterverhältnisses leisten. Hier geht es explizit um Interaktionen im Sinne von „Geschlechterkämpfen", in denen die Interaktionsdynamik zwischen Jungen und Mädchen und innerhalb der Geschlechtergruppen genauer erschlossen werden soll. Die Qualität von Konflikt- und Gewalthandlungen wird auch analysiert anhand der Frage, ob die zwischen den Geschlechtern ausgetragene Gewalt als ein „Interaktionsprodukt" angesehen werden kann. In diesem Sinne werden nicht nur geschlechtstypisch unterschiedliche Ausdrucksformen analysiert, sondern „Parts" und Handlungsstrategien der Mädchen und Jungen in diesbezüglichen Interaktionen zu beschreiben versucht. In diesem Abschnitt soll explizit danach gefragt werden, inwiefern Gewalt bei „doing gender"-Prozessen und der Konstruktion einer Interaktionsordnung eine Rolle spielt. Darüber hinaus soll auch die „Qualität" der Gewalt betrachtet werden: Handelt es sich in diesen Interaktionen um instrumentelle oder expressive Gewalt? Mit dieser Betrachtung des Geschlechterverhältnisses und diesem Blick auf gewaltsame Interaktionen werden Gruppenkonstellationen und nicht die männlichen Gewaltakteure als individuelle „Täter" fokussiert.

Quantitative und qualitative Daten werden aufeinander bezogen, um zu untersuchen, wie Mädchen und Jungen gewaltsame Interaktionen bewerten und ob sich in Konfliktgeschehen geschlechtstypische Muster abzeichnen. In diesem Abschnitt soll es deutlicher als bisher darum gehen, welche Strategien Mädchen entwickeln und verfolgen, um Konflikte zur Eskalation zu bringen und Gewalt auszuüben.

6.2 Einflüsse des Klassenklimas auf Gewalt der Geschlechter

Bislang vorliegende quantitative wie qualitative Befunde verdeutlichen, wie positiv ein gut funktionierendes Klassenklima bzw. wie nachhaltig negativ Erfahrungen von Desintegration für Schüler(innen) sein können. Lerngruppenklima, Etikettierungserfahrungen und die Wahrnehmung der Schüler(in)-Lehrer(in)-Beziehung variieren nach der besuchten Schulform. Ein positiv empfundenes Sozialklima mit wenig Außenseitern und stigmatisierten Schüler(innen) erwies sich als gewaltmindernder innerschulischer Faktor (vgl. Tillmann 1999, S. 233ff.; Popp 1998). Von daher ist es wichtig, die Lerngruppe als „Interaktionsgemeinschaft" wahrzunehmen und als Analyseeinheit zu konstruieren. Um dies zu realisieren wurden die Daten der quantitativen Schülerbefragung auf Klassenebene aggregiert. Untersucht wurde bisher nicht, ob sich das Klima der Lerngruppe auf Jungengewalt und/oder Mädchengewalt fördernd oder mindernd auswirken kann. Ergebnisse der selbstberichteten Gewalthandlungen nach Alter und Schulform zeigten beispielsweise, dass die Entwicklung des Gewaltniveaus entlang von Jahrgangsstufen bei Jungen und Mädchen nicht gleichförmig verläuft (vgl. Kapitel 4). Auch bei der nach Geschlecht und Schulform analysierten psychischen Gewalt wurde ersichtlich, dass der für die Gymnasien ermittelte hohe Gesamtwert vor allem auf das Verhalten der Jungen zurückgeführt werden kann. Um zu überprüfen, ob sich das Sozialklima der Lerngruppe, ob sich Beziehungen zu den Lehrkräften und Außenseitererfahrungen auf das Gewalthandeln von Mädchen und Jungen gleichermaßen fördernd oder mindernd auswirken, wurden zu Vergleichszwecken Extremgruppen gebildet. Bei den in Kapitel 5.2 eingeführten Skalen zur Messung der Risikokonstellationen handelt es sich um Faktoren, die das Sozialklima in der Lerngruppe und die „Qualität" des wahrgenommenen Beziehungsgefüges innerhalb der Klasse und in Interaktionen mit Lehrkräften ermitteln. Für eine zusammenfassende Messung der schulischen Umwelt wurden diese Sozialklimamerkmale zu übergreifenden „Faktoren zweiter Ordnung" zusammengefasst (vgl. Tillmann u. a. 1999, S. 298). Dabei wurden zwei gegensätzliche „Faktoren zweiter Ordnung" konstruiert, die mit den übergeordneten Begriffen „Ausgrenzung" und „Zusammenhalt" bezeichnet wurden.[1] Wie aus den Bezeichnungen hervorgeht, handelt es sich um Dimensionen eines negativen und eines positiven Lerngruppenklimas.

1. *„Ausgrenzung"* enthält die fünf Einzelskalen „Soziale Etikettierung" und „Außenseiter" zur Feststellung problematischer Interaktionen, „Restriktivität der Regelanwendung" zur Ermittlung eines gespannten Lehrer(in)-Schüler(in)-Verhältnisses, sowie „Desintegration" und „Konkurrenz" als Indikatoren problematischer Interaktionen innerhalb der Schülerschaft.

2. *„Zusammenhalt"* besteht aus den Einzelskalen „Soziale Bindung" und „Kohäsion", die die Schüler-Schüler-Beziehung messen (vgl. Kapitel 5.2.3 zur genauen Beschreibung der Items der einzelnen Skalen).

---

[1] Die zu „Faktoren zweiter Ordnung" zusammengefassten Variablen wurden mittels explorativer Faktorenanalysen (Hauptkomponentenanalyse, Eigenwert >1, Varimaxrotation, fallweiser Ausschluss fehlender Werte) auf Eindimensionalität überprüft. Durch Berücksichtigung dieser Kriterien reduziert sich die Größe der Stichprobe zum Teil erheblich. Die Berechnung der Faktoren auf Lerngruppenebene und die Erstellung eines Index für Lerngruppen mit hoher und niedriger Ausprägung der Faktoren „Ausgrenzung" und „Zusammenhalt" wurden von Ulrich Meier im Rahmen seiner Dissertation erstellt.

Mit Ausnahme der Sonderschulen für Lernhilfen wurde im folgenden für jede Lerngruppe der Gesamtstichprobe untersucht, wie hoch der Gruppenmittelwert für die Faktoren „Ausgrenzung" und „Zusammenhalt" ausfällt. Für die folgende Analyse nach Geschlechtszugehörigkeit wurden die zehn Lerngruppen mit den höchsten Werten des Faktors „Ausgrenzung" mit den zehn durch Ausgrenzung am geringsten belasteten Lerngruppen verglichen. Entlang des Faktors „Zusammenhalt" erfolgte ebenfalls die Auswahl der zehn Lerngruppen mit den positivsten und negativsten Werten. Obgleich die Auswahl der Lerngruppen nicht schulformbezogen erfolgte, sondern die Ausprägung der beiden Sozialfaktoren als Kriterien zugrundegelegt wurden, zeigen sich die bekannten schulformtypischen Verteilungen: So überwiegen bei dem Sozialfaktor „geringer Zusammenhalt" die Hauptschulklassen und als die am stärksten zusammenhaltenden Lerngruppen haben sich die jüngeren Jahrgänge (6. Klassen) in den Realschulzweigen der Haupt- und Realschulen und der Gymnasien erwiesen. Auch bei den anhand des Sozialfaktors „Ausgrenzung" zusammengestellten Lerngruppen zeigt sich diese Verteilung. Dennoch gibt es auch Ausnahmen: So gehört eine 10. Gymnasialklasse ebenso zu den sich durch geringen Zusammenhalt kennzeichnende Gruppe und die 8. Klasse einer integrierten Gesamtschule zeigt außerordentlich günstige Bedingungen hinsichtlich ihres Binnenklimas.

Die beiden folgenden Tabellen geben einen Überblick darüber, welche Schulen und Jahrgänge anhand der Faktoren zweiter Ordnung (Zusammenhalt und Ausgrenzung) als Extremgruppen ausgewählt wurden.

Tab. 6.1: Sozialklima in der Lerngruppe: „Zusammenhalt"	
Schüler(innen) in zehn Klassen mit geringem Zusammenhalt (n=151)	**Schüler(innen) in zehn Klassen mit hohem Zusammenhalt (n=161)**
1. KGS Hauptschulzweig, 9. Klasse	1. IGS, 8. Klasse
2. KGS Hauptschulzweig, 8. Klasse	2. H/R Realschulzweig, 6. Klasse (**)
3. KGS Hauptschulzweig, 6. Klasse (*)	3. H/R Förderstufe, 6. Klasse
4. IGS, 10. Klasse	4. Gymnasium, 8. Klasse
5. H/R Hauptschulzweig, 8. Klasse	5. H/R Realschulzweig, 8. Klasse
6. H/R Hauptschulzweig, 6. Klasse	6. Gymnasium, 6. Klassen
7. H/R Realschulzweig, 10. Klasse	7. H/R Realschulzweig, 6. Klasse (**)
8. Gymnasium, 10. Klasse	8. KGS Gymnasialzweig, 6. Klasse
9. KGS Hauptschulzweig, 8. Klasse (*)	9. H/R Realschulzweig, 10. Klasse
10. KGS Hauptschulzweig, 6. Klasse (*)	10. Gymnasium, 6. Klasse

* Bei diesen Klassen handelt es sich um Lerngruppen, die sich gleichzeitig durch geringen Zusammenhalt und hohe Ausgrenzung kennzeichnen

** Bei diesen Klassen handelt es sich um Lerngruppen, die sich gleichzeitig durch hohen Zusammenhalt und geringe Ausgrenzung kennzeichnen.

Tab. 6.2: Sozialklima in der Lerngruppe: „Ausgrenzung"	
Schüler(innen) in zehn Klassen mit hoher Ausgrenzung (n=180)	Schüler(innen) in zehn Klassen mit geringer Ausgrenzung (n=214)
1. KGS Hauptschulzweig, 6. Klasse (*)	1. H/R Realschulzweig, 6. Klasse (**)
2. H/R Hauptschulzweig, 9. Klasse	2. Gymnasium, 6. Klasse
3. KGS Hauptschulzweig, 8. Klasse	3. H/R Realschulzweig, 6. Klasse (**)
4. IGS, 6. Klasse	4. Gymnasium, 6. Klasse
5. KGS Hauptschulzweig, 6. Klasse (*)	5. Gymnasium, 6. Klasse
6. KGS Hauptschulzweig, 8. Klasse	6. H/R Realschulzweig, 10. Klasse
7. KGS Förderstufe, 6. Klasse	7. KGS Realschulzweig, 10. Klasse
8. IGS, 10. Klasse	8. Gymnasium, 10. Klasse
9. KGS Hauptschulzweig, 9. Klasse	9. KGS Gymnasialzweig, 6. Klasse
10. KGS Hauptschulzweig, 8. Klasse (*)	10. Gymnasium, 8. Klasse

* Bei diesen Klassen handelt es sich um Lerngruppen, die sich gleichzeitig durch hohe Ausgrenzung und geringen Zusammenhalt kennzeichnen

** Bei diesen Klassen handelt es sich um Lerngruppen, die sich gleichzeitig durch geringe Ausgrenzung und hohen Zusammenhalt kennzeichnen.

Die beiden folgenden Graphiken (Abb. 6/1, Abb. 6/2) zeigen die Gewaltbelastung von Mädchen und Jungen in Klassen, die sich im Ausmaß ihrer Ausgrenzungs- und Kohäsionserfahrungen unterscheiden.

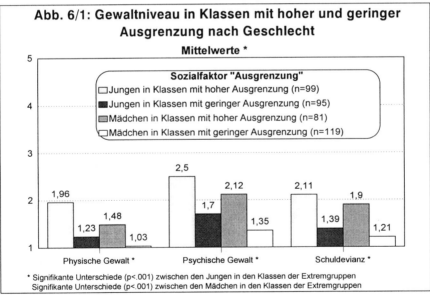

Abb. 6/1: Gewaltniveau in Klassen mit hoher und geringer Ausgrenzung nach Geschlecht

Signifikante Unterschiede zwischen Jungen und Mädchen in Klassen mit hoher Ausgrenzung: Physische Gewalt: ($p<.01$), Psychische Gewalt: ($p<.05$)

Signifikante Unterschiede zwischen Jungen in Klassen mit geringer Ausgrenzung und Mädchen in Klassen mit hoher Ausgrenzung: Physische Gewalt: ($p<.05$), Psychische Gewalt: ($p<.01$), Schuldevianz: ($p<.001$)

Deutlich wird, dass sich Jungen in Lerngruppen mit massiven und geringen Ausgrenzungserfahrungen in allen gemessenen Bereichen von Schülergewalt signifikant unterscheiden. Bei den Mädchen ist das Verhältnis ähnlich. Gleichzeitig konnten signifikante Geschlechtsunterschiede ermittelt werden zwischen Mädchen in Lerngruppen, die sich durch ein hohes Maß an Ausgrenzung kennzeichnen und Jungen, die sich in einer Klasse mit positivem Sozialklima befinden. Die Mädchen aus sogenannten desintegrierten Klassen übertreffen demnach in allen gemessenen Dimensionen schulischen Gewalthandelns ihre männlichen Mitschüler in sozial gut funktionierenden Klassen. Diese Ergebnisse weisen darauf hin, dass ein Lerngruppenklima, das durch Ausgrenzungs- und Etikettierungsprozesse bestimmt wird, nicht nur das Niveau der Gewaltausübung erhöht, sondern bei Jungen und Mädchen auf ähnliche Weise gewaltfördernd wirkt.

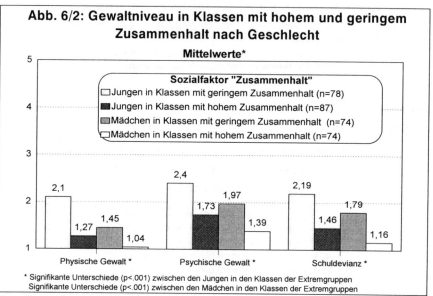

Signifikante Unterschiede zwischen Jungen und Mädchen in Klassen mit niedrigem Zusammenhalt: Physische Gewalt: ($p<.001$), Psychische Gewalt: ($p<.05$), Schuldevianz: ($p<.05$)

Signifikante Unterschiede zwischen Jungen in Klassen mit hohem Zusammenhalt und Mädchen in Klassen mit geringem Zusammenhalt: Schuldevianz: ($p<.05$)

Auch der positive Sozialfaktor „Zusammenhalt" erweist sich auf der Ebene der Lerngruppe als statistisch bedeutsam für das Auftreten und die Häufigkeit selbst berichteter Gewalthandlungen von Jungen und Mädchen. In Klassen mit gering ausgeprägter Kohäsion und fehlender sozialer Bindung handeln Mädchen wie Jungen signifikant häufiger aggressiv als Schüler(innen) in Klassen mit ausgeprägtem sozialen Zusammenhalt. Beim Vergleich zwischen Jungen aus sozial gut funktionierenden Klassen und Mädchen in Lerngruppen mit weitgehend fehlender Kohäsion und sozialer Bindung zeigen die Mädchen zwar mehr Gewalt, jedoch sind nur die Geschlechterdifferenzen im Bereich Schuldevianz statistisch signifikant. Zusammengefasst deuten diese Befunde darauf hin, dass Lerngruppen mit positivem Sozialklima eine erheblich gewaltmindernde Wirkung haben – und dieser Effekt tritt für beide Geschlechter gleichermaßen auf.

6.3 Die „befriedende Wirkung" von Mädchen in einer Lerngruppe

In der feministischen Schulforschung wurde schon in den Studien der 80er Jahre die Hypothese von einer „befriedenden Wirkung" durch Mädchen in der Lerngruppe formuliert (vgl. Brehmer 1982, 1991; Garz 1984). In diesen Studien wurde auf die ausgeprägte Sozialkompetenz und Beziehungsfähigkeit der Mädchen hingewiesen, die den Lehrkräften das Unterrichten erleichtern würden und die Disziplin und Aufmerksamkeit in der Klasse bündeln könnten. Aber auch neuere Studien beziehen sich auf die besonderen sozialen Fähigkeiten von Mädchen, die u. a. darin bestünden, Konflikte in Klassen zu reduzieren (vgl. Amendt 1996). Mädchen seien wichtige, die Position der Lehrkräfte unterstützende Partnerinnen; gleichzeitig würde diese spezifische Fähigkeit im Schulbereich aber wenig als „Leistung" betont und gewürdigt. Mit diesen sozialen Kompetenzen könnten Mädchen ein positives Klima in der Klasse fördern und auf Jungen einen „befriedenden" Einfluss nehmen. Diese Hypothese zieht sich wie ein roter Faden durch die Koedukationsdebatte, nach konkreten Daten, die genau diesen Sachverhalt belegen, sucht man jedoch vergeblich.

In diesem Kontext ergab sich die Möglichkeit, mit Hilfe der vorliegenden quantitativen Daten dieser Hypothese genauer nachzugehen. Relativiert werden sollte, dass zu viele Bedingungskonstellationen aus dem schulischen und außerschulischen Bereich zur definitiven Klärung dieser Frage gleichzeitig kontrolliert und über einen längeren Zeitraum untersucht werden müssten. Die „befriedende Wirkung" der Mädchen auf das Verhalten von Jungen, lässt sich mit Hilfe der repräsentativen Daten auch nur partiell ermitteln. Im folgenden geht es um die Überprüfung der Annahme, ob Lerngruppen mit vielen Mädchen sich auf das Gewaltniveau der Jungen „dämpfend" auswirken. Die Analyse aller Schulklassen nach Mädchen- und Jungenanteilen zeigt zunächst einen wenig überraschenden Befund: Klassen mit einem deutlichen „Jungenüberschuss" sind vorrangig Hauptschul- und Sonderschulklassen, während in den Gymnasialklassen öfters die Mädchen den größeren Anteil der Schülerschaft stellen. Um diesem schulformbezogenen Bias zu entgehen, wurden zum einen nur die höheren Schülerjahrgänge (8.–10. Klassen) ausgewählt, um die Förderstufen auszuschließen. Zum anderen wurden alle Schulzweige in der Analyse berücksichtigt. Als „Klasse mit hohem Mädchenanteil" wurden Lerngruppen spezifiziert, in denen die Anzahl der Mädchen die der Jungen um fünf Personen überragt.

Für „Klassen mit hohem Jungenanteil" gilt das umgekehrte numerische Verhältnis zwischen den Geschlechtern. Gleichzeitig mussten die Jahrgangsstufen und die Schulformen der Klassen mit hohen Jungen- und Mädchenanteilen in ein ausgewogenes Verhältnis zueinander gebracht werden. Da in den meisten Klassen das Geschlechterverhältnis in numerischer Hinsicht in etwa ausgewogen ist, reduzieren sich die in die Analyse einbezogenen Lerngruppen erheblich. Letztendlich blieben 12 Klassen übrig, die alle die genannten Kriterien erfüllten:

Tab. 6.3: Ausgewählte Lerngruppen im Paarvergleich nach Schulform/Schulzweig, Jungen- und Mädchenanteil	
Sechs Klassen mit hohem Mädchenanteil (n=118)	**Sechs Klassen mit hohem Jungenanteil (n=124)**
Hauptschulklassen/Hauptschulzweig	**Hauptschulklassen/Hauptschulzweig**
KGS Hauptschulzweig, Jg. 8 (n=18)	KGS Hauptschulzweig, Jg. 8 (n=21)
HR Hauptschulklasse, Jg. 9 (n=22)	HR Hauptschulklasse, Jg. 9 (n=20)
Realschulklassen/Realschulzweig	**Realschulklassen/Realschulzweig**
KGS Realschulzweig, 8. Jg. (n=23)	HR Realschulklasse, 8. Jg. (n=22)
HR Realschulklasse, 10. Jg. (n=16)	KGS Realschulzweig, 10. Jg. (n=21)
Gymnasialklassen/Gymnasialzweig	**Gymnasialklassen/Gymnasialzweig**
Gym 8. Jg. (n=19)	Gym 8. Jg. (n=21)
KGS Gymnasialzweig, 10. Jg. (n=19)	KGS Gymnasialzweig, 10. Jg. (n=19)

Klassen, in denen Mädchen von ihrer Anzahl her dominieren, sind insgesamt weniger durch Gewalt belastet als „jungenreiche" Lerngruppen.

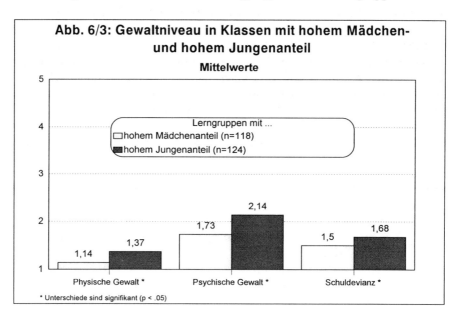

Abb. 6/3: Gewaltniveau in Klassen mit hohem Mädchen- und hohem Jungenanteil

Dieser Befund spiegelt die individuelle Beteiligung der Geschlechter an schulischen Gewalthandlungen wider.

Das Ergebnis verweist auf die hohe Bedeutung des Jungenanteils in einer Lerngruppe und ihres spezifischen Klimas hinsichtlich aggressiven Verhaltens. In den ausgewählten Klassen wird sichtbar, dass es nicht allein die Schulform und die Jahrgangsstufe ist, die sich als ausschlaggebend für das Niveau der Gewaltausprägung erweist. In den hier nach dem Anteil der Geschlechter ausgewählten Klassen zeigt sich die stärkste Gewaltausprägung beispielsweise in einer 10. Gymnasialklasse mit überdurchschnittlichem Jungenanteil und das niedrigste Niveau in einer 10. Realschulklasse, in der sich überproportional viele Mädchen befinden.

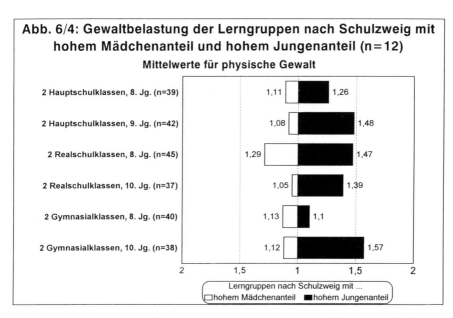

Abb. 6/4: Gewaltbelastung der Lerngruppen nach Schulzweig mit hohem Mädchenanteil und hohem Jungenanteil (n=12)

Um die Annahme partiell bestätigen zu können, ob Mädchen tatsächlich eine „befriedende Wirkung" in der Lerngruppe zukommt, ist es sinnvoll, das Gewaltniveau *der Jungen* in Klassen mit hohem und niedrigen Mädchenanteilen miteinander zu vergleichen. In die folgenden Mittelwertvergleiche sind ausschließlich die Werte der Jungen aus Klassen mit einem hohen und niedrigen Mädchenanteil einbezogen worden.

Es zeigt sich, dass über alle gemessenen Gewaltdimensionen hinweg die Jungen aus Klassen mit hohem Mädchenanteil weniger Gewalt verüben als ihre Mitschüler in Klassen mit verhältnismäßig wenig Mädchen. Ein signifikanter Unterschied zwischen den beiden Jungengruppen zeigt sich – trotz geringer Stichprobengröße – im Bereich physischer Gewalt: Jungen aus Lerngruppen mit hohem Mädchenanteil schlagen sich signifikant seltener, begehen seltener Sachbeschädigungen und zeigen ein geringeres Vorkommen an Erpressungen.

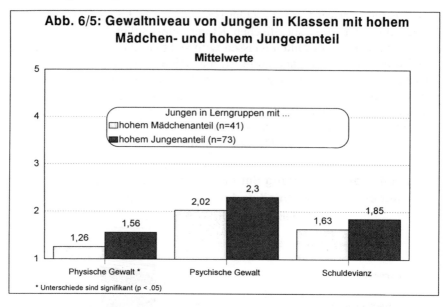

Zu relativieren wäre, dass der Mädchenanteil sich nicht als alleiniger Indikator und als kausaler Erklärungszusammenhang für aggressive Klassen heranziehen lässt. Das höhere Gewaltniveau bei Jungen in zahlenmäßig männlich dominierten Klassen könnte auf Bezugsgruppeneffekte zurückgeführt werden: Die Anwesenheit vieler Jungen in der Klasse könnte unter Konkurrenz- und Nachahmungsgesichtspunkten zu Gewalthandlungen animieren und eine „Kultur" hegemonialer Männlichkeit schaffen, ohne dass Mädchen darauf Einfluss haben. Zu bedenken bleibt, dass die hier vorgenommene Auswertung nach Lerngruppen mit hohem und niedrigen Mädchenanteil exemplarisch an einigen ausgewählten Lerngruppen erfolgte. Trotz der geringen Stichprobe zeigt sich in den ausgewählten Lerngruppen, dass in Klassen mit hohem Mädchenanteil nicht nur die Gesamtbelastung physischer Gewalthandlungen niedriger ausfällt, sondern dass es auch die Jungen sind, die in zahlenmäßig mädchendominierten Klassen weniger körperliche Gewalt verüben.

Mit welchen Verhaltensweisen Mädchen offensichtlich eine Konfliktreduzierung gelingt und welche Mechanismen dafür sorgen, dass es in Klassen mit hohem Mädchenanteil ein geringeres Gewaltaufkommen bei Jungen gibt, kann mit den quantitativen Daten nicht erschlossen werden. Auf diese Fragestellung sich beziehende qualitative Daten stehen nicht zur Verfügung. In den zitierten skandinavischen Studien wurde das höhere Ausmaß an Empathie bei Mädchen und deren ausgeprägtere verbale Konfliktlösungskompetenz hervorgehoben. Gleichzeitig wies die gleiche Studie darauf hin, dass es andere Gruppen von Mädchen gibt, die ihre Empathie dazu nutzen, um besonders perfide indirekte psychische Aggressionsstrategien zu realisieren (vgl. Björkqvist/Österman 2000). Hanns Petillon (vgl. 1993) kam in einer Studie mit Primarschülerinnen und -schülern zu einem ähnlichen Ergebnis. Mädchen seien nicht durchgängig friedfertig und sozial vorbildlich, sondern würden Jungen bei Handlungen wie Schadenfreude, Hänseln, Auslachen oder Verächtlichmachen deutlich überflügeln. In dem folgenden Abschnitt wird auf die Rolle, die Mädchen in gewaltsamen Interaktionen „spielen", näher eingegangen und diese auch qualitativ zu bestimmen versucht.

6.4 Gewalt als „Interaktionsprodukt" der Geschlechter

Die Intention dieses Kapitels besteht darin, mit Hilfe quantitativer und qualitativer Daten die Bedeutung der Interaktionen zwischen den Geschlechtern im Bereich schulischen Gewalthandelns herauszustellen und zu analysieren. Gleichzeitig soll in Erfahrung gebracht werden, ob und inwieweit mit solchen Handlungen bestimmte Männlichkeiten und Weiblichkeiten verhandelt sowie Geschlechterverhältnisse konstruiert und stabilisiert werden. Wenn Interaktionen im Bereich von aggressiven Handlungen zum geschlechtstypischen Sozialisationsprozess dazugehören und in soziale Erwartungen an Männlichkeit/Weiblichkeit eingebunden sind, wäre Gewalt ein „Interaktionsprodukt" und kein individuelles Merkmal.

Die folgende quantitative Analyse befasst sich mit der Frage, ob Prügeleien zwischen Jungen die Funktion haben können, sich dem anderen Geschlecht gegenüber darzustellen, und ob Mädchen Gewalthandlungen zwischen Jungen um ihre Person implizit begrüßen. In der schriftlichen Befragung richteten sich bestimmte Statements ausschließlich an Mädchen und andere ausschließlich an Jungen: Die Mädchen wurden gefragt, ob sie gerne zuschauen, wenn Jungen sich prügeln und ob sie sich geschmeichelt fühlen, wenn Jungen sich ihretwegen schlagen. Die Jungen sollten angeben, ob sie sich gerne schlagen, wenn sie weibliche Beobachter haben, und ob sie mit anderen Jungen wegen Mädchen in Streit geraten. Das fünf Stufen umfassende Antwortspektrum reichte von „stimmt ganz genau" bis „stimmt gar nicht". In der folgenden Tabelle sind die prozentualen Anteile derjenigen Mädchen und Jungen nach Schulform abgebildet, die den Statements „teilweise", „überwiegend" oder „ganz genau" zustimmen konnten. Die Einbeziehung des Statements „stimmt teilweise" wurde in diesem Kontext bewusst mit berücksichtigt, denn es deutet auf die Gruppe der Ambivalenten hin. Diese „unentschiedenen" Mädchen und Jungen, die sich nicht durchgängig sicher sind, wie sie Gewalthandlungen subjektiv bewerten sollen, spielen jedoch für die prozessualen Verläufe konflikthafter Interaktionen eine bedeutsame Rolle, wie anhand der qualitativen Daten im folgenden zum Ausdruck kommt.

Tab. 6.4 a: Bewertung gewaltsamer Interaktionen von Mädchen					
	Mädchen (n=1718)				
	Sonder-schülerinnen (n=51)	Haupt- und Realschülerinnen (n=331)	Schülerinnen an KGS (n=537)	Schülerinnen an IGS (n=351)	Gymnasiastinnen (n=448)
Wenn sich Jungen prügeln, schaue ich gerne zu					
stimmt teilweise	14%	24%	29%	24%	18%
stimmt überwiegend	12%	8%	7%	9%	5%
stimmt ganz genau	26%	13%	12%	16%	3%
Wenn sich zwei Jungen meinetwegen schlagen, fühle ich mich geschmeichelt					
stimmt teilweise	16%	18%	21%	18%	18%
stimmt überwiegend	6%	10%	10%	11%	12%
stimmt ganz genau	8%	17%	15%	14%	6%
Reliabilität der Skala: Bewertung gewaltsamer Interaktionen bei Mädchen (Cronbach´s Alpha): .63					

Zwei Ergebnisse fallen auf den ersten Blick ins Auge: Mehr Mädchen als Jungen haben die an sie gerichteten Fragen zur eigenen Haltung gegenüber Jungenprügeleien bzw. -streitereien zustimmend beantwortet, und es gibt Unterschiede zwischen den Schülerinnen und Schüler der verschiedenen Schulformen. So schauen Mädchen an Gesamtschulen (immerhin 20%–25%) eher als Gymnasiastinnen einer Prügelei zwischen Jungen „gerne" zu, und mehr Haupt- und Realschülerinnen als Gymnasiastinnen bekennen, sich geschmeichelt zu fühlen, wenn Jungen sich ihretwegen schlagen. Aber übersehen werden sollte nicht, dass immerhin 18% der Schülerinnen an Gymnasien sich zustimmend diesem Statement gegenüber äußern. Bei allen Mädchen ist die Gruppe der ambivalent Eingestellten recht hoch.

Jungen scheinen die Bedeutung von Mädchen als Anlass für Prügeleien etwas geringer einzuschätzen. Zwar lassen sich auch hier Unterschiede feststellen, die abhängig von der besuchten Schulform sind, aber insgesamt bewegt sich der Anteil der Jungen, die sich durch Mädchen zum Streiten motiviert fühlen, oder die sich wegen Mädchen schlagen, auf einem niedrigeren Niveau (vgl. Tab. 6.4 b). Dennoch ist nicht zu vernachlässigen, dass sich etwa ein Viertel der Jungen an Haupt- und Realschulen, Kooperativen und Integrierten Gesamtschulen gerne schlagen, wenn sie weibliche Zuschauer haben.

Tab. 6.4 b: Bewertung gewaltsamer Interaktionen von Jungen					
	Jungen (n=1789)				
	Sonder-schüler (n=68)	Haupt- und Realschüler (n=375)	Schüler an KGS (n=584)	Schüler an IGS (n=316)	Gymnasia-sten (n=446)
Ich schlage mich besonders gerne, wenn Mädchen dabei zuschauen					
stimmt teilweise	9%	15%	15%	14%	10%
stimmt überwiegend	7%	8%	5%	5%	5%
stimmt ganz genau	9%	8%	5%	9%	2%
Meistens gerate ich mit einem anderen Jungen wegen Mädchen in Streit					
stimmt teilweise	21%	14%	14%	17%	9%
stimmt überwiegend	13%	6%	7%	6%	4%
stimmt ganz genau	6%	7%	4%	5%	2%
Reliabilität der Skala: Bewertung gewaltsamer Interaktionen bei Jungen (Cronbach´s Alpha): .73					

Und auch der Anteil der Jungen, der wegen Mädchen mit anderen Jungen in Streit gerät, bewegt sich an den eben genannten Schulformen zwischen 15% und 40%. Klärungsbedürftig wäre die Frage, inwieweit es Mädchen gibt, die von Jungen Schlägereien als Ausdruck des „Mannseins" in bestimmten Interaktionen fordern und mit dieser Erwartung Gewalt initiieren und realisieren können. Diese Überlegung lässt sich jedoch mit schriftlich erhobenen Daten nicht weiterführen und ist daher Gegenstand der im folgenden präsentierten qualitativen Daten.

Nun ist an diesem Resultat Kritik geübt worden (vgl. Stenke u. a. 1998, S. 96ff.): Die Zustimmung der Jungen und Mädchen zu den Statements sei weniger auf die Interaktionen zwischen den Geschlechtern zurückzuführen, sondern stünde in engem Zusammenhang mit eigenen selbstberichteten Gewalthandlungen sowie einem negativen Selbstwertgefühl, kurz: Mädchen und Jungen, die sich selbst aggressiv verhalten, ein problematisches Selbstkonzept und gewaltaffirmative Einstellungen hätten, befürworten ein aggressives Verhalten auch bei Jungen, wenn die eigene Person Anlass des Konfliktes ist. Um einen Zusammenhang zwischen geschlechterbezogenen Interaktionen und Gewalthandlungen, -einstellungen und Selbstwertgefühl überprüfen zu können, wurden korrelationsstatistische Verfahren angeschlossen. Die an Mädchen gerichteten Statements zum Verhalten bei Jungengewalt und die an die Adresse der Jungen gehenden Einschätzungen, ob Mädchen Einfluss auf gewalttätiges Handeln haben, ließen sich zu zwei

Skalen zusammenfassen (vgl. Tab. 6.4 a+b), die als abhängige Variablen in die folgenden Regressionsanalysen einbezogen wurden.

Tab. 6.5: Regression der Bewertung gewaltsamer Interaktionen auf Gewalthandlungen und gewaltaffirmative Einstellungen (Pearson's r, beta, SIG T)

	Jungen (n=1771)			Mädchen (n=1700)		
	r	beta	SIG T	r	beta	SIG T
Physische Gewalt	.37	.14	*	.32	.08	
Psychische Gewalt	.27	.01		.31	.16	*
Gewaltbilligung	.39	.24	*	.40	.21	*
mangelnde Selbstbeherrschung	.38	.25	*	.29	.12	*
nationalistische Einstellungen	.28	.07		.33	.16	*
multiple R/R²	.52/27%			.50/25%		

* Hochsignifikanter Zusammenhang (p < .01)

Die Ergebnisse zeigen hier für beide Geschlechter zunächst einen hohen bivariaten Zusammenhang zwischen Gewalthandlungen, gewaltbefürwortenden Einstellungen und den geschlechtsbezogenen Interaktionen im Kontext von Jungengewalt. Die Regressionsanalyse verweist darauf, dass die relevanten Effekte für das Auftreten einer positiven Wertschätzung von gewalttätigem Jungenverhalten bei Mädchen anders sind als die Effekte, die Jungen dazu veranlassen, sich wegen Mädchen in Konflikte zu begeben: Bei Mädchen spielt die Tatsache, im schulischen Kontext selbst psychische Gewalt zu verüben, sowie gewaltbilligende und nationalistische Einstellungen zu vertreten, die bedeutsamste Rolle für die positive Bewertung körperlicher Auseinandersetzungen von Jungen. Die relevanten Einflüsse für eine Positivbewertung gewaltsamen Handelns bei Jungen sind physische Gewalt, Gewaltbilligung und mangelnde Selbstbeherrschung. Psychische Gewalt hat bei Jungen keinen relevanten Effekt. Gewaltaffirmative Einstellungen sind für Jungen demnach die zentralen Faktoren für die Bereitschaft, Gewalt in Anwesenheit und aufgrund von Mädchen zu verüben. Insgesamt zeigt die Regressionsanalyse für Jungen und Mädchen, dass auch die Positivbewertung gewaltsamer Handlungen eng mit den schon erwähnten Risikofaktoren für schulisches Gewalthandeln zusammenfällt.

Die interviewten Schüler(innen) und Lehrkräfte haben sich über Auseinandersetzungen zwischen Jungen und Mädchen im schulischen und außerschulischen Kontext geäußert. Sie wurden auch gebeten, darüber nachzudenken, ob es Gewaltanlässe und -verläufe gibt, die durch Mädchen provoziert werden oder ob Situationen aufgetreten sind, in denen sich Jungen wegen Mädchen schlagen. Um geschlechtstypische Ausdrucksformen von Mädchen in Gruppenzusammenhängen zu ermitteln, wurde auch nach der

Existenz von Mädchencliquen in der Lerngruppe und deren Verhalten anderen gegenüber gefragt. Bei Fragen, die auf eine mögliche Beteiligung von Mädchen am Interaktionsgeschehen gerichtet sind, ergibt sich in der empirischen Praxis ein Problem: Anzunehmen ist, dass ein nicht unerheblicher Anteil solcher Handlungen sich dem bewussten Zugriff und der Reflexionsfähigkeit der befragten Schüler(innen) entzieht. „Doing gender" im Kontext schulischer Gewalthandlungen dürfte ebenso unbewusst verlaufen, wie „doing gender" in anderen Interaktionssituationen, weil diese Prozesse der Selbstverständlichkeit wegen nicht hinterfragt werden. Ein Bewusstsein über derartige Interaktionen setzt eine kritische Auseinandersetzung mit der eigenen geschlechterbezogenen Sozialisation voraus. Dies ist von 14-16jährigen Schüler(inne)n nur bedingt zu erwarten. Um eine korrigierende Einschätzung „von außen" zu erhalten, sind die Lehrkräfte im Interview ebenfalls darum gebeten worden, ihre Sicht und Begründung problematischer Kommunikationssituationen, die durch das Verhalten von Mädchen hervorgerufen sein könnten, mitzuteilen.

Die bislang untersuchten schulischen Gewalthandlungen lassen sich als direkte und indirekte instrumentelle Gewalthandlungen definieren. Sie dienen der Selbstdurchsetzung und der Problemlösung in alltäglichen schulischen Konfliktsituationen und das Ergebnis der Gewalthandlung – die Schädigung, psychische Degradierung etc. – ist dabei von zentraler Bedeutung. Es gibt jedoch auch expressive Ausdrucksformen von Gewalt, auf die in Kapitel 1 verwiesen wurde (vgl. Heitmeyer u. a. 1995; Fuchs u. a. 1996). Während instrumentelle Gewalt antizipierbaren Kalkülen folgt, dient expressive Gewalt der Selbstrepräsentation: Die Opfer dieser Attacken sind beliebig, die Gewalthandlung selbst unberechenbar, der Akt der Gewaltausübung wird zum Selbstzweck. Expressive Gewalt befriedigt Spannungszustände, sichert Aufmerksamkeit und ihre Form ist unkalkulierbar, da sie einem Situationsgefühl entspringt (vgl. Heitmeyer u. a. 1995, S. 72).

Diese Gewaltausübung dürfte auch bedeutsam für Interaktionen zwischen Jungen und Mädchen sein. Expressive Gewalt kennzeichnet sich der personenbezogenen Gewalt gegenüber dadurch, dass Handlungen nicht primär in schädigender Absicht auf das Opfer gerichtet, sondern mit einem Zweck verbunden sind, der nicht direkt in Zusammenhang mit der Konfliktsituation steht. Die Gewaltausübung wird zum Selbstzweck. Diese Ausdrucksform von Gewalt würde auf eine Situation zutreffen, in der ein Mädchen als Anlass genommen wird, jemanden „just for fun" zu verprügeln oder wenn Jungen die Aufmerksamkeit bestimmter Mädchen erwecken möchten und sich zur Erreichung dieses Ziels für aggressive Handlungen entscheiden. Wenn Mädchen körperlich starke, aggressive Jungen interessant finden und ihnen nahe legen, ihre „Männlichkeit" in Auseinandersetzungen zu demonstrieren, könnte dieses Verhalten ebenso als expressive Gewalt gedeutet werden, wie Situationen, in denen Jungen Gewalt anwenden um mit bestimmten Mädchen in Kontakt zu kommen. Durch verdeckt vorgebrachte

Aufforderungen zum Gewalthandeln kann expressive Gewalt entstehen, denn auch in dieser Interaktion dient die Gewalthandlung nicht dem Ziel, ein explizit vorgesehenes Opfer zu schädigen.

Die Interviewpartner(innen) berichteten in diesem Zusammenhang über Mädchen als Auslöser physischer Auseinandersetzungen zwischen Jungen. Für die folgende Darstellung wurden „typische" Argumentationsmuster aus der Sicht betroffener Akteure anhand ausgewählter Zitate herausgearbeitet.

1. Die besondere Rolle der Mädchen bei Auseinandersetzungen zwischen Jungen

Für die Analyse der Einbindung von Mädchen in Auseinandersetzungen wurden nur Interviewausschnitte von Jungen und von Lehrkräften ausgewählt. Interessant ist, dass alle Befragten sich über den immensen Einfluss, den Mädchen auf das Gewaltverhalten der Jungen ausüben, einig sind. Obgleich Thomas relativierend meint, es gäbe auch Mädchen, die Konflikte zwischen Jungen schlichten würden und sich von physisch gewaltsam Handelnden abgrenzten, ist er von einem negativen Einfluss der Mädchen überzeugt.

I.: „Sag mal, meinst du denn, dass die Mädchen irgendwie einen Einfluss auf das, (...) Gewaltverhalten der Jungen haben"

„Ja, auf jeden Fall (...) Ja klar (...) ich würde sagen, wenn man auf einem Jungeninternat ist, da hat man irgendwie (...) keinen Grund sich zu schlagen, deswegen. Aber wenn, (...) die Mädchen sind irgendwie so, ja, ich meine, ist doch klar. Wenn, wenn man nur mit Jungen zusammen ist, dann hat man kein richtiges Sozialverhalten, (...) da fehlt irgendwas im Sozialleben, ne. Und dann kalbern sich (die Jungen) höchstens, wenn man Fußball spielt und einer foult einen, aber wenn (...) Mädchen dabei sind, ist ja klar, dann wird es komplexer (...). Das ist einfach so, denke ich, dass man, ja, der sexuelle Hintergrund immer irgendwie dahintersteht, dass (...) dann Aggressionen mehr hochkommen und dass man irgendwie, um der Frau zu imponieren, dass man da irgendwie sich immer irgendwie in den Vordergrund stellen muss und dadurch auch die ganze (Gewalt). Gehen Sie einfach mal übern Schulhof in der Pause. Dann müssen Sie mal gucken, wie die Jungen rumlaufen. Die haben die Hose irgendwie hier (zeigt unter die Gürtellinie), also die Hose fängt dann hier an, der Schritt. Und (...) dann müssen Sie mal sehen, wie die (Jungen) rauchen. Ich meine, ich rauche auch. Aber mir schmeckt es. Und das ist (bei denen) alles total cool. Alle sind sie megacool, also sagen wir fünfzig Prozent, und das, das kommt nur wegen den Mädchen" (Thomas 1998, GYM, S. 25f.).

Der häufige Gebrauch der Redewendung „ist ja klar" verweist auf ein vertrautes Interaktionsschema. Gleichzeitig gehen aus dem Zitat Konstruktionen und Symbolisierungen männlicher Sexualität, Coolness und aggressiver Durchsetzungsfähigkeit hervor. Die Lehrkräfte haben sich zu diesem Punkt auch sehr ausführlich geäußert und bestätigen die von Thomas vorgebrachten Argumente.

„Die Jungens, die streiten sich, aber die streiten sich anders, wenn Mädchen dabei sind und beobachten, (...), d. h., die Mädchen spielen 'ne bestimmte Rolle (....), und sie können den Konflikt durch ihre Anwesenheit gewaltig verstärken, falls es wirklich darum geht, 's Gesicht zu verlieren. Da is jemand dabei, und da zeigt man Schwäche. Wenn man vorher vielleicht bereit gewesen wär, den Konflikt noch in irgend 'ner Form verbal auszutragen, jetzt verliert man das Gesicht, und jetzt muss man sich behaupten, um zu beweisen, dass man der Stärkere is" (Herr K. 1998, IGS, S. 24).

Aus der eben zitierten Lehreräußerung geht hervor, dass „doing gender"-Prozesse bei den Jungen in die Interaktion eingelassen sind. Die Angst davor, als „schwach" dazustehen scheint in Gegenwart von Mädchen mit Gewalthandlungen kompensiert werden zu müssen. Auch in einer qualitativen Interaktionsstudie mit Kindern (vgl. Oswald 1997, S. 396f.) wurde deutlich, welche Rolle „das Wahren des Gesichtes" spielt und Demütigungen schnell in physische Gewalthandlungen einmünden können.

„Bei den Jungs kann man eben erleben, dass die körperlichen Merkmale, beispielsweise der (Ismet) ist jemand, der ist schon ein relativ männlicher Typ, er ist auch ein sehr guter Sportler, er weiß, dass er körperlich den meisten überlegen ist und das spielt er auch aus. Obwohl er eigentlich, was körperliche Gewalt betrifft, kaum auffällt. Aber man hat Respekt vor ihm, oder er wird respektiert aufgrund seines Verhaltens und er kommt sich sehr dominant vor und hat auch ein dominantes Verhalten" (Herr S. 1998, H, S. 6).

Aus dem weiteren Verlauf des Interviews geht hervor, dass dieser Lehrer die Erfahrung gemacht hat, es seien „eben die körperlich dominanten Jungen, die eher dann Mädchen anmachen". (Herr S. 1998, H, S. 22). Körperliche Kraft, Dominanz sowie die Tatsache, Respekt bei anderen zu genießen, gelten als „männliche" Attribute. Während Herr S. eher die Typen der Jungen beschrieben hat, die sich in solche Geschlechterinteraktionen begeben, verweist Herr U. auf die besondere Fähigkeit der Mädchen, jemanden dazu zu bewegen, etwas in ihrem Sinne zu tun.

„(Mädchen haben) ne Einschätzung der Möglichkeiten, wie sie jemanden dazu kriegen, dass er das tut, was sie wollen, nech? Bei den Jungen geht dat: Bumm, direkt. Da rennt einer eher vor die Wand, während 'n Mädchen nicht alle unbedingt, aber wenn sie zu solchen Mitteln greifen, dann bauen sie was auf und wissen auch ganz genau, wie sie jemanden dazu kriegen können, dass der nun auf jemanden losgeht, nech? Das ist so das Mittel der Frauen (...) ja, ich hab mal nen Artikel gelesen, ‚Frauen hassen anders', wo dies gerade in der rechtsradikalen Szene beschrieben wurde (...). Das sind

so Verhaltensweisen, es gibt auch Mädchen, die (...) mit Fäusten aufeinander losgehen. Das gibt es auch, hab ich bei uns nicht erlebt. Ich hab's an der (Nachbarschule) mal bei einem Mädchen erlebt (...) Aber ansonsten ist es eher so, (...) Jungen schlagen und die Mädchen (stehen) im Hintergrund (...), aber wenn solche Situationen auftreten, dann sind die Jungen natürlich von Mädchen dementsprechend hochgepeitscht" (Herr U. 1998, GYM, S. 24).

Aus den Interviews geht hervor, dass Jungen in Anwesenheit von Mädchen in Konflikt- und Gewaltsituationen anders auftreten, und das gilt im umgekehrten Sinne auch. Die Geschlechter beeinflussen einander im Bereich von Konflikten, Aggression und Gewalt. Übereinstimmend wird die besondere Beziehungs- und Manipulationsfähigkeit der Mädchen herausgestrichen, die den Interaktionspartnern meist nicht bewusst ist. In diesen Ausführungen wird explizit betont, dass solche Strategien „Mittel der Frauen" sind, d. h. Bestandteile des Weiblichkeitskonzeptes. Mädchen im Alter zwischen 14 und 16 Jahren, so zeigen die Interviews, scheinen diese Verhaltensweisen im schulischen Kontext mit „einzuüben". Ebenso zeigt sich, dass die Anwesenheit der Mädchen Interaktionen zwischen Jungen im Kontext von Gewalt verändern und ihnen einen anderen Verlauf geben können.

Um direkte Erfahrungen mit Auseinandersetzungen zwischen Jungen und Mädchen zu ermitteln, sollten die Schüler(innen) über Streitereien im Schulalltag berichten, in denen Mädchen und/oder Jungen einen Anteil an Anlass und Verlauf hatten. Vorweg sei betont, dass „Geschlechterkämpfe" mit Mitteln physischer Gewalt im schulischen Kontext von allen befragten Schüler(inne)n selten wahrgenommen werden. Aber wenn es zu diesbezüglichen Auseinandersetzungen kommt, hätten diese eine besondere Qualität, die von den Beteiligten als besonders „hart" und „heftig" eingestuft wird.

2. Konflikte und körperliche Auseinandersetzungen zwischen Jungen wegen eines Mädchens

Die Interviewpartner(innen) berichteten in diesem Zusammenhang über Mädchen als „Konfliktursache" und „Auslöser" physischer Auseinandersetzungen zwischen Jungen. Männliche Schüler meinen selbstkritisch, das Verhalten von Jungen sei anders, wenn Mädchen anwesend seien und nennen als Beispiel Streitereien während der Klassenfahrt.

„Dann ist es meistens so, dass (...) alle Jungen, das ist ja immer so auf Klassenfahrten, alle Jungen wollen immer auf alle Mädchen(...) nicht alle, ein paar fallen raus. Und dann bleiben so fünf (Mädchen) übrig. Und die, also das heißt, um die streiten sie sich alle. Und natürlich ist es dann so, dass man sich, wenn man zum Beispiel irgendwo am Strand sitzt (...)und da sind drei Mädchen und fünf Jungen, dass die Jungen immer gegenseitig cooler sein wollen als die andern. Und man verhält sich anders, wenn (...) da Mädchen dabei sind, von dem man, von denen mehrere was wollen. Ist

ja klar, aber so dass sie sich jetzt direkt streiten oder direkt sich anmachen würden, nicht. Also soweit sind die noch nicht, irgendwie hab ich das Gefühl. Also ich denk mal, so wie erwachsene Männer, dass die dann irgendwie Argumente auffahren (...), das nicht. Aber dass halt, dass so, dadurch, dass sie das noch nicht können oder das nicht wollen, dadurch spielen sie halt den Coolen" (Thomas 1998, GYM, S. 4).

Selbst wenn aus dem oben genannten Verhalten nicht unbedingt körperliche Gewalt hervorgehen muss, wird „Coolness" als ein Motiv, die Aufmerksamkeit der Mädchen zu erregen, genannt. Im folgenden wird eine Situation geschildert, in der sich Jungen vor einem großen Publikum präsentieren und einen Akt der Selbstdarstellung inszenieren. Das Mädchen ist in diesbezüglichen Auseinandersetzungen als Person gar nicht gemeint, sondern dient als Mittel zum Zweck.

I.: „Hat es denn das schon mal gegeben, dass zwei Jungens sich irgendwie wegen eines Mädchens gestritten haben?"

„Mhm, wegen meiner besten Freundin. (...) Das war auch wieder der (Mirko), der kam gerade neu in die Schule, drei Wochen später war er mit meiner Freundin zusammen. (Da) haben (...) so zwei Jungens, die stärker sind aus einer höheren Klasse, (...) die haben ihn einfach zusammengeschlagen. Ich mein, so vor der vierten Stunde (...). Also dann kamen die (Jungen und meinten zu Mirko): ‚ja, was für ein Typ bist denn du? Kannst ja nicht mal deine Freundin richtig küssen', weil, der hat sich nicht getraut (...). Und die aber, kommen die von hinten und schlagen ihn voll zusammen" (Ingrid 1998, IGS, S. 6).

I.: „Wollten die auch was (...) von deiner besten Freundin?"

„Nein (...) Nur so. Die müssen sich irgendwie immer auf der Schule beweisen, weil sonst wären die nicht mehr ‚in' oder so (...) die kannten sich überhaupt nicht, nur so flüchtig (...). Nein, der (Mirko) kam ja (...) gerade auf die Schule und schon gab es Prügel. Ich glaube, der hätte am liebsten die Schule gewechselt, glaub ich" (Ingrid 1998, IGS, S. 6f.).

Obgleich in der Interaktionssituation Hänseleien mit sexuell anzüglichem Charakter von den Provokateuren zunächst im Mittelpunkt standen, ging es den männlichen Angreifern darum, sich in einem größeren Rahmen zu präsentieren, und dabei war der Anlass unwichtig. An dem Mädchen waren die Täter nicht interessiert, es diente vielmehr als Vorwand, um Prozesse der Selbstdarstellung und Überlegenheit zu initiieren. Diese Interaktionen sind kennzeichnend für expressive Gewalt.

Ein weiterer Anlass für entstehende körperliche Auseinandersetzungen zwischen Jungen kommt in Form eines Erwartungsdrucks zum Vorschein: Es gäbe bestimmte Mädchen, so die Sichtweise einiger männlicher Schüler, die ein traditionelles, stereotypes Männlichkeitsbild favorisieren. Diesem

Bild zufolge sei ein „richtiger" Mann stark, mutig und cool, lasse sich nichts gefallen und könne zuschlagen. Diese Mädchen würden gewaltsame Handlungen von ihren Freunden fordern und in bestimmten Situationen erwarten - und die betroffenen Jungen seien darum bemüht, den Erwartungen zu folgen. Hierbei könnte es sich um ein ähnlich gelagertes Interaktionsmuster handeln, das als Ergebnis der qualitativen Erhebung zum Ausdruck kam: Eigenen Beobachtungen und Fremdwahrnehmungen zufolge gibt es Mädchen, die gerne zuschauen und sich geschmeichelt fühlen, wenn Jungen sich schlagen.

„Also bei uns, also nicht hier auf der Schule, auf anderen Schulen, was ich auch so sehe oder höre, sind auch (...) öfters Mädchen dabei, die so von anderen Jungen so Freundinnen sind, so von Schlägertypen, die so Gangsterfrau oder so genannt werden. Und die irgendwie den Jungen dazu leiten, weil der Junge denkt dann, ja, ich hab so eine Freundin, die denkt, dass ich mich schlagen muss und so. Da schlägt der Junge sich automatisch" (Onur 1998, GYM, S. 11).

Ein drittes Motiv, das Jungen dazu bringen kann, sich wegen eines Mädchens zu prügeln, besteht im individuellen Bedürfnis, auf sich aufmerksam zu machen. Hier handelt es sich weniger um eine öffentliche Zur-Schau-Stellung, bei der die Person des Mädchens unwichtig ist, sondern um das Bedürfnis, die Aufmerksamkeit eines bestimmten Mädchens auf sich zu lenken.

3. Sexuell motivierte Konflikte zwischen den Geschlechtern

Aus dem zuvor erwähnten Kommunikationsmuster ging hervor, dass Erotik und Sexualität in Interaktionen mit männlichen und weiblichen Jugendlichen auch im Bereich von Konflikthandlungen bedeutsam sind. Zwei Lehrerinnen haben die Beobachtung gemacht, dass hinter Auseinandersetzungen zwischen den Geschlechtern auch der Wunsch steht, Kontakt mit der Person aufzunehmen, dass Konflikte gespielt und provoziert werden, um sich dem anderen als sexuell interessiert zu präsentieren. Mädchen mit auffälliger Kleidung – so die Wahrnehmung – hätten den Wunsch, sich bemerkbar zu machen. Sie könnten durch ihr äußerliches Erscheinungsbild auch Gewalt provozieren, denn bestimmte Jungen sind unter Anwendung gewaltsamer Handlungen darum bemüht, von diesen Mädchen beachtet zu werden.

I.: *„Was machen denn Mädchen, wenn sie involviert sind (...) wissen Sie das, welche Rolle Mädchen da spielen?"*

„Ich denke, ja, bei dieser einen Klasse war's eben so. Dieses eine Mädchen wirkt auch sehr reif. Die war, als sie in die Klasse 5 kam noch so'n bisschen pummelig und so, hat jetzt unglaublich abgenommen, ist sehr schmal und sehr schlank, und das wird auch unterstrichen mit sehr schmalen Hosen, mit sehr knappen Oberteilen, wo die Hälfte vom Bauch frei bleibt. Wie

gesagt, die Haare sind blond gefärbt und immer nach dem neusten Schrei irgendwie frisiert (...), ja, die fällt natürlich auf. Die fällt ja auch Erwachsenen auf, und die fällt natürlich auch den Jungs ihrer eigenen Klasse auf, und dass sie dann darüber Bemerkungen machen, is ganz klar (...). Und dann gibt es wahrscheinlich wirklich den einen oder andern Jungen, der sich sehr angesprochen fühlt von so einem Mädchen, und der muss ihr ja nun beweisen, dass er nich so blöd is wie die andern, und wie soll er das machen? Durch Auffälligkeiten, das is doch immer so. Entweder man schlägt tausend Purzelbäume, dass der andere mal guckt oder man knufft da einen und so, und dann wird das Mädchen irgendwann schon gucken" (Frau J. 1998, GYM, S. 16f.).

I.: *„Könnte es sein, dass Mädchen so was auch provozieren?"*

„Ich denke ja, ich denke zum Teil bewusst und zum Teil unbewusst (...) Ich glaube schon, dass das zum Teil bewußt ist, denn die denkt sich ja auch was dabei, wenn die sich die Haare färbt. Natürlich, das macht sie ja, um sich und anderen zu gefallen und um Aufmerksamkeit zu erregen" (Frau J. 1998, GYM, S. 17).

Aus der Äußerung der Lehrerin lässt sich der Schluss ziehen, dass Schülerinnen und Schüler in den beschriebenen Interaktionen „doing gender" betreiben. So würde das Mädchen mit Kleidung und Haartracht sexuelle Attraktion und Weiblichkeit ausstrahlen wollen und die Absicht verfolgen, Jungen zu beeindrucken. Männlichkeitskonzepte werden konstruiert und verfestigt, wenn die Aufmerksamkeit des Mädchens durch die Gewalthandlung erlangt wurde.

Das äußerliche Erscheinungsbild spielt auch bei Etikettierungen und Abwertungen sexueller Art untereinander eine bedeutsame Rolle, jedoch bei Jungen und Mädchen in unterschiedlicher Weise. Dies ließ sich aus den Interviews im Gesprächskontext um „Opfer" psychischer Gewalt entnehmen. Gehänselt werden beispielsweise Jungen ...

„solche ängstlichen Typen, die so eine ängstliche Ausstrahlung haben, also gebückt gehen mit hängenden Schultern, gesenktem Kopf oder so. Ich mein, so was sieht man ja auch. Und dann würde ich halt noch sagen, die, die nicht unbedingt dem Idealbild entsprechen. Also vielleicht dickere, die da gehänselt werden oder halt Leute mit Sprachfehlern" (Clarissa 1998, S. 36).

Bei weiblichen Opfern handelt es sich um Mädchen, deren Figur nicht dem medial vermittelten weiblichen Schönheitsideal entspricht. Auch wenn das äußerliche Erscheinungsbild der Mädchen nicht mit dem Geschmack der Jungen in Einklang steht – und gegen sozial konstruierte Weiblichkeiten verstößt – muss die Betroffene mit Hänseleien, Etikettierungen und sexuell gemeinten Abwertungen rechnen.

„ein Mädchen, das ist bei uns ein bisschen dicker. Und da kommen halt dann schon die Sprüche. Und die fühlt sich dann halt auch nicht so wohl. Und die wehrt sich dann auch nie so. Das nutzen die Jungen halt doch schon aus, weil ich denke, in dem Alter haben die da das Feingefühl noch nicht, (...) zu sagen, ich akzeptiere sie so, wie sie ist. (...) Und dann kommen halt schon ziemlich fiese Sprüche wie (...) ‚Walross', ‚fette Kuh', und das find ich halt wirklich nicht okay" (Christine 1998, GYM, S. 6).

Eine andere Lehrerin hat wahrgenommen, dass physische Gewalt auch als Mittel der Kontaktaufnahme von Jungen wie Mädchen in die Interaktion eingebracht wird. So würden beide Geschlechter diese Strategie wählen, durch zum Teil bewusste Provokationen auf sich aufmerksam zu machen.

„Jungen und Mädchen haben immer eine gewisse Anziehungskraft aufeinander, muss man sagen, auch gerade in dieser Klasse. Und es fängt auch relativ früh an. (...) Das kann durchaus sein, dass die sich mal ablehnen, aber meistens legen sie sich eigentlich bewusst auch mit jemand an, den sie gut finden, einfach um auch Kontakt, zu Kontakten zu kommen. So sehe ich das. Und das wird von beiden auch so verstanden (...) eigentlich keine Gewalt in dem Sinne" (Frau M. 1998, H, S. 2).

Zu Konflikten und Missverständnissen kommt es, wenn Jungen ein körperbetontes Auftreten oder Verhalten von Mädchen als sexuelle Aufforderung wahrnehmen, die sich aber als falsch herausstellt.

„Ich hab gesehen, (...) da war(en) so Jungens, (...) die Mädchen (angemacht haben). Die Mädchen (meinten), ‚ey, hör auf' (...) Und da hab ich dann schnell (zu einem der Jungen) gemeint, ‚ey hör auf, (...) die will das nicht' (...). Und dann hat der aufgehört (...) Und dann, glaub ich, hat der weitergemacht (...). Aber es gibt auch Weiber, die wo sagen, hör auf, aber die wollen das. (...) Das gibt es auch (...) Ja, die tun nur so, (...) ähäh, und die lachen so, schreien so aus Spaß, aber die wollen das" (Ismet 1998, S. 21).

Zusammenfassend wird aus den Interviews deutlich, dass Mädchen nicht gänzlich unbeteiligt an der Herstellung von Situationen sind, die mit Konflikt- und Gewalthandlungen in der Schule einhergehen.

4. Auseinandersetzungen aufgrund von Eifersucht

Konflikthafte Interaktionen beschränken sich nicht nur auf Mädchen als Anlass. Vielmehr wurden in den Interviews auch Konflikte zwischen Mädchen angesprochen, in denen ein Junge Auslöser war. Claras Erfahrungen zufolge treten solche Kämpfe sogar noch häufiger auf als umgekehrt. Meistens sei Eifersucht und eine direkte Konkurrenz zwischen zwei Mädchen um den Jungen als „begehrte Person" dabei im Spiel. Solche Auseinandersetzungen würden von der Schulöffentlichkeit nicht in dem Ausmaß wahrgenommen werden, sondern verdeckt und ausschließlich unter den Kontrahentinnen ausgetragen. Dass Mädchen wegen eines Jungen aneinander geraten könnten, bestätigten sowohl Jungen als auch Mädchen.

"Aber Mädchen können sich (...) beschimpfen oder vielleicht auch mal schlagkräftig werden, wenn es um Jungen geht. Wenn jetzt zwei Mädchen einen Jungen mögen (...) und sie sind vielleicht sogar noch Freundinnen, sie wissen darüber, dass die diesen Jungen alle beide mögen. Und (wenn) dann eine (zu dem Jungen) hingeht und sagt, ‚sag mal, hör zu, möchtest du mit mir gehen?' Dann wird die andere meistens stinkig. ‚Du hast mir den, du hast mir meinen sogenannten Liebhaber (...) weggeschnappt', da, da könnte es schon zu (...) Auseinandersetzungen kommen" (Mirko 1998, IGS, S. 15f.).

Auseinandersetzungen dürften unter Mädchen immer dann besonders problematisch sein, wenn ein Junge zwischen zwei Freundinnen steht. Eine Schülerin berichtete, dass sie und ihre Freundin den gleichen Jungen gut fanden. Den beiden Mädchen scheint es allerdings gelungen zu sein, sich darüber zu verständigen, dass ihnen ihre Freundschaft wichtiger ist als die Beziehung zu dem Jungen.

I.: „Ja, hat es das denn eigentlich schon mal gegeben, dass so zwei Jungens sich um ein Mädchen gestritten haben?"

„Nee, eher andersrum. (...) Ich und meine Freundin (...). Ja, das war schon ein bisserl arg krass. Na, weil ich kam halt (...) gerade in die Klasse (...). Und da war (...) so ein Junge. Und den fand ich halt so süß und so. Und sie fand ihn auch mal süß. Na ja, und da war halt noch so eine andere Freundin, mit der sind wir jetzt nicht mehr befreundet, die hat immer gesagt, die andere Freundin baut eine Mauer zwischen ihm und mir auf und so. (...) Das war eigentlich voll kindisch, sich wegen so einem Typen zu streiten (...). Freundschaft, das find ich, ist wichtiger als so ein Typ" (Clara 1998, H, S. 4f.).

Konflikte zwischen Mädchen scheinen sich überwiegend in engeren Beziehungen zu konstituieren. Das Motiv, sich mit Gewalthandlungen bei Jungen in Szene zu setzen, die Aufmerksamkeit auf sich lenken zu wollen, scheint für die Mädchen nicht von Bedeutung zu sein. Des Weiteren gewinnt man den Eindruck, dass die Konflikte zwischen Mädchen um einen Jungen auch eher mit Mitteln psychischer Gewalt ausgetragen werden und sich dem Blick der Öffentlichkeit entziehen. Möglicherweise werden mit solchen Interaktionen, Konflikte „privat" in einem kleinen Kreis zu lösen, auch „weibliche" Konfliktlösungsstrategien konstruiert. Das Motiv „Eifersucht" findet sich auch bei Jungen. So berichtete eine Schülerin von einer Schlägerei zwischen zwei Jungen wegen eines Mädchens. Sie betont, dass der Anlass der Eskalation – das Mädchen – nicht öffentlich thematisiert wurde, aber jeder der Beteiligten und Zuschauenden davon wusste. Bei Jungen scheinen durch Eifersucht verursachte Konflikte, anders als bei Mädchen, mit aufwendiger Dramaturgie ausgetragen zu werden, so dass auch Nichtbeteiligte in Kenntnis der Situation gesetzt werden.

"Die (Jungen) haben sich geschlagen. Ja, aber (...) der eine hat nicht gleich gesagt, ‚ja, ich schlag dich jetzt (...) wegen diesem Mädchen' (...). Aber alle wussten halt, es war wegen diesem Mädchen (...). Aber es kommt nicht so oft vor" (Jennifer 1998, IGS, S. 4).

I.: „Und das Mädchen, was hat das gemacht?"

„Nichts, gar nichts (...). Die hat zugeguckt, was soll sie machen? (...) Sie wusste es auch (dass sie die Ursache des Streits war) (...) Ja, der eine Typ war ja mit ihr zusammen, (...) und der andere war ja nicht mit der zusammen, der (hat sich) irgendwie eingemischt oder so. Und ja, ich glaub, (...) die hat nur zugeguckt und hat geheult oder so, weil (der verprügelte Junge) (...) war ja (...) ihr Freund (...) Ich wäre dazwischen gegangen und hätte die auseinandergehalten" (Jennifer 1998, IGS, S. 4f.).

Die quantitativ erhobenen Daten wiesen darauf hin, dass sich der überwiegende Anteil der Mädchen *nicht* von prügelnden Jungen geschmeichelt fühlt; auch die Interviews bestätigen dies. Ein Mädchen erzählt von einer Konfliktsituation, in der sie selber Anlass für die Prügelei war. Sie distanziert sich explizit von dieser Handlung und von dem dieses Verhalten zeigenden Jungen. Durch die Kennzeichnung des Verhaltens als „primitiv" und ihre Abgrenzung bringt das Mädchen auch zum Ausdruck, dass sie sich von konstruierten Männlichkeiten diesen Typs distanziert.

I.: „Ja, gab es denn schon mal so Auseinandersetzungen, Konflikte irgendwie zwischen Jungen um ein Mädchen jetzt oder umgekehrt?"

„Also so in den letzten zwei Jahren eigentlich nicht. Davor in der fünften oder sechsten Klasse, weiß ich nicht mehr genau, da waren zwei Jungen in meiner Klasse. Und ich konnte mich, ehrlich gesagt, auch nicht so ganz dazwischen entscheiden. Ich mein, fünfte, sechste Klasse, das ist ja, na ja, so Händchen halten und so, aber die haben sich dann auf dem Schulhof auch richtig geschlagen. Und ich stand da nur daneben, um Gottes Willen. Und als ich das dann gesehen habe, da hab ich mir gedacht, nee, mit so Primitivlingen willst du nichts zu tun haben. Und da waren die beide also für mich abgehakt, weil (...), sich um Mädchen zu schlagen oder so, das find ich ziemlich primitiv, also nee. Ich meine, ich möchte ja auch einen Freund haben, der auch ein bisschen was im Kopf hat und nicht nur irgendwie in den Fäusten, also nee" (Clarissa 1998, GYM, S. 8).

5. Mädchen, die in Gruppen gegen andere auftreten

Interaktionen im Kontext von Gewalt finden nicht nur zwischen Jungen und Mädchen oder aufgrund des jeweils anderen Geschlechtes statt. In den Interviews zeigte sich vielmehr auch ein Argumentationsmuster, aus dem hervorgeht, dass Mädchen sich mit anderen Mädchen in Gruppen zusammenschließen, um „Gewalt" wirkungsvoller und nachhaltiger auszuüben. Dabei handelt es sich überwiegend um psychische Gewalt.

I.: „Hat es das schon mal gegeben, dass ihr Mädchen Euch so verbündet habt (...), um jemanden richtig fertig zu machen?"

„Mhm, ja. Das kommt schon vor. Das war, der (ein Junge) hat so Lügen über uns erzählt. So einfach, was gar nicht stimmte. Früher waren wir gut mit dem befreundet, also unsere Clique (...) Und dann auf einmal (hat er) voll angegeben (...) (und gemeint, er) wüsste alles über uns. Und dann hat er (es) voll den (anderen) Jungen erzählt. Und dann haben wir uns schon zusammengetan, haben ihn voll fertiggemacht, aber (...) das war nur eine Woche oder so. (...) Wir sind zu seinen Eltern gegangen, haben ihnen alles erzählt. Die sind ausgeflippt, haben ihm Hausarrest gegeben. (...) Dann kam er zu mir, wollt mich eigentlich nur schlagen (...) Und dann haben wir dem schon unsere Meinung gegeigt. Man konnte nichts machen. Vier (...) Mädchen gegen einen Jungen. Also das ging nicht. Haben ihm einfach die Meinung gesagt, aber wir haben ihn nicht geschlagen oder so" (Ingrid 1998, IGS, S. 18).

Von ähnlichen Verletzungen psychischer Art durch Mädchen wurde in der schon erwähnten Kinder-Interaktionsstudie berichtet. Auch in dem Berliner Forschungszusammenhang wurde deutlich, dass bei solchen Herabsetzungen und Bedrohungen Mädchengruppen identifiziert werden konnten (vgl. Oswald/Krappmann 2000, S. 10f.). Obgleich in dem eben zitierten Interviewbeispiel ein Junge zum Opfer einer Mädchengruppe wurde, scheint es häufiger vorzukommen, dass sich Mädchengruppen gegen andere Mädchen zusammenschließen und diese sozial ausgrenzen, „fertig machen" oder mit Briefen attackieren.

I.: „Hat es das bei Euch schon mal gegeben (...) dass die Mädchen sich so gegen jemanden verbündet haben?"

„Ja, die haben eine Mädchen fertig gemacht (...) Zusammen. (...) Die haben Briefe geschrieben in der Klasse (...) Und dann haben die gemeint ‚da, ja, bitte mach die fertig' (...) und so auf dem Briefen geschrieben, dass der Lehrer nicht sieht und nicht hört. Dann war die(ses) Mädchen alleine, die hat mir wirklich leid getan" (Ismet 1998, H, S. 18).

Wenn Mädchen bewusst aus dem Klassenverband ausgeschlossen werden, hat es – so die Erfahrung von Stefanie – zuvor problematische Interaktionen mit der Betroffenen gegeben.

I.: „Wie passiert das, dass jemand (die Rede ist von einer Mitschülerin) so ausgeschlossen wird?"

„Wenn sie (die Mitschülerin) uns ausnutzt zum Beispiel, ausnutzt, belügt (...) So geht dadurch (...) bei uns die Freundschaft kaputt. Weil man jeden Tag nur, wenn man den Mund aufmacht, lügt halt und dann nur ausnutzt

"(...) so ‚just for fun' macht mit uns (...) Also das ist bei mir jetzt keine wahre Freundschaft. Glaub ich auch eher, dass es bei andern keine wahre Freundschaft dann ist. (...) Und da hab ich gesagt, ja okay, wenn sie meint, sie muss es mit uns machen, soll sie sich andere Freunde suchen. Also wir haben dann gesagt, nee also, haben irgendwann (...) einen Strich gezogen (...) Wir reden nicht mehr mit ihr (...) Sie hat gesagt, sie hat so viele Freunde auf der Schule. Und dann haben wir gesagt, ‚na okay, wenn du so viele Freunde hast, dann geh zu denen'. Und jetzt sitzt sie nur mit so Kleinen (...) aus der siebten Klasse (...). Und wenn sie meint, sie muss uns belügen halt, soll sie zu denen gehen, die belügen (...) Wir haben uns früher so oft mit ihr verabredet und haben gedacht, sie wäre eine Freundin. Und dann haben wir irgendwann rausgefunden, dass sie uns halt belügt" (Stefanie 1998, H, S. 7f.).

Nach Andreas Erfahrungen tritt gerade diese Ausdrucksform von Gewalt, sich in Gruppen zusammenzuschließen und zu „hetzen", bei Mädchen stärker in Erscheinung als bei Jungen.

„(Auseinandersetzungen gibt es) öfters da. Schon oft, also öfters bei den Mädchen (als) (...) bei den Jungs oder so (...) Da ging es um ein Mädchen, und ja, die ist neu in die Klasse gekommen. (...) (U)nd dann (...) hat sie sich mit ihren anderen Freundinnen, ja, verkracht, und und dann haben die anderen aus meiner Klasse halt zu ihr gehalten. (...) Und so haben sie immer gemeint, ich hätte gehetzt über sie. Und dann ging halt so rum, war Streit" (Andrea 1998, H, S. 7).

Dass es im Schulalltag das Phänomen der Mädchengruppen gibt, die sich zusammenschließen um gegen andere zu intrigieren, wird auch von Lehrkräften bestätigt. Dies würde zum Teil auch über die Grenzen der Lerngruppe hinausgehen.

„Ich habe aber festgestellt, dass es in meiner Klasse eine Mädchengruppe gab, die mit einem Mädchen aus einer anderen Klasse der Realschule da mal etwas hatten und die haben sich dann verbündet, um dann gemeinsam zu agieren, gegen eine Schülerin einer anderen Klasse" (Herr S. 1998, H, S. 20).

Obgleich es in ihrer Klasse auch Mädchen gibt, die sich schlagen, würden verbale Attacken mit subtilem Charakter die typische Form von Auseinandersetzungen zwischen Mädchengruppen darstellen.

„Ja, so subtil, (...) dass mit gruppendynamischen Prozessen jemand kaputt gemacht wurde. Also, ich würde eh' sagen, jetzt in der Klasse, außerhalb der Klasse weiß ich nicht was da läuft, da gibt es zwar Mädchen, die, die körperlich sich auch mal gefetzt haben, aber auch nicht in der Klasse, sondern wiederum mit Mädchen von Parallelklassen. Prügeleien war nie das vordergründige Problem in der Klasse. Das kann man nicht sagen. Sondern

auch mal Zoff oder echte Ausfälligkeiten mit Lehrern, ähm oder eben (...) diese verbalen Attacken" (Frau H. 1998, IGS, S. 12).

Ein weiterer Lehrer bringt noch einen anderen Aspekt zur Beschreibung mädchengruppenspezifischer Konflikte in die Diskussion ein: die zeitliche Dimension. Im Gegensatz zu Jungen, die problematische Interaktionen körperlich austragen und schnell erledigen, zieht sich ein Konflikt zwischen verfeindeten Mädchengruppen über Wochen hin. Herr U. ist sich ganz sicher, dass gerade die Langfristigkeit, mit der Mädchen ihre Konflikte „pflegen" für Mädchengruppen typisch ist. Das schlimmste für Lehrer und Schüler sei, wenn innerhalb einer Lerngruppe zwei Mädchengruppen entstehen, die sich einander bekämpfen, denn dies wäre undurchschaubar.

„Bei Mädchen, das kann also so überlieferter Hass bis bis auf'n jüngsten Tag sein. Ich überziehe jetzt maßlos (...) ich weiß, aber das bleibt (bei Mädchen) länger hängen. Bei den Jungen (...), das (die Konfliktsituation) ist dann bereinigt, irgendwo abgegessen (...) weil, die sind dann an ner neuen Sache interessiert (...) Dafür haben se auch gar keine Zeit, nun eifrig ihren Hass oder ihre Abneigung zu pflegen, und wenn se einen nich mögen, dann mögen se den nich. Das zeigen se dem relativ offen, der die, und die einigen sich dann auf so'n (...) Nebeneinanderleben, und der eine tut dem andern nix und dann, da geht man sich eben aus'm Weg. So kenne ich das, während bei Mädchen is' es so, die versuchen dann (andere Mädchen) zu sammeln (...) hinter sich, so und so viele, die sie bestätigen gegen die anderen. Und das hab ich manchmal in Klassen erlebt (...) dass da also zwei Mädchen nicht miteinander konnten, die noch dazu aber recht geschickt und intelligent waren. Und das ist das Schauderhafteste, was einem passieren kann in der Klasse, dass da zwei Mädchengruppen entstehen, jeweils mit der entsprechenden Chefin. Denn da gerät jeder, sowohl die männlichen Schüler als auch die Lehrer in das Getriebe, weil das nur unter dem Aspekt gesehen wird: Wie kann ich der anderen eins reinwürgen, und wie kann ich mich möglichst der anderen gegenüber absetzen. Und da wird ganz fein drauf geachtet auch beim Lehrer, welche er nun in Anführungsstrichen vorzieht, und da haben die so feine Instrumentarien, so feine Mechanismen, das entgeht nich nur dem männlichen Schüler, sondern auch dem männlichen Lehrer" (Herr U. 1998, GYM, S. 29f.).

Zusammenfassend geht aus den Interviews hervor, dass es viele bestätigende Äußerungen zu der Frage gab, ob Mädchen in Gruppenzusammenhängen auftreten und Gewalthandlungen verüben. Diese Gewalt ist vorrangig psychischer und sozial ausgrenzender Natur, sie vollzieht sich nicht, wie bei Jungen, vor einem breiten Publikum und wird auch von Lehrer(innen) nur schwer wahrgenommen.

6. Mädchen, die durch subtile Falschinformationen andere gegeneinander aufbringen

Dieses Handlungsmuster steht mit dem zuvor erwähnten in engem Zusammenhang. „Mädchentypisch" seien Strategien der bewussten Falschinformation mit der Absicht, andere zu täuschen. Die als Reaktion auf die Täuschung entstehende Gewalt wird als „Begleiterscheinung" in Kauf genommen. Ein Junge erzählt von einem Mädchen, die mit Absicht Streitereien provozieren wollte, indem sie andere durch Unterstellungen gegeneinander aufbrachte.

„*Ja, gut, da war ein Mädchen, das ist neu in unsere Klasse gekommen. Die hat dann ein bisschen Mist erzählt.(...) Also die wollte immer Streit zwischen zwei Jungen haben oder zwischen zwei Mädchen (...). Ja, die hat dann immer erzählt einem Jungen, ‚du, hör mal zu, der hat zu dir Arschloch und so gesagt'. Und dann ist natürlich der Junge aufgebracht, und dann geht der zu dem hin. Und bei manchen, die fangen ja gleich an zu schlagen oder sagen, ‚hey, hör mal zu, du hast zu mir Arschloch gesagt, wieso?' Dann sagt der manchmal ‚Das hab ich überhaupt nicht gesagt'. Und dann wurde eben das Mädchen aufgedeckt sozusagen*" (Mirko 1998, IGS, S. 2f.).

Janina erzählt von einer Freundin, von der sie sich hintergangen fühlte; es ging in dem Konflikt um einen Jungen. So etwas nehmen die Schüler(innen) einander sehr übel.

„*Wollte so ein Junge was von mir, und (...) eine Freundin von mir, die ist auf einer andern Schule, und die ist immer eifersüchtig gewesen, weil sie ein bisschen dicker war, und ich war eben schlank. (...) Und da hat sie dem (Jungen) erzählt, (...) ich würde ja schon mit andern Jungs rummachen in der Zeit dann, immer wenn er dann weg ist, dann würde ich ja andere Jungs holen. (...) Und dann (...) hat er mich fertiggemacht, hat gemeint, ‚ah ja, du alte Schlampe' (...) Und na ja gut, es hat sich dann zum Schluss aufgeklärt, dass sie das eben erzählt hat. (...) (E)r hat dann erfahren, dass es nicht stimmt. (...) Ich versteh mich jetzt kaum noch mit ihr. (...) Gut, sie wohnt nebenan, also wenn ich sie sehe, grüß ich sie, und dann war es das. Und wenn sie mal kommt, dann red ich ein bisschen was mit ihr, aber ich erzähl ihr auch nichts mehr, weil man ja nie weiß, ob sie nicht dann nachher wieder was erzählt*" (Janina 1998, GYM, S. 6).

Als Ursache für die Eifersucht der Freundin vermutet die Erzählerin „Neidgefühle" hinsichtlich des äußerlichen Erscheinungsbildes: Die Freundin sei ein bisschen dicker und von daher eifersüchtig. Über solche Erklärungszusammenhänge finden Konstruktionen dessen statt, was als weibliche Attraktivität zu gelten hat und was nicht. Auch die Kennzeichnung als „Schlampe" verweist im Kontext von Sexualität auf die doppelbödige Konstruktion im Sinne der gesellschaftlich existierenden Doppelmoral. In anderen Erzählungen, die hier nicht so detailliert dargestellt wurden, werden solche Mädchen, die andere bewusst täuschen, zu Außenseiterinnen in ihren

Lerngruppen, da ihnen niemand mehr traut. Zwar haben nach Ansicht der interviewten Schüler(innen) diese Vorfälle nicht den Status von „Gewalt", dennoch handelt es sich um eine Ausdrucksform, mit der Mädchen konflikthafte Kommunikationsverläufe und Missverständnisse zwischen Mädchen und Jungen provozieren, die sich zu physischen und psychischen Gewalthandlungen entwickeln können.

Aus den Interviews geht hervor, dass das Auftreten von Jungen sich ändert, wenn Mädchen an der Interaktion beteiligt sind und das gilt im umgekehrten Sinne auch. Gewalt wird demnach in Interaktionen, an denen Mädchen beteiligt sind, erzeugt, forciert und im prozessualen Verlauf verändert. Während die Jungen ein starkes Bedürfnis haben, sich im Kontext von Gewalt darzustellen und auf sich aufmerksam zu machen, tragen Mädchen ihre Konflikte eher verdeckt und personenbezogen aus. Eifersucht und Neid auf andere Mädchen, auch damit zusammenhängend, vom äußerlichen Erscheinungsbild her nicht den Idealvorstellungen der Weiblichkeitskonstruktionen entsprechen zu können, sind die vorrangigen Motive für Konflikte. In den Jungeninterviews wurde Attraktivität nicht als Gewaltanlass zur Sprache gebracht. Neid und Eifersucht brachten auch Jungen als Motive für Auseinandersetzungen hervor, jedoch wurden daraus entstehende Konflikte nicht verdeckt ausgetragen, sondern in Form offener Herausforderung des Kontrahenten. Die Geschlechter beeinflussen einander im Bereich von Konflikten, Aggression und Gewalt. Übereinstimmend wird die besondere Beziehungsfähigkeit der Mädchen im negativen Sinne herausgestrichen, Situationen in ihrem Sinne beeinflussen zu können, ohne dass die anderen Kommunikationsteilnehmer(innen) es merken. Auch die genannten bewußten Täuschungen und Falschinformationen als Strategien zur Manipulation von Freundschaftsbeziehungen traten nicht als Ausdrucksform männlicher Schülergruppen in Erscheinung.

Bei Lehrer(inne)n wie Schüler(inne)n verfestigen sich durch diese geschlechtstypischen Interaktionen und Konfliktstrategien auch Konstruktionen in Form des Alltagswissens von geschlechtsbezogenen Unterschieden im Gewalthandeln. Dass Konflikte von Mädchen eher subtil und auf der Beziehungsebene ausgetragen werden und dass Auseinandersetzungen zwischen Jungen offen aggressiv und vor Publikum stattfinden, verweisen auf soziale Erwartungen an Männlichkeit und Weiblichkeit. Sie werden von den Akteuren in der Realität und als Realität produziert.

6.5 Zwischenfazit

6.5.1 Gegenstandsbereich und Theoriebezug

In den quantitativen und qualitativen Ausführungen dieses Kapitels wurde die Lerngruppe als eigenes soziales System, als spezifische „Kultur" betrachtet. Mädchen gestalten an koedukativen Schulen, auch wenn ihre

Handlungen verdeckter ablaufen als die der Jungen, ganz wesentlich die kommunikativen Prozesse mit. Ihre Einflüsse scheinen dabei sowohl gewaltmindernde als auch gewaltfördernde Aspekte zu enthalten. So konnte zum einen gezeigt werden, dass Lerngruppen, in denen Mädchen anteilmäßig dominieren, weniger gewaltbelastet sind. Solche Interaktionsgefüge müssten empirisch noch genauer erschlossen werden. Wichtig scheint jedoch zu sein, dass es keine geschlechtslosen Wesen sind, die in der Lerngruppe aufeinandertreffen und ihre Identitäten konstruieren – Tzankoff (vgl. 1995) hat anhand interaktionistisch akzentuierter Schulstudien auf genau diesen Aspekt aufmerksam gemacht. Die hier ermittelten empirischen Befunde, nach denen Jungen in Klassen mit vielen Mädchen offensichtlich Interaktionen ausgesetzt sind, die sich auf ihr Verhalten gewaltmindernd auswirken, deuten darauf hin, dass dieses kommunikative Binnenklima auch etwas mit der Geschlechtszugehörigkeit der Beteiligten zu tun hat.

Gleichzeitig stellen Mädchen einen wichtigen Teil des sozialen Feldes dar, in dem es zu Gewalthandlungen kommt. Dies lässt sich z. B. daran erkennen, dass mehr als ein Drittel der schriftlich befragten Schülerinnen zugegeben hat, sich ambivalent zu verhalten, und eine Minderheit zugibt, sich „geschmeichelt zu fühlen", wenn „zwei Jungen sich meinetwegen schlagen". Selbst wenn Mädchen indirekt an Gewalthandlungen beteiligt sind, spielen sie eine wichtige Rolle im Interaktionsgefüge – so die Wahrnehmungen der Schüler(innen) wie Lehrer(innen). Die mit Hilfe der qualitativen Schüler(innen)- und Lehrer(innen)interviews ermittelten Geschlechterinteraktionen im Kontext von Gewalt zeigten, dass sich Jungen und Mädchen in konflikthaften Interaktionen und Gewalthandlungen durchaus aufeinander beziehen, und dass solche Konflikte demnach nicht ausschließlich auf Interaktionen zwischen männlichen Tätern zurückzuführen sind. Die von Mädchen und Mädchengruppen verübten psychischen Attacken gegen andere entziehen sich nur oftmals der öffentlichen Kenntnis. Mit Bezug auf die theoretischen Hintergründe wurde unter dem Titel „Gewalt als Interaktionsprodukt" untersucht, ob und inwieweit Gewalt und Konfliktsituationen „genutzt" werden, um Geschlechterkonzepte herzustellen, zu demonstrieren, zu stabilisieren oder als soziale Realitäten festzuschreiben. Hierbei greifen differenztheoretische, sozialkonstruktivistische und interaktionistische Konzepte ineinander: Mädchen spielen bei körperlichen Auseinandersetzungen zwischen Jungen im Hintergrund eine Rolle. Sie spielen als aktiv Streitende und als aufeinander Eifersüchtige eine Rolle, wenn sich zwischen Mädchen ein Konflikt um einen attraktiven Jungen entzündet. Es gibt Mädchen als Zuschauerinnen und „Objekte" des Streits, sie nehmen die Rolle der Intrigantinnen wahr, fungieren als Verbündete in einer Mädchenclique oder stacheln körperliche Auseinandersetzungen zwischen Jungen an. Das äußerliche Erscheinungsbild spielt im Zuge sexuell motivierter Konflikte, jedoch auch im Kontext sozialer Etikettierung und psychischer Gewalt eine für die Geschlechter unterschiedliche Rolle. Mädchen scheinen verstärkt gehänselt zu werden, wenn sie äußerlich und körperlich nicht mit dem sexualisierten weiblichen Schönheitsideal übereinstimmen (vgl. Andrea 1998, S. 5; Jennifer 1998, S. 5, 10; Christine 1998, S. 6). Das könnte ein Hinweis dafür sein, dass die Inhalte des Stigmas nach Geschlechtszugehörigkeit variieren.

Die im Kapitel 1 zitierten Forschungsbeiträge zu Frauen und Rechtsextremismus haben auf Anhaltspunkte für eine „geschlechtstypische Arbeitsteilung" im Kontext von Gewalt verwiesen (vgl. z. B. Krafeld 1995; Siller 1993; Holzkamp/Rommelspacher 1991). In interaktionistischer Sicht ließen sich die Befunde dahingehend interpretieren, dass durch diese „Arbeitsteilung" Geschlechterordnungen und -arrangements (vgl. Goffman 1994) konstruiert und damit bestimmte soziale Realitäten geschaffen werden, die dann auch wiederum eine Dramatisierung (und Festschreibung) der Differenz zur Folge haben. Das „Arrangement" der Geschlechter im Kontext schulischer Gewalthandlungen sieht so aus, dass Jungen den aktiven sichtbaren Part der Handlung übernehmen und die Mädchen verdeckt interagieren. Die Ergebnisse verweisen unter differenztheoretischer Sicht darauf, dass es auch bei Mädchen ambivalente und problematische Formen der Geschlechtersozialisation gibt: die Konstruktion eines Konzeptes von Weiblichkeit, in der männliche Stärke bewundert und entsprechende (auch gewaltförmige) Konkurrenz zwischen Jungen als Bestätigung der eigenen Attraktivität dient. Deutlich geworden ist ein Zusammenhang zwischen Gewalthandlungen und der Positivbewertung von Jungengewalt. Für Mädchen, die selbst psychische Gewalthandlungen von sich berichten, gewaltbilligend und nationalistisch eingestellt sind, scheint es eher als für andere Mädchen mit einem Genuss verbunden zu sein, als Ursache für Jungengewalt im Zentrum der Aufmerksamkeit zu stehen. Unter individualisierungstheoretischer Perspektive ließe sich vermuten, dass Schüler(innen) mit konventionellen Rollenidentitäten (vgl. Heitmeyer 1987; Tillmann 1997, S. 271ff.) und einer Präferenz für traditionelle Einstellungen – wozu Nationalismus gehört – wohl gleichzeitig eine Vorliebe für geschlechtsstereotypes Jungenverhalten (und damit ebenfalls für einen Typus traditioneller Einstellungen) zeigen.

Auch zum Gewaltbegriff bietet die Befundlage noch einige Anmerkungen: Die Ergebnisse der Studie weisen darauf hin, dass gerade solche Gewalthandlungen, in denen Mädchen oder Mädchengruppen anwesend sind und eine ambivalent bis latent zustimmende Haltung den Auseinandersetzungen gegenüber erkennen lassen, nach Ansicht der Interviewten besonders problematisch verlaufen. Ein Merkmal der besonderen Qualität von Gewalthandlungen in Gruppen dürfte in der sich den Intentionen der Akteure weitgehend entziehenden Dynamik zu finden sein; Mädchen stellten häufig die Ursache für härter vorgebrachte Auseinandersetzungen zwischen Jugendlichen dar. In den Interviews tauchte immer wieder als Argumentationsmuster auf, dass Jungen das Bedürfnis hätten, sich zu profilieren und dass solche Auseinandersetzungen nicht zwischen ausschließlich zwei Kontrahenten stattfinden würden. Wenn Mädchen körperlich starke, aggressive Jungen interessant finden und ihnen nahelegen, ihre „Männlichkeit" in gewaltbezogenen Situationen zu demonstrieren, hat dies einen Aufforderungscharakter für expressive Gewalt. Situationen, in denen Jungen einem beliebigen Opfer Gewalt antun um „Coolness" zu symbolisieren oder um mit bestimmten Mädchen in Kontakt zu treten, lassen sich als expressive Gewalthandlungen bezeichnen. Unter sozialkonstruktivistischer Sicht gehen mit diesen Interaktionen auch „doing gender"-Prozesse einher, denn spezifische Bilder von (aggressiven) Männlichkeiten und (sexuell-lockenden) Weiblichkeiten werden durch diese Interaktionen möglicherweise gestützt. Auch hierbei lassen sich Konstruktionsmomente traditioneller Geschlechterverhältnisse vermuten.

6.5.2 Leistung der Methodentriangulation

Es ist nicht zu übersehen, dass die Erkenntnismöglichkeiten standardisierter Befragungen begrenzt sind, wenn es darum geht, interaktive Abläufe, wechselseitige Prozesse von Anziehung und Ablehnung, Täter, Opfer, Außenseiterkonstruktionen und die darauf bezogenen Deutungsmuster und Erklärungshintergründe der Akteure zu ermitteln. Deshalb kommt den qualitativen Interviews im Rahmen der Analysen eine ganz besondere Bedeutung zu. Während die Regressionsanalysen am Ende des 5. Kapitels für das individuelle Handeln von Jungen wie Mädchen „soziale Etikettierung" und „Desintegration" als signifikante gewaltfördernde Effekte ermittelten, wurden mit Etikettierungsprozessen einhergehende konflikthafte Interaktionen in den Erzählungen weitergeführt (vgl. Kapitel 6.4). Selbst wenn Kapitel 6.2 auf Daten der quantitativen Schüler(innen)erhebung basiert, stellen auch diese eine Erweiterung der in Kapitel 5 präsentierten individuellen Risikokonstellationen dar. Denn bei den Sozialfaktoren „Ausgrenzung" und „Zusammenhalt" handelt es sich um Aggregate, die auf die Lerngruppe als Analyseebene zielen. Klassen mit hoher sozialer Konfliktdichte und geringer Integration weisen signifikant mehr Gewalt sowohl bei Jungen als auch bei Mädchen auf, als kohärente, durch gute soziale Integration gekennzeichnete Lerngruppen.

In Kapitel 6.3 kommt die in Kapitel 3 unter Punkt 4 (vgl. S. 119) formulierte praktische Triangulationsmöglichkeit zum Tragen, in der die qualitativen Interviews zur Hypothesenprüfung eingesetzt werden. Im Rahmen der schriftlichen Schülerbefragung wurden zwei Skalen konstruiert, die die Zustimmung von Mädchen und Jungen zu gewaltsamen Interaktionen zwischen Jungen gemessen haben. Mit diesen Instrumenten sollte zunächst in Erfahrung gebracht werden, ob körperliche Gewalthandlungen zwischen Jungen bei Mädchen Zustimmung finden und ob Mädchen körperliche Auseinandersetzungen von Jungen um ihre Person begrüßen. Da die quantitativen Analysen gezeigt haben, dass es einen nicht unerheblichen Anteil an Mädchen gibt, der „männlicher Gewaltausübung" im schulischen Kontext ambivalent bis positiv gegenübersteht (vgl. Tabelle 6.4 a), wurde die Frage, welchen Beitrag Mädchen an diesen Interaktionen leisten und was zwischen Jungen und Mädchen in solchen Situationen passiert, in den qualitativen Interviews aufgegriffen. Die Interviewten wurden mit diesem quantitativ erhobenen Befund konfrontiert und sollten dazu Stellung beziehen. Für diese praktische Triangulationsmöglichkeit erwies sich die Reihenfolge und die zeitliche Abfolge der Erhebungen als große Chance. Denn um Interviewpartner(innen) mit Hypothesen zu konfrontieren, müssen Daten ausgewertet sein und Resultate vorliegen. Die mit Hilfe der quantitativen Daten ermittelte Befunde wurden in den Interviews vertieft, spezifisch sondiert und zur Überprüfung dieser Hypothese eingesetzt mit dem Ziel, die Forschungsfrage, nämlich welche „Rolle" Mädchen denn bei Gewalthandlungen spielen, welchen Interaktionspart sie übernehmen, facettenreicher zu klären. Die aus den schriftlichen Befunden hervorgehende Vermutung, nach der Mädchen eine spezifische Rolle in gewaltbezogenen Interaktionen zwischen Jungen spielen, konnte mit zeitlich später realisierten qualitativen Interviews genauer geprüft werden. So ging aus den Interviews nicht nur hervor, welche Rolle Mädchen und Gruppen von Mädchen spielen, sondern dass Konflikte durch Eifersucht, sexuelle Ambitionen und soziale Manipulation motiviert sein können. Die subjektiven Interpretationsmuster haben in der Tat den Untersuchungsgegenstand erweitert, korrigiert und modifiziert.

Übereinstimmend konnten qualitative wie quantitative Daten demonstrieren, dass konflikthafte Interaktionen der Mädchen weitgehend verdeckt ablaufen. Da für Sozialisationsprozesse der Geschlechter, wie aus der Täter(innen)-Analyse hervorging, Gruppenbindungen auch außerhalb der Schule bedeutsam sind, wird im folgenden Kapitel die Freundesgruppe der Jungen und Mädchen genauer betrachtet.

7. Konflikthafte Interaktionen von Mädchen und Jungen in Cliquen und im sozialen Umfeld der Schule

Die Freundesgruppe[1] unterscheidet sich von der Schulklasse durch ihren Charakter einer „frei" wählbaren Gruppe ohne „Zwangs- und Pflichtcharakter". Diese Gruppe muss nicht notwendigerweise altershomogen und geschlechterheterogen sein wie die schulische Lerngruppe. Auch die Größe der Clique ist nicht normiert. Die peer-group lässt sich als informelle Gruppe kennzeichnen, was nicht ausschließt, dass sich dort auch hierarchische Strukturen oder asymmetrische Geschlechterverhältnisse herausbilden können (vgl. Tillmann u. a. 1999, S. 39). Die Schule sowie ihr regionales und soziales Umfeld soll als „Ort" für konflikthafte Interaktionen und jugendliches Gewalthandeln genauer untersucht werden. Über den Einfluss der Schulform auf Gewalthandlungen gibt es gesicherte Befunde. Weniger eindeutige Ergebnisse erbrachten Analysen über die Größe der Schulen: Vermutet wurde, an großen Schulen sei Gewalt aufgrund von Anonymität, mangelnder Vertrautheit und fehlender individueller Gestaltungsmöglichkeit eher anzutreffen als an Schulstandorten, an denen es überschaubare Jahrgangsstufen und Kollegien gibt. Diese Hypothese musste anhand von Daten einer Schulleitungsbefragung zurückgewiesen werden (vgl. Meier/Tillmann 1994) und ließ sich auch in der für Hessen repräsentativen Schüler(innen)studie nicht bestätigen (vgl. Tillmann u. a. 1999, S. 202f.). Ebenso uneindeutig erscheint die Befundlage hinsichtlich der Region. In einer Repräsentativerhebung im Bundesland Sachsen konnten keine regionalen Muster hinsichtlich der Gewaltbelastung gefunden werden (vgl. Rostampour u. a. 1998, S. 222f.). Die regionale Einbindung der Schule und mögliche daraus resultierende Einflüsse auf das Ausmaß des Gewalthandelns von Mädchen und Jungen wird in Kapitel 7.3 näher thematisiert.

7.1 Fragestellungen und methodische Perspektive

Die im Rahmen dieser Studie vorzunehmenden empirischen Analysen zu den Interaktionen in Freundesgruppen gestalten sich komplizierter als die in Kapitel 6 thematisierten Zugänge zum Interaktionsgefüge in der Lerngrup-

---

[1] Während in der schriftlichen Erhebung von „Freundesgruppen" die Rede war, wurde in den qualitativen Interviews in der Regel von der „Clique" gesprochen, wenn Freundschaften außerhalb der Schule thematisiert wurden.

pe. Die Zusammensetzung der Lerngruppe nach Geschlecht ließ sich anhand der statistischen Daten explizit bestimmen. Die vorhandenen quantitativen und qualitativen Daten zu Interaktionen in Freundesgruppen ermöglichen jedoch keine Auskunft über konkrete personenbezogene Zusammensetzungen der Gruppen. Vielmehr basieren die Resultate zu Interaktionen, Aktivitäten und Konflikten außerschulischer Freundesgruppen und den dort herrschenden gewaltaffirmativen Wertstrukturen auf individuellen Einschätzungen und Wahrnehmungen der Schüler(innen) und auf Äußerungen *über* ihre Cliquen. Dennoch geht es auch in diesem Kapitel um die Ermittlung von Gruppendynamiken und Interaktionsordnungen und nicht um subjektive Intentionen und Begründungen konflikthafter Handlungen durch Mädchen und Jungen. Insgesamt befasst sich das Kapitel mit dem Geschlechterverhältnis in Gruppen außerhalb der Schule. Kapitel 7.2 geht der Frage nach, ob sich Ausmaß, Ausdrucksform und Dynamik von Konflikt- und Gewalthandlungen in informellen Cliquen und außerhalb der Schule von den geschilderten schul- und lerngruppenbezogenen Handlungen unterscheiden. Die im vorhergehenden Kapitel präsentierten Ergebnisse zu „Gewalt als Interaktionsprodukt der Geschlechter" bezogen sich auf Erfahrungen der Jungen und Mädchen innerhalb des schulischen Kontextes. Gibt es diesbezügliche Interaktionen und Geschlechterarrangements auch in der Clique? Welchen Status besitzen Jungen und Mädchen in ihrer Gleichaltrigengruppe? Wie schildern Jugendliche das Verhältnis der Geschlechter innerhalb ihrer peer-group? Gibt es Konflikte in oder zwischen Freundesgruppen um bestimmte Jungen und/oder Mädchen? Neigen Mädchen auch im außerschulischen Kontext zu verdeckten Aggressionen oder sozialen Manipulationsstrategien?

Eine Freundesgruppe, die sich durch gewaltaffirmative und intolerante Wertstrukturen kennzeichnet, wurde in Kapitel 5 als bedeutsamer Risikofaktor für innerschulisches Gewalthandeln sowohl für Mädchen als auch für Jungen identifiziert. Aus dem Fallbeispiel mit Jennifer und ihrer Clique konnten Anhaltspunkte für die Vermutung gewonnen werden, dass das spezifische soziale Umfeld (soziale und ethnische Herkunft, Beschäftigungsstruktur und ökonomische Ressourcen der Wohnbevölkerung, Konkurrenz mit anderen devianten Cliquen) offensichtlich eine bedeutsame Rolle spielt für eigene gewaltbefürwortende Haltungen und Gewalthandlungen. Neben einer genaueren regionalen Analyse des Schulstandortes soll zunächst in Erfahrung gebracht werden, ob an Schulen in Ballungszentren bei Schülerinnen und Schülern ein ähnliches Gewaltniveau vorherrscht als an Schulen in ländlichen oder mittelstädtischen Regionen. Im Anschluss daran wird die in einem großstädtischen sozialen Brennpunkt liegende Fallschule, ihr Gewaltniveau und ihr pädagogisches Ansehen bei Schüler(inne)n und Lehrer(inne)n ermittelt. Dies geschieht unter der Perspektive, ob und inwieweit ein problematisches soziales Umfeld auf die pädagogische Arbeit, auf Berufszufriedenheit von Lehrkräften und auf die Identifikation der Schüler(innen) mit ihrer Schule Einfluss nehmen kann.

In Kapitel 7.2 sollen mit Hilfe der quantitativen Daten statistisch relevante Unterschiede ermittelt werden in Hinsicht auf gewaltaffirmative Einstellungen und das Wertklima in der Freundesgruppe. Unterscheidungskriterium ist die Zusammensetzung der Freundesgruppe nach Geschlecht. Es wird geprüft, ob signifikante Unterschiede im wahrgenommenen Binnenklima bei Mädchengruppen, Jungengruppen und in geschlechtergemischten peers bestehen. Im Anschluss daran wurde mit Hilfe der qualitativen Interviews untersucht, ob und inwieweit es in Cliquen Konflikte mit Mädchen gibt, ob und inwiefern Mädchen die Konfliktursache darstellen.

Für die regionenspezifische Analyse von Gewalthandlungen der Geschlechter (Kapitel 7.3) wurde auch zunächst ein quantitativer Zugang gewählt: Um das Bundesland Hessen repräsentativ abzubilden, wurden Schulen einer ländlichen Gegend, einer mittelgroßen Stadt mit industriell geprägter Umgebung (solitäres Verdichtungsgebiet) und einer Großstadt zur Analyse ausgewählt. Die Stichprobenziehung innerhalb der Region erfolgte, wie bereits erwähnt, als zweistufige Zufallsauswahl anhand von amtlichen Statistiken. Auf diese Weise wird die landesweite Verteilung der hessischen Schüler(innen) auf die verschiedenen Schulformen und die unterschiedlich strukturierten Gebiete abgebildet. In Kapitel 7.3, zur Ermittlung der Bedeutung des schulischen Umfeldes für das Konflikt- und Gewaltverhalten der Geschlechter, soll eine Triangulation realisiert werden (vgl. Kapitel 3, Variante 1, S. 118), in der die quantitativen Daten den Ausgangspunkt bilden: Mit den Daten der quantitativen Übersichtsstudie sollen Zusammenhänge zwischen Region, Geschlecht und schulischen Gewalthandlungen unter der Frage erschlossen werden, ob Großstadtmädchen und Großstadtjungen „gewalttätiger" sind als Jungen und Mädchen aus ländlichen Gegenden oder aus mittelgroßen Ortschaften. In den qualitativen Interviews wird eine Schule als „Fallbeispiel" herausgegriffen: Lehrkräfte und Schüler(innen) einer ausgewählten, gewaltbelasteten Großstadtschule in einem sozialen Brennpunkt nehmen Stellung zu ihrer Schule und deren Abhängigkeit mit ihrem sozialen Umfeld.

7.2 Interaktionen in Cliquen: Geschlecht und Gewalt

Der außerschulische Kontext darf bei Fragen nach Geschlechterinteraktionen und Gewalthandlungen nicht außen vor gelassen werden. Bereits aus früheren qualitativen Studien und aus Rechtsextremismusforschungen geht hervor, dass Jugendliche oft in Gruppen handeln, wenn Streitereien eskalieren. In der vorliegenden Arbeit wurde deutlich, dass die Anwesenheit von Mädchen auf den prozessualen Verlauf des Konflikts wirkt. Die Analyse der Interaktionen in außerschulischen Gruppen beschränkt sich auf die Bedeutung der Freundesgruppen. Mit Hilfe der quantitativ erhobenen Daten wird zunächst überprüft, ob es einen Zusammenhang zwischen der geschlechterbezogenen Zusammensetzung der Freundesgruppe mit den gewaltbefürwortenden Persönlichkeitsmerkmalen sowie dem in der Freundesgruppe herrschenden Wertklima gibt. Zunächst wird mit Hilfe des quantitativen empirischen Zugangs geprüft, ob es Unterschiede gibt im kommunikativen Binnenklima und bei den gewaltaffirmativen Einstellungen, wenn die Freundesgruppe eine unterschiedliche Geschlechterzusammensetzung hat. Im Bereich der schulischen Lerngruppe zeigten die schriftlich erhobenen Daten, dass die Anwesenheit von Mädchen offensichtlich gewaltmindernd wirkt.

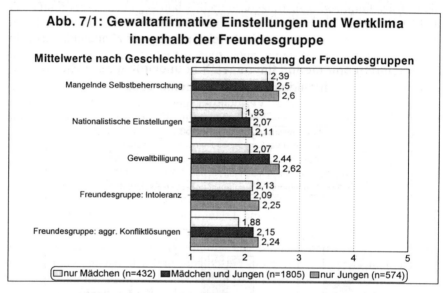

Abb. 7/1: Gewaltaffirmative Einstellungen und Wertklima innerhalb der Freundesgruppe

Das Niveau der gewaltbefürwortenden, -billigenden Persönlichkeitseinstellungen ist in solchen Gruppen am stärksten ausgeprägt, in denen die Jungen unter sich sind. Das gleiche gilt für die Binnenstruktur der Freundesgruppe: aggressiv nach außen vertretene Werte und intolerante Einstellungen Andersdenkender gegenüber finden sich in Jungengruppen signifikant häufiger als in Mädchengruppen.

Tabelle 7.1 zeigt jedoch fast durchgehend, dass die Unterschiede beim Gruppenklima und bei gewaltbefürwortenden Einstellungen zwischen geschlechtergemischten Cliquen und Jungencliquen, mit Ausnahme von Gewaltbilligung, nicht signifikant sind. Nur die Freundesgruppen, in denen ausschließlich Mädchen integriert sind, deuten auf signifikant geringere Ausprägungen gewaltbefürwortender Einstellungen hin.

Tab. 7.1: Mittelwertvergleiche von gewaltaffirmativen Einstellungen, Wertklima der Freundesgruppe nach Geschlechterzusammensetzung der Freundesgruppe

	Varianzanalyse			Rangvarianzanalyse
	Test auf Varianzhomogenität	Irrtumswahrscheinlichkeit	Signifikante Gruppen	Irrtumswahrscheinlichkeit
gewaltaffirmative Einstellungen				
Mangelnde Selbstbeherrschung	.436	<.001	1 vs 2,3	<.001
Nationalistische Einstellungen	.255	n.s.	---	n.s.
Gewaltbilligung	.000	<.001	1 vs. 2,3 2 vs. 3	<.001 .001
Wertklima der Freundesgruppe:				
Intoleranz	.000	.002	2 vs.3	.002
aggressive Konfliktlösung	.000	<.001	1 vs. 2,3	<.001

Gruppe 1: nur Mädchen, Gruppe 2: Jungen und Mädchen, Gruppe 3: nur Jungen

In den qualitativen Interviews wurde zur Ermittlung des Binnenklimas der Freundesgruppe zunächst festgestellt, ob sich die Schüler(innen) in ihrer Clique wohlfühlen und wie sie ihre Clique wahrnehmen. Mit Ausnahme eines Mädchens, die keiner Clique angehört und eines weiteren Mädchens, die sich gerade von ihrer Mädchenclique getrennt hat, gaben alle Jugendlichen vorbehaltlos an, sich mit ihrer Freundesgruppe stark zu identifizieren. In keinem Interview wurde von Hierarchien, Gruppendruck oder problematischen Wertvorstellungen gesprochen. Vielmehr bezeichneten alle Jugendlichen die Struktur ihrer Freundesgruppe als demokratisch und liberal, in der jede Meinung gehört wird, jedes Interesse artikuliert werden kann und Aktivitäten durchgeführt werden, die bei allen Zuspruch finden. Dies entspricht den Befunden der Jugendsozialisationsforschung (vgl. z. B. Baacke/Heitmeyer 1985; Hurrelmann 1994; Schröder 1995; Mansel/Klocke 1996), nach denen die peer-groups für Identitätsbildung, Selbstvertrauen und Orientierungen unerlässlich sind. Die meisten der hier geschilderten Cliquen sind keine aggressiven Gruppen – dies wird auch explizit betont. Die eine oder andere Clique gerät bisweilen in körperliche Auseinandersetzungen hinein, wenn die eigenen Mitglieder von anderen Gruppen bedrängt werden. Auf die Alltagsaktivitäten der Freundesgruppen wird nicht näher eingegangen. Vielmehr wird aus den Äußerungen der Jugendlichen zu analysieren versucht, ob und an welchen Stellen es in der Clique Konflikte wegen Mädchen gibt und ob Äußerungen zu Gewalthandlungen vorliegen, in die die eigene Clique involviert ist.

7.2.1 Konflikte um Mädchen

In diesem Zusammenhang wird der Frage nachgegangen, ob Mädchen auch im außerschulischen Kontext und in Cliquen bei Gewaltanlässen und -verläufen eine Rolle spielen. In Kapitel 6.3 wurde übereinstimmend darauf hingewiesen, dass Prügeleien zwischen Jungen wegen eines Mädchens selten sind, im Falle des Auftretens jedoch als besonders schlimm wahrgenommen werden. Die innerhalb der Fallschulen interviewten Schüler(innen) bestätigen mit ihren Äußerungen diese Annahme. Die subjektiv schlimmsten Gewaltereignisse finden außerhalb der Schule, in Gruppen und in Anwesenheit von Mädchen statt, selbst wenn deren Einfluss höchst unklar bleibt. Thomas schildert ein außerschulisches Erlebnis mit Gewalt als sein subjektiv schlimmstes: Eine Gruppe, bestehend aus insgesamt fünf Jugendlichen (zwei Jungen, drei Mädchen) hat ihn angegriffen und eingeschüchtert.

„Das Schlimmste, was mir passiert ist, das war mal, das war nicht in der Schule (...) Da war ich mit einem Kumpel von mir nach der Schule hing ich (in einem Ort) fest, (...) und hab telefoniert, dass ich nach Hause komme. Und ich telefonier´, sitze, steh´ in der Telefonzelle. Da kommen so zwei, kommt ein Türke und ein Pole, kommen hier vorbei (...) mit drei Frauen, also drei Mädchen. Die waren (...) älter als ich. Und dann stehen sie in der Telefonzelle, schubsen mich an. Und ich so ganz cool, zeig ihnen den (Stinkefinger) (...). Und dann hat der Türke mich erst angemacht, was das soll? Und dann hab ich (...) geantwortet, er soll mich in Ruhe lassen, ne. Holt er eine Pistole raus, ne. Und der hat die mir an den Hals gehalten. Na ja, und irgendwann sind da Passanten gekommen, da haben sie die Pistole weggesteckt, haben mir noch einen geballert, dann sind sie abgehauen, ne. Aber das war so das (schlimmste Erlebnis)" (Thomas 1998, GYM, S. 14f.).

In und zwischen Freundesgruppen wurde nur dann von Auseinandersetzungen berichtet, wenn jemand aus der eigenen Clique von anderen bedrängt wird. Solche Übergriffe scheint es jedoch häufiger zu geben – dann verteidigt die Clique ihre Mitglieder gegen andere Jugendliche und zum Teil auch mit Gewalt.

„Ja, zum Beispiel (ein Mitglied) wird von irgend jemandem angemacht oder so, dann helfen halt die andern auch schon, weil da halten sie halt doch zusammen (...) Ja, und wenn es dann halt ganz krass kommt, dann wird sich halt auch geschlagen. Also wenn es wirklich nicht mehr anders geht. Aber das passiert ganz selten" (Christine 1998, GYM, S. 31).

Christine ist mit einer ihrer Freundinnen die Jüngste in der Clique. Die Jungen sind älter und würden die Funktion übernehmen, die Mädchen ihrer Gruppe zu beschützen, wenn sie von Jugendlichen aus anderen Cliquen „angemacht" werden. In diesbezüglichen Interaktionen werden Bestandteile der Geschlechterkonzepte hergestellt und eingeübt, die im Kontext von "männlicher" Stärke, Besitzansprüchen und "weiblicher" Schutzbedürftigkeit entstehen. Auch die Tatsache, dass die Mädchen in der Clique jünger als die männlichen Mitglieder sind, produziert und verfestigt bestehende Geschlechterverhältnisse. Eine Interaktionssituation, wie die eben geschilderte, könnte Gewalt zwischen Jungen fördern. Denn aus den folgenden Äußerungen wird deutlich, dass die Jungen aus der Freundesgruppe Mädchen auch notfalls mit physischer Gewaltanwendung verteidigen.

"Ja. (...) auf jeden Fall, vor allen Dingen, wenn ein Mädchen Stress mit einem Typ hat oder so, und das hören dann halt die anderen aus unserer Clique (...); dann kriegt der aber auch dann eins auf den Deckel. (...) Wir sind halt so die Küken aus der Clique, weil wir sind erst vierzehn. Und die wollen uns halt in dem Sinne auch noch so beschützen irgendwie. Und denn sagen die denn halt, ‚hier, lass das Mädchen in Ruhe, sonst gibt es wirklich eine drauf'. Und dann hören die meistens auch schon auf" (Christine 1998, GYM, S. 34).

Auch in einer Clique, in der es primär weder Aggressionsbereitschaft noch gewaltbefürwortende Einstellungen gibt, können die Mitglieder in Situationen geraten, sich körperlich auseinander zu setzen – im folgenden Erzählbeispiel wird deutlich, dass das Mädchen diese Unterstützung auch von den männlichen Mitgliedern ihrer Freundesgruppe erwartet. An dieser Stelle zeigt sich auch die Relevanz des Altersunterschiedes zwischen Mädchen und Jungen in geschlechtergemischten Gruppen. Wenn Jungen Mädchen gegenüber als "männliche Beschützer" auftreten, leisten diese einen Beitrag zur Konstruktion von Männlichkeitskonzepten. Und diese Konstruktion wird von den Mädchen jüngeren Alters unterstützt.

"Also ich muss sagen, die Clique, die in der ich jetzt bin, da ist es eigentlich so, dass (Gewalt) nicht mehr so zur Debatte steht. So das wird dann da als kindisch abgetan und total überflüssig und schwachsinnig (...). Es ist halt so in anderen Cliquen, von denen ich das so mitbekommen habe, das sind dann teilweise so richtige Proleten irgendwie, so Angeber, und die sich dann immer irgendwas beweisen müssen. Und da kommt dann halt auch so Clique gegen Clique. Also bei uns ist das eigentlich nicht so (...) Nur was ich halt auch ziemlich wichtig finde ist, ich kann mich auf meine Clique verlassen. Ich weiß ganz genau, wenn ich mit irgend jemanden Ärger habe, dass die mir dann auch helfen würden und mich da nicht einfach so stehen lassen würden (...). Es war mal eine Situation, das war ein Mädchen aus der Clique. (...) Und die hatte halt Streit mit ihrem Ex-Freund. Und der hat sie dann halt auch ein bisschen beschimpft und so. Und dann haben ein paar Jungens in unserer Clique dann da halt auch eingegriffen" (Clarissa 1998, IGS, S.42f.).

Von ähnlichen Situationen, in denen Jungen als Beschützer Mädchen gegenüber auftreten, berichteten auch andere Mädchen (vgl. z. B. Shennay 1998, IGS, S. 10). Frau J. spricht im Kontext mit verfeindeten Schülergruppen auch deren Cliquen während der Freizeit an. Nach ihren Beobachtungen handelt es sich um Konflikte zwischen ethnischen Minderheiten und Deutschen und gleichzeitig um Geschlechterkonflikte.

„Und da gibt es wirklich ganz große Konflikte, und dann eben auch manchmal, dass der eine oder andere Türkenjunge sagt: ‚So, heute Nachmittag trommel ich meine ganzen Verwandten zusammen, und dann kriegst du aber'. So was gibt's auch, dass dann Schüler wirklich Angst haben, nachmittags nach Hause zu gehen, weil dann irgendwo so ne Horde Türken sich zusammenrottet. Das stimmt tatsächlich, das is nun auch nich aus der Luft gegriffen, denn die haben ja nun einen wahnsinnigen Zusammenhalt untereinander, und ich hör dann immer so von meinem Sohn: ‚Da hat wieder mal irgendein Deutscher 'n türkisches Mädchen beleidigt, und die geht dann gleich nach Hause, und das wird dann da gleich weitererzählt, und dann steht die ganze Familie da'. Aber wir haben da noch relativ wenig. Ich glaube, das is an anderen Schulen viel schlimmer. Ich hab hier also von einigen Schulen gehört, da wird wirklich drauf gewartet, dass bestimmte Schüler aus der Schule kommen, und die werden dann da zusammengeschlagen" (Frau J. 1998, GYM, S.31).

Insgesamt sind die Kenntnisse der Lehrkräfte hinsichtlich der Freizeitorganisation und der Cliquen ihrer Schüler(innen) nicht sehr ausgeprägt. In den Interviews wurde deutlich, dass sich der Freizeitbereich der Schüler(innen) weitgehend der Kenntnis der Lehrkräfte entzieht. Zu aggressiven Konfliktlösungen scheinen Cliquen dann veranlasst zu werden, wenn Auseinandersetzungen zwischen einzelnen Mitgliedern und Angehörigen anderer Freundesgruppen bekannt werden. Diese Konflikte scheinen sich öfters wegen Mädchen zu entwickeln, zumal die älteren Jungen der Clique sich verpflichtet fühlen, die jüngeren Mädchen zu beschützen und zu verteidigen.

7.2.2 „Richtige" Gewalt findet außerhalb der Schule statt

In einer qualitativen Studie mit Jugendlichen konnte Böttger (1997) zeigen, dass gewaltsame Interaktionen außerhalb der Schule viel wahrscheinlicher sind als innerhalb. Im schulischen Kontext sei die pädagogische Kontrolle und Sanktionsmacht sehr ausgeprägt, Schüler(innen) nehmen Schule im Vergleich zu anderen Umwelten als „gewaltfreie" und gleichzeitig als kontrollierte Enklave wahr. Die Interviews der Schulfallstudien bestätigen dieses Ergebnis: Weil die Gefahr zu groß sei, von Lehrkräften „erwischt" zu werden, verabreden sich Schüler(innen) während der Pausen zum Prügeln an einem Ort außerhalb der Schule. Einer der interviewten Schüler erzählte beispielsweise von einer Auseinandersetzung, die er provoziert hatte. Sein Opfer, das von ihm mit einem Motorradhelm schwer am Kopf verletzt wurde, musste im Krankenhaus behandelt werden. Wäre diese Situation in der Schule passiert, so der Schüler, wäre ein Schulverweis die Folge gewesen. Dass die Verbreitung von Gewalt im schulischen Kontext geringer ist als in anderen sozialen Umwelten Jugendlicher, lässt sich auch damit erklären, dass die Schüler genau wissen, wie riskant Schule als „Betätigungsfeld" für Gewalthandlungen ist.

Selbst wenn der überwiegende Anteil der interviewten Schüler(innen) keine eigenen Erfahrungen mit delinquenten Cliquen hat, wird häufig von Auseinandersetzungen berichtet. In diesem Zusammenhang ist es auffällig, dass dabei oft ausländische Jugendliche ins Spiel gebracht werden. In der Freizeit entstehende ethnische Konflikte werden auch auf dem Schulweg oder dem Schulgelände weitergeführt (vgl. Clara 1998, H, S. 21). Anhand der Interviews zeigt sich, dass Konflikte zwischen verfeindeten Cliquen aus einem problematischen sozialen Umfeld von außen in die Schule „importiert" werden. Eiko und Ingrid sprechen von gewaltbelasteten Gruppen, die sich nach den zu ihrem „Revier" gehörenden Stadtteilen[2] benannt haben und die sich in der Nähe der Schule körperliche Auseinandersetzungen liefern. Der Schüler, von dem das folgende Zitat stammt, war selbst an der Auseinandersetzung nicht beteiligt, sondern schildert die Situation als Beobachter auf dem Schulgelände.

„Das war noch in (dem alten Schulgebäude vor der Sanierung) (...) wo wir in (Graustadt) noch waren. Zum Beispiel da sind, es gibt es ja immer auch so Freundeskreise, (Graustadt), (Naht), (Geckus) und so was, so die die Viertels. Und dann sind so die (Nahter) gekommen, das ist so ein anderer Viertel (...) und hier ist in (Naht). Sind die so gekommen, haben sich geprügelt die ganze Zeit. Und hab ich beobachtet (...) Also das hat man halt gesehen alles (...); aber, so hier in der Schule nicht so. Wenn, so immer auf dem Schulweg, schlagen die sich" (Eiko 1998, IGS, S. 9).

Bei den am beschriebenen Konflikt beteiligten Jugendlichen handelt es sich um ehemalige Schüler der Schule. Bei Kenntnissen über Auseinandersetzungen im Stadtteil erwies sich auch Ingrid als sehr informiert, selbst wenn sie sich dezidiert von den beschriebenen Cliquen und ihren Verhaltensweisen abgrenzt. Auch sie schildert körperliche Übergriffe zwischen Cliquen, die in bestimmten problematischen Stadtteilen anzutreffen sind und dort ihr „Revier" verteidigen.

„Ich gebe mich ja nicht mit denen ab. Aber ich seh schon, wenn ich jetzt irgendwo hingehen, zum Beispiel in der (Eichenstraße), da gibt es immer ziemlich viel Stress, hab ich auch früher gewohnt, aber zum Glück jetzt nicht mehr. Da machen immer die (Eichenboys), so nennen die sich und von der (Kastanienstraße), das sind eigentlich, find ich, die schlimmsten von (Graustadt). (Da) gibt es (...) Straßencliquen. Dann schlagen sie sich, rasieren sie sich alle Glatze und dann wollen sie sich beweisen (...) mit ihren fetten Hunden da. Dann gehen sie sogar mit den Hunden auf kleine Kinder

---

[2] Die in den Interviews genannten Stadtteile, Straßen und Viertel wurden namentlich verändert.

los. Gerade da gegenüber, wo die sich immer treffen, sind zwei Kindergärten. Und die Kinder haben ziemlich viel Schiss. Kann man auch verstehen. Das sind so Pitbulls und auch so, was weiß ich, was. Dann lassen die die Hunde gegeneinander kämpfen, dann wetten die um Geld, (...) die machen viel" (Ingrid 1998, IGS, S. 22).

Der überwiegende Teil der interviewten Schüler(innen) weiß über Konflikte mit Cliquen außerhalb der Schule zu berichten und von dem Engagement der eigenen Freundesgruppe.

„Wir waren mal (mit unserer Clique) skaten, und da (...) waren da so (...) Große, die haben uns dann mit so Wasser (...) angespritzt, ja. Das waren aber schon so (...) Zehntklässler und so. Wir waren erst in der Achten. Ja, und wir konnten uns nicht wehren. Und dann der eine Zehntklässler kannte einen von meiner Clique. Und der wollte ihn zusammenschlagen. Hat der eine (von uns) ihn gewarnt, und der (Zehntklässler) hat dann (...) ihm gesagt, ‚noch einmal warnst du ihn, bekommst du was aufs Maul'. Und aber er hat ihm davor noch eine geknallt. Ja, und deshalb nehmen wir uns auch immer in acht davor und so" (Alexander 1998, IGS, S. 19).

Aus den Interviews geht hervor, dass die Jugendlichen Angst vor Konflikten in Gruppenzusammenhängen haben (vgl. Alexander 1998, S. 19f.). Von der Öffentlichkeit sei im Falle einer Eskalation keine Hilfe zu erwarten. Thomas kennt die Dynamik von Cliquenauseinandersetzungen recht gut, weil er gelegentlich mit Leuten aus anderen Gruppen zu tun hat. Interessanterweise kommt auch hier der Aspekt ins Spiel, dass man sich zu Schlägereien gezielt verabredet.

„(Das) gibt es schon, dass die sich da mit andern Cliquen schlagen. Also richtig schlagen, ne, also nicht hier so Pippelpappel hier so ein bisschen, die schlagen sich dann richtig mit (...) Schlag(werkzeugen) (...). Aber das passiert äußerst selten, meistens ist es nur zur Drohung (...). Die Leute sind auf Partys irgendwo eingeladen und gehen da mit der ganzen Clique hin. Und da hängen andere Cliquen rum, ist klar, ne. Irgendeiner fängt dann an, und dann geht es los, dann geht es rund. Dann sagen sie okay, nächsten Montag, da und da, dann schlagen wir uns so richtig" (Thomas 1998, GYM, S. 35).

I.: *„Also das ist dann abgemacht, und das passiert dann auch (...)?"*

„Ja, meistens schon (...) Die Cliquen, die sich schlagen, die hängen meistens nur rum irgendwo. (...) Die hängen dann halt abends auf dem Schulhof rum und besaufen sich, ne, und dann meistens haben sie ein Moped. Da fahren sie woanders hin. Und dann sagen sie, ‚Jungs, da hängen ein paar (andere Leute) rum, (...) und die haben mich dumm angemacht'. Und dann fahren sie gleich alle rüber, und so entsteht (...) (Gewalt) dann, ne, durch so was (...). Ich meine, (...) wenn (du mit) deine(n) Freunden in der Stadt bist (und) läuf(s)t da rum, da passiert einem nix. Aber wenn man dann zwei

Stunden da wartet, dann wird irgendwas schon passieren" (Thomas 1998, GYM, S. 36).

Die mit Hilfe der Interviews gewonnenen Eindrücke zeigen, dass Interaktionen in Gruppen gegen andere Gruppen eine besondere Dynamik haben. Die dort ablaufende „Gewalt" wird z. T. als unberechenbar eingeschätzt und erhält dadurch einen bedrohlichen Charakter. Als die Schüler(innen) auf die Rolle der Mädchen bei Auseinandersetzungen zwischen Freundesgruppen eingegangen sind, wurde deutlich, dass die Gruppe sich gegenüber den eigenen Mitgliedern solidarisch und loyal verhält und diese gegen Außenstehende verteidigt. Aus den Interviews wird ersichtlich, dass die Wahrnehmung beleidigender Äußerungen cliquenfremder Personen auch ein Anlass für körperliche Auseinandersetzungen darstellt. Die Lehrer(innen)interviews bestätigen, dass die Schule von Auseinandersetzungen mit Cliquen oder bei Konflikten im Stadtteil mit betroffen wird. Frau H. bezieht sich im folgenden auf den außerschulischen Kontext von drei der auffälligen und aggressiven Mädchen ihrer Lerngruppe:

„Und das sind drei Mädchen, die sagen mir, wenn sie beispielsweise in den Stadtteil (Horst) fahren, (...) der hat auch so 'ne Einkaufszeile und so, da fährt man auch schon mal hin, dann würden sie auch ganz oft angegangen von jungen Mädchen beispielsweise in (Horst), die ihnen gleich Schläge androhen (...) Die (drei Mädchen der Lerngruppe) gehören einer ganz bestimmten Gruppierung an. Das muss man schon sagen (...) Die sind auch die, die sich dann nachmittags, ähm in (Graustadt) im Bauwagen treffen. Ähm, die, die schon versuchen bisschen schon so aus der Familie zu fliehen" (Frau H. 1998, IGS, S. 19).

Die Schüler(innen) verfügen über ein gutes „Insiderwissen" zum Wertklima einzelner Cliquen. Wenn Auseinandersetzungen zwischen verschiedenen Gruppen ablaufen sollen, wird der schulische Bereich bewusst außen vor gelassen. Orte für die Konfliktbegegnung werden gezielt verabredet. Dieses Verhalten ist vor dem Hintergrund, innerhalb der Schule mit Sanktionen rechnen zu müssen, verständlich. Besonders aggressive Cliquenkonflikte wurden von den Schüler(inne)n der Gesamtschule berichtet, die in einem großstädtischen sozialen Brennpunkt angesiedelt ist. Diese Schule und ihre spezifischen Probleme hinsichtlich des sozialen Umfeldes, werden in Kapitel 7.3 näher betrachtet. Da die Lehrkräfte in anderen Stadtteilen wohnen, entgehen ihnen diesbezügliche Konflikte.

7.3 Soziales Umfeld der Schule und Gewaltverhalten der Geschlechter

Hier soll wird die Frage nach dem sozialen Umfeld der Schule und dessen mögliche Auswirkungen auf Qualität und Umgang mit Gewalthandlungen untersucht werden. Unter dieser Perspektive sind vor allem das regionale Umfeld, die spezifische Schulkultur und die durch die Öffentlichkeit wahrgenommenen und vertretenen Wertschätzungen der Schule einflussnehmende Faktoren für die Frage nach dem Gewaltausmaß von Jungen und Mädchen. Unter der Geschlechterperspektive wird untersucht, ob Großstadtmädchen und -jungen physisch gewalttätiger sind als Mädchen, die eine Schule in einer ländlichen Region besuchen. Aus den Interviewbeiträgen der Schüler(innen) der Integrierten Gesamtschule wurde bereits deutlich, dass es in problembelasteten Stadtteilen großer Städte eher das Phänomen der organisierten, delinquenten Cliquen geben kann, die sich gegenseitig bekämpfen. Und aus den Sozialisationsbedingungen der „Mehrfachtäter(innen)" wurde ersichtlich, dass insbesondere für weibliche „Gewalttäter" ein gewaltbefürwortendes Klima in der Freundesgruppe für Gewaltausübung von zentraler Bedeutung ist. Andere Jugendstudien haben aufmerksam gemacht auf großstädtische Jugendsubkulturen mit aggressivem und rechtsextrem orientierten Hintergrund, die mit Hilfe von Gewalt bestimmte Stadtteile unter Kontrolle zu bringen versuchen (vgl. Simon 1996, S. 195). Wenn solche Aktivitäten stattfinden, dürfte nicht nur der „Ruf" des Wohnviertels massiv beeinträchtigt sein, sondern auch der der dortigen Schulen. In diesem Zusammenhang soll geprüft werden, ob sich Mädchen und Jungen, die in einer Großstadt leben, auch eher als Jugendliche aus anderen Regionen in Cliquen bewegen, in denen aggressive Konfliktlösungsstrategien und autoritär-hierarchische Strukturen anzutreffen sind.

Mit Hilfe der qualitativen Lehrer(innen)- und Schüler(innen)interviews wird in Kapitel 7.3.2 ermittelt, wie die Betroffenen den „Ruf" ihrer Schule einschätzen. Der „Ruf" einer „guten", gestalteten Schule (vgl. Fend 1986) mit abwechslungsreichen Unterrichtsmethoden, engagierten Lehrkräften, hoher Leistungsfähigkeit, schülernahen Unterrichtsinhalten und gutem Sozialklima spricht sich bei Eltern wie Schüler(inne)n herum. Auf der anderen Seite dürfte es medienbekannte Schulen geben, die in der Außendarstellung einen negativen „Ruf" haben, in Hinsicht auf eine schwierige, heterogene Schülerschaft, „ausgebrannte" Lehrkräfte und ein niedriges Leistungsniveau bei gleichzeitig hoher Gewaltbelastung und sozialer Desintegration. Vermutet werden kann, dass sich eine mit Gewalt, Drogen oder Desintegration verbundene Attribuierung der Schule auf Arbeitshaltung, Engagement und auch auf das Sozialverhalten von Schüler(inne)n und Lehrer(inne)n auswirkt. Die sozialen und schulleistungsbezogenen Konsequenzen eines „angesehenen" oder „weniger angesehenen" Schulstandortes wurden von der bisherigen schulbezogenen Forschung kaum aufgegriffen.[3]

7.3.1 Region, Gewalt und Geschlecht

Die im Zentrum dieses Unterkapitels stehende Frage bezieht sich auf Unterschiede in der Gewaltbelastung von Jungen und Mädchen in Schulen aus unterschiedlichen Regionen. Neben den Skalen, die Gewalthandlungen im Rahmen der Schule messen, wurden außerschulisch ablaufende Gewalthandlungen in diese Analyse mit einbezogen. „Delinquenz" bezieht sich auf Schlägereien, Einbrüche, Diebstahl und Sachbeschädigungen außerhalb der Schule. Wie Tabelle 7.2 zeigt, sind Jungen, unabhängig ihrer regionalen Herkunft, bei allen Handlungen signifikant stärker beteiligt als Mädchen.

Tab. 7.2: Delinquenz, Mittelwerte nach Geschlecht				
Var.-Nr.	Itemformulierung	Jungen (n=1136)	Mädchen (n=1128)	Signifikanz-niveau	Eta
294.	Dich mit anderen gerauft, geschlagen.	1,91	1,32	***	.35
295.	Eine Schlägerei mitgemacht und dabei jemanden zusammengeschlagen oder arg zugerichtet.	1,34	1,1	***	.24
296.	Einer Bande (Gruppe, Club, Clique) angehört, in der manche unerlaubte „Dinge gedreht" wurden.	1,49	1.32	***	.11
297.	Andere Gegenstände oder Geld im Wert von mehr als 10 DM entwendet.	1,32	1,15	***	.13
298.	Irgendwo eingebrochen (z. B. in ein Gebäude, Auto usw.), um etwas zu stehlen.	1,19	1,05	***	.16
299.	Einen Automaten aufgebrochen oder „gefilzt".	1,24	1,09	***	.15
300.	Fremdes (auch öffentliches) Eigentum mit Absicht zerstört oder erheblich beschädigt.	1,41	1,17	***	1.8
Reliabilität der Skala, Cronbachs Alpha: .82 ns: nicht signifikant, * (p<.05), ** (p<.01), *** (p<.001); Eta: .33				

Wie aus der Beschreibung der Stichprobe hervorging (vgl. Kapitel 3.3.1), wurde bei der Auswahl der Schulen die Spezifität des Bundeslandes Hes-

---

[3] An dieser Stelle sei auf die vorliegenden Arbeiten der Lernausgangslagen zu verweisen (vgl. Lehmann u. a. 1997, 1999) und auf Studien jüngeren Datums, die sich unter sozialökologischer Perspektive mit Jugendgewalt und der Infrastruktur unterschiedlicher großstädtischer Regionen befassen (vgl. Oberwittler u. a. 2001).

sen und seine Siedlungsstruktur bewusst berücksichtigt. In die Erhebung wurden Schulen aus der Region Frankfurt am Main (Ballungszentrum), Kassel-Stadt und Landkreis Kassel (solitäres Verdichtungsgebiet) und den Landkreisen Main-Taunus und Region Bergstraße einbezogen.[4] Auch in der qualitativen Studie wurden die Schulen nach diesem Kriterium ausgewählt. Der Verteilung der hessischen Bevölkerung entsprechend, befindet sich der kleinste Anteil, insgesamt etwa 15% aller Schüler(innen), in den Sekundarschulen in der Großstadtregion Frankfurt/Main. Die größte Gruppe der Jungen und Mädchen wohnen in Kassel und seinem Umfeld. 37% aller Schüler(innen) stammen aus ländlichen Gebieten.

Tab. 7.3: Physische Gewalt, Psychische Gewalt, Delinquenz, Schuldevianz, Gewaltbilligung: Mittelwerte nach Geschlecht und Region der Schule

	Region der Schule					
	Ballungszentrum		solit. Verdichtungsgebiet		ländliche Region	
Gewalthandlungen und Gewaltbilligung	Jungen	Mädchen	Jungen	Mädchen	Jungen	Mädchen
Physische Gewalt *	1,62	1,22	1,35	1,14	1,43	1,15
Psychische Gewalt *	2,07	1,68	1,91	1,66	2,06	1,65
Schuldevianz *	1,84	1,54	1,61	1,42	1,65	1,45
Delinquenz *	1,56	1,25	1,34	1,14	1,44	1,18
Gewaltbilligung*	2,84	2,60	2,55	2,08	2,66	2,10

* Signifikante Geschlechtsunterschiede ($p<.01$)

Signifikante Unterschiede zwischen den Geschlechtern in der Gewaltausübung treten erwartungsgemäß an allen Schulen der analysierten Regionen auf. Das Niveau der innerschulischen und außerschulischen Gewaltausübung ist bei Jungen und Mädchen in Großstadtschulen am ausgeprägtesten. Die insgesamt „friedlichsten" Schüler(innen) besuchen Schulen im solitären Verdichtungsgebiet, d. h. in Kassel-Stadt und dem Landkreis Kassel. Die Varianzanalysen, die im folgenden für Jungen und Mädchen separat ausgewiesen wurden, zeigen allerdings, dass die Regionen spezifischen Differenzen bei Jungen ausgeprägter sind als bei Mädchen.

In allen gemessenen schulischen und außerschulischen Gewaltdimensionen, bei Schuldevianz und bei Gewaltbilligung zeigen Jungen, die in Frankfurt/Main die Schule besuchen, eine signifikant stärkere Gewaltbelastung als ihre Mitschüler aus Kassel oder der Region Bergstraße.

---

[4] Die Auswahl der 24 Schulen und Schulformen verteilt sich in den einzelnen Gebieten folgendermaßen: Ballungszentrum: 4 Schulen, solitäres Verdichtungsgebiet: 11 Schulen, ländliche Region: 9 Schulen.

Tab. 7.4: Mittelwertvergleiche von Physischer Gewalt, Psychischer Gewalt, Schuldevianz, Gewaltbilligung nach Region der Schule bei Jungen

Gewalthandlungen	Varianzanalyse			Rangvarianz-analyse
	Test auf Varianz-homogenität	Irrtumswahr-scheinlichkeit	Signifikante Gruppen	Irrtumswahr-scheinlichkeit
Physische Gewalt	.000	<.001	1 vs. 2, 3	<.001
Psychische Gewalt	.000	.002	1 vs. 2 2 vs 3	.003 .012
Schuldevianz	.004	<.001	1 vs. 2 1 vs. 3	<.001 .001
Delinquenz	.000	<.001	1 vs 2 2 vs. 3	<.001 .001
Gewaltbilligung	.381	<.001	1 vs. 2 1 vs. 3	<.001 .007

Gruppe 1: Ballungszentrum, Gruppe 2: Solit. Verdichtungsgebiet,
Gruppe 3: ländliche Region

Bei den Mädchen zeigen sich signifikante Mittelwertsunterschiede zum überwiegenden Teil zwischen denjenigen, die Schulen im großstädtischen Raum besuchen und solchen aus solitären Verdichtungsgebieten. Mädchen, die eine Sekundarschule in der Großstadt besuchen, zeigen, mit Ausnahme von psychischer Gewalt, eine signifikant stärkere schulische und außerschulische Gewaltbelastung als ihre Mitschülerinnen aus Kassel und seinem Umfeld.

Tab. 7.5: Mittelwertvergleiche von Physischer Gewalt, Psychischer Gewalt, Schuldevianz, Gewaltbilligung nach Region der Schule bei Mädchen

Gewalthandlungen	Varianzanalyse			Rangvarianz-analyse
	Test auf Varianz-homogenität	Irrtumswahr-scheinlichkeit	Signifikante Gruppen	Irrtumswahr-scheinlichkeit
Physische Gewalt	.003	.019	1 vs. 2,3	<.001
Psychische Gewalt	.685	n.s.	keine	n.s.
Schuldevianz	.016	.022	1 vs. 2 1 vs. 3	.004 .008
Delinquenz	.000	.003	1 vs. 2 1 vs. 3	<.001 .001
Gewaltbilligung	.375	<.001	1 vs. 2. 3	<.001

Gruppe 1: Ballungszentrum, Gruppe 2: Solit. Verdichtungsgebiet,
Gruppe 3: ländliche Region

In Kapitel 5 ist bei der Betrachtung von Sozialisationskontexten weiblicher und männlicher „Dauertäter" deutlich geworden, dass aggressive Konfliktlösungsstrategien und eine autoritäre Binnenstruktur in Cliquen bei „Täterinnen" gewaltfördernd wirken. Im folgenden soll der Frage nachgegangen werden, ob die Existenz gewaltbereiter Freundesgruppen mit dem regionalen Umfeld in Zusammenhang steht. Zunächst ist von Interesse, ob die Zusammensetzung der Cliquen nach Geschlecht und die Stärke des Zusammenhangs in Cliquen nach Region variiert. Für die folgende Analyse sind ausschließlich Mädchen und Jungen herausgegriffen worden, die in einer Freundesgruppe integriert sind.

Aus der Gesamtstichprobe geht hervor, dass 55% der Schülerinnen und Schüler „zu einer festen Gruppe von Freunden oder Freundinnen" gehören, die sich untereinander gut kennen und vieles gemeinsam machen. 31% der Jungen und 35% der Mädchen sind mit „verschiedenen Leuten oder Gruppen locker befreundet". 10% aller Jugendlichen bestätigten die Aussage, „eine feste Freundin/einen Freund" zu haben und nur 3% aller Befragten gaben an, meistens allein und ohne festen Freundeskreis zu sein (vgl. Tillmann u. a. 1999, S. 175). Auch innerhalb der verschiedenen Regionen zeigt sich, dass der überwiegende Anteil der Schüler(innen) sich in einer festen oder lockeren Freundesgruppe bewegt. Auffällig ist hierbei, dass die befragten Jugendlichen in Ballungszentren noch deutlicher als ihre Altersgleichen in ländlichen Gebieten und solitären Verdichtungsgebieten die Sozialform der Gleichaltrigengruppe zu bevorzugen scheinen.

Tab. 7.6: Freundesgruppe bei Mädchen nach Region			
Mitglieder der Freundesgruppe:	Ballungszentrum (n=240)	solit. Verdichtungsgebiet (n=713)	Ländliche Region (n=553)
alle aus der Schule	22,9%	28,2%	28,2%
die meisten aus der Schule	40,8%	49,8%	50,3%
die meisten nicht aus der Schule	25%	15%	16,6%
alle nicht aus der Schule	11,3%	7%	4,9%
GESAMT	100%	100%	100%
Zusammensetzung nach Geschlecht:			
nur Jungen[5]	0,9%	0,1%	0,5%
nur Mädchen	37,9%	33,2%	27,8%
Mädchen und Jungen	61,3%	66,7%	71,6%
GESAMT	100%	100%	100%

---

[5] Diese Minderheit der Mädchen bewegt sich in Freundesgruppen, die mit Ausnahme der eigenen Person nur aus Jungen bestehen. Von außen betrachtet handelt es sich demnach um eine geschlechtergemischte Gruppe mit einem Mädchen und mehreren Jungen.

Insgesamt 95,5% der Jungen und Mädchen in Großstädten bewegen sich in festen oder lockeren Freundesgruppen gegenüber 87,2% der Heranwachsenden in solitären Verdichtungsgebieten und 86,6% der Jugendlichen auf dem Land (ohne Tabelle). Aus den folgenden Analysen wurden alle Schüler(innen) ausgeschlossen, die explizit angegeben haben, sie hätten keinen festen Freundeskreis, seien meistens allein oder würden ihre Freizeit zusammen mit nur einem Freund oder einer Freundin verbringen. In der Regionen bezogenen Auswertung wurden die Jungen und Mädchen auch zur Zusammensetzung ihrer Freundesgruppe gefragt. Sie sollten angeben, ob die meisten Mitglieder der Freundesgruppe aus der Schule kommen oder nicht. Hierbei gibt es interessante Stadt-Land-Unterschiede.

Zwischen 60% und 80% aller Mädchen der Sekundarstufe I sind in Freundeskreisen, deren Mitglieder sich aus der Schule kennen. Mehr Mädchen aus Großstädten (36%) als aus den übrigen Regionen (ca. 20%) sind in Freundesgruppen integriert, die mit der Schule weniger Berührungspunkte haben. Bei den Großstadtjungen (vgl. Tabelle 7.7) kommt es noch häufiger vor (ca. 43%) dass deren Freundesgruppe aus Mitgliedern besteht, die zum überwiegenden Teil nicht aus der Schule sind. Dieser Befund könnte auch darauf zurückzuführen sein, dass die Freizeit-Angebotsstruktur für Jugendliche in Großstädten ausgeprägter ist als in anderen Regionen.

Tab. 7.7: Freundesgruppe bei Jungen nach Region			
Mitglieder der Freundesgruppe:	Ballungszentrum (n=264)	solit. Verdichtungsgebiet (n=692)	Ländliche Region (n=626)
alle aus der Schule	14%	25%	21,2%
die meisten aus der Schule	42,8%	53,8%	60,4%
die meisten nicht aus der Schule	25,4%	14,7%	13,1%
alle nicht aus der Schule	17,8%	6,5%	5,3%
GESAMT	100%	100%	100%
Zusammensetzung nach Geschlecht:			
nur Jungen	45,6%	38,7%	39,4%
nur Mädchen[6]	0,4%	0,3%	0,2%
Mädchen und Jungen	54%	61%	60,5%
GESAMT	100%	100%	100%

Bei der Betrachtung der Zusammensetzung der Freundesgruppen nach Geschlecht ist zunächst hervorzuheben, dass die meisten Mädchen sich in geschlechtergemischten Freundesgruppen bewegen, wobei der prozentuale

---

[6] Diese Minderheit der Jungen bewegt sich in Freundesgruppen, die mit Ausnahme der eigenen Person nur aus Mädchen bestehen. Von außen betrachtet handelt es sich demnach um eine geschlechtergemischte Gruppe mit einem Jungen und mehreren Mädchen.

Anteil der Mädchen, die angegeben haben, ihre Freizeit in Gruppen mit Mädchen und Jungen zu verbringen, auf dem Land am höchsten ist. In der Großstadt gibt es häufiger geschlechtshomogene Cliquen bei Mädchen. Unterschiede bei der Infrastruktur zwischen Stadt und Land könnten für diesen Befund von Bedeutung sein. Auf dem Lande müssen möglicherweise weitere Strecken mit dem Auto bis zur nächsten Diskothek zurückgelegt werden, was es für Mädchen sinnvoll werden lässt, sich Cliquen anzuschließen, in denen ältere (männliche) Jugendliche mit Führerschein und verfügbarem Auto sind.

Bei den Jungen zeigt sich ein ähnliches Verhältnis wie bei den Mädchen. Dass sich generell mehr Jungen als Mädchen in geschlechtshomogenen peers bewegen, wurde als entwicklungspsychologisch bedingtes Phänomen bereits an anderer Stelle ausgeführt. Ähnlich wie bei den Mädchen zeigt sich auch hinsichtlich der Zugehörigkeit zu geschlechtshomogenen oder -heterogenen Gruppen ein „Stadt-Land-Gefälle": Jungen aus Großstädten sind häufiger als ihre Mitschüler aus den anderen analysierten Regionen in Jungengruppen anzutreffen.

Als ein gewaltfördernder Faktor hat sich für Mädchen wie für Jungen die Zugehörigkeit zu einer Clique mit problematischen Wertvorstellungen erwiesen. Zu vermuten wäre, dass die Existenz solcher Cliquen und die Partizipation von Mädchen an Freundesgruppen dieser Art in Großstädten wahrscheinlicher ist als in anderen Regionen. Cliquen in Großstädten scheinen auch vermehrt miteinander zu rivalisieren als Gruppen in kleineren Städten oder ländlichen Gegenden (vgl. Bischoff 1995, S. 123). Des Weiteren dürften Cliquen in Großstädten unter geringerer sozialer Kontrolle stehen - damit könnte sich auch für Mädchen die Wahrscheinlichkeit erhöhen, unerkannt und unstigmatisiert gewaltsam zu handeln. Mit den Daten der schriftlichen Erhebung lässt sich nicht das Niveau der kriminellen Energie und der Organisiertheit von Cliquen ermitteln, sondern das von Schülerseite subjektiv eingeschätzte Wertklima ihrer Freundesgruppe.

Wie die folgende Graphik (vgl. Abb. 7/2) zeigt, gibt es tatsächlich Unterschiede in der Beurteilung des Wertklimas innerhalb der Freundesgruppe entlang des regionalen Umfeldes. Mädchen der einbezogenen Großstadt schildern das Wertklima ihrer Clique signifikant häufiger als Mädchen aus ländlichen Gegenden Hessens sowie der Region Kassel als aggressiv orientiert. Großstadtmädchen haben damit wohl auch eher die Chance, in Cliquen mit gewaltförmigem Hintergrund hineinzugeraten als Mädchen in mittelgroßen Städten oder ländlichen Gegenden. Bei der Frage danach, ob die Cliquen von Großstadtmädchen sich durch eine verstärkt autoritäre Binnenstruktur und eine intolerante Haltung Andersdenkender gegenüber kennzeichnen, sind die regionalen Unterschiede nicht so eindeutig.

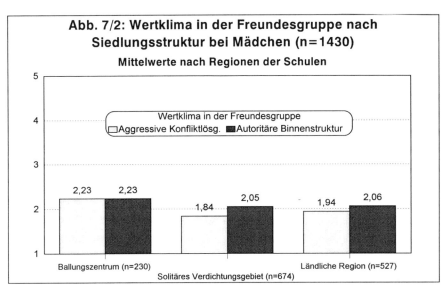

Ein signifikanter Unterschied (p<.05) zeigt sich nur zwischen Mädchen aus Ballungszentren und den weiblichen Jugendlichen aus solitären Verdichtungsgebieten, nicht aber zwischen Großstadtmädchen und Schülerinnen aus ländlichen Gegenden.

Tab. 7.8: Siedlungsstruktur und Wertklima der Freundesgruppe bei Mädchen

Wertklima der Freundesgruppe	Varianzanalyse			Rangvarianz-analyse
	Test auf Varianz-homogenität	Irrtums-wahrschein-lichkeit	Signifikante Gruppen	Irrtums-wahrschein-lichkeit
Aggressive Konfliktlösung	.374	<.001	1 vs. 2,3	<.001
Autoritäre Binnenstruktur	.000	.024	1 vs. 2	.029

Gruppe 1: Ballungszentrum, Gruppe 2: Solit. Verdichtungsgebiet, Gruppe 3: ländliche Region

Für die Cliquen der männlichen Jugendlichen zeigen sich ebenfalls Regionen bezogene Differenzen beim Wertklima in den Freundesgruppen.

Wie Abbildung 7/3 zeigt, variiert bei Jungen jedoch nur das Niveau der aggressiven Konfliktlösungsstrategien in den Freundesgruppen nach Region. Inhaltlich gilt für Jungen das Gleiche wie für Mädchen: Großstadtjungen definieren das Klima ihrer Clique signifikant eher als aggressiv und gewaltbereit.

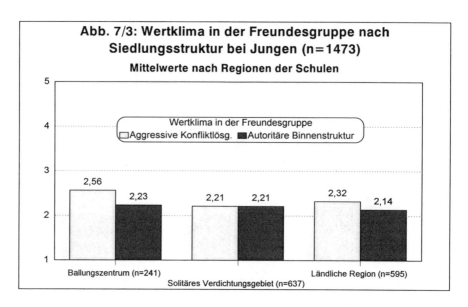

Abb. 7/3: Wertklima in der Freundesgruppe nach Siedlungsstruktur bei Jungen (n=1473)
Mittelwerte nach Regionen der Schulen

Tab. 7.9: Siedlungsstruktur und Wertklima der Freundesgruppe bei Jungen

Wertklima der Freundesgruppe	Varianzanalyse			Rangvarianz-analyse
	Test auf Varianz-homogenität	Irrtums-wahrschein-lichkeit	Signifikante Gruppen	Irrtums-wahrschein-lichkeit
Aggressive Konfliktlösung	.000	<.001	1 vs. 2,3	<.001
Autoritäre Binnenstruktur	.135	.310	n.s.	n.s.

Gruppe 1: Ballungszentrum, Gruppe 2: Solit. Verdichtungsgebiet, Gruppe 3: ländliche Region

In dem folgenden Zwischenkapitel (7.3.2) wird thematisiert, ob und wie ein problematisches soziales Umfeld sich auf den „Ruf" einer Schule, d. h. auf ihre Wertschätzung und Position im sozialen Gefüge, auf ihr öffentlichen Ansehen auswirkt. In Anlehnung an den eben mitgeteilten Befund, dass Mädchen und Jungen an Großstadtschulen eher in Freundesgruppen integriert sind, die ein aggressives Binnenklima besitzen, wird in den folgenden Interviewausschnitten die Integrierte Gesamtschule als Fallschule präsentiert. Diese Schule erfüllt nicht nur das Kriterium, insgesamt relativ gewaltbelastet zu sein, sondern steht darüber hinaus in einem problematischen sozialen Umfeld einer Großstadt, das sich durch eine hohe Problemdichte kennzeichnet und in dem sich, von der Wohnbevölkerung her gesehen, die „typischen" Modernisierungsverlierer akkumulieren.

7.3.2 Der „Ruf" der Fallschule im sozialen Brennpunkt einer Großstadt

Es gibt nur wenige Untersuchungen aus dem Bereich der empirischen Schulforschung, die sich mit den über eine Schule existierenden öffentlich vorgenommenen Zuschreibungen und Vorstellungen befasst haben. Die Studien über „gute" und „schlechte" Schulen (vgl. z. B. Fend 1986, 1998; Tillmann 1994) und über die Qualität im Bildungswesen sowie die Untersuchungen von Holtappels (vgl. 1987, 1993, 1994) über Lernkultur, Sozialklima und Lehrer-Schüler-Beziehung setzen als Ausgangspunkt ihrer Analysen bei den Bedingungen des Arbeitens und Lernens innerhalb der Schule und den dort ablaufenden pädagogischen Prozessen an. In einigen wissenschaftlichen Studien zur Koedukationskritik wurde implizit die Bedeutung des „Rufs" einer Schule thematisiert. Es ließe sich vermuten, dass die sozialen und leistungsbezogenen Attribuierungen einer Schule mit davon abhängig sein könnten, ob der Standort vor der Bildungsexpansion ein „Jungengymnasium" oder ein „Mädchengymnasium" war (vgl. Kraul/Wirrer 1993). Der „Ruf" einer Schule basiert zum einen auf Traditionen (z. B. Gelehrtenschule), ist abhängig vom Einzugsgebiet (angesehene/wenig angesehene Stadtteile) und der damit in der Regel einhergehenden sozialen Herkunft der Schüler(innen) und ihrer Eltern. Attraktive pädagogische Konzepte, Profilbildungen, schülerorientierte Angebote sowie das Wissen um engagierte, fachlich und sozial kompetente Lehrkräfte haben Einfluss auf das Bild der Schule in der Öffentlichkeit und deren soziale Wertschätzung. Im negativen Sinne wirken soziale Spannungen, (z. B. die Existenz krimineller Cliquen, Drogenhandel, Konflikte zwischen ethnischen Minderheiten) auf den „Ruf" einer Schule. Diese Attribuierungen dürften für die Entscheidung der Eltern, hinsichtlich der Wahl der Schule für ihre Kinder, von immenser Bedeutung sein. Soziale Urteile dieser Art könnten darüber hinaus einen Einfluss darauf haben, welche Schüler(innen) sich an einem Standort konzentrieren und welche nicht. Die Folgen solcher öffentlich vorgenommenen Attribuierungen sind gravierend und in ihrer zeitlichen Dauer und Erfahrungsresistenz mit Etikettierungsprozessen zu vergleichen. Zu denken wäre hier an die Probleme vieler Integrierter Gesamtschulen, denen eine sozial ausgewogene Schülerschaft sowie „geeignete" Schüler(innen) für den Besuch der gymnasialen Oberstufe fehlen.

Dass die selektive Funktion des öffentlichen Ansehens einer Schule in der empirischen Schulforschung weitgehend ausgeklammert wurde, könnte damit zusammenhängen, dass es sich dabei um eine präskriptive Ebene handelt, die weitgehend auf Alltagstheorien und Stereotypisierungen beruht. Mit Hilfe der qualitativen Interviews wird zu zeigen sein, ob und inwiefern der „Ruf", den eine Schule genießt, für die dort Lehrenden und Lernenden von Bedeutung ist. In den qualitativen Interviews sollten Lehrkräfte und Schüler(innen) der großstädtischen Gesamtschule den vermeintlichen „Ruf" ihrer Schule beschreiben und schildern, welche Konsequenzen diese öffentliche Wahrnehmung für ihr Befinden und ihre Orientierung hat.

An dieser Stelle ist es wichtig, die 1995 anhand der Schüler(innen)befragung objektiv ermittelte Gewaltbelastung der Einzelschulen darzustellen und die für dieses Kapitel zur Illustrierung herausgegriffene Fallschule zu markieren.

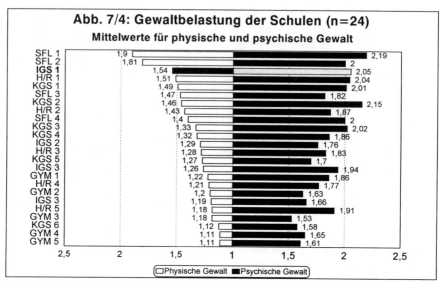

Deutlich wird, dass die ausgewählte Integrierte Gesamtschule im Vergleich zu den anderen hessischen Sekundarschulen ein hohes Niveau an Gewalt aufweist. Im Bereich der physischen Gewalt belegt sie Rang 3; in der psychischen Gewaltausprägung ist sie die am zweithöchsten belastete Schule der Stichprobe. Für die Frage nach dem „Ruf" der Schule in Hinblick auf Gewalt und Konflikte ist von Interesse, ob dieser mit der tatsächlichen Gewaltbelastung kongruiert. Zunächst wurden Lehrkräfte und Schüler(innen) allgemein nach der Einschätzung des schulischen „Rufes" gefragt. Anschließend wurde in Erfahrung gebracht, welche Ursachen für einen „guten" bzw. „schlechten" „Ruf" auszumachen sind.

Alle interviewten Schüler(innen) äußern sich übereinstimmend zum „Ruf" ihrer Schule sehr negativ. Es hieße, an ihrer Schule würde zu wenig gelernt und dies hätte sich bei potentiellen Lehrstellenanbietern herumgesprochen. Aber auch die öffentliche Einschätzung, an der Schule gäbe es Drogenprobleme und Gewalt, wird von Seiten der Schüler(innen) thematisiert.

I.: „Weißt du eigentlich, was Eure Schule für einen „Ruf" hat?"

„Einen ziemlich schlechten (...). Manchmal überlege ich, die Schule zu wechseln, wenn ich jetzt nach diesem Schuljahr auf eine Realschule, auf ei-

ne bessere, dann noch mal die Neunte und die Zehnte zu wiederholen (...). Weil, so mit diesem Abschluss hier, mit diesem Realschul(abschluss) (...), dann nehmen dich trotzdem viele nicht an, weil die wissen, (die Schule hat einen) schlechten „Ruf". Da lernt man sowieso nichts und (...) man kriegt keine Chancen, irgendwas zu bekommen. Ist schon doof" (Ingrid 1998, IGS, S. 12f.).

„Einen schlechten (...), sehr schlechten (...). Also früher war es schlechter, jetzt, glaub ich, ist er besser geworden, weil, was können die Schüler dafür, wenn hier an der Schule Drogen (...), lauter so Sachen verkauft werden, und dann dadurch wird der „Ruf" schlecht (...). Und dann wegen Prügeleien" (Eiko 1998, IGS, S. 10).

Ingrid kommt auf das Drogenproblem ihrer Schule zu sprechen und befürchtet, eine erhebliche Anzahl Schüler(innen) hätten Kontakt mit Drogen und seien abhängig. Aus ihrer Schilderung wird deutlich, inwieweit das Umfeld der Schule diese Probleme verschärft.

„Ja, ich kenne schon welche aus, auch aus unserer Klasse, die Drogen nehmen. Aber ich sag es niemanden. Ich mein, wenn ich es sag, dann, dann brauch ich hier nicht mehr in der Schule aufzutauchen. Sogar ein Mädchen aus, nein, zwei aus meinen Freundeskreisen. Da gibt es so ein (...) Abenteuerspielplatz, dort verkaufen (...) sie da so (Drogen) zehn Gramm, sind ungefähr hundert Mark" (Ingrid 1998, S. 15). „Also meine Einschätzung wäre, von der siebten Klasse nehmen, ich glaub, jeder vierte nimmt da Drogen, probiert mal. Ab der siebten Klasse. Und welche bleiben dabei, welche nicht. Und jetzt, glaub ich, sind es so, ich würde sagen, zwanzig, dreißig Prozent sind noch dabei. Schon eine ganze Menge (...). Die Lehrer, die können ja nichts machen, das ist ja die Freizeit. Und die Eltern, welche wollen es nicht wissen, genau wie die Lehrer oder die können eigentlich nichts dagegen machen. Oder welche sind selbst abhängig, die Eltern. Ich mein, jetzt von Alkohol oder Zigaretten oder so" (vgl. Ingrid 1998, IGS, S. 22f.).

Es gibt jedoch auch Schüler(innen), die zwar um die negative Außendarstellung ihrer Schule wissen, dies aber anhand ihrer konkreten Schulerfahrungen nicht nachvollziehen können.

„Ja, so (nach) außen (...) hat unsere Schule (...) einen sehr schlechten „Ruf", weil, es gab Gerüchte, hier werden Drogen verkauft, jeden Tag Schlägerei und so mit Waffen und so, aber (...) bislang, (seit) ich auf der Schule bin, hab' ich noch nie Waffen oder Drogen gesehen" (Alexander 1998, IGS, S. 10).

Ein anderer Schüler macht den schlechten „Ruf" seiner Schule auch an der Schulform „Gesamtschule" und der heterogenen Schülerschaft fest (vgl. Mirko 1998, IGS, S. 9). Alle Schüler(innen) wissen demnach von dem problematischen Ansehen ihrer Schule in der Öffentlichkeit. Einige von ihnen lassen sich von diesen negativen Wertschätzungen bewußt nicht tangieren, sondern verteidigen ihre Schule gegen Gerüchte und weisen die öffentlich vermuteten Meinungen als unwahr zurück.

I.: „Weißt du eigentlich, was Eure Schule für einen „Ruf" hat?" (...)

„Nee, ich weiß nicht. Ja, ich denk mal, ja, nicht so einen guten oder ich weiß nicht, weil zum Beispiel wenn ich andere Schulen sehe, also die ich kenne, (...) die sind auch nicht anders" (Jennifer 1998, IGS, S. 14).

I.: „Spricht dich da schon mal jemand drauf an (...)?"

„Ja, schon irgendwie ein bisschen, das ist schon öfters vorgekommen, (...) wenn ich denen sagen, ja, ich bin auf der (Gesamtschule) (...), dann sagen die gleich (...) ‚die ist voll schlimm' (...) Jeder meint es so, wie er meint. (...) Mir ist es egal, die können sagen, was die wollen, ich weiß ja, wie ich bin. Und was die, das, was die andern machen, ist mir ja egal" (Jennifer 1998, IGS, S. 14).

Schulabgänger dieser Gesamtschule – so die Befürchtung einiger Schüler(innen) – hätten schlechtere Chancen als Schüler(innen) anderer Schulen, aufgrund des schlechten „Rufes", der sich in den Ausbildungsstätten herumgesprochen hat. Eine andere Schülerin der Lerngruppe versucht auch dem öffentlichen Eindruck zu widersprechen, nach dem die an der Schule unterrichtenden Lehrkräfte „schlecht" seien.

„Ja, das stimmt alles nicht (...), es gibt noch schlimmere Schulen, ja, und (...) die meinen, die Lehrer sind nicht gut. Da bekommt man, wenn man eine Ausbildung oder eine Arbeit sucht, bekommt man nicht sofort die Arbeit wegen der Schule, weil sie einen schlechten „Ruf" hat. Aber ich meine, die können das nicht wissen, wie wir im Unterricht sind oder so, ich weiß nicht. Viele sagen, ‚wechsel die Schule'" (Shennay 1998, IGS, S. 8f.).

Aus allen Schüler(innen)interviews an dieser Gesamtschule geht hervor, dass ihre Schule in der Öffentlichkeit einen sehr schlechten „Ruf" besitzt. Dies deckt sich aber nicht zwangsweise mit der Innensicht der Schüler(innen). So wurden auch Argumente zur Verteidigung der Schule angeführt. Problematisch scheint das schwerpunktmäßig von den Mädchen vorgebrachte Argument zu sein: Der schlechte „Ruf" und die angeblich mangelnde Leistungsfähigkeit der Schüler(innen) würde sich in Ausbildungsinstitutionen herumsprechen, so dass die betroffenen Schüler(innen) befürchten, nach dem Schulabschluss benachteiligt zu werden.

Welches Selbstverständnis haben die Lehrkräfte, die an dieser Schule arbeiten? Nehmen sie den „Ruf" ähnlich negativ wahr wie ihre Schüler(innen)? Welche Auswirkungen hat diese Fremddefinition auf ihr Berufsverständnis? Die beiden zum Interview ausgewählten Lehrkräfte stellen ihre Schule als sehr konflikt- und gewaltbelastet dar und fühlen sich alleingelassen mit dem von ihnen als gravierend empfundenen Drogenproblem und den sozialen Spannungen eines großstädtischen problembeladenen Stadtteils, die sich im Schulalltag niederschlagen. Viele Lehrkräfte hätten den Wunsch, den Schulstandort zu verlassen.

I.: „Wissen Sie eigentlich, was Ihre Schule für einen „Ruf" hat, so in der Umgebung?"

„Ja. Unsere Schule hat nen schlechten „Ruf". Sie ist ne Gesamtschule, es ist ne Gesamtschule in einem ganz bestimmten Stadtteil und sie ist auch noch zudem integriert (...). Seitdem unsere Schule integriert ist, ist der „Ruf" noch schlechter geworden (...). Seit ungefähr acht bis zehn Jahren (...) ist sie ungefähr ne integrierte Gesamtschule und seitdem schickt jeder, der irgendwie ein bisschen was auf sein Kind hält, schickt sein Kind nicht an unsere Schule, sondern man will ja auch gerne klar definieren, mein Kind ist an der Realschule oder am Gymnasium, und das ist ja jetzt nicht mehr so ohne weiteres der Fall, und das schreckt einige Eltern ab. Und deswegen haben auch einige Eltern oder viele Eltern ihre Kinder nicht mehr an unsere Schule geschickt (...). Das heißt mit anderen Worten, unsere Schule ist mehr oder weniger eine, zu einer Hauptschule abgesackt, was zwangsläufig dann auch einen bestimmten „Ruf" mit sich bringt. In der Gesellschaft (Graustadt), da gibt's auch so ne Zweiteilung (...) (A)lso links von der Eisenbahn wohnen so die Kleinbürger, die deutschen Kleinbürger und da will man sich auch tunlichst abgrenzen (...) von denen die rechts von der Eisenbahnlinie wohnen, das sind dann die Ausländer, die ganz bestimmte Konflikte mit sich bringen, und die natürlich sehr massiv an unserer Schule vertreten sind. Und insofern hat unsere Schule ja nicht den allerbesten „Ruf". Dann sagte man auch mal ne Zeitlang, aber das ist länger her, dass mit Drogen gehandelt wurde an unserer Schule" (Frau H. 1998, IGS, S. 26).

I.: „(Wie) ist das für Sie als Lehrerin?"

„Schrecklich, schrecklich, jeder hat das Bestreben oder mehr oder weniger, von dieser Schule wegzukommen, weil man sagt (...), man will auch einfach mal an einer Schule sein, die anerkannt ist" (Frau H. 1998, IGS, S. 27).

Frau H. bestätigt, wie die Schüler(innen), den schlechten „Ruf" der Schule, macht ihn an der Schulform fest und an den Elternentscheidungen, die dazu geführt haben, dass leistungsstärkere Schüler(innen) an anderen Schulstandorten angemeldet werden. Deutlich wird in ihrer Äußerung, dass sie unter dem von außen angehefteten Etikett und der mangelnden sozialen Anerkennung ihrer pädagogischen Arbeit an dieser Schule sehr leidet. Obgleich die Schüler(innen) durch den negativen „Ruf" bedingte Befürchtungen hinsichtlich der Verwertbarkeit ihrer Schulabschlüsse geäußert haben, ging ein subjektives Unwohlsein an der Schule aus ihren Interviews nicht hervor. Der negative „Ruf" schien in der Vergangenheit auch innerhalb der Schulleitung und des Kollegiums zu einem Handlungsdruck geführt zu haben,

Vorfälle zu übersehen, die dem Ansehen der Schule noch mehr schaden könnten. So geht aus der Erfahrung von Frau H. hervor, dass Probleme mit Waffen nicht offen artikuliert werden sollten.

„Zu unserer Schulleitung, einen Satz muss ich sagen. In vergangenen Zeiten habe ich auch verschiedentlich Waffen gefunden, einmal 'ne Pistole und zweimal so stehende Messer und das hat man nicht gerne gesehen, dass ich die gefunden habe. Und man wollte das tunlichst unter den Teppich kehren und hatte Angst eben um den „Ruf" der Schule, dass denn so was publik wird: ‚Es werden Waffen in den Schultaschen unserer Schüler gefunden'; und ich denke, ‚das war nicht die richtige Politik', die man damals betrieben hat, die Dinge so unter den Teppich zu kehren. Denn ich hatte auch die Schüler mal dazu befragt, mit Tränengas und so weiter, laufen schon viele rum. Weil außerhalb der Schule schon Attacken laufen (...). Jede Schule ist bemüht 'nen guten „Ruf" zu haben und, äh, und Negativschlagzeilen möglichst nicht aufkommen zu lassen. Man lässt es auch zu, man lässt auch zu, dass mit Drogen gehandelt wird und man holt jetzt auch die Polizei in die Schule. Aber damals hieß es so bisschen, ‚die hysterische (Frau H.) hat da Waffen gefunden', und ich habe mich da nicht vertreten gefühlt in der Schule, das fand ich auch nicht gut" (Frau H. 1998, IGS, S. 28f.).

Der interviewte Kollege bestätigt die Wahrnehmungen von Frau H. Er findet, die Schule habe einen schlechteren „Ruf" als sie verdiene; auch er sieht die zunehmend schwindende soziale Wertschätzung der Schule in Zusammenhang mit deren Umwandlung in eine Integrierte Gesamtschule. Er beklagt die Erziehungsfähigkeiten der Eltern; diese würden sich zu wenig darum bemühen, die Leistungen ihrer Kinder zu fördern und zu kontrollieren. Dadurch, dass an der Gesamtschule alle Schüler(innen) ungeachtet ihrer Leistungen versetzt werden, könnten unzureichende Leistungen über einen langen Zeitraum unentdeckt bleiben. Insgesamt glaubt Herr K., dass viele Eltern Vorurteile der Schule gegenüber haben, obwohl sie nicht viel über Arbeit und Aktivitäten innerhalb der Schule wissen, es aber auch gar nicht wissen wollen. (vgl. Herr K. 1998, S. 25f.). Aufgrund des negativen öffentlichen Bildes vermindert sich für die Schule die Wahrscheinlichkeit, leistungsstarke Kinder mit „intaktem" häuslichen und sozialen Umfeld für den Standort zu gewinnen. Wie Frau H. ausführte, erhält die Schule dann die Kinder, die woanders keine Chance haben, und das wiederum bedeutet: Es akkumulieren sich (gewaltbereite) Schüler(innen) mit Verhaltensstörungen und prekärem sozialen Hintergrund und verschärfen das negative öffentliche Bild von der Schule.

Die Daten der quantitativen Übersichtsstudie haben diese Schule im Vergleich zu den anderen Schulen der Stichprobe als relativ hoch gewaltbelastet ausgewiesen. Dies korrespondiert mit dem negativen sozialen Ansehen, das diese Schule im sozialen Umfeld genießt. Der „Ruf" einer Schule erweist sich als außerordentlich resistent und wirksam: Er kann Schulstandorte gefährden, die Elternschaft beeinflussen, auf Schülerzahlen Einfluss nehmen, die soziale Zusammensetzung der Schülerschaft bestimmen, die Berufszufriedenheit der Lehrkräfte erhöhen oder reduzieren. Deutlich wird, dass Probleme des Stadtteils (alkoholkranke Eltern, Drogenkonsum etc.) sich auf das Klima innerhalb der Schule auswirken. Die Leistungsthematik gilt neben der Frage nach Gewalt- und Drogenbelastung vor allem bei den Lehrkräften als wichtiges Kriterium der öffentlich vorgenommenen Beurteilung einer „guten" oder „schlechten" Schule. Die Integrierte Gesamtschule steht unter enormem sozialen Druck und öffentlichen Beschuss. Ihre Lehrkräfte und ihre Schüler(innen) wissen, dass sie einen schlechten „Ruf" genießt, als „Drogen- und Gewaltschule" etikettiert wird und darüber hinaus offensichtlich Schüler(innen) mit geringer Leistungsfähigkeit „produziert". Schüler(innen), die diese Schule besuchen und von ihr abgehen, haben die Befürchtung, bei ihrer Suche nach einem Ausbildungsplatz benachteiligt zu werden. Die Lehrkräfte machen bildungspolitische Entscheidungen für die geringe öffentliche Akzeptanz mit verantwortlich. Die Schüler(innen) verteidigen intern ihre Schule gegen den „Ruf" einer „Drogen- und Schlägerschule", anerkennen deren pädagogische Qualität und wehren sich gegen das negative Fremdbild. Für die Lehrkräfte scheint das soziale Urteil zum Teil zu Resignation zu führen. Dass an dieser Schule Vorfälle im Kontext von Gewalt, wie die beschriebenen Waffenfunde, vertuscht und verschwiegen werden, zeigt, unter welch massivem Druck Schulleitung und Kollegium an dieser Schule stehen, das negative Bild nicht noch negativer werden zu lassen. Solche Verdrängungsstrategien führen in einem circulus virtiosus wiederum zu beruflicher Unzufriedenheit der Lehrkräfte, mangelnder Transparenz im Kollegium und zu fehlender Konsequenz beim Eingreifen in Gewalthandlungen. Eine gute pädagogische Arbeit wird für stigmatisierte Schulen sehr schwer.

7.4 Zwischenfazit

7.4.1 Gegenstandsbereich und Theoriebezug

Im Gegensatz zur Schulklasse ist die Clique eine Gruppe, die sich durch geringe fremd definierte, asymmetrische Kommunikationsformen kennzeichnet. Mit Bezug auf interaktionistische Theoriezusammenhänge ließe sich die Freundesgruppe als „herrschaftsfrei" kennzeichnen; sie bietet eher als schulische Lerngruppen die Chance, Identitätsentwürfe einzubringen und auszuhandeln. Die interviewten Schüler(innen) kennzeichnen ihre Clique durchgängig als positives soziales Gefüge. Besonders deutlich kommt in den Cliqueninteraktionen die Relevanz der geschlechterbezogenen Konfliktanlässe zum Vorschein. Fast überall zeigt sich in den Interviews mit den Schüler(inne)n, dass einer Clique daran gelegen ist, die Mädchen zu beschützen und dass dies die Aufgabe der männlichen Mitglieder zu sein hat. Eine durchgängig als aggressionsfördernd wahrgenommene Handlung besteht, wenn männliche Angehörige „fremder" Cliquen sich an den „eigenen" Mädchen „vergreifen". Derartige Übergriffe führen – so die Interviews – in der Regel zu körperlichen Auseinandersetzungen, selbst in Cliquen, die als „friedlich" und nicht an Gewalt interessiert beschrieben wurden. In diesen Interaktionen zeigen sich „traditionelle" Geschlechterkonzepte im Kontext von „männlichem Beschützerverhalten" und „weiblicher Schutzbedürftigkeit". Jungen erbringen in der Clique von sich aus diese Leistung, und die (jüngeren) Mädchen scheinen solche Verhaltensweisen auch sozial zu erwarten. Aus interaktionistischer Sicht lassen sich diese geschlechtsbezogenen Handlungen als Geschlechterarrangements interpretieren, in denen eine Geschlechterordnung zum Tragen kommt und eingeübt wird.

Um die Frage nach der Bedeutung des schulischen Umfeldes für Gewalthandlungen und problematischen Interaktionen der Geschlechter zu klären, wurden drei Dimensionen genauer betrachtet: die regionale Einbindung der Einzelschule und die Auswirkungen der Region auf die gewalthaltigen Wertvorstellungen der Freundesgruppen von Mädchen und Jungen sowie der „Ruf" als Wahrnehmung des öffentlichen Ansehens einer Schule. Individualisierungstheoretische Annahmen legen die Vermutung nahe, dass Modernisierungsprozesse in Ballungszentren beschleunigt verlaufen und auch das „Gefälle" zwischen Individualisierungsverlierern und -gewinnern krasser sichtbar wird als auf dem Lande. Prozesse der Isolierung und Anonymisierung, die Konfrontation mit verschiedenen ethnischen und jugendtypischen Subkulturen, alternative Wohn- und Lebensformen, größere erwerbsbedingte Mobilitäten, aber auch Desintegrationserscheinungen und öffentlicher Drogenkonsum sind in Großstädten selbstverständlicher anzutreffen als woanders. Wenn Individualisierungsschübe zur Freisetzung traditioneller Geschlechterkonzepte führen und Individualisierung für Mädchen auch bedeuten kann, Hemmschwellen bei der Gewaltausübung abzulegen, könnte sich Leben und Schulbesuch in einer Großstadt auf das Niveau der schulischen Gewaltausübung auswirken. In der Tat zeigte sich für beide Geschlechter, dass an Schulen in Großstädten signifikant mehr Gewalthandlungen verübt werden als in Schulstandorten kleinerer bis mittelgroßer Gemeinden. Das bedeutet, es ist für die Verbreitung von Gewalthandlungen nicht unerheblich, in welcher Region die Schule steht. Zurückgewiesen werden muss anhand der vorliegenden Daten die Vorstellung, an ländlichen Schulen herrschten die mit Abstand „friedlichsten" Zustände. Vielmehr geht aus allen untersuchten Gewaltdimensionen hervor, dass hessische Sekundarschulen in Kassel und im Landkreis Kassel die durchgängig niedrigsten Gewaltquoten aufweisen, sowohl bei Mädchen als auch bei Jungen. Dieses Ergebnis stützt individualisierungstheoretische Annahmen dahingehend, dass in Großstädten soziale Heterogenität bei geringerer sozialer Kontrolle und größerer Anonymität verstärkt die Möglichkeit für Desintegrationsprozesse, Gewalt und Drogenkonsum eröffnet. Großstädte bieten möglicherweise eher als andere Infrastrukturen Jugendlichen die Gelegenheit, sich „Straßengangs" und kriminell organisierten Cliquen anzuschließen (vgl. Wetzels u. a. 1999, S. 233ff.). Diese „Chancen" ergreifen Mädchen offensichtlich auch.

Der „Ruf" einer Schule gibt Auskunft über die von Seiten einer mehr oder weniger gut informierten Öffentlichkeit empfundenen Werturteile zur „Qualität" einer Schule. Jedoch sind die Schüler(innen), die die Schule besuchen, von dem beschriebenen Zusammenhang nur sehr eingeschränkt überzeugt. Der „Ruf" einer Schule scheint vielmehr für den jeweiligen Standort und die pädagogische Arbeit vor Ort von fundamentaler Bedeutung zu sein und in Form einer doppelten self-fullfilling prophecy zu wirken: Wenn die Schule in der Öffentlichkeit in schlechten „Ruf" gerät, erhält sie das Klientel, das an anderen Schulen keine Chance hat. Im Zuge dessen wird die pädagogische Arbeit schwieriger, da „sozial intakte" und leistungsstarke Kinder immer seltener einer Lerngruppe als stabilisierende Personen zur Verfügung stehen. Auch auf den „Ruf" einer Schule wirken sich Desintegrationsprozesse im Stadtteil negativ aus. Wenn die Schule einen „schlechten „Ruf" genießt, forciert dies Frustrationen der dort tätigen Lehrkräfte und das Schulwahlverhalten der Eltern – es kommt zu einer Selektion der „Modernisierungsverlierer" an dem betroffenen Standort.

Aus vielen Interviews ging neben dem Urteil über die Einzelschule auch die Bewertung der Schulformspezifik einher. Damit wird deutlich, dass sich in der Auseinandersetzung um den „Ruf" der Schule auch pädagogisch-politische Grundsatzfragen um das Für und Wider der Gesamtschule von Bedeutung sind. In interaktionistischer Sicht ist das Ergebnis relevant: Jugendliche, die von außen immer wieder bestätigt bekommen, sie seien an einer „Schlägerschule" oder „Drogenschule", könnten Prozessen sekundärer Devianz ausgesetzt sein, in dem sie dieses Bild im Verlauf der Schulkarriere internalisieren und Gewalthandlungen dementsprechend „normal" finden. Aus den Interviews mit den Lehrkräften ist zu entnehmen, dass die öffentliche Meinung zum Ansehen der Schule auch einen Einfluss auf die Berufszufriedenheit und die Wahrnehmung der eigenen Arbeitsleistung nimmt.

7.4.2 Leistung der Methodentriangulation

Mit Hilfe der quantitativen Daten ließ sich die Zusammensetzung der Freundesgruppen nach Geschlechtszugehörigkeit mit Gewalthandeln in Beziehung setzen. Zwei daraus resultierende Ergebnisse sind besonders bedeutsam und wurden mit Hilfe der qualitativen Interviews weitergeführt: Zum einen zeigten die schriftlichen Daten, dass die geschlechtergemischte Freundesgruppe die häufigste Sozialform der hier befragten Jugendlichen ist, und zum zweiten konnte festgestellt werden, dass sich das Niveau der gewaltaffirmativen Einstellungen und des gewaltorientierten Klimas zwischen Jungengruppen und geschlechtergemischten Gruppen nicht signifikant unterscheidet. Die qualitativen Interviews haben sich auf die Interaktionsdynamik in geschlechtergemischten Cliquen bezogen, d. h. auf Status und Rolle von Mädchen und Jungen in Freundesgruppen, auf das wahrgenommene Ausmaß der Egalität und auf die Haltung der eigenen Freundesgruppe gegenüber anderen Cliquen im Konfliktfall. Realisiert wurde hierbei wieder die Variante der Methodentriangulation (Kapitel 3, Variante 2, S. 119), die sich auf einen gemeinsamen Untersuchungsgegenstand bezieht – hier: die Geschlechterzusammensetzung der Freundesgruppe, Binnenklima und Konfliktmanagement – wobei die beiden empirischen Verfahren jedoch auf verschiedene Segmente des Alltags gerichtet sind. Die qualitativen Interviews beschränken sich auf den Typ der geschlechtergemischten Gruppen und auf das Verhältnis der Geschlechter in diesen Gruppen. An die in der schriftlichen Erhebung thematisierten gewaltaffirmativen Einstellungen ließ sich qualitativ nicht anknüpfen, da die interviewten Jugendlichen ihre Clique als egalitär und demokratisch skizzierten. Was die Befunde der Interviews zutage förderten, stützt das in Kapitel 6 präsentierte Ergebnis: Gewalt als „Interaktionsprodukt" der Geschlechter lässt sich auch für den außerschulischen Kontext geschlechtergemischter Gruppen und ihre konflikthaften Auseinandersetzungen mit „fremden" Cliquen nachweisen. In Erzählbeispielen außerschulisch erlebter Gewalt wurde explizit darauf verwiesen, dass Mädchen an der Interaktion als Anwesende beteiligt waren (vgl. Thomas 1998), und in den Schilderungen zu Streitanlässen zwischen Cliquen wurden auch Mädchen als Ursache des Konflikts benannt.

Nachdem in Kapitel 7.3 zunächst mit Hilfe der repräsentativen Daten die Bedeutung des regionalen Umfeldes für schulische Gewalthandlungen von Mädchen und Jungen erschlossen werden konnte, wurde im Anschluss ein qualitatives „Fallbeispiel" präsentiert. Jedoch handelt es sich in diesem Fall nicht um ein individuelles Fallbeispiel oder um mehrere individuelle Argumentationsmuster, die einen „Typ" veranschaulichen, sondern um eine der Fallschulen. Die für die Fallstudie ausgewählte Gesamtschule erwies sich anhand der 1995 erhobenen schriftlichen Daten als eine der gewaltbelastetsten Schulen der Stichprobe (vgl. Abb. 7.4). Selbst wenn sich aus der qualitativen Falldarstellung kein direkter oder kausaler Zusammenhang zwischen dem „Ruf" der Schule und gewaltsamen Schülerhandlungen herstellen ließ, zeigten sich in den Äußerungen starke Evidenzen für ein Interaktionsverhältnis zwischen der negativen Fremdwahrnehmung dieser Schule und dem Niveau der physischen und psychischen Gewalt.

8. Schlussfolgerungen

Die Ergebnisse der empirischen Untersuchung sollen abschließend in dreifacher Weise eingeordnet werden. Zunächst soll gefragt werden, welchen Beitrag die Resultate dieser Studie für eine Erweiterung der Erkenntnisse über den Gegenstandsbereich „Schule, Gewalt und Geschlecht" leisten. Zum zweiten sollen abschließende Überlegungen zur eingangs präsentierten Theoriediskussion angestellt werden: Sind alle hier thematisierten Theorieansätze für die Befunde dieser Untersuchung relevant? Welchen Beitrag könnten die hier ermittelten Ergebnisse insbesondere für weiterführende feministische Theoriedebatten haben? Lassen sich auf metatheoretischer Ebene Weiterentwicklungen oder Reformulierungen bestehender Theorien vornehmen, und lassen sich die theoretischen Annahmen auf das erforschte Segment des sozialen Alltags anwenden? Zum dritten wird geprüft, welchen Stellenwert diese Untersuchung in methodologischer Hinsicht hat. Angetreten ist diese Arbeit ja mit der Absicht, eine Methodentriangulation realisieren zu wollen. Abschließend wird kritisch reflektiert, ob die eigene Untersuchung die formulierten Ansprüche erfüllen konnte. Das Hauptaugenmerk liegt dabei auf der Frage, ob die gewählten Triangulationsstrategien den Untersuchungsgegenstand tatsächlich facettenreicher und umfassender erschlossen haben, ob die Verknüpfung der unterschiedlichen Daten in dieser Studie gelungen ist und ob die jeweils gewonnenen Ergebnisse einander ergänzen und eine Erweiterung der Erkenntnisse gebracht haben.

8.1 Beitrag zur Erweiterung der Kenntnisse über den Gegenstandsbereich

Der Gegenstandsbereich der Arbeit hat, wie aus den Ergebniskapiteln deutlich wurde, verschiedene Facetten: Geschlechtersozialisation und Gewalthandeln im Kontext von Schule lässt sich ohne die Auseinandersetzung mit der koedukativen Situation, mit Schüler(in)-Lehrer(in)-Interaktionen und Etikettierungsprozessen innerhalb des Unterrichts als auch mit Geschlechterverhältnissen, Gewalthandlungen, Ausgrenzungen und konflikthaften Interaktionen innerhalb und außerhalb der Schule nicht umfassend darstellen. In diesem Abschnitt soll nicht nochmals eine Zusammenfassung der Resultate erfolgen – diese befinden sich am Ende der jeweiligen Ergebniskapitel. Vielmehr sollen einige Befunde exemplarisch herausgegriffen und mit den am Ende des 1. Kapitels formulierten Aufmerksamkeitsrichtungen, Desideraten und aufgeworfenen Hypothesen kontrastiert werden. Dies geschieht mit der Intention, zu zeigen, in welcher Hinsicht eine Erweiterung des Gegenstandsbereiches stattgefunden hat und an welchen Stellen Vorschläge für weitergehende Forschungen anschließen könnten.

Geschlechtersozialisation in der Schule muss den Modus des Handelns und Aufwachsens von Mädchen und Jungen berücksichtigen. In der Vergangenheit haben Arbeiten, die sich mit geschlechtstypischen Sozialisationsprozessen in der Schule befassten, unter einer koedukationskritischen Perspektive die Mädchen und insbesondere deren Nachrangigkeit im schulischen Kontext fokussiert. So verband sich der pädagogische Anspruch der Koedukation nicht nur damit, Mädchen und Jungen gemeinsam zu unterrichten, sondern der Unterricht sollte gleichzeitig mit Gleichbehandlung, Chancengleichheit der Geschlechter und dem Bemühen um die Aufhebung des traditionellen Geschlechterverhältnisses verbunden werden. Die Koedukationskritik blieb nie auf die Frage beschränkt, wie und ob das gemeinsame Unterrichten gelingt, sondern sie bezog Sozialisationsprozesse der Geschlechter zwischen Privilegierung und Benachteiligung mit in ihre Analysen ein. Obgleich als Anspruch formuliert wurde, nach dem Beitrag der Schule zur Aufhebung oder Zementierung des traditionellen Geschlechterverhältnisses zu fragen, bezogen sich die bisher vorliegenden Untersuchungen in ihrer Aufmerksamkeitsrichtung, unter Berücksichtigung der Prämissen der feministischen Wissenschaftskritik, schwerpunktmäßig auf die Benachteiligung der Mädchen.

8.1.1 Geschlechtersozialisation innerhalb und außerhalb des Unterrichts

Die vorliegende Untersuchung hat gezeigt, dass schulische Sozialisation der Geschlechter im Kontext von Gewalt auch außerhalb des Unterrichts und ohne Anwesenheit von Lehrkräften stattfindet – während der Pausen, in Fluren, auf Schulwegen, in Schulbussen und auf Klassenfahrten. Die Studien zur Koedukation beziehen sich m. E. zu eng auf Interaktionssituationen im Unterricht, auf Lernprozesse, Schulleistungen und fachspezifische Präferenzen (als Ausnahme: Kraul/Horstkemper 1999). Schülergewalt und mögliche geschlechtstypische Ausprägungen gerieten kaum in den Blick. Unter direkter pädagogischer Kontrolle von Lehrkräften werden diesbezügliche Handlungen nur in Ausnahmefällen ausgeführt. Von daher ist es wichtig, wenn man nach dem Beitrag der Schule zur Reproduktion oder Modifikation des Geschlechterverhältnisses fragt, Sozialisationsprozesse der Geschlechter auch in anderen als unterrichts- und lernbezogenen Situationen zu betrachten. Studien, die sich mit Interaktionsprozessen der Geschlechter in der Schule näher befasst haben (vgl. Beidenstein/Kelle 1998; Oswald/Krappmann 1995; Thorne 1994), griffen „ungesteuerte" Interaktionen der Schüler(innen) mit auf und machten darauf aufmerksam, dass die von Schüler(inne)n vollzogene Praxis der Geschlechterunterscheidung wichtige Konsequenzen für die Koedukationsforschung haben kann (vgl.

Kelle 1999, S. 174f.). Jedoch wurden Mechanismen und Praxen der Geschlechterunterscheidung nicht explizit für das Jugendalter und für Konflikte und Gewalt im schulischen Kontext analysiert. An dieser Stelle können die Befunde der Studie zeigen, dass es zu einer Erkenntniserweiterung des Gegenstandsbereichs gekommen ist.

Generell wurde „Schülergewalt" bislang nur in Ansätzen in Beziehung gesetzt zu Sozialisationsprozessen der Geschlechter in der Schule. Dies geschah, obwohl immer wieder darauf verwiesen wurde, dass das Geschlechterverhältnis auch durch Gewalt strukturiert ist und dass Gewalt ein genuiner Bestandteil des traditionellen männlichen Geschlechterkonzeptes ist. Wenn einige der vorliegenden Koedukationsstudien „gegen den Strich" gelesen werden, zeigen sich interessante Hinweise auf soziale Wertschätzungen zwischen Mädchen und Jungen und auf den Geschlechteralltag jenseits des Unterrichts. Ohne diese Perspektive explizit zu verfolgen, enthalten einige Studien spannende Bemerkungen zu möglichen Konflikten an geschlechtergemischten Schulen. So wurden in der Studie von Hannelore Faulstich-Wieland und Marianne Horstkemper (vgl. 1995, S. 71f.) Äußerungen von Jungen gefunden, die die Koedukation u. a. deshalb befürworten, weil an Jungenschulen Mädchen zum „Ärgern" fehlen.

8.1.2 Schulische Sozialisation benachteiligt auch Jungen

Die in der vorliegenden Untersuchung ermittelten Befunde zeigen demnach, dass es sich lohnt, den Sozialisationsprozessen männlicher Schüler mehr Beachtung zu schenken. Schulische Sozialisationsprozesse der Jungen, mögliche Benachteiligungen für Jungen in den Strukturen der Institution Schule und Interaktionen der Geschlechter im Jugendalter blieben weitgehend außen vor. In einigen Beiträgen feministischer Schulforschung wurden Jungen als Definitionsmacht besitzend und dominierend beschrieben, vor denen die Interessen und Kompetenzen der Mädchen in Schutz genommen werden müssten (vgl. Brehmer 1982; Barz 1984). Mit den Ausführungen dieser Studie wird nicht in Abrede gestellt, dass die sozialen Kompetenzen einiger Jungen und ihr Verhalten gegenüber Mädchen Defizite aufweisen – vor allem zeigte sich, dass die von Jungen gegenüber Mädchen geäußerte Wertschätzung weitaus negativer ausfällt als umgekehrt (vgl. Faulstich-Wieland/Horstkemper 1995). Dennoch ist es problematisch, Jungenverhalten stets als negativen Pol in Relation zum Verhalten der Mädchen und ihrer Benachteiligungen zu konstruieren. Mit Hilfe der Daten dieser Studie konnte gezeigt werden, dass das dichotome Bild der männlichen „Privilegierung" und weiblichen „Benachteiligung" sowie der „Interaktionsbenachteiligung" korrekturbedürftig ist. Im schulischen Kontext zeigt sich nicht nur im Leistungsbereich, dass die Definitionsmacht der Mädchen wächst. Mädchen können in Interaktionen der Lerngruppe durchaus dominant sein, wie aus Lehrer(innen)äußerungen hervorgeht, und sie lassen sich durch initiierte Einschüchterungsversuche nicht grundsätzlich an den Rand drängen. Im Bereich der schulischen gewaltbegünstigenden Bedingungskonstellationen tragen Jungen ein signifikant größeres Risiko als Mädchen.

Die vorhandenen schulischen Interaktionsstudien fokussierten ebenso wenig wie die Jugendstudien der 70er und 80er Jahre das Verhältnis der Geschlechter zum abweichendem Verhalten in der Schule. Aus den in den 70er und 80er Jahren entstandenen Arbeiten ist nicht rekonstruierbar, ob von Etikettierungsprozessen, sozialen Ausgrenzungen, abweichendem Verhalten und den Reaktionen der Institution auf diese Regelverstöße vermehrt Jungen oder Mädchen betroffen waren. Auf der theoretischen Ebene wurde die Ausblendung der sozialen Kategorie „Geschlecht" in interaktionistisch akzentuierten Schulstudien auch kritisiert (vgl Tzankoff 1995). Mittlerweile scheint es hinreichende Belege dafür zu geben, dass Jungen von Etikettierungsprozessen und von sanktionierendem Lehrerverhalten stärker als Mädchen betroffen sind, da sie häufiger Unterrichtsstörungen zeigen und mit ihrem Verhalten offener gegen Lehrkräfte opponieren. Jungen gehören in weitaus stärkerem Ausmaß als Mädchen zu den „Schulversagern" und den „Abweichlern" – sie gelten als die „schwierigeren", verhaltensauffälligeren Schüler.

Empirische Untersuchungen sollten ein stärkeres Gewicht auf eine vergleichende Perspektive von Sozialisationsprozessen der Geschlechter legen und Jungen sollte nicht von vornherein die „Täterrolle" angeheftet werden. In meiner Untersuchung konnte gezeigt werden, dass Jungen nicht immer freiwillig die Rolle des „coolen Kraftmeiers" einnehmen, sondern in solche Situationen vielfach aufgrund des von anderen Mitschüler(inne)n ausgehenden sozialen Drucks gebracht werden. So fanden sich in den Interviews mit männlichen Schülern auch Äußerungen, sich aus Angst vor Verletzung lieber aus Prügeleien heraushalten zu wollen – ein Verhalten, dessen geringe soziale Anerkennung von den betroffenen Jungen antizipiert wurde. Aus einem anderen Erzählbeispiel eines Schülers, der außerhalb der Schule in eine prekäre Konfliktsituation geriet und mit einer Waffe bedroht wurde, ging hervor, mit wie viel Angst und wie wenig „coolness" diese Situation für den Betroffenen verbunden war.

8.1.3 Opfer und Täter von Schüler(innen)gewalt

Obgleich Jungen von Gewalt stärker als Mädchen fasziniert zu werden scheinen und selber auch eher Gewalthandlungen realisieren, sollte nicht übersehen werden, dass Jungen schneller als Mädchen in Konflikte eingreifen und sie zu beenden versuchen. Mit diesem Verhalten machen sich Jungen in der Situation angreifbarer und werden eher als Mädchen zum Opfer. In diesem Zusammenhang stellt sich auch noch einmal die am Ende von Kapitel 1 aufgebrachte Frage nach dem Verhältnis von männlichen Tätern und weiblichen Opfern. In der Koeduaktionsdiskussion ist viel von Gewalt gegen Mädchen die Rede, vorrangig handelt es sich dabei um institutionelle und strukturelle Gewalt. Aspekte personenbezogener Gewalt wurden aus der Koedukationsdebatte weitgehend ausgeklammert. Als Ausnahme können Studien angesehen werden, die sich unter einer geschlechterkritischen Sicht mit Schulsport, aggressiv getöntem Jungenverhalten und sexuellen Übergriffen gegen Mädchen befassten (vgl. z. B. Biermann 1997; Schmerbitz u. a. 1998).

Die bislang vorliegenden Studien zur Koedukation und zur Geschlechtersozialisation in der Schule gehen vorrangig von der Annahme aus, Mädchen als Opfer zu betrachten. Im Kontext dieser Studie wurde deutlich, dass diese Annahme erheblich differenziert werden muss. Quantitative wie qualitative Ergebnisse von Konflikt- und Gewalthandlungen im schulischen Kontext machen deutlich, dass Jungen sehr viel häufiger sowohl Täter als auch Opfer sind. Im Kontext der vorliegenden Studie konnte gezeigt werden, dass Gewalt durch Schüler(innen) sich nicht primär gegen Mädchen richtet. Vielmehr zeigten die engen Täter-Opfer-Interaktionen, dass Jungen in der Regel mit anderen Jungen in Konflikte geraten. Mädchen werden in der Regel seltener als Jungen mit gewaltsamen Verhaltensweisen konfrontiert, sie geraten auf dem Schulhof seltener in offene Attacken und von Mädchen wird in konflikthaften Interaktionen eine Intervention weniger erwartet. Aus diesen Gründen stehen Mädchen nicht im Zentrum der Aufmerksamkeit bei Gewalthandlungen; sie haben bessere Chancen als Jungen, sich zurückzuhalten. Auch aus den Interviews geht hervor, dass körperliche Auseinandersetzungen zwischen Jungen und Mädchen selten sind. Jedoch wurde sichtbar, dass die meisten der in den 90er Jahren durchgeführten erziehungswissenschaftlichen Forschungen zu Gewalt an Schulen sexuelle Übergriffe nicht unter „Schülergewalt" faßten. Das bedeutet, sexualisierte Gewalt gegen Mädchen wurde nicht gemessen und über die Verbreitung ist wenig bekannt. Ebenso verhält es sich mit Drogenkonsum und -verkauf an Schulen und damit einhergehenden Gewalthandlungen.

Jungensozialisation im Kontext gewaltsamen Handelns müsste stärker unter Berücksichtigung anderer Bedingungskonstellationen und unter Einbezug anderer Variablen betrachtet werden. Aus der Analyse der „Mehrfachtäter" wurde ersichtlich, dass für Jungen sehr viele unterschiedliche Wirkungsgefüge auch außerhalb des schulischen Kontextes für Gewalthandeln bedeutsam sind. Die in der vorliegenden Studie ermittelten außerschulischen Bedingungskonstellationen (Wertklima der Freundesgruppe, familiale Erziehungsumwelt) erklärten bei den männlichen „Tätern" nur einen geringen Varianzanteil von physischer Gewalt. Bei den Mädchen waren die gewaltfördernden Faktoren viel deutlicher im Wertklima der Freundesgruppe zu identifizieren. In der Tat weist dieser Befund darauf hin, dass männliche Gewalthandlungen in komplexere Bedingungs- und Wirkgefüge eingelassen sind, die sich nicht auf den schulischen oder außerschulischen Kontext beschränken. Schon aus früheren Studien wurde berichtet, dass Bezugsgruppeneffekte in der Schulklasse (vgl. Horstkemper 1987), aber auch soziale Erwartungen und Konformitätszwänge innerhalb der Clique, eine nicht zu unterschätzende Wirkung haben (vgl. Buford 1992). Aggressionen sind in der Struktur des männlichen Geschlechterkonzeptes angelegt und werden als mögliche Verhaltensweisen bei Jungen, selbst wenn sie sich davon zu distanzieren versuchen, von ihrer sozialen Umwelt eher als bei Mädchen erwartet. Daher können konkrete empirisch ermittelte Bedingungsgefüge eben nur einen sehr geringen Teil des selbst berichteten schulischen Gewalthandelns der Jungen erklären. Diese Strukturen gilt es dezidierter als bisher zu erforschen.

8.1.4 Interaktionen und Gewalt der Geschlechter

Wenn der Blick auf die am Ende von Kapitel 1 angesprochenen Interaktionen der Geschlechter gerichtet wird, müssen Vorstellungen einer klaren Zuordnung von Opfern und Tätern nach Geschlecht zurückgewiesen werden. Die Befunde der Studie zeigen, dass Konflikte zwischen Jungen wegen eines Mädchens bzw. zwischen zwei Mädchen wegen eines Jungen stattfinden. Diese Interaktionen, die bei Mädchen eher durch Eifersucht, bei Jungen stärker durch Selbstdarstellung motiviert sind, sowie expressive Ausdrucksformen von Gewalt zwischen den Geschlechtern könnten in der Koedukationsdebatte verstärkt aufgegriffen werden. Mädchen sind in der Lage, Jungenverhalten in ihrem Sinne zu steuern und über Falschaussagen und Gerüchte auch physische Gewalthandlungen zu provozieren. Dieser Sachverhalt wird von Jungen bestätigt. In solchen Interaktionen dürften Geschlechterverhältnisse eingeübt und geschlechtsbezogene Erwartungen konstruiert werden, die sich möglicherweise auch auf reziproke Wertschätzungen auswirken. Für die Koedukationsforschung dürfte darüber hinaus auch der ermittelte Befund von Relevanz sein, dass Mädchen in geschlechtshomogenen Gruppen Gewalt gegen andere Mädchen ausüben. Unterdrückungs- und Ausgrenzungsprozesse verlaufen demnach nicht nur von Jungen an die Adresse der Mädchen und umgekehrt, sondern auch innerhalb von Mädchengruppen. In konflikthaften Interaktionen zwischen Mädchen werden Geschlechterverhältnisse eingeübt, wenn Mitschülerinnen zu Konkurrentinnen um Jungen werden und das äußerliche Erscheinungsbild den Maßstab des Abwägens unter Mädchen darstellt. Wie die Ergebnisse im Kontext von Gewalt als Interaktionsprodukt der Geschlechter verdeutlichten, wurden sexuell interessierte und als zu „freizügig" wahrgenommene Mädchen von Mitschülerinnen sanktioniert, kamen Aspekte der Doppelmoral zum Vorschein.

Aus den geschlechtervergleichenden Befunden geht hervor, dass der Part der Jungen im Interaktionsgeschehen um Gewalt – ob nun als Täter, Opfer oder Intervenierender - bei direkten, sichtbaren Geschehnissen als „aktiver" gekennzeichnet werden kann. Das Gegensatzpaar „aktiv" und „passiv" und die damit verbundenen Polarisierungen und Attribuierungen haben jedoch oft in zu schlichter Weise für Sozialisationsprozesse der Geschlechter herhalten müssen. Im Kontext von Gewalt und Konflikten in der Schule erweisen sich diese Adjektive als falsch. Zwar spielen Jungen nach außen hin die aktivere Rolle im Geschehen, die Mädchen sind aber keineswegs passiver. Vielmehr lässt sich ihr Part im Interaktionsgeschehen als „verdeckte Aktivität" kennzeichnen. Vieles, was im Kapitel über die Geschlechterinteraktionen im Kontext von Gewalt genannt wurde, zeigt, dass Gewalt von Mädchen in der Regel besser durchdacht und geplant wird. Schulische Gewalthandlungen von Mädchen haben eine nachhaltigere Wirkung als die der Jungen.

8.2 Beitrag zum theoretischen Diskurs

Die Studie basiert im wesentlichen auf drei sozialisationstheoretischen Zugängen: Zum einen stellten feministische Ansätze aus der Tradition der Schul- und Geschlechterforschung einen Erklärungshintergrund dar. Mit Hilfe dieser Theorien ergaben sich Erklärungszusammenhänge für die Betrachtung von Geschlechtersozialisation, Geschlechterverhältnissen, Unterschieden und Gemeinsamkeiten der Geschlechter sowie geschlechtstypischen Sozialisationsprozessen im Kontext von Gewalt. Individualisierungstheoretische Annahmen stellten den zweiten theoretischen Erklärungshintergrund dar. Dieser Zugang erwies sich als bedeutsam zur Erklärung des sozialen Wandels von männlicher und weiblicher Jugend sowie für gewaltrelevante Risikofaktoren des inner- und außerschulischen Umfeldes bei Mädchen und Jungen. Als dritter theoretischer Hintergrund wurden interaktionistische Theorieansätze aufgegriffen, um die Bedeutung und prozessualen Verläufe von Interaktionen in Gruppen herauszustellen und auf deren wirklichkeitsproduzierenden Gehalt zu verweisen.

8.2.1 Zum feministischen Diskurs um Differenz und Konstruktion

In der Koedukationsforschung überwiegen bislang Arbeiten, die Geschlechtersozialisation unter einer Differenzperspektive, d. h. mit dem Blick auf geschlechtstypische Unterschiede betrachten, um diese Unterschiede erkennen, benennen und auf Ungleichheiten im Geschlechterverhältnis verweisen zu können. Theorieansätze der Geschlechterdifferenzen weisen im wesentlichen auf geschlechtsdifferente Sozialisationsprozesse hin und gehen von daraus resultierenden unterschiedlichen Geschlechtsidentitäten und -rollen aus. Die Ausführungen der konstruktivistisch orientierten Ansätze der feministischen Theorien sind gegenüber Erklärungszusammenhängen, die die „Geschlechtstypik" bestimmter Phänomene zu ergründen suchen, skeptisch bis ablehnend eingestellt. So seien Begriffe wie „Geschlechtsrolle" oder „Geschlechtsidentität" überholte Metaphern, die die Tatsache des sozialen Hergestelltseins geschlechtstypischer Unterschiede ignorieren und verschleiern. Der neuere in feministischen Theorieansätzen diskutierte Argumentationsstrang wird von der Annahme geleitet, Geschlechterdualismus und Geschlechterverhältnisse seien soziale, historisch gewachsene und im Alltag stets aktualisierte Konstruktionen. Diese Annahmen führen in der Realität dazu, nicht die Geschlechtsunterschiede, sondern die Prozesse subjektiv vorgenommener Herstellungsweisen geschlechtsbezogener Unterschiede, die Aktualisierung der Geschlechtszugehörigkeit in Interaktionen zu fokussieren. Bislang gibt es nur wenige empirische Studien, die Geschlechterverhältnisse mit Blick auf ihr soziales Konstruiertsein analysierten. Das hat zum einen mit einer veränderten Aufmerksamkeitsrichtung, aber auch damit zu tun, dass sich Konstruktionen schwer als solche erkennen, definieren und operationalisieren lassen. Konstruktionen jedweder Art ließen sich, so die Argumentation, kaum rekonstruktiv, etwa in einer Interviewsituation, benennen, sondern müssten ethnographisch erschlossen werden. Durch die Fokussierung der Praktiken und nicht der Geschlechterdifferenzen stellt sich die soziale Ordnung heraus. Auch bei der ethnographischen Beschreibung von Gleichaltrigenkulturen – so der Hinweis von Kelle (vgl. 1999, S. 166) – lässt sich auf die Kategorie Mädchen/Junge schwer verzichten; denn die Unterscheidung der Geschlechter ist so selbstverständlich, dass die zu beobachtende Praxis der Geschlechterunterscheidung die eigene Wahrnehmung strukturiert. Das bedeutet, in allen erfahrungswissenschaftlichen Zugangsweisen besteht die Gefahr, dass mit den alltagsweltlichen Deutungsversuchen eigene Konstruktionen und Interpretationen wiedergegeben werden – was in den beobachteten Situationen tatsächlich konstruiert wird, entzieht sich weitgehend der Kenntnis der Forschungssubjekte und -objekte.

In meiner Untersuchung wurde unter den geschilderten Vorbehalten versucht, beide theoretische Richtungen erfahrungswissenschaftlich zu fundieren. In den Ergebniskapiteln ist der jeweilige Theoriebezug stets genannt worden. So wurde die in Kapitel 4 dargestellte quantitative Verbreitung von Gewalt von dem Blick auf Geschlechterdifferenzen motiviert und geschlechtstypische Unterschiede, auch hinsichtlich der Ausdrucksform gewaltförmigen Handelns, ermittelt. Die Ergebniskapitel zu konflikthaften Interaktionen haben stärker versucht, empirische Belege zu präsentieren, die als Konstruktionsprozesse und Interaktionsprodukte interpretiert werden können. Die Resultate der quantitativen und qualitativen Erhebung zeigen jedoch, dass die „Sortierung" der Ergebnisse in verschiedene theoretische Erklärungszusammenhänge einen artifiziellen Charakter hat und dem Untersuchungsgegenstand der Arbeit nicht gerecht wird. Vielmehr tragen beide Zugangsweisen zur Erkenntniserweiterung und zu theoretischen Zugewinnen bei.

An vielen Ergebnissen ließ sich zeigen, dass der differenztheoretische Zugang sich auch dazu eignet, benachteiligende Strukturen für Jungen und die sich aus ihrem Geschlechterkonzeptes ergebenden Problematiken aufzeigen zu können. Dies wird zum einen bei den quantitativ erhobenen Täter- und Opferanalysen sichtbar: Jungen werden durch ihre stärkere Einbindung in Konflikte auch eher zu Opfern, durch ihre Geschlechtszugehörigkeit können sie sich schlechter Auseinandersetzungen entziehen. Wenn Jungen sich Mädchen gegenüber durch Stärke beweisen müssen, wird oftmals ein anderer Junge zum Objekt der Inszenierung, und in Cliquenkonflikten scheint eher die Erwartung zu bestehen, dass männliche Jugendliche gegeneinander antreten müssen. Darüber hinaus sind Jungen stärker als Mädchen mit Fremderwartungen anderer Art konfrontiert: In dem einerseits subjektiv verspürten und andererseits sozial gewünschten „Zwang", sich „cool" und mutig zu erweisen, sich präsentieren und furchtlos sein zu müssen, haben Jungen wenig Chancen, ein alternatives Verhaltensspektrum zu erlangen. In diesem Sinne sind sie aktiv an der Herstellung und Verfestigung ihres Geschlechterkonzeptes beteiligt. Die Angst davor, in konflikthaften Interaktionen „Schwäche" zu zeigen und die Erfahrung, von Mitschüler(inne)n verspottet zu werden, trifft Jungen auch weitaus eher als Mädchen. In diesbezüglichen Interaktionen haben Mädchen viel eher die Chance, sich aus Konflikt- und Gewalthandlungen herauszuhalten, die Rolle der „Unbeteiligten" einzunehmen. Sie werden weder angesprochen noch angerempelt – es ergeht an sie kein Aufforderungscharakter zu aktiven Gewalthandlungen. Die Interaktionsdynamik legt auch im Kontext von Konflikten und Gewalt eine Geschlechterordnung, ein „Arrangement" der Geschlechter fest (vgl. Goffman 1994), dessen Ablauf in der Regel eingehalten wird. Wenn Jungen sich aus Konflikten heraushalten, gelten sie schnell als „Feiglinge", während das gleiche Verhalten bei Mädchen keine sozialen Konsequenzen hat.

Aus den quantitativen und qualitativen Analysen zu männlichen und weiblichen Tätern wird deutlich, wie stark Geschlechterdifferenzen und -gleichheiten bei hochaggressiven Schüler(inne)n ineinander greifen können: Die Befunde zu Persönlichkeitsmerkmalen und sozialen Umwelten weiblicher und männlicher „Täter" wiesen überraschende Übereinstimmungen auf. Aggressive Jungen wie Mädchen zeigen überproportional häufig gewaltbilligende Einstellungen und haben eine niedrige Hemmschwelle gegenüber Gewalt. Für Mädchen wie Jungen erwies sich der Faktor „Etikettierung" im schulischen Kontext und die Zugehörigkeit zu Freundesgruppen mit intolerantem, gewaltbefürwortendem Klima im außerschulischen Bereich als relevant. Bei diesen Mädchen und Jungen ließen sich kaum geschlechtsbezogene Differenzen messen. Die Unterschiede zwischen „unbeteiligten" Mädchen und „Täter-Mädchen" erwiesen sich als viel ausgeprägter. Dieses Bild zeigte sich bei Jungen ebenso deutlich. Solche Befunde gehen mit der Notwendigkeit einher, Theorien zu berücksichtigen, die Gleichheiten und Differenzen erklären können. Denn beide theoretische Zugänge erhellen je spezifische Aspekte von Alltag und Interaktionspraktiken von Jungen und Mädchen. Erst in zusammengebrachter Weise vervollständigt sich das Bild von Sozialisationsprozessen der Geschlechter im schulischen Kontext.

Der Versuch, empirisch fundierte Aussagen zu Herstellungsprozessen der Geschlechterdifferenzen zu vertreten, erfolgte methodisch mit Hilfe der qualitativen Schüler(innen)- und Lehrer(innen)interviews, wobei folgendes zu berücksichtigen war: Konstruktionen gingen nicht aus dezidierten Gesprächsaufforderungen hervor und schon gar nicht aus Erzählsequenzen, in denen die Verhaltensweisen des anderen Geschlechts bewusst thematisiert wurden. Mögliche Konstruktionen zeigen sich vielmehr in den „nebenbei" erfolgten Schilderungen des Interaktions- und Handlungskontextes, in Nebensätzen, in beiläufig erwähnten Deutungen des zum eigentlichen Thema Gesagten und in den Interviews mit Lehrkräften, wenn diese versuchen, das Verhalten ihrer Schüler(innen) zu interpretieren. Konstruktionen zeigen sich meines Erachtens auch, wenn nicht nur die singulären Handlungen, sondern das „Interaktionsprodukt" betrachtet wird. Im interaktionistischen Sinne entstehen im Interaktionsgefüge qualitativ neue Identitätsentwürfe und Handlungen. In der vorliegenden Studie konnte demonstriert werden, dass physische Gewalt zwischen Jungen vielfach Resultat vergangener Interaktionen ist, und dass die ablaufende Gewalthandlung demnach Interaktionsprodukt und Ausdruck der Herstellung bestimmter Männlichkeiten und Weiblichkeiten sein kann.

An welchen Stellen deuten die Ergebnisse der vorliegenden Untersuchung auf mögliche Konstruktionsprozesse des Geschlechterverhältnisses hin? In Interaktionen kommen z. B. Geschlechterordnungen im Bereich der Beziehungsfähigkeiten und -orientierungen zum Ausdruck. Wenn Mädchen untereinander in Konflikte geraten, sind in der Regel „Beziehungsprobleme" dafür als Auslöser zu benennen. Oftmals spielt ein bestimmter Junge oder dessen Verhalten für die miteinander konkurrierenden Mädchen eine bedeutsame Rolle. Neidgefühle und Konkurrenzen werden gegenüber Mädchen vorgetragen, die bei Jungen die besseren „Chancen" haben, die in Bezug auf Aussehen, Auftreten und Attraktivität eine „bessere Figur" als andere machen. Diese Aspekte haben bei psychischen Attacken und Ausgrenzungen unter Mädchen einen sehr viel größeren Stellenwert als unter Jungen. Während Gewalthandlungen und konflikthafte Interaktionen zwischen Jungen „öffentlichkeitswirksam" sind und sich schnell herumsprechen, werden Auseinandersetzungen zwischen Mädchen eher im „privaten" Rahmen verhandelt.

An der unter sozialkonstruktivistischer Perspektive analysierten Herstellung geschlechtsbezogener Unterschiede im Kontext von Konflikten und Gewalthandlungen beteiligen sich Jungen und Mädchen gleichermaßen. Die Praktiken der Beteiligung an Gewalthandlungen und der Herstellung geschlechtsbezogener Unterschiede variieren geschlechtstypisch. Mädchen haben durch Anwesenheit, Ausstrahlung und durch sexuelle Anziehungskraft einen Einfluss auf Konflikte zwischen bestimmten Jungen. Bestimmte Mädchen haben ein Interesse daran, in Interaktionen sicherzustellen, von Jungen bemerkt zu werden. Sie sind im Zuge dieses Bemühens bereits aktiv an der Interaktion beteiligt. Wenn Mädchen gewaltbezogene Interaktionen um ihre Person zurückweisen, kommen dahinter auch Motive zum Vorschein, die in ihr Geschlechterkonzept passen: Ablehnung und verbale Zurückweisung von Gewalt, Mitleid mit Schwächeren sowie Hilfsbereitschaft gegenüber Opfern.

Was bedeutet diese Forderung, auf differenzbezogene und konstruktivistische Theorieansätze als Erklärungshintergründe für Forschungen im Bereich der Geschlechtersozialisation parallel zurückzugreifen? Die vorliegende empirische Studie und der Versuch, beide Theoriestränge für die Forschung fruchtbar zu machen, verweisen darauf, dass dieser theoretische Streit eher als abstrakte Auseinandersetzung und weniger als ein praktisches Problem angesehen werden kann. Die Ergebnisse dieser Studie deuten darauf hin, dass es nötig ist, sich unter beiden theoretischen Perspektiven dem Untersuchungsgegenstand anzunähern. Da Konstruktionen nicht als tabula rasa beginnen, sondern frühere Konstruktionen bekräftigen oder widerlegen, setzen sie an der Existenz der Zweigeschlechtlichkeit und der Differenz der Geschlechter an. In der empirischen Realität wird die Zweigeschlechtlichkeit von den Akteuren als feststehende Tatsache wahrgenommen, über deren Entstehungs- und Konstruktionsbedingungen beim Handeln keine Auskunft gegeben wird. Mehr als beobachtete, „erzählte" oder gemessene Interaktionen zwischen Jungen und Mädchen stehen als empirisches Material nicht zur Verfügung. Ob es sich bei diesen Interaktionen um die Demonstration geschlechtstypischen Verhaltens handelt, ob die untersuchten Interaktionen auf antizipierten Geschlechtsunterschieden basieren, oder ob es sich dabei um den Konstruktionsprozess von Geschlecht handelt, lässt sich anhand der Befundlage nicht eindeutig klären. Die Entscheidung für die eine oder die andere Interpretationsvariante basiert auf Vorverständnissen, Plausibilitäten und den Konstruktionen der Forschenden und stellt somit eine durchaus nachvollziehbare, aber dennoch willkürliche Setzung dar. Aus den Daten ist die „Richtigkeit" einer der beiden Theorien nicht ermittelbar, insofern trägt eine „Unversöhnlichkeit" differenztheoretischer und sozialkonstruktivistischer Zugänge nicht zur Erkenntniserweiterung bei. Vielmehr verweisen die im Kontext der vorliegenden Untersuchung empirisch erschlossenen Befunde auf Innovationen und Gewinne, die aus beiden Theorieansätzen resultieren. Im übrigen sind die theoretischen Unterschiede gar nicht so gravierend, wie oftmals behauptet. Sozialkonstruktivistische Ansätze leugnen nicht die Existenz von Geschlechterdifferenzen, und die differenztheoretischen Ansätze betrachten eine weibliche Identität oder eine Geschlechtsidentität nicht als fixiertes, unverrückbares Persönlichkeitsmerkmal. Es findet in Interaktionen immer beides statt: die Herstellung und damit einhergehend die Verfestigung der Geschlechterkonzepte.

8.2.2 Zum interaktionistischen Diskurs: Geschlechterordnungen und soziale Etikettierung

Zuvor wurde argumentiert, dass die gewonnenen Daten gehaltvoller gedeutet, erklärt und eingeordnet werden können, wenn man Theorien der Geschlechterdifferenzen und sozialkonstruktivistische Erklärungszusammenhänge gleichermaßen hinzuzieht. In diesem Zusammenhang ließe sich der interaktionistisch verortete Ansatz von Goffman noch mit hinzufügen. In dem oben erwähnten theoretischen und empirischen Dilemma um Differenz und Konstruktion bietet sich das von Goffman (vgl. 1994) beschriebene Konzept der Interaktionsordnung und des „Geschlechterarrangements" als vermittelnde theoretische Sichtweise an. Mit Relativierung der Sicht auf Geschlecht als soziale Konstruktion nimmt Goffman die Perspektive ein, dass der Geschlechtsunterschied zum einen in Interaktionen erzeugt und gleichzeitig dahingehend „geregelt" wird, dass die Individuen im Verlauf dieses Prozesses eine Geschlechtsidentität entwickeln. Aus Goffmans Ausführungen wird diese Gleichzeitigkeit deutlich, mit der sowohl die Geschlechterdifferenz als auch die Nicht-Differenz existiert: In Interaktionen kommt es zur Herstellung geschlechtsbezogener Unterschiede – und diese stellen sich den Interaktionsbeteiligten gleichzeitig als soziale Realitäten dar, auf die sie sich beziehen. Ein empirisches Beispiel, an dem die Konstruktion einer Geschlechterordnung bzw. Geschlechterarrangements deutlich wurden, kam in Interviewbeispielen über Geschlechterverhältnisse in außerschulischen Cliquen zum Ausdruck. Einerseits wurde von Mädchen wie Jungen darauf verwiesen, ihre Clique kennzeichne sich durch ein egalitäres Geschlechterverhältnis ohne definitiv „verteilte" Rollen, ohne Über- und Unterordnungen, jedoch mit einem Altersunterschied zwischen Mädchen und Jungen. Andererseits übernehmen diese älteren Jungen in der Clique offensichtlich die Funktion, die „eigenen" Mädchen zu beschützen und gegen „Anmachen" und „Übergriffe" fremder Jungen auch mittels Gewalt zu verteidigen. Die Mädchen wiederum haben sich mit dem „männlichen Beschützerverhalten" sozial arrangiert – für Jungen wie Mädchen dürften sich solche geschaffenen Verhältnisse als (geschlechts)identitätsbedeutsam herausstellen. An anderer Stelle wurde jedoch auch deutlich, dass es männliche und weibliche Jugendliche gibt, die derartige Interaktionsordnungen zurückweisen. Diese Schüler(innen) verorten sich nicht in der Differenz, sondern konstruieren alternative Interaktionsordnungen, auch im Kontext von Gewalt, wie das Interviewbeispiel von Jennifer demonstrieren konnte.

Für eine interaktionistische Geschlechterforschung im Kontext schulbezogener Etikettierungs- und Typisierungsprozesse liefern die Befunde dieser Studie Hinweise auf folgende Untersuchungsmöglichkeiten. Aus den qualitativen Daten wird die Notwendigkeit ersichtlich, nicht nur den Prozessen der sekundären Devianz Aufmerksamkeit zu schenken, sondern den Inhalten des Etiketts. Aus der interaktionistischen Schulforschung wurde diese Frage der inhaltlichen Bestimmung und Beschaffenheit des Stigmas bisher

meist ausgeklammert. Bei den stets beispielhaft zitierten Etiketten des
„Schlägers" oder des „Schuldevianten" handelt es sich um „männliche"
Attribuierungen: Jungen werden etikettiert, wenn sie sich im Unterricht undiszipliniert und störend verhalten, wenn sie ihre Regelverstöße nicht kalkulieren und die Geduld ihrer Lehrkräfte überstrapazieren. Jungen erhalten
auch dann ein Etikett, wenn sie andere schlagen, oder durch ein ungepflegtes äußerliches Erscheinungsbild von anderen gemieden und zum Außenseiter werden.

Für Mädchen scheint es im interaktionistischen Sinne eine andere Form der
Etikettierung und Ausgrenzung zu geben: Zum einen geraten Mädchen in
Ausgrenzungs- und Etikettierungsprozesse, wenn ihr äußerliches Erscheinungsbild von weiblichen Schönheitsidealen abweicht. Mädchen, die von
anderen als „zu dick" oder „unattraktiv" wahrgenommen werden, kommen
eher als andere in Etikettierungssituationen. Des Weiteren geraten Mädchen
auch über Interaktionen in Prozesse „abweichenden Verhaltens": wenn sie
sich in sexueller Hinsicht nicht den sozialen Wertvorstellungen gemäß verhalten, wenn sie beispielsweise mit Unterstützung des äußerlichen Erscheinungsbildes zu offensiv sexuelles Interesse signalisieren oder ihren Sexualpartner häufiger wechseln (vgl. z. B. Ziehlke 1993). Mit Etiketten wie
„Schlampe" oder „Hure" geraten Mädchen nicht in Konflikte mit der
Schule als Institution – sie haben keine Klassenkonferenzen oder Schulverweise zu befürchten. Sie geraten mit diesen Zuschreibungen auch nicht
zwingend in Schulversagenssituationen oder in schuldeviante Karrieremuster. Prozesse der Typisierung und Etikettierung bei sexualisierten Stigmen
sollten in interaktionistischer Sicht näher untersucht werden. So wäre es
spannend, zu analysieren, ob derartige Zuschreibungen bei Mädchen zu
Prozessen „sekundärer Devianz" führen, nach denen das Etikett im Sinne
einer self-fullfilling prophecy bewusst verstärkt wird. Aus den in der vorliegenden Studie ermittelten Befunde über „Mehrfachtäterinnen" wurde ersichtlich, dass die Erfahrungen, im schulischen Kontext etikettiert und als
Außenseiterin behandelt zu werden, sich auch für Mädchen als wichtiger
gewaltfördernder Faktor erwiesen hat. Weitere Analysen ließen sich in diesem Kontext denken und anschließen: Möglicherweise erweisen sich Mädchen, die Ausgrenzungserfahrungen aufgrund ihres Sexualverhaltens machen, als besonders gewaltbereit. Auch die Schüler-Lehrer-Beziehung
könnte für Mädchen, die ein Etikett mit sexualisiertem Charakter zugewiesen bekommen, beeinträchtigt werden. Es gibt in den Interviews Hinweise
darauf, dass Lehrkräfte Kenntnisse über etikettierte Mädchen besitzen, dass
demnach der Verbreitungsgrad nicht unerheblich sein dürfte. Weitere Interviewauszüge machten deutlich, dass Lehrkräfte die Ansicht vertreten, sexuell „aufreizende" Erscheinungsbilder von Mädchen könnten Gewalt zwischen Jungen provozieren – dieser Interpretation zufolge hätten Mädchen
durch die Präsentation sexueller Reize eine Mitschuld. Die hier formulier-

ten Hinweise lassen sich als Anregungen für eine interaktionistisch orientierte Schulforschung der Geschlechter nutzen.

8.2.3 Diskurs um Individualisierung, Geschlecht, Desintegration und Gewalt

Die in Anlehnung an die Individualisierungsthese thematisierten sozialen Wandlungsprozesse wurden in Zuspitzung auf das Thema Geschlecht und Gewalt in zwei Richtungen interpretiert. Zum einen wurde dargestellt, dass durch das Brüchigwerden traditioneller Bindungen und festgefügter handlungsleitender Normen auch traditionelle Geschlechterrollen zunehmend in Auflösung begriffen sind. Mädchen hätten heute in allen relevanten Handlungsbereichen größere Gestaltungsspielräume und könnten auch unkonventionelle Verhaltensweisen sanktionslos vornehmen. Wie Jungen praktizieren sie spezifische Ausdrucksformen von Gewalt und sind sich des Einflusses, andere in ihrem Sinne manipulieren zu können, durchaus bewusst. Inwieweit das in dieser Studie ermittelte Mädchenverhalten Ausdruck von Individualisierungstendenzen ist, lässt sich schwer ermitteln, da einmalig erhobene quantitative und qualitative Daten eine „Momentaufnahme" liefern und den sozialen Wandel, den die Individualisierungsthese beschreibt, nicht einfangen kann.

Ein Hinweis für die Bedeutung von Individualisierungsprozessen kann darin gesehen werden, dass bei sehr aggressiven Jungen und Mädchen die Geschlechtszugehörigkeit ihre differenzierende Wirkung verliert. Mit den Daten der standardisierten Erhebung konnte gezeigt werden, dass die Unterschiede zwischen den an Gewalt „unbeteiligten" Schüler(inne)n und „Täter(inne)n" in allen gemessenen Persönlichkeitsmerkmalen und sozialisatorischen Umwelten ausgeprägter sind, als zwischen männlichen und weiblichen „Tätern". Deutlich wurde, dass Schüler(innen), bei denen die Gefahr der Desintegration besteht, in Form von sozialer Etikettierung oder Ausgrenzung aus dem Klassenverband, eher mit Gewalt reagieren als andere. Dies konnte für Mädchen wie Jungen auch im Rahmen der Analyse des Sozialklimas auf Klassenebene bestätigt werden: Für Jungen wie Mädchen gilt, dass Desintegration, Etikettierung und Ausgrenzung sowohl auf Individualebene, aber auch auf der Ebene des wahrgenommenen Klimas der Lerngruppe gewaltfördernd wirken. Die im Rahmen der Individualisierungsthese beschriebenen Desintegrationsprozesse haben demnach auf beide Geschlechter einen destabilisierenden, verunsichernden und gewaltfördernden Einfluss.

Nun geht die Individualisierungsthese nicht nur von der insbesondere im Jugendalter virulent werdenden Wirkung von Desintegrations- und Verunsicherungsprozessen aus, sondern proklamiert im Sinne einer Angleichung des Verhaltens der Geschlechter die geringer werdende Geschlechterdiskrepanz im Gewalthandeln. Offizielle Daten der Kriminalitätsstatistik (vgl.

PKS 1998; Pfeiffer/Wetzels 1999, S. 14) zeigen, dass Mädchen in Hinsicht auf Gewaltdelikte und strafrechtlich relevanten Handlungen weit hinter den Jungen liegen. Die prozentualen Zuwächse zwischen den Berichtsjahren 1997 und 1998 fielen jedoch bei weiblichen Jugendlichen und Heranwachsenden höher aus als bei den altersgleichen Jungen. Unsere Daten zur Gewalt hessischer Sekundarschüler(innen) der Sekundarstufe I weisen körperliche Gewalt als Jungenphänomen aus und zeigen gleichzeitig, dass Mädchen in die zu Gewalt führenden Interaktionsprozesse stark einbezogen sind. In individualisierungstheoretischer Hinsicht von Bedeutung erweisen sich die gefundenen Zusammenhänge zwischen Gewalt, Geschlecht und der Region der Schule: Mädchen und Jungen an Großstadtschulen weisen eine stärkere Gewaltbelastung auf als ihre Mitschüler(innen), die Schulen in anderen Regionen besuchen. Auch hierbei bleibt festzuhalten, dass sich diese stärkere Gewaltbelastung für Großstadtmädchen und -jungen in ähnlicher Weise zeigt. Der Faktor „Großstadt" alleingenommen ist für Annahmen in Hinsicht auf die Ausprägung der Gewaltbelastung von Jugendlichen nicht hinreichend. Die Tatsache jedoch, in sozialen Brennpunkten einer Großstadt aufzuwachsen, bedeutet demnach, unabhängig von der Geschlechtszugehörigkeit, in einer potentiell eher gewaltfördernden Umwelt zu leben, was sich an den dortigen Schulstandorten entsprechend auswirkt. Die qualitativen Interviews, die an einer Gesamtschule in einem sozialen Brennpunkt eines Ballungszentrums entstanden sind, verweisen auf den immensen Einfluss eines problematischen sozialen Umfeldes in Form devianter Cliquen und Drogenprobleme: Kulturelle Konflikte, mangelnde Kontrolle, geringe ökonomische Ressourcen der Bewohner und offene soziale Spannungen werden auch als desintegrationsfördernde Prozesse im Sinne „misslingender" Individualisierungsprozesse angesehen. An dieser Stelle lässt sich gut zeigen, dass die Schule in erheblichem Ausmaß von den „Schattenseiten" der Individualisierung mit tangiert wird; denn die außerschulisch erfahrenen Desintegrationsprozesse können auch innerhalb der Schule zu einer Kultur von Desintegration, Verunsicherung und Gewalt führen.

Selbst wenn die Individualisierungsthese nicht in ihrem gänzlichen für die Jugendforschung fruchtbar gemachten Umfang in diese Studie eingebracht werden konnte, ließen sich für den Zusammenhang zwischen Gewalt und Geschlecht Evidenzen finden, die einige theoretische Aussagen stützen.

Die Ergebnisse der vorliegenden Studie können Anregungen für weitere Untersuchungen unter der Perspektive des Individualisierungstheorems bieten. In Kenntnis der Bedeutung jugendtypischer Netzwerke (vgl. Kühnel/Matuschek 1997) und der hier ermittelten Relevanz aggressiver Konfliktlösungsstrategien in Freundesgruppen für das Gewalthandeln bei Mädchen, müssten dezidiertere geschlechtstypische Analysen angeschlossen werden. So ließe sich erforschen, welche Interaktionen in welchen Netzwerken für Mädchen besonders relevant sind und sie zu gewaltförderlichem Verhalten motivieren. Erste Analysen zu Fragen dieser Art und Erklärungsansätze für Mädchendelinquenz wurden in neueren Publikationen vorgestellt (vgl. Bruhns/Wittmann 1999, 2000; Lutz 2000). Eine Forschungsstrategie könnte darin bestehen, desintegrierte gewaltorientierte Jugendgruppen aufzusuchen, teilnehmende Beobachtungen zum Verhältnis der Geschlechter durchzuführen oder Mädchen zu ihren Wertvorstellungen und ihren emotionalen Befindlichkeiten in diesen Freundesgruppen zu befragen. An dieser Stelle ließen sich auch mit mehrebenenanalytisch ausgerichteten Untersuchungen, die einen sozialökologischen theoretischen Hintergrund haben, interessante Zusammenhänge über Subkulturen in bestimmten Stadtteilen ermitteln (vgl. Oberwittler u. a. 2001).

Forschungsdesiderate zeigen sich bei Fragen nach Wechselwirkungen zwischen Individualisierungsprozessen auf die Arbeit in und die Funktion von Institutionen und deren Veränderung. Schulen bekommen die negativen Auswirkungen der Individualisierung (Desintegration, Verunsicherung, Brüchigwerden außerschulischer Lebensbereiche etc.) zu spüren und „produzieren" nicht nur „Verlierer" im Schulsystem, sondern Subjekte, die in Zukunft vorrangig mit den „Schattenseiten" der Individualisierung konfrontiert werden.

8.3 Beitrag zum Diskurs um die Relevanz der Methodentriangulation

In vielen Abhandlungen über Forschungsmethoden werden die Vor- und Nachteile quantitativer und qualitativer Datenerhebung diskutiert (vgl. z. B. Schön 1979; Zedler/König 1995; Kleining 1994). Ein mehrperspektivisches Vorgehen mit dem Einsatz verschiedener Forschungsmethoden wird für die Sozialisationsforschung schon seit längerer Zeit explizit eingefordert. Hinweise zur Praktikabilität mehrmethodischer Vorgehensweisen sind selten (vgl. Kelle/Erzberger 1999; Bos/Koller 2000). Zum Teil fehlen auch dezidierte und vor allem verallgemeinerbare Beschreibungen von Auswertungs- und Interpretationstechniken qualitativer Interviews. Bei Andreas Witzel (vgl. 1996) sind Auswertungsstrategien am Beispiel von Berufsbiographien beschrieben worden, deren Übertragung auf den Untersuchungsgegenstand „Gewalt und Geschlecht" jedoch schwer möglich ist. Viele empirische Untersuchungen haben sich zwar ihrem Untersuchungsgegenstand mit unterschiedlichen Forschungsmethoden genähert, die Ergebnispräsentation lässt sich jedoch nicht als „Triangulation" bezeichnen (vgl. z. B. Jugendwerk der Deutschen Shell 1997; Deutsche Shell 2000). Entweder waren die empirischen Untersuchungsteile strikt voneinander getrennt, so dass beispielsweise zunächst qualitative Daten und anschließend als Hauptuntersuchung die quantitative Übersicht präsentiert wurde (vgl. z. B. Fuchs u. a. 1996), oder die Ergebnisse quantitativer und qualitativer Erhebung standen in einem zu unausgewogenen Verhältnis (vgl. z. B. Tillmann u. a. 1999). In solchen Forschungszusammenhängen sind die Methoden und die zu analysierenden

Inhalte in der Regel nicht miteinander verbunden, sondern additiv aneinandergereiht. Aus der Literatur zur Beschaffenheit methodenverbindender Verfahren gingen keine eindeutigen Aussagen über die Relation von qualitativen und quantitativen Anteilen hervor. Dennoch würde ich den Anspruch formulieren wollen, dass eine „gelungene" Methodentriangulation auf einem nahezu ausgewogenen Verhältnis zwischen quantitativen und qualitativen Daten beruhen muss, das sich auch in der Präsentation der Daten niederschlagen sollte. In der vorliegenden Arbeit hat sich, so möchte ich behaupten, der Triangulationsbegriff bewährt: zum einen als erweiterte Sichtweise auf den Gegenstand der Untersuchung von verschiedenen Standpunkten, zum anderen auf der Ebene der Ergebnisse und ihrer Interpretation.

In diesem Zusammenhang versuche ich, am Beispiel des forschungsmethodischen Vorgehens dieser Studie einige allgemeinere Voraussetzungen und Erkenntnisse zum Einsatz der Methodentriangulation zu formulieren. Aus den vorliegenden Stellungnahmen zu methodenverbindenden Verfahren ließ sich entnehmen, dass sowohl die Verbindung von zwei quantitativen Datensätzen als auch das Zusammenführen zweier qualitativer Erhebungen als „Methodentriangulation" gelten könnten. In Anlehnung an Webb (vgl. 1966) und Denzin (vgl. 1970) bezieht sich Klaus Peter Treumann (vgl. 1998, S. 156) auch auf den Vorschlag, die Triangulation innerhalb einer Methode als Verbund anzusehen und nennt als Beispiel verschiedene Subskalen, die auf die Klärung einer sozialen oder erziehungswissenschaftlich relevanten Frage zielen. Anhand der Erfahrungen der vorliegenden Studie möchte ich vier Anforderungen für einen effektiven Einsatz von Forschungsmethoden formulieren, die meines Erachtens für eine Methodentriangulation wichtig sind.

- Die Methodentriangulation sollte aus mindestens zwei verschiedenen Datensätzen bestehen, die auf *einen* Untersuchungsgegenstand gerichtet sind und sich in der Interpretation der Ergebnisse aufeinander beziehen. Dabei kann es sich durchaus um verschiedene Aspekte eines Untersuchungsgegenstandes handeln.

- Empfehlenswert ist eine Kombination unterschiedlicher Forschungsmethoden (qualitativ und quantitativ) – denn nur damit lassen sich in der Interpretation der Ergebnisse die methodisch wechselseitig konstatierten Stärken nutzen und die Schwächen minimieren.

- Qualitative und quantitative Daten sollten in einem ausgewogenen Verhältnis zueinander stehen und sowohl im Interpretationsverfahren als auch bei der Präsentation der Daten gleiches Gewicht besitzen. Damit lässt sich der Anspruch, facettenreichere, vertiefte und interpretativ gehaltvollere Resultate zu erhalten, einlösen.

- Zeitlich versetzte Erhebungssituationen quantitativer und qualitativer Methoden haben gegenüber zeitgleichen Erhebungen den Vorteil, dass bereits Ergebnisse vorliegen. Diese können das Feld für die Folgeuntersuchung strukturieren und relevante Entdeckungen, Zusammenhänge oder offen gebliebene Fragen aufgreifen.

Empirische Studien mit dem Anspruch einer Methodentriangulation stehen grundsätzlich vor einem doppelten Problem: Sie müssen einerseits eine „Passung" zwischen Theorie und Forschung herstellen und zum anderen einen theoretisch, inhaltlich und ergebnisbezogen gestützten Zusammenhang der eingesetzten Verfahren gewährleisten. Aus Kapitel 3 wurde ersichtlich, dass sich qualitative und quantitative Forschungsmethoden nicht gleichermaßen zur Explikation aller Theorien eignen. Die aus den theoretischen Hintergründen und den vorliegenden Forschungsbefunden entwickelten Fragestellungen sollten zunächst geprüft werden, ob sie „qualitativen" oder „quantitativen" Charakters sind. Vor dem Ablauf einer Untersuchung müsste klar sein, welche Phänomene der Realität sich adäquat mit welcher Forschungsmethode beschreiben lassen. In dem hier umgesetzten Verbund der Erhebungsmethoden erfolgte die repräsentative Befragung drei Jahre vor den problemzentrierten Interviews der Schulfallstudien. Die Daten der Übersichtsstudie lagen nahezu aufbereitet vor, und es waren bereits einige Befunde zum Thema „Geschlechtersozialisation und Gewalt" vorhanden und veröffentlicht (vgl. z. B. Popp 1997a). Aus den vorliegenden Ergebnissen ergaben sich neue Überlegungen und Fragestellungen, die sich quantitativ nicht ermitteln ließen. Diese offen gebliebenen Fragen, Vermutungen und Tendenzen galt es zu bündeln und sie für die problemzentrierten Interviews als Fragen in den Gesprächsleitfaden einzubringen.

Obgleich es sich als sinnvoll erwiesen hat, im Vorfeld zu überlegen, welche der Forschungsmethoden sich zur Prüfung welches ausgewählten Theorieansatzes eignet, sollte diese Koppelung jedoch nicht ausschließlichen und ausschließenden Charakter haben. Vielmehr sollte versucht werden, mit den durch die Erhebungsmethoden gewonnenen Ergebnissen flexibel und offen umzugehen. Es stellt sich meines Erachtens nicht als Notwendigkeit heraus, *eine* Theorie einer ausgewählten Methode explizit zuzuordnen. So schließt es sich nicht aus, interaktionistische Fragestellungen, die sich theoriegeschichtlich eher der qualitativen Perspektive verpflichtet sehen, mit Resultaten quantitativer Daten zu beantworten. Anhand der in dieser Studie verhandelten Forschungsfragen zeigten sich durchaus Kompatibilitäten mit beiden Methoden, so dass davon auszugehen ist, dass eine Fragestellung auch mit verschiedenen erfahrungswissenschaftlichen Zugängen bearbeitet werden kann. Dazu ein Beispiel: Die feministisch akzentuierte Schul- und Geschlechterforschung problematisierte in der Vergangenheit unter differenztheoretischer Perspektive mit Hilfe qualitativer Daten die Hypothese von der „befriedenden" Wirkung der Mädchen in schulischen Lerngruppen. Theoretisch hergeleitet und begründet wurde dies mit Annahmen zur weiblichen Geschlechtsrolle: Mädchen besäßen eine ausgeprägtere Sozialkompetenz und Beziehungsorientierung als Jungen. In der vorliegenden Studie ließ sich diese Forschungsfrage mit Hilfe statistischer Verfahren und explizit definierter Kriterien an ausgewählten Lerngruppen vorläufig bestätigen. Auch die Frage nach gewaltfördernden Sozialisationskontexten und Persönlichkeitsmerkmalen weiblicher und männlicher Täter erwies sich für den Einsatz beider Erhebungsmethoden als sinnvoller forschungsstrategischer Ausgangspunkt: Die mit Hilfe der Regressionsanalysen ermittelten signifikanten inner- und außerschulischen Effekte bei männlichen und weiblichen Tätern sowie die Bedeutung gewaltorientierter Wertvorstellungen in Freundesgruppen zeigten sich auch in den zitierten qualitativen Fallbeispielen und ließen sich in einen Interpretationszusammenhang einbetten, der das Klima solcher Gruppen erklärbarer und transparenter machte.

In der vorliegenden Studie wurde die Kombination der Methoden des Weiteren durch die Formulierung der Forschungsfragen und die Analyseebenen (Fokussierung individueller Handlungen, Interaktionen oder Aggregrationen auf Klassenebene, Schul- oder Schulformebene) realisiert: Theorien zur Geschlechterdifferenz boten den Erklärungszusammenhang für die Analyse geschlechtstypischer Unterschiede auf Individualebene. Geschlechtstypische Verbreitungs- und Ausdrucksformen anhand von individuell erhobenen Daten ließen sich vorrangig mit der quantitativen Übersichtsstudie realisieren. Die auf interaktionistischen und sozialkonstruktivistischen Theorieansätzen basierenden Fragestellungen wurden vorrangig mit interaktionsbezogenen Analysen beantwortet und rekurrieren auf die problemzentrierten Interviews als Datenquelle. Damit die Präsentation der Ergebnisse nicht in additiver Weise vonstatten geht, ist es wichtig, alle Ergebniskapitel weitgehend so zu gestalten, dass sie sowohl von quantitativen als auch qualitativen Daten gespeist werden. Dabei sollte eine festgefahrene Reihenfolge in der Darstellung vermieden werden: Wenn stets zuerst quantitative und anschließend qualitative Daten präsentiert werden, erweckt dies nicht nur den Eindruck der Unausgewogenheit und additiven Aneinanderreihung, sondern auch den der forschungsmethodischen Präferenz.

Wenn quantitative und qualitative Ergebnisse alle Kapitel durchziehen, müssen die Reichweiten und Grenzen getroffener Aussagen und vollzogener Interpretationen verdeutlicht werden. Bei der schriftlichen Erhebung handelt es sich um eine für hessische Schulen repräsentative Erhebung. Die ermittelten Ergebnisse sind demnach verallgemeinerbar für Individuen, Klassen oder Schulformen. Gleichzeitig sollte sehr deutlich werden, was bestimmte Skalen, wie „physische Gewalt" messen und was nicht. So gehen in eine Skala nur singuläre Handlungen eines Phänomens ein, die in ihrer Summe als physische Gewalt definiert wurden. Das heißt, bei quantitativen Daten ist das zu untersuchende Phänomen vorab festgelegt. Bei den qualitativen Interviews verbietet die geringe Fallzahl und die Reduktion auf drei Schulstandorte jegliche Interpretation nach Verbreitung und Häufigkeit des

Auftretens. Die aus den Interviews gewonnenen Interpretationen sind nicht auf alle Sekundarschulen eines Bundeslandes, alle Altersgruppen etc. verallgemeinerbar. Natürlich müssen auch qualitative Daten in ihrer Interpretation über die Ansichten eines singulären Einzelfalls hinausreichen, sonst sind sie wissenschaftlich nicht von Belang. Jedoch halte ich die Konstatierung generell auftretender Regelmäßigkeiten aus Daten problemzentrierter Interviews für unzulässig; vielmehr kann bei immer wieder in gleicher Weise auftretenden Gesprächsmustern von übereinstimmenden „Argumentationsmustern" die Rede sein, die auf Evidenzen verweisen und Interpretationsangebote ermöglichen. Aus diesen Gründen ist es empfehlenswert, dezidiert darauf zu verweisen, was die Ergebnisse beider Erhebungen leisten und was sie nicht leisten. Dies sollte durch eine abwägende und präzise Wortwahl im Text verdeutlicht werden. Aus allen hier ausgeführten Voraussetzungen von und Erfahrungen mit einer Methodentriangulation lässt sich abschließend sagen, dass die gewählten Verfahren der praktischen Triangulation zum Teil gelungen sind und zum Teil nicht. Im folgenden wird unter Berücksichtigung der in Kapitel 3 formulierten methodologischen Prämissen dargelegt, welche Variante für eine Triangulation eher geeignet erscheint, und welche Varianten anhand der in dieser Studie gesammelten Erfahrungen problematisiert werden sollten:

Die in Kapitel 3 formulierte Triangulationsvariante 1 (vgl. S. 118) basiert zunächst auf quantitativ gewonnenen Resultaten, die mit Hilfe eines qualitativen Fallbeispiels illustriert und um eine subjektive Interpretation bereichert werden. Mit dieser Variante lässt sich nachvollziehen, ob Ergebnisse, die sich auf repräsentativer Ebene für eine Allgemeinheit als richtig herausgestellt haben, sich im besonderen wiederfinden lassen. Diese Strategie wurde in Kapitel 5.3 realisiert: Mit Hilfe der quantitativen Daten wurde das Wertklima der Clique als besonders gewaltförderlicher Faktor für männliche und weibliche Täter identifiziert. Die quantitativen Daten ermöglichten in diesem Fall auch eine präzise Aussage zur Verbreitung von „Täterinnen": Es handelt sich in der Altersgruppe der 10–17jährigen um 4% der Mädchen. Das anschließende Fallbeispiel einer „Täterin" zeigte, welche Strukturen in solchen Cliquen herrschen, wie sehr sich abweichend handelnde Cliquen von anderen im Stadtteil abgrenzen müssten, und wie sehr ein gewaltsames Auftreten offensichtlich notwendig ist, um sich in derartigen Gruppen behaupten zu können. Mit dieser subjektiven Ergänzung ist diese Variante geeignet, Ergebnisse schlüssiger und weitreichender zu interpretieren, wobei das Fallbeispiel als ein Muster betrachtet und nicht verallgemeinert werden sollte. Diese Triangulationsvariante ist des Weiteren positiv zu beurteilen, da sie Anknüpfungsmomente für weiterreichende, anschließende Forschungen zu bieten vermag. Um bei dem „Gegenstandsbereich" der „Täterinnen" zu bleiben: Mit dem durch beide Forschungsmethoden gewonnenen Erkenntnisse könnten weiterführende qualitative Untersuchungen – etwa biographische Interviews – angeschlossen werden, die sich der spezifischen Problematik der Mehrfachtäterinnen in gewaltorientierten Freundesgruppen widmen.

Triangulationsvariante 2 (Kapitel 3, S. 119) kennzeichnet sich durch einen parallelen Einsatz der durch quantitative und qualitative Methoden gewonnenen Daten. Die beiden Forschungsmethoden fokussieren den gleichen Untersuchungsgegenstand. Dabei beleuchten sie jedoch verschiedene Segmente des Phänomens und führen in ihrer reziproken Ergänzung zu einer gemeinsamen Interpretation der Ergebnisse. Diese Strategie wurde in Kapitel 4.2 realisiert; Untersuchungsgegenstand war Gewalt und Verbreitung von Gewalthandeln. Mit den qualitativen Interviews erschloss sich das Alltagsverständnis von Gewalt aus Sicht der handelnden Akteure, und die Daten der Übersichtsstudie erschlossen die quantitative Verbreitung physischer und psychischer Gewalt. In der abschließenden Diskussion konnten nicht nur Befunde über Ausdrucksformen, Verbreitung und Intensität verschiedener Gewaltformen nach Geschlecht präsentiert werden, sondern das Gewaltphänomen wurde dank der qualitativen Ergebnisse umfassender aufgeklärt: Gewalthandlungen sind Teil eines prozessualen Verlaufes, sie beginnen oft mit psychischen Attacken, sie können eskalieren, und die Handlungsfolge entscheidet oft erst im Nachhinein den gewaltförmigen Charakter der Ausgangssituation. Auch in Kapitel 6.2 kam diese Triangulationsvariante zum Einsatz – es handelt sich hier um eine empfehlenswerte Strategie zur wechselseitigen Ergänzung der Ergebnisse und zur Erweiterung des Untersuchungsgegenstandes.

Als eine im Rahmen des hier zur Verfügung stehenden Designs weniger überzeugende Triangulationsmöglichkeit erwies sich die Variante 3 (Kapitel 3, S. 119): Qualitative Daten werden als heuristisches Mittel zur Hypothesengenerierung genutzt und sollen zu „unerwarteten" Erkenntnissen sowie zu einer Erweiterung oder Veränderung des Untersuchungsgegenstandes führen. Im Anschluss daran erfolgt mit Hilfe quantitativer Daten eine genauere Prüfung des qualitativ „Entdeckten" auf repräsentativer Ebene. Realisiert wurde diese Variante in Kapitel 4.4: Mit Hilfe einer Erzählung über sexuelle Gewalt gegen Mädchen wurde eine neue Dimension des Gegenstandes „Schüler(innen)gewalt" „entdeckt", und der Untersuchungsgegenstand wurde damit erweitert. Denn sexuelle Übergriffe wurden im Kontext von Schule bislang nicht explizit als physische Gewalt untersucht. Die Daten der repräsentativen Übersichtsstudie erwiesen sich beim Versuch, nach Hinweisen für eine quantitative Verbreitung sexualisierter Gewalt zu fahnden, als wenig aussagekräftig. Dies ist durch die zeitliche Abfolge der Erhebungen nicht weiter überraschend: Da die schriftliche Befragung zeitlich vor den qualitativen Interviews durchgeführt wurde, war diese Dimension des Untersuchungsgegenstandes noch „unentdeckt" – die Schüler(innen) wurden nur am Rande nach sexuellen Übergriffen im Schulalltag gefragt. Diese Triangulationsstrategie lässt sich effizienter einsetzen, wenn die quantitative Erhebung auf die qualitative folgt. Zu empfehlen wäre, sexualisierte Gewalt im Geschlechterverhältnis für schriftliche Schülerbefragungen zu operationalisieren.

Die Triangulationsvariante 4 (Kapitel 3, S. 119) macht sich die zeitliche Versetzung der Forschungsmethoden zunutze: Ein quantitativ ermittelter Befund wird in der anschließenden qualitativen Studie als Thema in den Gesprächsleitfaden integriert und spezifisch sondiert. Die problemzentrierten Interviews werden in diesem Sinne explizit zur Hypothesenprüfung genutzt mit dem Ziel, zu weiterführenden oder neuen Erkenntnissen zu gelangen und diese in eine umfassendere Ergebnisinterpretation einfließen zu lassen. Diese Strategie kam beispielsweise in Kapitel 6.4 zur Anwendung: Aus der quantitativen Übersichtsstudie war bereits bekannt, dass es geschlechtstypisch unterschiedliche Ausdrucksformen von Gewalt gibt, und dass die Mädchen an psychischen Gewalthandlungen eher beteiligt sind als an körperlich ausgetragenen Konflikten. Darüber hinaus lagen Befunde vor, aus denen ersichtlich wurde, dass es bestimmte Mädchen gibt, die sich durch prügelnde Jungen um ihre Person geschmeichelt fühlen. In den qualitativen Interviews sollten weiterführende Erklärungen für dieses Verhalten ermittelt werden. Es galt, näher zu hinterfragen, ob die Haltung dieser Mädchen nicht zur Stimulation von Gewalthandlungen führt. Die Interviews brachten Ergebnisse, in denen die Dynamik der Interaktionen zwischen Mädchen und Jungen im Jugendalter deutlich wurde: In diesen Interaktionen wird Gewalt produziert und es werden Geschlechterverhältnisse hergestellt. Diese Triangulationsstrategie hat sich demnach als sehr hilfreich erwiesen, um einen weiterführenden Blick auf der interaktionellen Ebene zu ermöglichen. Ob es sich bei diesen Interaktionen von Mädchen und Jungen im Kontext von Gewalt um die Demonstration geschlechtstypischen Verhaltens handelt, ob die untersuchten Interaktionen auf antizipierten Geschlechtsunterschieden basieren, oder ob es sich dabei um die Herstellung sozialer Unterschiede, um den Konstruktionsprozess von Geschlecht handelt, lässt sich jedoch mit der hier eingesetzten Triangulationsstrategie nicht eindeutig sagen. Ich würde bezweifeln, dass erfahrungswissenschaftliche Zugänge diese Frage überhaupt klären können.

Forschungsmethodischer „Nachholbedarf" besteht meines Erachtens im Bereich der schulbezogenen Sozialisationsforschung, insbesondere bei quantitativen und qualitativen Längsschnittuntersuchungen. Zum Thema „Geschlechtersozialisation und Gewalt" ließen sich mit Hilfe von Längsschnittdaten Gewaltniveaus von Mädchen und Jungen zu verschiedenen Zeitpunkten ermitteln. Hier bieten die Arbeiten des norwegischen Schulforschers Dan Olweus (vgl. z. B. 1991) glänzende Anregungsmöglichkeiten; denn er begann bereits in den 70er Jahren mit der Durchführung repräsentativer Längsschnittstudien, sowohl zur Ermittlung des Gewaltniveaus, als auch zur Wirkung des von ihm entwickelten schulweiten Interventionsprogramms. Aber auch in der Bundesrepublik stellen Forschungsdesigns, wie

z. B. qualitative Längsschnitte (vgl. Böttger/Seus 2001) zur Untersuchung von Jugendgewalt, ein gutes Beispiel dafür dar.

Als abschließend wichtige Erkenntnis bleibt festzuhalten, dass für Analysen von Prozessen der Geschlechtersozialisation nicht bestimmte erfahrungswissenschaftliche Zugänge von vorn herein ausgeschlossen werden sollten, sondern dass sich qualitative und quantitative Verfahren gleichermaßen eignen. Wenn ein Untersuchungsgegenstand apodiktisch an ein ganz bestimmtes Forschungsparadigma gekoppelt wird, verstellt dies den Blick auf die Bedeutung der jeweiligen Fragestellung und den Facettenreichtum des zu untersuchenden Phänomens.

Literatur

Abel, J./Möller, R./Treumann, K. P.: Einführung in die Empirische Pädagogik. Stuttgart u. a. 1998

Alfermann, D.: Geschlechterrollen und geschlechtstypisches Verhalten. Stuttgart/Berlin/Köln 1996

Annual Report of School Safety. A joint report prepared by the U.S. Department of Education and the U.S. Department of Justice. Washington/DC 1999

Arbeitsgruppe Schulforschung: Leistung und Versagen – Alltagstheorien von Schülern und Lehrern. München 1980

Averbeck, M./Bliesener, T./Lösel, F.: Erlebens- und Verhaltensprobleme von Tätern und Opfern. In: Holtappels, H. G. u. a. (Hrsg.): Forschung zu Gewalt an Schulen. Weinheim/München 1997

Baacke, D./Heitmeyer, W.: Neue Widersprüche. Jugendliche in den achtziger Jahren. Weinheim/München 1985

Baacke, D./Sander, U./Vollbrecht, R.: Neue Netzwerke der Unmittelbarkeit und Ich-Darstellung. Individualisierungsprozesse in der Mediengesellschaft. In: Heitmeyer, W./Olk, Th. (Hrsg.): Individualisierung von Jugend. Weinheim/München 1990, S. 81–98

Barz, M.: Körperliche Gewalt gegen Mädchen. Eine Untersuchung über Ausmaß und Ursachen der Gewalt zwischen 11–13jährigen Schülern und Schülerinnen. In: DJI-Materialien: Die Schule lebt – Frauen bewegen die Schule. München 1984, S. 47–76

Beck, U./Beck-Gernsheim, E.: Riskante Freiheiten. Individualisierung in modernen Gesellschaften. Frankfurt/M. 1994

Beck, U.: Jenseits von Stand und Klasse? Soziale Ungleichheiten, gesellschaftliche Individualisierungsprozesse und die Entstehung neuer sozialer Formationen und Identitäten. In: Soziale Welt, Sonderband 2: Soziale Ungleichheiten. Göttingen 1983, S. 35–74

Beck, U.: Risikogesellschaft. Auf dem Weg in eine andere Moderne. Frankfurt/M. 1986

Becker, H. S.: Außenseiter. Frankfurt/M. 1973

Becker-Schmidt/Knapp, G.-A. (Hrsg.): Das Geschlechterverhältnis als Gegenstand der Sozialwissenschaften. Frankfurt/M. 1995

Becker-Schmidt/Knapp, G.-A.: Geschlechtertrennung – Geschlechterdifferenz. Suchbewegungen sozialen Lernens. Bonn 1987

Becker-Schmidt, R.: Geschlechterdifferenz – Geschlechterverhältnis: soziale Dimensionen des Begriffs „Geschlecht". In: Zeitschrift für Frauenforschung, 11. Jg., H. 1/2 (1993), S. 37–46

Becker-Schmidt, R.: Widersprüchliche Realität und Ambivalenz. Arbeitserfahrungen von Frauen in Fabrik und Familie. In: Kölner Zeitschrift f. Soziologie und Sozialpsychologie, 32. Jg. (1980), S. 705–725

Beck-Gernsheim, E.: Liebe als Identität? Frauenbiographien im Umbruch. In: Universitas, 45. Jg., H. 6 (1990), S. 568–579

Beer, U. (Hrsg.): Klasse Geschlecht. Feministische Gesellschaftsanalyse und Wissenschaftskritik. Bielefeld ^{2}1989

Beer, U.: Objektivität und Parteilichkeit – ein Widerspruch in feministischer Forschung? Zur Erkenntnisproblematik von Gesellschaftsstruktur. In: Beer, U. (Hrsg.): Klasse Geschlecht. Feministische Gesellschaftsanalyse und Wissenschaftskritik. Bielefeld ²1989

Behnke, C./Meuser, M.: Geschlechterforschung und qualitative Methoden. Opladen 1999

Bilden, H./Geiger, G.: Individualität, Identität und Geschlecht. In: Verhaltenstherapie und psychosoziale Praxis, 20. Jg., H. 20 (1988), S. 439–453

Bilden, H.: Geschlechtsspezifische Sozialisation. In: Hurrelmann, K./Ulich, D. (Hrsg.): Neues Handbuch der Sozialisationsforschung. Weinheim/Basel 1991, S. 279–301

Bildungskommission NRW: Zukunft der Bildung. Schule der Zukunft, Denkschrift der Kommission „Zukunft der Bildung – Schule der Zukunft" beim Ministerpräsidenten des Landes Nordrhein-Westfalen. Neuwied 1995

Birsl, U.: Rechtsextremismus: weiblich – männlich?. Eine Fallstudie zu geschlechtsspezifischen Lebensverläufen, Handlungsspielräumen und Orientierungsweisen. Opladen 1994

Bischoff, A.: Straßensozialarbeit für Mädchen in der gewaltbereiten Jugendszene. Möglichkeiten und Grenzen. In: Engel, M./Menke, B. (Hrsg.): Weibliche Lebenswelten – gewaltlos? Analysen und Praxisbeiträge für die Mädchen- und Frauenarbeit im Bereich Rechtsextremismus, Rassismus, Gewalt. Münster 1995, S. 123–127

Björkqvist, K./Österman, K.: Finland. In: Smith, P. K./Morita, Y./Junger-Tas, J./Olweus, D./Catalano, R./Slee, P. (Eds.): The nature of school bullying. A cross-national perspective. London 1999, p. 56–67

Björkqvist, K./Österman, K.: Social Intelligence – Empathy = Aggression? In: Aggression and Violent Behaviour, Vol. 5, No. 2.(2000), p. 191–200

Böhnisch, L./Winter, R.: Männliche Sozialisation. Bewältigungsprobleme männlicher Geschlechtsidentität im Lebenslauf. Weinheim/München ²1994

Bohnsack, R.: Rekonstruktive Sozialforschung. Einführung in Methodologie und Praxis qualitativer Forschung. Opladen ⁵1999

Bos, W./Koller, H.-C.: Triangulation. Methodologische Überlegungen zur Kombination qualitativer und quantitativer Methoden am Beispiel einer empirischen Studie aus der Hochschuldidaktik, erscheint in: König, E./Zedler, P. (Hrsg.): Bilanz qualitativer Forschung (Neuausgabe). Weinheim 2000

Böttger, A./Seus, L.: Zwischen Überanpassung und Devianz. Hindernisse auf dem Weg in die „Normalerwerbsbiographie". In: Mansel, J./Schweins, W./ Ulbrich-Herrmann, M./.: Zukunftsperspektiven Jugendlicher. Wirtschaftliche und soziale Entwicklungen als Herausforderung und Bedrohung für die Lebensplanung. Weinheim/München 2001, S. 105–116

Böttger, A.: „Und dann ging so 'ne Rauferei los ..." Eine qualitative Studie zu Gewalt an Schulen. In: Holtappels, H. G. u. a. (Hrsg.): Forschung über Gewalt an Schulen. Erscheinungsformen und Ursachen, Konzepte und Prävention. Weinheim/München 1997, S. 155–167

Böttger, A.: Gewalt und Biographie. Eine qualitative Analyse rekonstruierter Lebensgeschichten von 100 Jugendlichen. Baden Baden 1998

Botzat, T./Landgraf, H.: Projekt „Jugend und Gewalt" 1992–94 unter besonderer Berücksichtigung der geschlechtsspezifischen Aspekte. In: Engel, M./Menke, B. (Hrsg.): Weibliche Lebenswelten – gewaltlos? Analysen und

Praxisbeiträge für die Mädchen und Frauenarbeit im Bereich Rechtsextremismus, Rassismus, Gewalt. Münster 1995, S. 212–221
Brähler, E./Richter, H. E.: Wie haben sich die Deutschen seit 1975 psychosozial verändert? Mehr Individualismus, mehr Ellenbogen, stärkere Frauen. In: Richter, H. E. (Hrsg.): Russen und Deutsche. Hamburg 1990, S. 115–135
Braun, K.: Frauenforschung, Geschlechterforschung und feministische Politik. In: Feministische Studien, 13. Jg., H. 2 (1995), S. 107–117
Brehmer, I. (Hrsg.): Sexismus in der Schule. Der heimliche Lehrplan der Frauendiskriminierung. Weinheim/Basel 1982
Brehmer, I.: Mädchenerziehung und Frauenbildung im deutschsprachigen Raum. In: Glumpler, E. (Hrsg.): Mädchenbildung – Frauenbildung. Beiträge der Frauenforschung für die LehrerInnenbildung. Bad Heilbrunn 1992, S. 93–108
Brehmer, I.: Schule im Patriarchat – Schule fürs Patriarchat? Weinheim und Basel 1991
Breidenstein, G./Kelle, H.: Geschlechteralltag in der Schulklasse. Ethnographische Studien zur Gleichaltrigenkultur. Weinheim/München 1998
Breidenstein, G./Kelle, H.: Jungen und Mädchen in Gruppen: die interaktive Herstellung sozialer Unterschiede. In: Lenzen, K.-D./Tillmann, K.-J. (Hrsg.): Gleichheit und Differenz. Erfahrungen mit integrativer Pädagogik. IMPULS (Publikationsreihe der Laborschule) Bd. 28. Bielefeld 1996, S. 52–63
Breidenstein, G.: Der Gebrauch der Geschlechterunterscheidung in der Schulklasse. In: Zeitschrift für Soziologie, 26. Jg., H. 5 (1997), S. 337–351
Breitenbach, E./Kausträter, S.: „Einarbeiten in heterosexuelle Umgangsformen": Zur Bedeutung von Mädchenfreundschaften in der Adoleszenz. In: Horstkemper, M./Kraul, M.: Koedukation. Erbe und Chancen. Weinheim 1999, S. 184–199
Breitenbach, E.: Geschlechtsspezifische Interaktion in der Schule. Eine Bestandsaufnahme der feministischen Schulforschung. In: Die Deutsche Schule, 86. Jg., H. 2 (1994), S. 179–191
Brendel, S.: „Weiblichkeit" in der Arbeiterkultur – Annäherungen an eine aktuelle feministische Debatte. In: Ehrich, U./Ploch, B. (Hrsg.): Frauen(Kon)Texte. Dokumentation der zweiten Wissenschaftlerinnen-Werkstatt der Promovenden der Hans-Böckler-Stiftung. Düsseldorf 1997, S. 53–64
Brück, B. u. a.: Feministische Soziologie. Eine Einführung. Frankfurt/M. 1992
Brückner, M./Hagemann-White, C.: Geschlechterverhältnisse und Gewalt gegen Frauen und Mädchen. In: Zeitschrift für Frauenforschung, 11. Jg., H. 1/2 (1993), S. 47–56
Bruhns, K./Wittmann, S.: Mädchendelinquenz. In: Recht der Jugend und des Bildungswesens, 47. Jg., H. 3 (1999), S. 355–371
Bruhns, K./Wittmann, S.: Zum Mythos vom „sanften" Mädchen und „brutalen" Jungen – Mädchen in Jugendgruppen. In: Jugendsozialarbeit inform (Landschaftsverband Rheinland Landesjugendamt), Nr. 1 (2000), S. 4–8
Brusten, H./Hurrelmann, K.: Abweichendes Verhalten in der Schule. München 1973
Büchner, P.: Aufwachsen in den 80er Jahren – Zum Wandel kindlicher Normalbiografien in der Bundesrepublik Deutschland. In: Büchner, P./ Krüger,

H.-H./Chisholm, L. (Hrsg.): Kindheit und Jugend im interkulturellen Vergleich. Opladen 1990, S. 79–94

Buford, B.: Geil auf Gewalt: unter Hooligans. München/Wien 1992

Busch, H.-J.: Interaktion und innere Natur. Frankfurt/M. 1985

Buschmann, M.: Jungen und Koedukation. Zur Polarisierung der Geschlechterrollen. In: Die Deutsche Schule, 86. Jg., H. 2 (1994), S. 192–214

Butler, J.: das Unbehagen der Geschlechter. Frankfurt/M. 1991

Campbell, A.: Female Participation in Gangs. In: Huff, C. R.: Gangs in America. Newbury Park/London/New Delhi 1990, p. 163–182

Campbell, A.: Zornige Frauen, wütende Männer. Geschlecht und Aggression. Frankfurt/M. 1995

Campbell, D./Fiske, D.: Convergant and discriminant Validation by the Multitrait-Multimethod Matrix. In: Psychological Bulletin, 56 (1959), p. 81–105

Chesney-Lind, M./Brown, M.: Girls and Violence: An Overview. In: Flannery, D. J./Huff, C. R. (Eds.): Youth Violence. Prevention, Intervention and Social Policy. Washington, DC/London 1998, p. 171–199

Chodorow, N.: Das Erbe der Mütter. Psychoanalyse und Soziologie der Geschlechter. München 1985

Cohen, J.: Statistical Power Analysis for the Behavioral Sciences. Hillsdale/New Jersey ²1988

Colby, A./Kohlberg, L.: Das moralische Urteil: Der kognitionszentrierte entwicklungspsychologische Ansatz. In: Psychologie des 20. Jahrhunderts, Bd. VII, Piaget und die Folgen. Zürich 1978, S. 348–365

Connell, B.: Zur Theorie der Geschlechterverhältnisse. In: Das Argument, Bd. 28 (1986), S. 330–344

Connell, R. W.: Der gemachte Mann. Konstruktion und Krise von Männlichkeiten. Opladen 1999

Connell, R. W.: Neue Richtungen für Geschlechtertheorie, Männlichkeitsforschung und Geschlechterpolitik. In: Armbruster, L. C./Müller, U./Stein-Hilbers, M. (Hrsg.): Neue Horizonte? Sozialwissenschaftliche Forschung über Geschlechter und Geschlechterverhältnisse. Opladen 1995, S. 61–83

Conrads, J./Möller, R.: Individualisierung und Gewalt – die geschlechtsspezifische Sichtweise. In: Heitmeyer, W. u. a.: Gewalt. Schattenseiten der Individualisierung bei Jugendlichen aus unterschiedlichen Milieus. Weinheim/München 1995, S. 265–278

Czerwanski, A.: Private Stiftungen und staatliche Schulen. Schulentwicklung durch nicht-staatliche Förderprogramme. Opladen 2000

Dausien, B.: „Geschlechtsspezifische Sozialisation" – konstruktiv(istisch)e Ideen zu Karriere und Kritik eines Konzepts. In: Dausien, B. u. a. (Hrsg.): Erkenntnisprojekt Geschlecht. Feministische Perspektiven verwandeln Wissenschaft. Opladen 1999, S. 216–246

Degenhardt, A.: Geschlechtstypisches Verhalten – eine psychobiologische Variable? In: Psychologische Rundschau, 29 (1978), S. 15–37

Degenhardt, A.: Geschlechtstypisches Verhalten über die Lebensspanne. In: Degenhardt, A./Trautner, H. M.: (Hrsg.): Geschlechtstypisches Verhalten. Mann und Frau in psychologischer Sicht. München 1979, S. 26–49

Denzin, N. K. The research act: A theoretical introduction to sociological methods. (First Edition) New York 1970

Dettenborn, H./Lautsch, E.: Aggression aus der Schülerperspektive. In: Zeitschrift für Pädagogik, 39. Jg., H. 5 (1993), S. 745–774
Deutsche Shell (Hrsg.): Jugend 2000, 2 Bände. Opladen 2000
Deutsches PISA-Konsortium (Hrsg.): PISA 2000. Basiskompetenzen von Schülerinnen und Schülern im internationalen Vergleich. Opladen 2001
Diezinger, A.: Frauen: Arbeit und Individualisierung. Chancen und Risiken. Eine empirische Untersuchung anhand von Fallgeschichten. Opladen 1991
Drerup, H.: Die neuere Koedukationsdebatte zwischen Wissenschaftsanspruch und politisch-praktischem Orientierungsbedürfnis. In: Zeitschrift für Pädagogik, 43. Jg., Nr. 6 (1997), S. 853–875
Eckert, R. (Hrsg.): Geschlechtsrollen und Arbeitsteilung. München 1979
Enders-Dragässer, U./Fuchs, C.: Interaktionen der Geschlechter. Sexismusstrukturen in der Schule. Weinheim/München 1989
Enders-Dragässer, U.: Gewalt in der Schule als Ausdruck des Geschlechterverhältnisses. In: Kaiser, A. (Hrsg.): FrauenStärken – ändern Schule, 10. Bundeskongreß Frauen und Schule. Bielefeld 1996, S. 51–59
Engelfried, C.: Männlichkeit. Die Öffnung des feministischen Blicks auf den Mann. Weinheim/München 1997
Engels, H.: Offene und latente Formen der Gewalt zwischen den Geschlechtern. In: Hilpert, K. (Hrsg.): Die ganz alltägliche Gewalt. Eine interdisziplinäre Annäherung. Opladen 1996
Engler, S.: Zur Kombination von qualitativen und quantitativen Methoden. In: Friebertshäuser, B./Prengel, A. (Hrsg.): Handbuch qualitative Forschungsmethoden in der Erziehungswissenschaft. Weinheim/München 1997, S. 119–130
Euler, H. A.: Geschlechtsspezifische Unterschiede und die nicht erzählte Geschichte in der Gewaltforschung. In: Holtappels, H. G. u. a. (Hrsg.): Forschung über Gewalt an Schulen. Weinheim/München 1997, S. 191–206
Faulstich-Wieland, H./Horstkemper, M.: „Trennt uns bitte, bitte nicht!" Koedukation aus Mädchen- und Jungensicht. Opladen 1995
Faulstich-Wieland, H./Nyssen, E.: Geschlechterverhältnisse im Bildungssystem – Eine Zwischenbilanz. In: Rolff, H.-G. u. a. (Hrsg.): Jahrbuch der Schulentwicklung, Bd. 10. Weinheim/München 1998, S. 163–199
Faulstich-Wieland, H.: Koedukation – Enttäuschte Hoffnungen? Darmstadt 1991
Fend, H.: „Gute Schulen – schlechte Schulen". Die einzelne Schule als pädagogische Handlungseinheit. In: Die Deutsche Schule, 78. Jg., H. 3 (1986), S. 275–293
Fend, H.: Qualität im Bildungswesen. Schulforschung zu Systembedingungen, Schulprofilen und Lehrerleistung. Weinheim/München 1998
Fend, H.: Schulklima: Soziale Einflußprozesse in der Schule. Soziologie der Schule III. Weinheim/Basel 1977
Fend, H.: Sozialgeschichte des Aufwachsens. Bedingungen des Aufwachsens und Jugendgestalten im zwanzigsten Jahrhundert. Frankfurt/M. 1988
Findeisen, H.-V./Kersten, J.: Der Kick und die Ehre. Vom Sinn jugendlicher Gewalt. München 1999
Flaake, K./King, V.: Weibliche Adoleszenz. Zur Sozialisation junger Frauen. Frankfurt/Main/New York 1992

Flaake, K.: Weibliche Adoleszenz – Neue Möglichkeiten, alte Fallen? Widersprüche und Ambivalenzen in der Lebenssituation und den Orientierungen junger Frauen. In: Oechsle, M./Geissler, B. (Hrsg.): Die ungleiche Gleichheit. Junge Frauen und der Wandel im Geschlechterverhältnis. Opladen 1998, S. 43–65

Forschungsgruppe Schulevaluation: Gewalt als soziales Problem in Schulen. Die Dresdner Studie: Untersuchungsergebnisse und Präventionsstrategien. Opladen 1998

Frasch, H./Wagner, A. C.: „Auf Jungen achtet man einfach mehr ...". In: Brehmer, I. (Hrsg.): Sexismus in der Schule. Der heimliche Lehrplan der Frauendiskriminierung. Weinheim 1982, S. 260–279

Freitag, M./Hurrelmann, K.: Gewalt an Schulen. In erster Linie ein Jungen-Phänomen. In: Neue deutsche Schule, H. 8 (1993), S. 24–25

Freud, A.: Das Ich und die Abwehrmechanismen. München 1964

Freund, U. H.: Gewalt und Geschlechterdifferenz in der Schule. In: Unsere Jugend, 8/1996, S. 331–343

Friedrichs, J.: Methoden empirischer Sozialforschung. Opladen ^{12}1980

Frodi, A./Macauly, J./Ropert Thome, P.: Are Woman Always Less Aggressive Than Men? A Review of the Experimental Literature. In: Psychological Bulletin, Vol. 84, No. 4 (1977), p. 634–660

Fromme, J./Kommer, S./Mansel, J./Treumann, K. (Hrsg.): Selbstsozialisation, Kinderkultur und Mediennutzung. Opladen 1999

Fuchs, M./Lamnek, S./Luedtke, J.: Schule und Gewalt. Realität und Wahrnehmung eines sozialen Problems. Opladen 1996

Fuchs, M./Lamnek, S./Luedtke, J.: Tatort Schule: Gewalt an Schulen 1994–1999. Opladen 2001

Fuchs, M.: Waffenbesitz bei Kindern und Jugendlichen. In: Alemann, H. von (Hrsg.): Mensch Gesellschaft! Lebenschancen und Lebensrisiken in der neuen Bundesrepublik. Opladen 1995, S. 103–120

Fuchs, W.: Jugendliche Statuspassage oder individualisierte Jugendbiographie? In: Soziale Welt, 34. Jg. Göttingen 1983, S. 341–371

Fuchs-Heinritz, W./Krüger, H.-H.: Feste Fahrpläne durch die Jugendphase? Jugendbiographien heute. Opladen 1991

Funk, W. (Hrsg.): Nürnberger Schülerstudie 1994: Gewalt an Schulen. Regensburg 1995

Funk, W./Passenberger, J.: Determinanten der Gewalt an Schulen. Mehrebenenanalytische Ergebnisse aus der Nürnberger Schüler-Studie 1994. In: Holtappels, H. G. u. a. (Hrsg.): Forschung über Gewalt an Schulen. Erscheinungsformen und Ursachen, Konzepte und Prävention. Weinheim/München 1997, S. 243–260

Garfinkel, H.: Studies in Ethnomethodology. Englewood Cliffs 1967

Geissler, B./Oechsle, M.: Lebensplanung junger Frauen. Zur widersprüchlichen Modernisierung weiblicher Lebensentwürfe. Weinheim 1996

Gerhard, U.: Differenz und Vielfalt – Die Diskurse der Frauenforschung. In: Zeitschrift für Frauenforschung, 11. Jg., H. 1/2 (1993), S. 10–21

Gildemeister, R./Wetterer, A.: Wie Geschlechter gemacht werden. Die soziale Konstruktion der Zweigeschlechtlichkeit und ihre Reifizierung in der Frauenforschung. In: Axeli-Knapp, G./Wetterer, A. (Hrsg.): Traditionen Brüche.

Entwicklungen feministischer Theorie. Freiburg (Breisgau) ²1995, S. 201–254

Gilligan, C.: Die andere Stimme. Lebenskonflikte und Moral der Frau. München/Zürich 1984

Gipser, D./Stein-Hilbers, M.: Wenn Frauen aus der Rolle fallen. Weinheim/Basel ²1987

Girls Incorporated: Prevention and Parity: Girls in Juvenile Justice. Indianapolis, IN, Girls Incorporated National Resource Center 1996

Glaser, B./Strauss, A.: The Discovery of Grounded Theory: Strategies for Qualitative Research. New York 1967

Goffman, E.: Interaktion und Geschlecht. Frankfurt/M. 1994

Goffman, E.: Stigma. Über Techniken der Bewältigung beschädigter Identitäten. Frankfurt/Main 1967

Goldstein, A. P./Conoley, J. C. (Eds.): School Violence Intervention. A Practical Handbook. New York 1997

Gottschalch, W.: Männlichkeit und Gewalt. Eine psychoanalytisch und historisch soziologische Reise in die Abgründe der Männlichkeit. Weinheim/München 1997

Greszik, B./Hering, F./Euler, H. A.: Gewalt in den Schulen: Ergebnisse einer Befragung in Kassel. In: Zeitschrift für Pädagogik, 41. Jg. H. 2 (1995), S. 265–284

Griffel, R.: (Warum) Werden Kinder und Jugendliche immer häufiger delinquent? In: ajs-Informationen (Arbeitshilfen zum Jugendschutz), 34. Jg., Nr. 1/2 (März 1998), S. 1–22

Grosz, E.: „Philosophy". In: Gunew, S. (Hrsg.): Feminist Knowledge, Critique and Construct. London 1990, p. 147–174

Habermas, J.: Stichworte zu einer Theorie der Sozialisation. In: Habermas, J.: Kultur und Kritik. Frankfurt/M. 1973, S. 118–194

Habermas, J.: Vorstudien und Ergänzungen zur Theorie des kommunikativen Handelns. ²1986

Hafeneger, B.: Gewalt und Gewaltbereitschaft von und unter Jugendlichen. Thesen zur Diskussion. In: Unsere Jugend, 44. Jg., H. 6 (1992), S. 244–247

Hagan, J./Peterson, R. D. (Eds.): Crime and Inequality. Stanford/California 1995

Hagemann-White, C./Rerrich, A. S. (Hrsg.): FrauenMännerBilder. Männer und Männlichkeit in der feministischen Diskussion. Bielefeld 1988

Hagemann-White, C.: Die Konstrukteure des Geschlechts auf frischer Tat ertappen? Methodische Konsequenzen einer theoretischen Einsicht. In: Feministische Studien II, H. 3 (1993), S. 63–78

Hagemann-White, C.: Wie (un)gesund ist Weiblichkeit. In: Zeitschrift für Frauenforschung, 12. Jg., H. 4 (1994), S. 20–27

Hagemann-White, C.: Wir werden nicht zweigeschlechtlich geboren ... In: Hagemann-White, C./Rerrich, M.: Frauen Männer Bilder. Bielefeld 1988, S. 224–235

Hamburg, M. A.: Youth Violence is a Public Health Concern. In: Elliot, D./Hamburg, B. A./Williams, K. R. (Eds.): Violence in American Schools. New York 1998, p. 31–54

Hanke, O.: Gewaltverhalten in der Gleichaltrigengruppe von männlichen Kindern und Jugendlichen. Konzeptioneller Zugang – Pädagogische Folgerungen. Pfaffenweiler 1998

Hargreaves, D. H./Hester, S. K./Mellor, F. J.: Abweichendes Verhalten im Unterricht. Weinheim/Basel 1981

Hargreaves, D. H./Hester, S. K./Mellor, F. J.: Deviance in classrooms. London/Boston 1975

Hargreaves, D. H.: Reaktionen auf soziale Etikettierungen. In: Asmus, H. J./ Peuckert, R. (Hrsg.): Abweichendes Schülerverhalten. Heidelberg 1979, S. 141–154

Harvey, P.: Die geschlechtliche Konstitution von Gewalt. Eine vergleichende Studie über Geschlecht und Gewalt. In: Throta, T. von (Hrsg.): Soziologie der Gewalt. In: Kölner Zeitschrift für Soziologie und Sozialpsychologie, Sonderheft 37 (1997), S. 122–138

Haug, F. (Hrsg.): Frauenformen. Alltagsgeschichten und Entwurf einer Theorie weiblicher Sozialisation. In: Argument Sonderband AS 45. Berlin 1980

Havighurst, R. J.: Developmental tasks and education. New York 1972

Heintz, B.: Die Auflösung der Geschlechterdifferenz. Entwicklungstendenzen in der Theorie der Geschlechter. In: Bühler, E./Meyer, H./Reichert, D./Scheller, A. (Hrsg.): Ortssuche. Zur Geographie der Geschlechterdifferenz. Zürich/Dortmund 1993, S. 17–48

Heinze, T.: Schülertaktiken. München 1980

Heitmeyer, W./Buhse, H./Liebe-Freund, J./Möller K./Müller, J./Ritz, H./Siller, G./Vossen, J.: Die Bielefelder Rechtsextremismus-Studie: erste Langzeituntersuchung zur politischen Sozialisation männlicher Jugendlicher. Weinheim/München 1992

Heitmeyer, W./Collmann, B./Conrads, J./Matuschek, I./Kraul, D./Kühnel, W./Möller, K./Ulbrich-Hermann, M.: Gewalt. Schattenseiten der Individualisierung bei Jugendlichen aus unterschiedlichen Milieus. Weinheim/München 1995

Heitmeyer, W./Müller, J./Schröder, H.: Verlockender Fundamentalismus. Türkische Jugendliche in Deutschland. Frankfurt/M. 1997

Heitmeyer, W./Olk, Th. (Hrsg.): Individualisierung von Jugend. Gesellschaftliche Prozesse, subjektive Verarbeitungsformen, jugendpolitische Konsequenzen. Weinheim/München 1990

Heitmeyer, W./Sander, U.: Individualisierung und Verunsicherung. In: Mansel, J. (Hrsg.): Reaktionen Jugendlicher auf gesellschaftliche Bedrohungen. Untersuchungen zu ökologischen Krisen, internationalen Konflikten und politischen Umbrüchen als Stressoren. Weinheim/München ²1994, S. 38–58

Helfferich, C.: Jugend, Körper und Geschlecht. Die Suche nach sexueller Identität. Opladen 1994

Heyne, C.: Täterinnen. Offene und versteckte Aggression von Frauen. Zürich 1993

Hiller, G. G.: Nichts gegen rechte Kerle, Zehn Ratschläge an Erwachsene zur Kultivierung der Aggressivität von Kindern und Jungendlichen. In: Neue Sammlung, 33. Jg., H. 2 (1993), S. 207–213

Hirschauer, S.: Die interaktive Konstruktion von Geschlechtszugehörigkeit. In: Zeitschrift für Soziologie, 18. Jg., H. 2 (1989), S. 100–118

Hirschauer, S.: Die soziale Fortpflanzung der Zweigeschlechtlichkeit. In: Kölner Zeitschrift für Soziologie und Sozialpsychologie, 46. Jg. (1994), S. 668–692

Hirschauer, S.: Konstruktivismus und Essentialismus. Zur Soziologie des Geschlechtsunterschieds und der Homosexualität. In: Zeitschrift für Sexualforschung, 5. Jg., H. 4 (1992), S. 331–345

Hoeltje, B./Liebsch, K./Sommerkorn, I. N. (Hrsg.): Wider den heimlichen Lehrplan. Bausteine und Methoden einer reflektierten Koedukation. Bielefeld 1995

Holtappels, H. G./Heitmeyer, W./Melzer, W./Tillmann, K.-J. (Hrsg.).: Forschung über Gewalt an Schulen. Erscheinungsformen und Ursachen, Konzepte und Prävention. Weinheim/München 1997

Holtappels, H. G./Meier, U.: Gewalt an Schulen. Erscheinungsformen von Schülergewalt und Einflüsse des Schulklimas. In: Die Deutsche Schule, 89. Jg., H. 1 (1997a), S. 50–62

Holtappels, H. G./Meier, U.: Schülergewalt im sozialökologischen Kontext der Schule. In: Empirische Pädagogik, 11. Jg., H. 2 (1997b), S. 117–133

Holtappels, H. G.: Aggression und Gewalt als Schulproblem – Schulorganisation und abweichendes Verhalten. In: Schubarth, W./Melzer, W. (Hrsg.): Schule, Gewalt und Rechtsextremismus. Opladen 1993, S. 116–146

Holtappels, H. G.: Ganztagsschule und Schulöffnung. Perspektiven für die Schulentwicklung. Weinheim 1994

Holtappels, H. G.: Schulprobleme und abweichendes Verhalten aus der Schülerperspektive. Bochum 1987

Holzkamp, C./Rommelspacher, B.: Frauen und Rechtsextremismus. Wie sind Mädchen und Frauen verstrickt? In: päd extra & demokratische erziehung, 4. Jg., H. 1 (1991), S. 33–39

Holzkamp, C.: Wir – nicht nur die anderen ... Rassismus, Dominanzkultur, Geschlechterverhältnis. In: Tillner, C. (Hrsg.): Frauen, Rechtsextremismus, Rassismus, Gewalt. Feministische Beiträge. Münster 1994, S. 37–47

Honig, M.-S./Leu, H, R./Nissen, U. (Hrsg.): Kinder und Kindheit. Soziokulturelle Muster – sozialisationstheoretische Perspektiven. Weinheim/München 1996

Hopf, C.: Hypothesenprüfung und qualitative Sozialforschung. In: Strobl, R./Böttger, A. (Hrsg.): Wahre Geschichten? Zu Theorie und Praxis qualitativer Interviews. Baden-Baden 1996, S. 9–21

Hopfner, J./Leonhard, H.-W.: Geschlechterdebatte. Eine Kritik. Bad Heilbrunn 1996

Horstkemper, M./Kraul, M.: Koedukation. Erbe und Chancen. Weinheim 1999

Horstkemper, M./Wagner-Winterhager, L.: Mädchen und Jungen – Männer und Frauen in der Schule. In: Die Deutsche Schule, 1. Beiheft. Weinheim 1990

Horstkemper, M.: Jungen und Mädchen in der Schule. Formale Gleichheit und unterschwellige Benachteiligung. In: Hamburg macht Schule, H. 5, 1989, S. 5–8

Horstkemper, M.: Schule, Geschlecht und Selbstvertrauen. Eine Längsschnittuntersuchung über Mädchensozialisation in der Schule. Weinheim/München 1987

Horstkemper, M.: Von der „Bestimmung des Weibes" zur „Dekonstruktion der Geschlechterdifferenz". Theoretische Ansätze zu Geschlechterverhältnissen in der Schule. In: Die Deutsche Schule, 90. Jg., H. 1 (1998), S. 10–26

Horstkemper, M.: Zwischen Anspruch und Selbstbescheidung – Berufs- und Lebensentwürfe von Schülerinnen. In: Die Deutsche Schule, 1. Beiheft, 1990, S. 17–31

Horstkemper, M.: Zwischen Gleichheitspostulat und Rollenanpassung: Sozialisationsseffekte westdeutscher Schulen. In: Horstkemper, M./Kraul, M.: Koedukation. Erbe und Chancen. Weinheim 1999, S. 250–270

Hurrelmann, K./Wolf, H.: Schulerfolg und Schulversagen. Fallanalysen von Bildungslaufbahnen. Weinheim/München 1986

Hurrelmann, K.: Aggression und Gewalt in der Schule. In: Schubarth, W./Melzer, W. (Hrsg.): Schule, Gewalt und Rechtsextremismus. Opladen 1993, S. 44–56

Hurrelmann, K.: Lebensphase Jugend. Eine Einführung in die sozialwissenschaftliche Jugendforschung. Weinheim und München 1994

Jansen, M.: Täterin, Zuarbeiterin, Opfer – Frauen, Rechtsextremismus und Gewalt. Konsequenzen für feministische Politik. In: Tillner, C. (Hrsg.): Frauen – Rechtsextremismus, Rassismus, Gewalt. Feministische Beiträge. Münster 1994, S. 65–68

Jugendwerk der Deutschen Shell (Hrsg.): Jugend '97. Opladen 1997

Jugendwerk der Deutschen Shell: Jugend '92. Lebenslagen, Orientierungen und Entwicklungsperspektiven im vereinigten Deutschland, Bd. 1. Opladen 1992

Kampshoff, M./Nyssen, E.: Schule und Geschlecht(erverhältnisse) – Theoretische Konzeptionen und empirische Analysen. In: Rendtorff, B./Moser, V. (Hrsg.): Geschlecht und Geschlechterverhältnisse in der Erziehungswissenschaft. Eine Einführung. Opladen 1999, S. 223–245

Kauermann-Walter, J./Kreienbaum, M.A./Metz-Göckel, S.: Formale Gleichheit und diskrete Diskriminierung: Forschungsergebnisse zur Koedukation. In: Rolff, H.-G. u. a. (Hrsg.): Jahrbuch der Schulentwicklung, Bd. 5. Weinheim/München 1988, S. 157–188

Kaufmann, P./Chen, X./Choy, S. P./Ruddy, S. A./Miller, A. K. /Chandler, K. A./Chapman, C. D./Rand, M. R. /Klaus, P.: Indicators of School Crime and Safety, edited by U. S. Department of Education, National Canter for Education Statistics and U. S. Department of Justice, Bureau of Justice Statistics. Washington DS, 1999 (am 1.8.2000 unter: http://www.nces.ed.gov)

Kelle, H.: Mädchen und Jungen in Aktion. Ethnographische Ansätze in der schulischen peer culture Forschung. In: Horstkemper, M./Kraul, M. (Hrsg.): Koedukation. Erbe und Chancen. Weinheim 1999

Kelle, U./Erzberger, C.: Integration qualitativer und quantitativer Methoden. Methodologische Modelle und ihre Bedeutung für die Forschungspraxis. In: Kölner Zeitschrift für Soziologie und Sozialpsychologie, 51. Jg., H. 3 (1999), S. 509–531

Kelle, U.: Die Bedeutung theoretischen Vorwissens in der Methodologie der Grounded Theory. In: Strobl, R./Böttger, A. (Hrsg.): Wahre Geschichten? Zu Theorie und Praxis qualitativer Interviews. Baden-Baden 1996, S. 23–47

Kersten, J.: Gut und Geschlecht. Männlichkeit, Kultur und Kriminalität. Berlin/New York 1997

Kersten, J.: Risiken und Nebenwirkungen. Zur gesellschaftlichen Konstruktion von Männlichkeiten. In: Scarbath, H. u. a. (Hrsg.): Geschlechter. Zur Kritik und Neubestimmung geschlechtsbezogener Sozialisation und Bildung. Opladen 1999, S. 77–86

Kessler, S./McKenna, W.: Gender – An Ethnomethodological Approach. New York 1978

Klein-Allermann, E./Wild, K. P./Hofer, M./Noack, P./Kracke, B.: Gewaltbereitschaft und rechtsextreme Einstellungen ost- und westdeutscher Jugendlicher als Folge gesellschaftlicher, familialer und schulischer Bedingungen. In: Zeitschrift für Entwicklungspsychologie und Pädagogische Psychologie, Band XXVII, H. 3 (1995), S. 191–209

Kleining, G.: Das qualitative Experiment. In: Kölner Zeitschrift für Soziologie und Sozialpsychologie (KZfSS), 38. Jg., (1986), S. 724–750

Kleining, G.: Umriß zu einer Methodologie qualitativer Sozialforschung. In: ders.: Qualitativ-heuristische Sozialforschung. Schriften zur Theorie und Praxis. Hamburg 1994, S. 12–46

Klewin, G./Popp, U.: Gewaltverständnis und Reaktionen auf Schülergewalt aus der Sicht von Schüler(innen) und Lehrer(innen). In: Psychosozial, 23. Jg., H. 1 (2000), S. 43–56

Klewin, G./Tillmann, K.-J./Weingart, G.: Gewalt in der Schule, erscheint in: Heitmeyer, W./Hagan, J. (Hrsg.): Handbuch der Gewaltforschung/Handbook of Research on Violence. Westdeutscher Verlag Opladen/Westview Press USA 2001

Klüver, J.: Das Besondere und das Allgemeine: Über die Generalisierbarkeit in der qualitativen Sozialforschung. In: König, E./Zedler, P. (Hrsg.): Bilanz qualitativer Forschung, Bd. 1: Grundlagen qualitativer Forschung. Weinheim 1995, S. 285–397

Knapp, G.-A./Wetterer, A. (Hrsg.): TraditionenBrüche. Entwicklungen feministischer Theorie. Freiburg i. B. ²1995

Knapp, G.-A.: Macht und Geschlecht. Neuere Entwicklungen in der feministischen Macht- und Herrschaftsdiskussion. In: Knapp, G.-A./Wetterer, A. (Hrsg.): TraditionenBrüche. Entwicklungen feministischer Theorie. Freiburg (Breisgau) ²1995a, S. 287–325

Knapp, G.-A.: Unterschiede machen: Zur Sozialpsychologie der Hierarchisierung im Geschlechterverhältnis. In: Becker-Schmidt, R./Knapp, G.-A.: Das Geschlechterverhältnis als Gegenstand der Sozialwissenschaften. Frankfurt/M. 1995, S. 163–194

Knopf, H.: Gewaltauffällige Schüler – Eine Charakterisierung anhand von Einzelfallstudien. In: Schubarth, W./Kolbe, F. U./Willems, H. (Hrsg.): Gewalt an Schulen. Ausmaß Bedingungen und Prävention. Opladen 1996, S. 149–169

Koch, L.: Weibliche Streitkraft. Sind Frauen wirklich friedfertiger als Männer? In: Natur, Nr. 10 (1993), S. 37–39

Koch, R./Behn, S.: Gewaltbereite Jugendkulturen. Therapie und Praxis sozialpädagogischer Gewaltarbeit. Weinheim/Basel 1997

Koch-Priewe, B.: Qualität von Schule: Geschlecht als Strukturkategorie. In: Zeitschrift für Pädagogik, 43. Jg., Nr. 4 (1997), S. 567–582

König, E./Zedler, P. (Hrsg.): Bilanz qualitativer Forschung, Bd. 1: Grundlagen qualitativer Forschung. Weinheim 1995

Kohlberg, L.: Zur kognitiven Entwicklung des Kindes. Frankfurt/M. 1974

Kolip, P.: Geschlecht und Gesundheit im Jugendalter: die Konstruktion von Geschlechtlichkeit über somatische Kulturen. Opladen 1997

Kotthoff, H.: Geschlecht als Interaktionsritual? Nachwort von Helga Kotthoff. In: Goffman, E.: Interaktion und Geschlecht. Frankfurt/M. 1994

Krafeld, F. J.: Mädchen – das übersehene Geschlecht in rechten Jugendszenen. In: DLZ, 16/1995 (3. Aprilausgabe), S. 9

Krappmann, L./Oswald, H.: Alltag der Schulkinder. Beobachtungen und Analysen von Interaktionen und Sozialbeziehungen. Weinheim/München 1995

Krappmann, L.: Neuere Rollenkonzepte als Erklärungsmöglichkeit für Sozialisationsprozesse. In: Auwärter, M. u. a.: Seminar: Kommunikation, Interaktion, Identität. Frankfurt/M. 1976, S. 307–331

Krappmann, L.: Soziologische Dimensionen der Identität. Stuttgart ^{5}1978

Krappmann, L: Die Reproduktion des Systems gesellschaftlicher Ungleichheit in der Kinderwelt. In: Grundmann, M. (Hrsg.): Konstruktivistische Sozialisationsforschung: lebensweltliche Erfahrungskontexte, individuelle Handlungskompetenzen und die Konstruktion sozialer Strukturen. Frankfurt/M. 1999, S. 228–239

Kraul, M./Wirrer, R.: Die Einführung der Koedukation: pädagogische oder pragmatische Begründung? in: Die Deutsche Schule, 85. Jg., H. 1 (1993), S. 84–97

Kreienbaum, M. A.: Erfahrungsfeld Schule. Koedukation als Kristallisationspunkt. Weinheim 1992

Krüger, H./Born, C.: Probleme der Integration von beruflicher und familialer Sozialisation in der Biographie von Frauen. In: Hoff, E.-H. (Hrsg.): Die doppelte Sozialisation Erwachsener. Zum Verhältnis von beruflichem und privatem Lebensstrang. München 1990, S. 53–73

Krüger, H.: Berufsfindung und weibliche Normalbiographie. In: Mayer, C./Krüger, H./Rabe-Kleberg, U./Schütte, I. (Hrsg.): Mädchen und Frauen. Beruf und Biographie. München 1984, S. 21–32

Krüger, H.: Dominanzen im Geschlechterverhältnis. Zur Institutionalisierung von Lebensläufen. In: Becker-Schmidt, R./Knapp, G.-A.: Das Geschlechterverhältnis als Gegenstand der Sozialwissenschaften. Frankfurt/M. 1995, S. 195–219

Krüger, H.-H.: Einführung in Theorien und Methoden der Erziehungswissenschaft. Opladen 1997

Krüger, H.-H.: Zwischen Verallgemeinerung und Zerfaserung. Zum Wandel der Lebensphase Jugend in der Bundesrepublik Deutschland nach 1945. In: Büchner, P./Krüger, H.-H./Chisholm, L. (Hrsg.): Kindheit und Jugend im interkulturellen Vergleich. Opladen 1990, S. 113–124

Krumm, V.: Methodenkritische Analyse schulischer Gewaltforschung. In: Holtappels, H. G. u. a. (Hrsg.): Forschung über Gewalt an Schulen. Erscheinungsformen und Ursachen, Konzepte und Prävention. Weinheim/München 1997, S. 63–79

Küchler, P.: Zur Konstruktion von Weiblichkeit. Erklärungsansätze zur Geschlechterdifferenz im Lichte der Auseinandersetzung um die Kategorie Geschlccht. Pfaffenweiler 1997

Kühnel, W./Matuschek, I.: Netzwerkanalysen zu Schule und Gewalt. In: Holtappels, H. G. u. a. (Hrsg.): Forschung über Gewalt an Schulen. Erscheinungsformen und Ursachen, Konzepte und Prävention. Weinheim/München 1997, S. 261–279

Kühnel, W.: Die Bedeutung von sozialen Netzwerken und Peer-group-Beziehungen für Gewalt im Jugendalter. In: Zeitschrift für Sozialisationsforschung und Erziehungssoziologie (ZSE), 15. Jg., H. 2 (1995), S. 122–144

Kumpulainen, K. et al.: Bullying and psychiatric symptoms among elementary schoolage children. In: Child Abuse & Neglect, Vol. 23, No. 7, p. 705–717

Lagerspetz, K. M. J./Björkqvist, K.: Indirect Aggression In Boys And Girls. In: Snyder, C. R. (Eds.): Aggressive Behaviour. New York 1994, p. 131–150

Lagerspetz, K. M. J./Björkqvist, K./Peltonen, T.: Is Indirect Aggression Typical of Females? Gender Differences in Aggressiveness in 11- to 12-Year-Old Children. In: Aggressive Behaviour, Vol 14. 1988, p. 403–414

Lamnek, S. (Hrsg.): Jugend und Gewalt. Devianz und Kriminalität in Ost und West. Opladen 1995

Lamnek, S.: Qualitative Sozialforschung, Bd. 1: Methodologie. München/Weinheim 1988

Lamnek, S.: Qualitative Sozialforschung, Bd. 2: Methoden und Techniken. München 1989

Landeskriminalamt Hamburg: Polizeiliche Kriminalstatistik Hamburg 1997

Lenz, H.-J. (Hrsg.): Männliche Opfererfahrungen. Problemlagen und Hilfeansätze in der Männerberatung. Weinheim/München 1999

Lerchenmüller, H.: Soziales Lernen in der Schule. Zur Prävention sozialauffälligen Verhaltens. Ein Unterrichtsprogramm für die Sekundarstufe I. Bochum 1987

Lienert, G.: Testaufbau und Testanalyse. Weinheim 1969

Lindemann, G.: Zur sozialen Konstruktion der Geschlechtszugehörigkeit. In: Pfäfflin, F./Junge, A. (Hrsg.).: Geschlechtsumwandlung. Abhandlungen zur Transsexualität. Stuttgart/New York 1992, S. 95–102

Linton, R.: Rolle und Status. In: Hartmann, H. (Hrsg.): Moderne amerikanische Soziologie. Stuttgart 1967, S. 250–254

Lösel, F./Bliesener, T./Averbeck, M.: Erlebens- und Verhaltensprobleme von Opfern und Tätern. In: Holtappels, H. G. u. a. (Hrsg.): Forschung über Gewalt an Schulen. Erscheinungsformen und Konzepte und Prävention. Weinheim/München 1997, S. 137–153

Lösel, F. u. a.: Ursachen, Prävention und Kontrolle von Gewalt aus psychologischer Sicht. In: Schwind, H. D. u. a. (Hrsg.): Ursachen, Prävention und Kontrolle von Gewalt, Band II. Berlin 1990, S. 1–156

Lutz, I. M.: Weibliches Aggressionsverhalten zwischen sozialer Durchsetzung und sozialer Erwünschtheit. Frankfurt/M. 2000

Lutzebaeck, E. u. a.: Zur Rolle und Bedeutung der Mädchen in rechten Jugendcliquen. Erfahrungen aus der Praxis akzeptierender Jugendarbeit. In: Engel, M./Menke, B. (Hrsg.): Weibliche Lebenswelten – gewaltlos? Analysen und Praxisbeiträge für die Mädchen und Frauenarbeit im Bereich Rechtsextremismus, Rassismus, Gewalt. Münster 1995, S. 108–117

Maccoby, E. E./Jacklin, C. N.: The Psychology of Sex Differences. Stanford 1974

Maihofer, A.: Geschlecht als Existenzweise. Macht, Moral, Recht und Geschlechterdifferenz. Frankfurt/M. 1995

Mansel, J./Hurrelmann, K.: Aggressives und delinquentes Verhalten Jugendlicher im Zeitvergleich. Kölner Zeitschrift für Soziologie und Sozialpsychologie (KZfSS), 50. Jg., H. 1 (1998), S. 78–109

Mansel, J./Hurrelmann, K.: Alltagsstreß bei Jugendlichen. Eine Untersuchung über Lebenschancen, Lebensrisiken und psychosoziale Befindlichkeiten im Statusübergang. Weinheim/München 1991

Mansel, J./Hurrelmann, K.: Außen- und innengerichtete Formen der Problemverarbeitung Jugendlicher. In: Soziale Welt, H. 2 (1994), S. 147–171

Mansel, J./Kolip, P.: Wohin mit der Wut? Eine geschlechtsspezifische Analyse zum Zusammenhang zwischen aggressiven Gefühlen, Gewalt und psychosomatischen Beschwerden im Jugendalter. In: Soziale Probleme, 7. Jg., H. 2 (1996), S. 94–111

Mansel, J.: Quantitative Entwicklung von Gewalthandlungen Jugendlicher und ihrer offiziellen Registrierung. Ansätze schulischer Prävention zwischen Anspruch und Wirklichkeit. In: Zeitschrift für Sozialisationsforschung und Erziehungssoziologie (ZSE), 15. Jg., H. 2 (1995), S. 101–121

Maynard, M.: Das Verschwinden der „Frau" Geschlecht und Hierarchie in feministischen und sozialwissenschaftlichen Diskursen. In: Armbruster, L. C./Müller, U./Stein-Hilbers, M. (Hrsg.): Neue Horizonte? Sozialwissenschaftliche Forschung über Geschlechter und Geschlechterverhältnisse. Opladen 1995, S. 23–39

Mayntz, R./Holma, K./Hübner, P.: Einführung in die Methoden der empirischen Soziologie. Opladen ^{5}1978

Mayring, P.: Einführung in die qualitative Sozialforschung. Weinheim ^{3}1996

Mead, G. H.: Geist, Identität und Gesellschaft (Originalausgabe 1934). Frankfurt/M. 1968

Meier, U./Tillmann, K.-J.: Gewalt in der Schule: Die Perspektive der Schulleiter. Ergebnisse einer 1994 durchgeführten Befragung von Schulleitungen hessischer Sekundarschulen, Manuskript. Universität Bielefeld 1994

Meier, U.: Methodisches Vorgehen bei der Täter-Opfer-Analyse. Manuskript. Universität Bielefeld (SFB 227) 1997

Melzer, W./Hurrelmann, K.: Individualisierungspotentiale und Widersprüche in der schulischen Sozialisation von Jugendlichen. In: Heitmeyer, W./Olk, Th. (Hrsg.): Individualisierung von Jugend. Weinheim/München 1990, S. 35–59

Melzer, W./Mühl, M./Ackermann, C.: Schulkultur und ihre Auswirkung auf Gewalt. In: Forschungsgruppe Schulevaluation: Gewalt als soziales Problem in Schulen. Die Dresdner Studie: Untersuchungsergebnisse und Präventionsstrategien. Opladen 1998, S. 189–219

Melzer, W./Rostampour, P.: Prädiktoren schulischer Gewalt im außerschulischen Bereich. In: Forschungsgruppe Schulevaluation: Gewalt als soziales Problem in Schulen. Die Dresdner Studie: Untersuchungsergebnisse und Präventionsstrategien. Opladen 1998, S. 149–188

Melzer, W./Rostampour, P.: Schulische Gewaltformen und Opfer-Täter-Problematik. In: Schubarth, W./Kolbe, F.-U./Willems, H. (Hrsg.): Gewalt an Schulen. Ausmaß, Bedingungen und Prävention. Opladen 1996, S. 131–148

Melzer, W.: Gewalt als gesellschaftliches Phänomen und soziales Problem in Schulen – Einführung. In: Forschungsgruppe Schulevaluation: Gewalt als soziales Problem in Schulen. Die Dresdner Studie: Untersuchungsergebnisse und Präventionsstrategien. Opladen 1998, S. 11–49

Merton, R. K.: Social Theory and Social Structure. Glencoe/Ill. 1967
Metz-Göckel, S.: Geschlechterverhältnisse, Geschlechtersozialisation und Geschlechtsidentität. Ein Trendbericht. In: Zeitschrift für Sozialisationsforschung und Erziehungssoziologie (ZSE) 8. Jg., H. 2 (1988), S. 85–97
Metz-Göckel, S.: Jungensozialisation oder Zur Geschlechterdifferenz aus der Perspektive einer Jungenforschung. In: Zeitschrift für Frauenforschung, 11. Jg., H. 1/2 (1993), S. 90–110
Metz-Göckel, S.: Konzentration auf Frauen – Entdramatisierung von Geschlechterdifferenzen. Zur feministischen Koedukationskritik. In: Beiträge zur feministischen Theorie und Praxis, 19. Köln 1996, S. 13–29
Metz-Göckel, S.: Licht und Schatten der Koedukation. Eine alte Debatte neu gewendet in: Zeitschrift für Pädagogik, 33. Jg., Nr. 4 (1987), S. 455–474
Meuser, M.: Geschlecht und Männlichkeit. Soziologische Theorie und kulturelle Deutungsmuster. Opladen 1998
Meuser, M.: Geschlechterverhältnisse und Maskulinitäten. Eine wissenssoziologische Perspektive. In: Armbruster, L. C./Müller, U./Stein-Hilbers, M. (Hrsg.): Neue Horizonte? Sozialwissenschaftliche Forschung über Geschlechter und Geschlechterverhältnisse. Opladen 1995, S. 107–134
Mies, M.: Methodische Postulate zur Frauenforschung. Dargestellt am Beispiel der Gewalt gegen Frauen. In: Beiträge zur feministischen Theorie und Praxis, H. 11 (1984), S. 7–25
Mischel, W.: A Social-learning View of Sex differences in Behaviour. In: Maccoby, E. E. (Ed.): The Development of Sex Differences. Stanford 1966, p. 56–81
Mischel, W.: Sex Typing and Socialization. In: Mussen, P. (Ed.): Carmichael's manual of Child Psychology. New York ³1970, p. 3–72
Mohr, A./Becker, P.: Strategien von Schülerinnen und Schülern im Umgang mit Gewalt in der Schule. In: Empirische Pädagogik, 11. Jg., H.2 (1997), S. 351–366
Mühlen-Achs, G.: Der Androzentrismus in der empirischen Schulforschung. In: ZSE, 6. Jg., H. 1 (1986), S. 129–137
Neidhardt, F.: Gewalt. Soziale Bedeutungen und sozialwissenschaftliche Bestimmungen des Begriffs. In: Krey, V./Neidhardt, F.: Was ist Gewalt, Bd. 1, Strafrechtliche und sozialwissenschaftliche Darlegungen. Wiesbaden 1986, S. 109–147
Niebel, G./Hanewinkel, R./Ferstl, R.: Gewalt und Aggression in schleswig-holsteinischen Schulen. In: Zeitschrift für Pädagogik, 39. Jg., H. 5 (1993), S. 775–798
Niebergall, B.: Der mädchenspezifische Umgang mit Gewalt innerhalb rechter Jugendgruppen. „... wenn Jungs das könn', warum Mädchen das nich'?". In: Engel, M./Menke, B. (Hrsg.): Weibliche Lebenswelten – gewaltlos? Analysen und Praxisbeiträge für die Mädchen und Frauenarbeit im Bereich Rechtsextremismus, Rassismus, Gewalt. Münster 1995, S. 87–106
Nolteernsting, E.: Jugend, Freizeit, Geschlecht. Der Einfluß gesellschaftlicher Modernisierung. Opladen 1998
Nunner-Winkler, G.: Identität und Individualität. In: Soziale Welt, 36. Jg., H. 4 (1985), S. 466–482
Nyssen, E./Schön, B.: Feministische Schulforschung – Bestandsaufnahme und Perspektiven. In: Glumpler, E. (Hrsg.): Mädchenbildung – Frauenbildung.

Beiträge der Frauenforschung für die LehrerInnenbildung. Bad Heilbrunn 1992, S. 156–170

Nyssen, E./Schön, B.: Traditionen, Ergebnisse und Perspektiven feministischer Schulforschung. In: Zeitschrift für Pädagogik, 38. Jg., Nr. 6 (1992a), S. 855–871

Nyssen, E. /Kampshoff, M./Thierack, A./Lorentz, C.: Geschlechterverhältnisse im Klassenzimmer – Die Sicht der Schülerinnen und Schüler. In: Nyssen, E.: Mädchenförderung in der Schule. Ergebnisse und Erfahrungen aus einem Modellversuch. Weinheim/München 1996, S. 205–227

Oberwittler, D./Blank, T./Köllisch, T./Naplava, T.: Soziale Lebenslagen und Delinquenz von Jugendlichen. In: Max Planck Institut für ausländisches und internationales Strafrecht, Arbeitsberichte 1/2001

Oerter, R./Montada, L.: Entwicklungspsychologie. München/Weinheim ²1987

Ohder, C.: Gewalt durch Gruppen Jugendlicher. Eine empirische Untersuchung am Beispiel Berlins. Berlin 1992

Olweus, D.: Bullyvictim problems amoung schoolchildren: Basic facts and effects of a school based intervention program. In: Pepler, D. J./Rubin, K. H. (Eds.). The development and treatment of childhood aggression. Hillsday/NJ 1991, p. 411–448

Olweus, D.: Gewalt in der Schule. Was Lehrer und Eltern wissen sollten – und tun können. Bern u. a. ²1996

Olweus, D.: Norway. In: Smith, P. K./Morita, Y./Junger-Tas, J./Olweus, D./Catalano, R./Slee, P. (Eds.): The nature of school bullying. A crossnational perspective. London 1999b, p. 28–48

Olweus, D.: Sweden. In: Smith, P. K./Morita, Y./Junger-Tas, J./Olweus, D./Catalano, R./Slee, P. (Eds.): The nature of school bullying. A crossnational perspective. London 1999a, p. 7–27

Olweus, D.: Täter-Opfer-Probleme in der Schule: Erkenntnisstand und Präventionsprogramm. In: Holtappels, H. G. u. a. (Hrsg.): Forschung über Gewalt an Schulen. Erscheinungsformen und Ursachen, Konzepte und Prävention. Weinheim/München 1997, S. 281–297

Österman, K./Björkqvist, K./Lagerspetz, K./Kaukiainen, A./Landau, S. F./Fraczek, A./Caprara, G. V.: Cross-Cultural Evidence od Female Indirect Aggression. In: Aggressive Behaviour, Vol. 24, No. 1. 1998, p. 1–8

Österman, K./Björkqvist, K./Lagerspetz, K., Kaukiainen, A./Landau, S. F./Fraczek, A./Caprrara, G.-V.: Cross-cultural evidence of female indirect aggression. In: Aggressive Behaviour, Vol. 24. 1998, p. 1–8

Österman, K./Björkqvist, K./Lagerspetz, K./Kaukiainen, A. et al.: Peer- and selfestimated aggression and victimisation in 8-year-old children from five ethnic groups. In: Aggressive Behaviour, Vol. 20. 1994, p. 411–428

Ostner, I.: Das Konzept des weiblichen Arbeitsvermögens. In: Arbeitskreis sozialwissenschaftliche Arbeitsmarktforschung: Erklärungsansätze zur geschlechtsspezifischen Strukturierung des Arbeitsmarktes. Paderborn 1990

Ostner, I.: Die Entdeckung der Mädchen. Neue Perspektiven für die Jugendsoziologie. In: Kölner Zeitschrift für Soziologie und Sozialpsychologie, 38. Jg. (1986), S. 352–371

Oswald, H./Krappmann, L.: Phänomenologische und funktionale Vielfalt von Gewalt unter Kindern. In: Praxis der Kinderpsychologie und Kinderpsychiatrie, 49. Jg., Januar 2000

Oswald, H.: Beziehungen zu Gleichaltrigen. In: Jugendwerk der Deutschen Shell: Jugend '92. Lebenslagen, Orientierungen und Entwicklungsperspektiven im vereinigten Deutschland. Opladen 1992, S. 319–332

Oswald, H.: Jenseits der Grenze zur Gewalt: Sanktionen und rauhe Spiele. In: Schäfer, M./Frey, D. (Hrsg.): Aggression und Gewalt unter Kindern und Jugendlichen. Hogrefe 1999, S. 179–199

Oswald, H.: Was heißt qualitativ forschen? In: Friebertshäuser, B./Prengel, A. (Hrsg.): Handbuch qualitative Forschungsmethoden in der Erziehungswissenschaft. Weinheim/München 1997, S. 71–87

Oswald, H.: Zwischen „Bullying" und „Rough and Tumble Play". In: Empirische Pädagogik, 11. Jg., H. 3 (1997a), S. 385–402

Ottemeier-Glücks, F. G.: Wie ein Mann gemacht wird – Grundzüge männlicher Sozialisation. In: Glücks, E./Ottemeier-Glücks, G. G. (Hrsg.): Geschlechtsbezogene Pädagogik. Ein Bildungskonzept zur Qualifizierung koedukativer Praxis durch parteiliche Mädchenarbeit und antisexistische Jungenarbeit. Münster ²1996, S. 77–91

Parsons, T.: Sozialstruktur und Persönlichkeit. Frankfurt/M. 1968

Pasero, U.: Geschlechterforschung revisited: konstruktivistische und systemtheoretische Perspektiven. In: Wobbe, Th./Lindemann, G. (Hrsg.).: Denkachsen. Zur theoretischen und institutionellen Rede vom Geschlecht. Frankfurt/M. 1994, S. 264–296

Petillon, H.: Das Sozialleben des Schulanfängers: die Schule aus der Sicht des Kindes. Weinheim 1993

Pfeiffer, C./Brettfeld, K./Delzer, I.: Jugenddelinquenz und jugendstrafrechtliche Praxis in Hamburg, hrsg. vom Kriminologischen Forschungsinstitut Niedersachsen E. V. Hannover 1997

Pfeiffer, C./Wetzels, P.: Zur Struktur und Entwicklung der Jugendgewalt in Deutschland. In: Das Parlament. Aus Politik und Zeitgeschichte, B 26. 1999, S. 3–22

Pfister, G.: Die Geschichte der Koedukation – Eine Geschichte des Kampfes um Wissen und Macht. In: Pfister, G. (Hrsg.): Zurück zur Mädchenschule? Pfaffenweiler 1988

PKS Polizeiliche Kriminalstatistik, Berichtsjahr 1998, Gesamtüberblick, S. 1–21 (am 23. 3. 2000 unter: http://www.bka.de/pks/pks1998/rg015.html)

Popp, U.: Berufliche und private Lebensentwürfe männlicher und weiblicher Jugendlicher im zeitlichen Verlauf. In: Deutsche Jugend, 45. Jg., H. 4 (1997), S. 157–167

Popp, U.: Geschlechtersozialisation und Gewalt an Schulen. In: Holtappels, H. G. u. a.: Forschung über Gewalt an Schulen. Erscheinungsformen und Ursachen, Konzepte und Prävention. Weinheim/München 1997a, S. 207–223

Popp, U.: Gewalt in der Schule. Eine qualitative Studie aus der Sicht von Beteiligten. In: Die Deutsche Schule, 90. Jg., H. 4 (1998), S. 427–441

Popp, U.: Individualisierung, Schule und der heimliche Lehrplan der Geschlechtersozialisation. In: Helsper, W. u. a. (Hrsg.): Schule und Gesellschaft im Umbruch. Weinheim 1996, S. 276–298

Popp, U.: Individualisierung: Das herrschende jugendtheoretische Konzept auf dem Prüfstand. In: Pädagogik, 48. Jg., H. 11 (1996a), S. 31–35

Prengel, A.: Mädchen und Jungen in Integrationsklassen der Grundschule. In: Horstkemper, M./Wagner-Winterhager, L.: Mädchen und Jungen – Männer und Frauen in der Schule. In: Die Deutsche Schule, 1. Beiheft. Weinheim 1990, S. 32–43

Prengel, A.: Pädagogik der Vielfalt. Verschiedenheit und Gleichberechtigung in Interkultureller, Feministischer und Integrativer Pädagogik. Opladen ²1995

Preuss-Lausitz, U.: Der Kaiserin neue Kleider? Fragen an die feministische Schulforschung beim Blick auf die Jungen. In: PÄDEXTRA, 19. Jg., H. 12 (1991), S. 5–12

Preuss-Lausitz, U.: Die Kinder des Jahrhunderts. Weinheim/Basel 1993

Preuss-Lausitz, U.: Die Schule benachteiligt die Jungen!?. In: Pädagogik, 51. Jg., H. 5 (1999), S. 11–14

Preuss-Lausitz, U.: Geschlechtersozialisation und Schulpädagogik in der Nachmoderne. In: Die Deutsche Schule, 89. Jg., H. 4 (1997), S. 429–445

Preuss-Lausitz, U.: Mädchen an den Rand gedrängt? Soziale Beziehungen in Grundschulklassen. In: Zeitschrift für Sozialisationsforschung und Erziehungssoziologie, 12. Jg., H. 1 (1992), S. 66–79

Preuss-Lausitz, U.: Mehr Gewalt in die Schule? In: Pädagogik, 51, Jg., H. 1 (1999a), S. 25–26

Rendtorff, B./Moser, V. (Hrsg.): Geschlecht und Geschlechterverhältnisse in der Erziehungswissenschaft. Eine Einführung. Opladen 1999

Richtlinien und Lehrpläne für das Gymnasium – Sekundarstufe I in Nordrhein-Westfalen (Französisch). In: Die Schule in Nordrhein-Westfalen, Schriftenreihe des Ministeriums für Schule und Weiterbildung. Frechen 1993

Richtlinien und Lehrpläne für die Grundschule in Nordrhein-Westfalen (Sachunterricht). In: Die Schule in Nordrhein-Westfalen, Schriftenreihe des Ministeriums für Schule und Weiterbildung. Frechen 1997

Richtlinien und Lehrpläne für die Hauptschule in Nordrhein-Westfalen (Deutsch). In: Die Schule in Nordrhein-Westfalen, Schriftenreihe des Ministeriums für Schule und Weiterbildung. Frechen 1989

Rose, L./Schneider, G.: Männlichkeit und Geschlechterverhältnis in einer Jugendsubkultur, in; Deutsche Jugend, 33. Jg., H. 11 (1985), S. 473–478

Rostampour, P./Melzer, W./Schubarth, W.: Schulische Gewalt im Lebenszusammenhang von Schülern – Gesamtmodell (Mehrebenenanalyse). In: Forschungsgruppe Schulevaluation: Gewalt als soziales Problem in Schulen. Die Dresdner Studie: Untersuchungsergebnisse und Präventionsstrategien. Opladen 1998, S. 221–236

Rostampour, P./Melzer, W.: Täter-Opfer-Typologien im schulischen Gewaltkontext. Forschungsergebnisse unter Verwendung von Cluster-Analyse und multinomialer logistischer Regression. In: Holtappels, H. G. u. a. (Hrsg.): Forschung über Gewalt an Schulen. Erscheinungsformen und Ursachen, Konzepte und Prävention. Weinheim/München 1997, S. 169–189

Rustemeyer, R.: Geschlechtsstereotype und ihre Auswirkungen auf das Sozial- und Leistungsverhalten. In: ZSE, 8. Jg., H. 2 (1988), S. 115–129

Sack, F.: Neue Perspektiven in der Kriminologie. In: Sack, F./König, R. (Hrsg.): Kriminalsoziologie. Frankfurt/Main 1968, S. 431–475

Saldern, M. von: Zum Verhältnis von qualitativen und quantitativen Methoden. In: König, E./Zedler, P. (Hrsg.): Bilanz qualitativer Forschung, Bd. 1: Grundlagen qualitativer Forschung. Weinheim 1995, S. 331–371

Salmivalli, C./Lagerspetz, K./Björkqvist, K./Österman, K./Kaukiainen, A.: Bullying as a Group Process: Participant Roles and Their Relations to Social Status Within the Group. In: Aggressive Behavior, Vol. 22. 1996, p. 1–15

Salmivalli, C./Lappalainen, M./Lagerspetz, K.: Stability and Change of Behaviour in Connection With Bullying in Schools: A two -Year Follow-Up. In: Aggressive Behaviour, Vol. 24, No. 3. 1998, p. 205–218

Schad, U.: Verbale Gewalt bei Jugendlichen. Ein Praxisforschungsprojekt über ausgrenzendes und abwertendes Verhalten gegenüber Minderheiten. Weinheim/München 1996

Schaeffer-Hegel, B./Wartmann, B. (Hrsg.): Mythos Frau. Projektionen und Inszenierungen im Patriarchat. Berlin 1984

Schäfer, M.: Aggression unter Schülern. Eine Bestandsaufnahme über das Schikanieren in der Schule am Beispiel der 6. und 8. Klassenstufe. In: Report Psychologie, 21. Jg., H. 9 (1996), S. 700–711

Schenk, H.: Geschlechtsrollenwandel und Sexismus. Zur Sozialpsychologie geschlechtsspezifischen Verhaltens. Weinheim/Basel 1979

Schenk, M.: Jugend-Gewalt ist männlich. In: Deutsche Jugend, 41. Jg. (1993), S. 165–172

Scheu, U.: Wir werden nicht als Mädchen geboren, wir werden dazu gemacht. Zur frühkindlichen Erziehung in unserer Gesellschaft, Frankfurt/M. 1977

Schirp, H.: Gewaltverhältnisse in der Schule? Ursachen und Effekte institutioneller Zwänge und Strukturen. In: Heitmeyer, W./Möller, K./Sünker, H. (Hrsg.): Jugend – Staat – Gewalt. Politische Sozialisation von Jugendlichen, Jugendpolitik und politischer Bildung. Weinheim/München ²1992, S. 125–136

Schlümer, G./Trommer, L.: Geschlechterunterschiede im Schulerfolg – Auswertung statistischer Daten. In: Valtin, R./Warm, U. (Hrsg.): Frauen machen Schule. Probleme von Mädchen und Lehrerinnen in der Grundschule. ²1996, S. 97–102

Schmerl, C.: Sozialisation und Persönlichkeit. Zentrale Beispiele zur Soziogenese menschlichen Verhaltens. Stuttgart 1978

Schmerl, C.: Wann werden Weiber zu Hyänen? Weibliche Aggressionen aus psychologisch-feministischer Sicht. In: Dausien, B./Herrmann, M./Oechslle, M./Schmerl, C./Stein-Hilbers, M. (Hrsg.): Erkenntnisprojekt Geschlecht. Feministische Perspektiven verwandeln Wissenschaft. Opladen 1999, S. 197–215

Schmidt, C.: „Am Material": Auswertungstechniken für Leitfadeninterviews. In: Friebertshäuser, B./Prengel, A. (Hrsg.): Handbuch qualitative Forschungsmethoden in der Erziehungswissenschaft. Weinheim/München 1997, S. 544–568

Schön, B.: Quantitative und qualitative Verfahren in der Schulforschung. In: Schön, B./Hurrelmann, K. (Hrsg.): Schulalltag und Empirie. Weinheim/Basel 1979, S. 17–29

Schröder, H.: Jugend und Modernisierung. Strukturwandel der Jugendphase und Statuspassagen auf dem Weg zum Erwachsensein. Weinheim/München 1995

Schründer-Lenzen, A.: Triangulation und idealtypisches Verstehen in der (Re-)Konstruktion subjektiver Theorien. In: Friebertshäuser, B./Prengel, A.

(Hrsg.): Handbuch qualitative Forschungsmethoden in der Erziehungswissenschaft. Weinheim/München 1997, S. 107–117

Schubarth, W./Kolbe, F. U./Willems, H. (Hrsg.): Gewalt an Schulen. Ausmaß, Bedingungen und Prävention. Opladen 1996

Schubarth, W.: Gewaltprävention in Schule und Jugendhilfe. Theoretische Grundlagen, Empirische Ergebnisse, Praxismodelle. Neuwied 2000

Schubarth, W.: Schule und Gewalt: ein wieder aktuelles Thema. In: Schubarth. W./Melzer, W. (Hrsg.): Schule, Gewalt und Rechtsextremismus. Opladen 1993

Schulz, G.: Sport, nach Geschlechtern getrennt: eine Chance für Jungen? In: Sportpädagogik, 6/1997, S. 42–45

Schütze, Y.: Geschlechtsrollen. Zum tendenziellen Fall eines Deutungsmusters. In: Zeitschrift für Pädagogik, 39. Jg., H. 4 (1993), S. 551–560

Schwartz, A. E.: Einige Bemerkungen zur Entwicklung der weiblichen Geschlechtsrollenidentität. In: Alpert, J.: Psychoanalyse der Frau jenseits von Freud. Heidelberg 1992, S. 66–89

Schwind, H. D./Roitsch, K./Gielen, B.: Gewalt in der Schule aus der Perspektive unterschiedlicher Gruppen. in: Holtapels, H. G. u. a. (Hrsg.): Forschung zu Gewalt an Schulen. Weinheim/München 1997a, S. 81–100

Schwind, H.-D./Roitsch, K./Ahlborn, W./Gielen, B.: Gewalt in der Schule – am Beispiel von Bochum. Mainz ²1997

Siller, G.: Junge Frauen und Rechtsextremismus – Zum Zusammenhang von weiblichen Lebenserfahrungen und rechtsextremistischem Gedankengut. In: Deutsche Jugend, 39. Jg., H. 1 (1991), S. 23–32

Siller, G.: Wie entwickeln Frauen rechtsextremistische Orientierungen? Ein theoretischer Ansatz und empirischer Befunde. In: Engel, M./Menke, B. (Hrsg.): Weibliche Lebenswelten – gewaltlos? Analysen und Praxisbeiträge für die Mädchen und Frauenarbeit im Bereich Rechtsextremismus, Rassismus, Gewalt. Münster 1995, S. 44–63

Simon, T.: Raufhändel und Randale. Sozialgeschichte aggressiver Jugendkulturen und pädagogischer Bemühungen vom 19. Jahrhundert bis zur Gegenwart. Weinheim/München 1996

Stenke, D./Bergelt, S./Börner, F.: Jungengewalt – Mädchengewalt – Ein Exkurs. In: Forschungsgruppe Schulevaluation: Gewalt als soziales Problem in Schulen. Die Dresdner Studie: Untersuchungsergebnisse und Präventionsstrategien. Opladen 1998, S. 85–114

Stöckli, G.: Eltern, Kinder und das andere Geschlecht. Weinheim/München 1997

Stoller, J. R.: Sex and gender. On the development of masculinity and feminity. New York 1968

Straus, M.: Violence in the Lives of Adolescents. New York 1994

Strauss, A./Corbin, J.: Grounded Theory: Grundlagen Qualitativer Sozialforschung. Weinheim 1996

Sudman, S./Bradburn, N.: Response Effects in Surveys: A Review and Synthesis. Chicago 1974

Terhart, E.: Kontrolle von Interpretationen: Validierungsprobleme. In: König, E./Zedler, P. (Hrsg.): Bilanz qualitativer Forschung. Weinheim 1995, S. 373–397

Thürmer-Rohr, C.: Vagabundinnen: Feministische Essays. Berlin 1987

Tillmann, K.-J. (Hrsg.): Jugend weiblich – Jugend männlich. Sozialisation, Geschlecht, Identität. Opladen 1992
Tillmann, K.-J./Holler-Nowitzki, B./Holtappels, H. G./Meier, U./Popp, U.: Schülergewalt als Schulproblem. Verursachende Bedingungen, Erscheinungsformen und pädagogische Handlungsperspektiven. Weinheim/München 1999
Tillmann, K.-J.: „Spielbubis" und „eingebildete Weiber" – 13- bis 16jährige in Schule und peer-group. In Tillmann, K.-J. (Hrsg.): Jugend weiblich – Jugend männlich. Sozialisation, Geschlecht, Identität. Opladen 1992, S. 13–27
Tillmann, K.-J.: Das Leben nach der Schule – Ausbildung, Beruf und Familie in den Lebensentwürfen junger Männer und Frauen. In: Rolff, H.-G. u. a.: Jahrbuch der Schulentwicklung, Bd. 6. Weinheim/München 1990, S. 263–286
Tillmann, K.-J.: Gewalt – was ist das eigentlich? Präzision eines schwierigen Begriffs. In: Melzer u. a. (Hrsg.): GewaltLösungen, Friedrich-Jahresheft „Schüler". Seelze/Velber 1995, S. 10–13
Tillmann, K.-J.: Schulzeit und Jugendalter – Zum Wandel von Sozialisationsprozessen seit 1960. In: Rolff, H. G. u. a.(Hrsg.): Jahrbuch der Schulentwicklung, Band 4. Weinheim 1986, S. 125–151
Tillmann, K.-J.: Sozialisationstheorien. Eine Einführung in den Zusammenhang von Gesellschaft, Institution und Subjektwerdung. Reinbek 1989
Tillmann, K.-J.: Unterricht als soziales Erfahrungsfeld. Soziales Lernen in der Institution Schule. Frankfurt/M. 1976
Tillmann, K.-J.: Was ist eine gute Schule?. Hamburg ^{2}1994
Todt, E./Busch, L.: Aggression und Gewalt an Schulen. In: Recht der Jugend und des Bildungswesens, 42. Jg., H. 2 (1994), S. 174–186
Treumann, K. P.: Triangulation als Kombination qualitativer und quantitativer Forschung. In: Abel, J./Möller, R./Treumann, K. P.: Einführung in die Empirische Pädagogik. Stuttgart u. a. 1998, S. 154–188
Trotha, T. von: Zur Soziologie der Gewalt. In: Von Throtha, T. (Hrsg.): Soziologie der Gewalt. In: Kölner Zeitschrift für Soziologie und Sozialpsychologie, Sonderheft 37. 1997, S. 9–56
Turner, R. H.: Rollenübernahme: Prozeß versus Konformität. In: Auwärter, M. u. a. (Hrsg.): Seminar: Kommunikation, Interaktion, Identität. Frankfurt/M. 1976, S. 115–139
Tyrell, H.: Geschlechtliche Differenzierung und Geschlechterklassifikation, in Kölner Zeitschrift für Soziologie und Sozialpsychologie (KZfSS), 38. Jg. (1986), S. 450–489
Tzankoff, M.: Interaktionstheorie, Geschlecht und Schule. Opladen 1995
Ulich, D.: Die Dimension der Macht in der Lehrer-Schüler-Interaktion. In: Biermann, Rudolf (Hrsg.): Interaktion – Unterricht – Schule. Darmstadt 1985, S. 140–153
Utzmann-Krombholz, H.: Rechtsextremismus und Gewalt: Affinitäten und Resistenzen von Mädchen und jungen Frauen. In: Zeitschrift für Frauenforschung, 12. Jg., H. 1/2 (1994), S. 6–31
Vieluf, U.: Gewalt an Schulen? Ergebnisse einer Schulbefragung in Hamburg. In: Pädagogik, 45. Jg., H. 3 (1993), S. 28–30

Vogel, U.: Zur Reanalyse von Daten aus empirischen Untersuchungen zu Jugend und Gewalt unter geschlechtsbezogenen Aspekten. In: Zeitschrift für Frauenforschung, 17. Jg., H. 1/2 (1999), S. 43–58
Wahl, K.: Die Modernisierungsfalle. Frankfurt/M. 1989
Warzecha, B.: Gewalt zwischen Generationen und Geschlechtern in der Postmoderne. Frankfurt/M. 1995
Watzlawik, P. (Hrsg.): Die erfundene Wirklichkeit. Wie wissen wir, was wir zu wissen glauben. München ^{7}1991
Webb, E. J. u. a.: Unobtrusive Measures: Nonreactive Research in the Social Sciences. Chicago 1966
Weschke-Meißner, M.: Der stille Beitrag der Mädchen zur Schulkultur. In: Horstkemper, M./Wagner-Winterhager, L.: Mädchen und Jungen – Männer und Frauen in der Schule. In: Die Deutsche Schule, 1. Beiheft. Weinheim 1990, S. 89–96
West, C./Zimmermann, D. H.: Doing gender. In: Lorber, J./Farell, S. A. (Eds.): The social construction of gender. London 1991, p. 13–37
Wetterer, A. (Hrsg.): Die soziale Konstruktion von Geschlecht in Professionalisierungsprozessen. Frankfurt/M. 1995a
Wetterer, A.: Dekonstruktion und Alltagshandeln. Die (möglichen) Grenzen der Vergeschlechtlichung von Berufsarbeit. In: Wetterer, A. (Hrsg.): Die soziale Konstruktion von Geschlecht in Professionalisierungsprozessen. Frankfurt/New York 1995, S. 223–246
Wetzels, P./Enzmann, D./Mecklenburg, E./Pfeiffer, C.: Gewalt im Leben Münchner Jugendlicher. Abschlußbericht über die Ergebnisse einer repräsentativen Dunkelfeldbefragung von Schülern der 9. Jahrgangsstufe und des Berufsvorbereitungsjahres (unveröffentlicht). Oktober 1999
Wilson, Th. P.: Qualitative „oder" quantitative Methoden in der Sozialforschung. In: Kölner Zeitschrift für Soziologie und Sozialpsychologie, 34. Jg. (1982), S. 487–508
Witzel, A.: Auswertung problemzentrierter Interviews: Grundlagen und Erfahrungen. in: Strobl, R./Böttger, A. (Hrsg.): Wahre Geschichten? Zu Theorie und Praxis qualitativer Interviews. Baden-Baden 1996, S. 49–75
Witzel, A.: Das problemzentrierte Interview. In: Jüttemann, G. (Hrsg.): Qualitative Forschung in der Psychologie. Weinheim/Basel 1985, S. 227–256
Wolf, W.: Qualitative versus quantitative Forschung. In: König, E./Zedler, P. (Hrsg.): Bilanz qualitativer Forschung. Weinheim 1995
Würtz, S./Hamm, S./Willems, H./Eckert, R.: Gewalt und Fremdenfeindlichkeit in der Erfahrung von Schülern und Lehrern. In: Schubarth, W./Kolbe, F. U./Willems, H. (Hrsg.), Gewalt an Schulen. Ausmaß, Bedingungen und Prävention. Opladen 1996, S. 85–130
Ziehlke, B.: Deviante Jugendliche. Individualisierung, Geschlecht und soziale Kontrolle. Opladen 1993
Zimmermann, P.: Junge, Junge! Theorien zur geschlechtstypischen Sozialisation und Ergebnisse einer Jungenbefragung (IFS, Beiträge zur Bildungsforschung und Schulentwicklung, 5). Dortmund 1998
Zinnecker, J.: Der heimliche Lehrplan. Weinheim/Basel 1979
Zinnecker, J.: Emanzipation der Frau und Schulausbildung. Zur schulischen Sozialisation und gesellschaftlichen Position der Frau. Weinheim/Basel 1978

Zinnecker, J.: Jugend als Bildungsmoratorium. Zur Theorie des Wandels der Jugendphase in west- und osteuropäischen Gesellschaften. In: Melzer, W./Heitmeyer, W./Liegle, L./Zinnecker, J. (Hrsg.): Osteuropäische Jugend im Wandel. Ergebnisse vergleichender Jugendforschung in der Sowjetunion, Polen, Ungarn und der ehemaligen DDR. Weinheim/München 1991, S. 9–24
Zinnecker, J.: Soziologie der Kindheit oder Sozialisation des Kindes? Überlegungen zu einem aktuellen Paradigmenstreit. In: Honig, M.-S./Leu, H. R./Nissen, U. (Hrsg.): Kinder und Kindheit. Soziokulturelle Muster – sozialisationstheoretische Perspektiven. Weinheim/München 1996, S. 31–53